漢字 創造의 뜻

著者 吳文奎

한자漢字는 뜻 글자로서 음音과 새김이 있다.
한문자 제작은 참으로 심오深奧하여
천지만물天地萬物의 이치理致와 성정性情이 함유含有되어 있다.

도서출판 얼레빗

漢字에 담긴 옛 聖賢의 삶과 理想을 꿰뚫어 보다.

언어와 문자는 인간의 삶과 이상과 철학을 가장 잘 담아낸 문화 그 자체다. 문자가 만들어진 뜻과 그 과정을 알면 당시 사람들의 삶의 모습을 엿볼 수 있다. 본서 '漢字한 자 創造창조의 뜻'을 한사가 만들어진 원리를 설명하고 있는 책이라고 생각하고 편집을 시작한 著者저자의 아들인 필자가 책을 편집하면서 복희씨와 창힐 그리고 요임금과 순임금, 공자와 맹자로 이어지는 思考方式사고방식과 理想이상의 큰 물결의 흐름을 조금이나마 느껴 볼 수 있었다.

최초에 어떻게 문자가 만들어졌는지는 정확하게는 알 수 없지만, 대규모의 집단이 만들어지면서 정확하고 일관된 정보를 전달하기 위해서 문자가 만들어졌을 것이다. 저자가 본서에 '伏羲氏복희씨가 書契서계를 지어 노끈 맺는 政事정사를 代身대신하였다'는 부분을 인용한 것을 보면, 문자가 만들어지기 이전에는 밧줄을 다양하게 묶어서 정보를 나타낸 것을 알 수 있다. 더욱 놀라운 것은 남아메리카의 잉카인도 결승문자 'QUIPU카푸'를 사용했다고 하고 티베트에서도 최근까지 결승문자가 사용되었다고 하니 결승문자는 최소한 인류가 아메리카로 이주하기 이전인 1만 3천 년 전에 만들어졌을 것이라고 상상을 하니 참으로 놀랍다.

문자 중에서도 한자는 동아시아 문명권에서 두루 사용되었다. 중국은 물론이고, 이웃의 한반도와 일본 그리고 베트남 지역까지 영향을 주었다.

한자는 '뜻글자'다. 하나의 모양에 하나 또는 몇 가지의 뜻을 나타내었다. 처음에는 모양을 본떠 그림으로 단순화하여 뜻을 나타내었다. 象形文字상형문자가 그것이다. 형체가 없는 추상명사나 형용사는 어떻게 나타내었을까? 저자는 그것을 '사람'을 중심으로 생각을 했다고 해석한다. 예를 들면 '안쪽'을 나타낸 內안내자와 '바깥'을 나타낸 外밖외자가 사람이 안과 밖에 있는 것을 나타낸다는 것이다. 指事文字지사문자로 볼 수 있지만 해석하는 틀이 다르다.

이외에도 한자가 만들어진 원리인 形聲형성, 會意회의, 轉注전주, 假借가차를 모두 다루고 있지만 해석하는 방법이 전혀 다른 새로운 방법을 제시하였다.

저자가 제시하는 한자를 만든 방법은 지금까지 여러 학자들이 주장하는 방법과는 다른 부분이 많다. 어떤 것은 조금 의아하게 생각되는 부분도 있지만 또 어떤 것은 참으로 오묘함을 느끼게 한다.

'가릴비(庇)'자를 다른 사전에서는 '广집엄'자와 음을 나타내는 '比견줄비'자가 합쳐져서 만들어진 형성문자로 해석하지만 왜 '가린다'는 뜻이 되었는지는 설명하지 못하고 있다. 하지만 저자는 책에서 '庇'자는 '鹿사슴록'자에서 가운데 부분을 가려서 보이지 않는 모습을 나타내기 위하여 중간의 일부분을 생략하여 표현하였다고 설명하고 있다. 참으로 오묘하지 않은가? 사슴은 그 뿔이 중요하다 그러므로 집 안에 있는 사슴(鹿)의 뿔 부분을 가린 것(鹿->庇)이 '庇가릴비,덮을비'가 되는 것이라고 이야기하고 있다.

또 한 가지 예를 들면 '해치다'는 동사를 어떻게 표현할까? 한자로는 '害해할해'로 쓰고 있다. 害자는 어떻게 만들어졌을까? 저자는 '해할해(害)'자에서 '丰'이 없는 부분(宀口)을 집으로 생각하고 있다. 벽을 만들고 깨끗하게 칠을 해 놓은 벽에 누군가 막대로 줄을 죽죽 그어(丰) 흉하게 되도록 해치는 것이 '害해할해'자가 된 것이라고 한다.

저자는 시골에서 농사를 지으며 평생을 살았지만 머릿속에는 세상이 다 들어있는 듯하다. 세상에 수많은 지식과 정보를 다 갖추기는 불가능하겠지만 최소한 한자와 고전에 관해서는 그 어떤 것을 누가 질문하여도 막힘이 없다. 한자의 제작 원리를 연구하는 것은 쉬운 일이 아니다. 하지만 한자를 만들 당시의 사람들의 마음을 알 수 있다면 그 제작 원리를 파악하는 것도 가능하다는 것이 저자의 생각이다.

'商장사상'字는 본래 '商상'나라 '湯탕'이 都邑도읍한 땅이름인데 '商' 땅에 사는 사람이 장사를 잘하므로 '商字를 '장사상'으로 쓴다고 하고 있다. 영어에서도 'Magino마지노 선'이 프랑스의 육군 장군 마지노의 이름을 따서 지은 것이나 '더치페이'의 '더치(Dtch)'가 '네덜란드 사람'에서 유래한 것과 같은 원리가 한자에서도 적용되었을 것이다.

편집자는 저자의 아들이다. 어려서부터 고장의 학자들이 집에 드나드는 모습을 보며 자랐다. 손님이 오시면 종종 대학의 '大學之道대학지도는 在明明德재명명덕'을 이야기하고, 논어와 맹자 그리고 퇴계와 율곡의 철학을 이야기하며, '칼도(刀)에 손잡이가 있으면 힘력(力)이 된다.'는 등의 이야기를 하시며 밤이 늦는 줄 모르셨다. 늦은 밤, 이슬을 맞으며 고개 넘어 집으로 돌아가시던 아버지 지인의 모습이 지금도 눈에 선하다.

그 누구도 생각하지 못했던 새로운 각도에서 바라보는 한자 형성의 방법과 뜻을 평생을 생각하고 연구하셨지만 糊口之策호구지책으로 생업에 종사하느라 그 뜻을 세상에 내 놓지를 못하고 미루어 오던 중 노년이 되어 농사에서 손을 떼면서부터 원고를 쓰고 정리하시는 모습에 안쓰럽게 생각되기도 했다. 건강도 좋지 않은 상태에서 온 종일 원고를 작성하느라 건강이 더욱 악화되기도 하여 지금은 많이 老衰노쇠하신 모습을 보면 자식 된 도리로 참으로 마음이 무겁다.

晝耕夜讀주경야독이라. 편집과 출판에 門外漢문외한인 필자가 몇 개월 동안 틈틈이 원고를 입력하고 편집하느라 하고 싶은 일도 뒤로 미루고 고생은 했지만 아버지가 그토록 원하시던 일을 완성하게 되었다는 생각에 조금은 홀가분해진 기분이다. 물론, 아쉬운 점은 많다. 이야기를 넣어 책을 좀 더 재미있게 꾸며 보고 싶은 생각도 있고, 글자를 구성 원리에 따라 또는 글자의 품사나 쓰임에 따라 분류하여 짜임새 있게 구성하고 싶은 생각도 간절하지만, 鶴首苦待학수고대로 책이 인쇄되어 나오기를 기다리시는 아버지의 無言무언의 성화에 우선 아쉽지만 편집 원고를 넘기고자 한다.

한자를 일상으로 배우는 세대의 마지막이면서 타고난 명석함과 창의적인 생각으로 단순한 글자를 아는 수준을 넘어 한자가 만들어질 당시 사람들의 삶과 사고방식과 理想이상까지 꿰뚫어 보시는 慧眼혜안으로, 지금까지 그 누구도 생각하지 못했던 새로운 창작물인 本書본서가 독자들이 한자를 이해하는 데 조금이라도 도움이 되고 한자 연구에 뜻이 있는 후학들에게는 한자를 연구하는 데 새로운 실마리가 되었으면 하는 바람이다.

2020년 2월 편집자   오 기 석

次 例

제1부 序說

제1부에서는
漢字 創造의 뜻과 方法의
개관을 살핀다.
복희씨의 팔괘와
창힐씨의 문자 작법이 같고
堯舜禹요순우의 전수심법이 같고
공자와 맹자, 주렴계와 주자, 퇴계와 율곡의
사고방식과 논리가 같으니
한자 창조의 원리도 그와 같다.

漢子한자 創造창조의 뜻과 方法방법

漢字한자는 文獻문헌에 의하면 지금으로부터 약 육천여 년 전 복희씨가 비로소 八卦팔괘를 그으시고 書契서계를 지어 노끈 맺는 政事정사를 대신하였다 한다.

복희씨가 팔괘를 긋고 文字문자를 만드실 때에 위로는 天象천상과 아래로는 地法지법과 鳥獸조수의 문을 관찰하고 가까이는 내 몸에서 멀리는 萬物만물에서 取취하여 製作제작하셨다. 때문에 한자와 팔괘는 그 제작의 방법과 솜씨가 거의 같다고 봐야 하겠다. 그 이유는 곧 한 사람의 제작이기 때문이다.

一說일설에는 文字문자는 복희씨의 신하 倉頡창힐(일명 사황씨)의 所作소작이라 한다. 복희씨든 창힐씨든 그 제작의 솜씨는 같다고 본다. 대개 같은 시대의 사람은 그 思考方式사고방식이나 理想이상의 距離거리가 멀지 않다.

복희씨의 팔괘와 창힐씨의 문자의 作法작법이 같고 그 후 약 이천 년 前後전후하여 堯요가 천하를 다스릴 때에 舜순에게 允執厥中윤집궐중 하라 하시고, 舜순은 禹우에게 惟精惟一유정유일 이라사 允執厥中이라 하시고 禹는 皐陶고요와 益익과 稷직에게 人心은 惟危유위하고 道心도심은 惟微유미하니 惟精惟一이라사 允執厥中이라 하시니 堯舜禹의 傳受心法전수심법이 같고 그 후 周주나라 末期말기 春秋戰國춘추전국 時代시대에 孔子공자가 仁을 孟子맹자가 仁義인의를 말씀하시니 공자와 맹자의 傳受心法이 같고, 공자로부터 약 일천 오백 년 후 宋송나라 시대에 周廉溪주렴계의 太極說태극설과 朱子주자의 性理學성리학이 같은 脈絡맥락이고 退溪퇴계와 栗谷율곡 兩양 선생의 理氣說이기설 등을 짚어 보면 같은 시대 사람은 그 思考方式사고방식과 論理논리가 거의 같다.

八卦팔괘

伏羲氏복희씨의 八卦팔괘는 陽양을 의미하며 숫자 一을 의미하는 '一'를 陽이라 하고, 陰음을 의미하며 숫자 二를 의미하는 '--'를 陰이라 하고 一陽과 一陰을 兩儀양의라 한다.

陽(一)에 陽(一)을 加가하면 '═'이 되니 陽 二를 太陽태양이라 하고, 陰(--)에 陰(--)을 加하면 '≡≡'이 되니 陰二를 太陽태음이라 하고, 陽一(一)에 陰一(--)을 加한 '≡='를 小陰소음이라 하고, 陰一(--)에 陽一(一)을 加한 '=≡'를 小陽소양이라 하여 이상의 太陽, 太陰, 小陰, 小陽을 四象사상이라 한다.

계속하여, 太陽(═)에다 陽(一)을 加하면 '≡'로 乾卦건괘가 되고, 陰(--)을 加하면 '≡'로 兌卦태괘가 되고, 太陰(≡≡)에 陽(一)을 加하면 '≡'로 艮卦간괘가 되고, 陰(--)을 加하면 '≡≡' 로 坤卦곤괘가 되고, 小陰(≡=)에 陽(一)을 加하면 '≡'로 離卦리괘가 되고, 陰(--)을 加하면

'☳'로 震卦진괘가 되고, 小陽(☰)에 陽(一)을 加하면 '☲'로 离卦이괘가 되고, 陰(--)을 加하면 '☵'로 坎卦감괘가 되는데 이상의 乾卦, 兌卦, 離卦, 震卦, 巽卦, 坎卦, 艮卦, 坤卦를 八卦라 하고 八卦를 乘승하면 六十四卦가 된다.

숫자의 작법

數수의 表示표시 또한 一字일자에서 시작하여 四字사자에서 作化작화한 것이다. 하나는 一을 긋고 둘은 二를 긋고 셋은 三을 그어 一, 二, 三하면 되는데 이와 같이 열이면 열 획을 긋고 백이면 백 획을 긋고 천이면 천 획을 다 그어 글자를 만들기는 획수가 너무 많아 곤란하다. 故로 數 四字에서 作化한다. 四字는 사방으로 네 획(口)을 그은 다음 네 획(口) 안에 分분의 머리 '八'을 넣어 나누니 넷이 되는 뜻글자다.

다음 五, 六, 七, 八, 九는 四字 안에 八의 二劃획이 四字를 代身대신 하는데 八의 二劃을 나눠서 한 획이 二를 나타내기도 하고, 두 획(丿+乀) 자체가 四로 작용하기도 한다.

다섯 五字 '三', 이렇게 세 획을 그은 다음 四字를 대신한 八중의 하나인 '丿'를 가져다 '二'의 의미를 붙여서 '三+二(丿)=五'로 하여 五字를 만들고, 여섯 六 字는 二에 四사를 대신한 '八'이 합(二+四(八)=六)하여 六字가 되고, 일곱七 字는 六字의 '乀->乚'획이 六으로 작용하고 六에 一을 加하니 七이 되고, 여덟八 字는 '丿'이 四로 작용하고 '乀'이 四로 작용되므로 八이 되고, 아홉九 字는 팔에다 一을 더하니 九가 된다.

열 十자는 이에 준하지 않고 기의 표 '丨'과 우의 표 '一'이 겹치면 十(십)이 된다. 十이 열이 되는 이유는 一, 三, 五, 七, 九는 홀수 奇기고, 二, 四, 六, 八, 十은 짝수 偶우디. 기수노 五개고, 우수도 五개니 합하면 열 십이 된다.

百字는 白字에 一을 더한 것이다. 白字는 九十九를 뜻한다. 사람의 나이 九十九세를 白壽라 하고, 玉篇옥편에서 百字를 찾으려면 白字부에서 찾아야 한다. 얼핏 생각하면 百字는 一字部에 있을 法 하나 白字부에 있는 것을 보더라도 白字가 구십구를 내포하고 있다. 千字는 百字의 중간 획 '丿'을 끌어다 百으로 하고 十으로 乘하니 천이고, 千字가 된 것이다.

한자의 작법

乾坤건곤 두 卦의 획이 서로 交錯교착하여 八卦가 되고 四字 안의 '儿'이 서로 교착하여 五, 六, 七, 八, 九가 된다. 고로 문자와 괘는 그 제작의 방법이 같다고 하겠다.

周易 六十四卦의 名稱과 漢字의 六書法은 너무나 같은 곳이 많다. 六十四卦 중 火風鼎卦화풍정괘를 卦☲☴鼎이라 한 것은 그 卦象괘상이 솥과 같다고 하여 卦 이름을 '鼎'이라 한 것이고, 漢字의 '鼎'자를 솥이라 이름한 것은 글자의 形이 솥 같다 하여 鼎(솥정)으로 命名명명한 것이다.

한자의 六書法의 象形상형은 山, 日, 月, 水, 火, 木, 魚, 目, 등이고, 指事지사는 上, 下, 本, 末 등이고, 形聲형성은 請청, 梗경, 鈴영, 嶺영 柱주, 景경 등이고, 轉注전주는 樂(풍류악-〉즐길락, 좋아할요), 易(바꿀역-〉쉬울이), 更(고칠경, 다시갱), 說(말씀설-〉기쁠열, 달랠세, 벗을탈), 道(도), 降(내릴강, 항복할항) 등이고, 會意회의는 明(밝을명), 林(수풀림), 多(많을다), 好(좋을호), 故(옛고) 畓(논답), 등이고, 假借가차는 虎列刺(호열자-콜레라), 腸疾扶斯(장질부사-장티푸스, 腸+Typhus), 米(미-미터), 屯(둔-톤) 등의 식으로 문자를 만들었다.

한자에는 玉篇옥편이나 사전에 二百 餘여 字의 部가 있는데 그 部는 혹은 위에 덮었으니 字, 家 등이고 혹은 아래 받쳤으니 志, 盃 등이고 혹은 왼편에서 시작하였으니 陰, 陽 등이고 혹은 오른편에서 마쳤으니 都, 郡 등이고 혹은 사면을 에워쌌으니 國, 圍 등이고 혹은 왼편을 쌌으니 通, 達 등이고 혹은 오른편을 쌌으니 句, 匍 등이다.

深奧심오한 한자 작법

漢字는 뜻글자로서 音과 새김이 있다. 더욱이 한문자 제작의 意는 참으로 深奧심오하여 天地萬物천지만물의 理致이치와 性情성정이 含有함유되어 있다. 고로 한문자에 含有되어 있는 뜻을 會得회득한다면 可謂가위 曰 仙선이라 하겠다.

漢字는 事物사물 이름의 글자가 혹 單字단자로 된 것도 있고 혹 뜻이 같으면서 혹 두 자로 된 것도 있는데 單字단자로 된 것은 單字로 뜻이 충분하고 두 자로 된 것은 두 자가 다 있어야 글자의 뜻이 나온다. 예로 單字로 된 것은 棗조, 栗률, 梨이, 柿시, 牛우, 馬마 등이고 두 자로 된 것은 蚯蚓구인, 蝦蟆하막, 鴛鴦원앙, 琥珀호박, 蜘蛛지주 등이다.

太자는 太極陰陽태극음양의 이치가 들어 있고 仁자는 天地천지, 父母부모, 夫婦부부의 뜻이 들어 있고 交자는 부부 交合교합의 形象형상이고 日과 月이 合하니 '밝을 명'자 明이요 二木 두 나무가 서 있으니 '수풀 림'자 林이요 어깨동무를 하였으니 '벗 우'자 友요 두 달이 같으니 '벗 붕'자 朋이요 立木見이 親이요 𤣩一心夊조멱심치가 愛고 中心이 忠이고 如心이 恕다. 一大 제일 큰 것은 하늘 天이고 土也 즉 흙으로 된 것은 땅 地다. 秩차례질자에 禾벼화 즉 벼가 없으니 失잃을실자가 되고 器그릇기자에 아래 '口口' 즉 두 그릇이 없으니 哭울곡자가 된다. 노루는 사슴과의 짐승으로 알록알록한 문장을 좋아하므로 麞노루장이고 지렁이는 흙으로 언덕을 짓고 몸을 끌고 간다 하여 蚯蚓구인이고 사람이 오래 살면 얼굴에 주름이 지므로 壽목숨수자가 되고 바닷물 파도는 壽자 같이 주름이 졌다 하여 濤큰물결도가 되고 禱빌도자는 示와 壽로 만든 글자로 示는 神에서 일부를 따 온 것으로 神에게 壽하도록 해달라고 비는 것이 禱다.

慶字는 鹿字와 愛字의 뜻으로 構成된 글자로 鹿愛가 慶이다. 사슴은 먹을 것이 있으면 同僚를 불러 會食하는 天性이 있다. 故로 옛날에 國家에 경사가 있으면 鹿鳴歌녹명가를 부르고 잔치를 벌였다. 시전 鹿鳴歌녹명가에 呦呦鹿鳴유유녹명이여 食野之苹식야지방이로다 我有嘉賓아유가빈하여 鼓瑟吹笙고슬취생호라 吹笙鼓簧취생고황하야 承筐是將승관시장호니 人之好我인지호아 示我周行시아주행이었다.

또한 丸字환자와 丹字단자를 보면 옛사람의 丸과 丹을 만든 정성을 알 수 있다. 丸은 丸藥이고 丹은 丹丸이다. 淸心丸청심환, 抱龍丸포룡환, 壯元丸장원환, 安神丸안신환하는 丸字고 丹은 固本丹고본단, 保命丹보명단, 延壽丹연수단, 金丹금단, 銀丹은단하는 丹字다. 丸은 둥근 것을 丸이라 하고 丹은 둥글면서 붉은 것을 丹이라 한다. 丸字는 九字에다 둥근 점을 한 것이고 丹字는 冂 안에다 둥근 丸을 넣고 一로 막아 닫은 것이다. 丸은 옛사람이 丸藥을 지을 때에 아홉 번이나 생각하고 아홉 번이나 손질해서 만들었다는 것을 알 수 있고 丹은 작은 丸에다 붉은 옷을 입혀서 匣갑안에 넣고 一(뚜껑)로 막아 닫은 것이다.

노끈 맺는 政事정사와 문자의 作法작법

伏羲氏복희씨가 書契서계를 지어 노끈 맺는 政事정사를 代身대신하였다 하니 노끈 맺는 政事에 對하여 좀 더 言及언급하고자 한다. 文字가 있기 以前이전 太古時代태고시대에는 노끈을 맺어 政事를 하였다. 그 당시 노끈 맺는 政事는 지금의 憲法헌법과 같이 매우 緻密정밀하고 體系的체계적으로 이루어졌으며 그 法은 王室왕실로부터 庶民서민에 이르기까지 모든 言約언약과 是非시비, 訴訟소송, 生活樣式생활양식과 物情물정에 關관하여도 노끈을 매어 이를 法으로 施行시행 하였던 것이다.

大法은 굵은 실로 小法은 가는 실로 東은 푸른 실로 西는 흰 실로 南은 붉은 실로 北은 검은 실로 中은 누런 실로 間은 間色간색으로 아침에 언약은 푸른 실로 낮에 언약은 붉은 실로 저녁에 언약은 흰 실로 밤에 언약은 검은 실로 吉事길사에는 靑實 紅실로 凶事흉사에는 흰 실과 검은 실로 젊은이는 푸른 것으로 늙은이는 흰 것으로 남자는 左로 여자는 右로 人은 左로 神은 右로 멀면 길게 가까우면 짧게 貴賤귀천의 等級등급과 美惡미악의 表現표현까지도 이 노끈으로 맺어졌던 것이다.

故로 복희씨가 文字를 創造창조하실 즈음 當時당시에 使用사용하고 있는 繩政승정을 排除배제 할 수는 없었다. 契約계약을 締結체결한다는 글자가 모두 絲실사 변이고 契字의 '丰' 획은 실을 맺어 놓은 形이고 約字는 糸과 勺작으로 具成구성된 字로 糸는 실이고 勺은 실을 구부려 놓은 모양으로 점은 장금장치며 締字체자는 帝제는 임금이고 糸는 실로, 王室에 보관한 言約의 制度제도 法絲법사고 結字는 吉事길사로 좋은 일을 言約언약한 吉絲길사인 靑實 紅실로 맺은 結婚결혼 같은 것이다.

伏羲氏복희씨가 文字로 繩政승정을 대신한 이후로 文字는 많이 發展발전 되고 多樣다양하게 變遷변천되어 왔다. 棄字기자는 原來원래 周나라 始祖시조 后稷후직의 이름인데 棄기를 낳아서 버렸다 하여 '棄'를 '버릴기' 자로 쓰고 瞬순 字는 '目' 변에 '舜'을 붙인 글자로 舜은 原來 有虞氏유우씨의 이름이 舜이다. 舜이 눈을 깜빡깜빡하였다 하여 '瞬'字를 '눈 깜빡거릴 순'이라고 한 것이고 '眠' 字는 民目, 民은 졸기 잘한다 하여 '民+目'이 '眠'이고 '商' 字는 原원 商상나라 탕이 都邑도읍한 땅이름인데 商 땅에 사는 사람들이 장사를 잘하므로 '商'字를 '장사상'으로 쓰는 것이고 '刪산' 字와 '削초' 字는 孔子가 대쪽으로 된 冊책 三千篇삼천편의 詩를 三百十一篇만 남기고 같거나 필요 없는 것은 冊篇책편에서 깎았다 하여 冊과 削에 刀칼도를 붙인 것이다.

著者저자의 字解자해 穿鑿천착

著者는 漢學한학에 專務전무하고 字解에 有意유의한 지가 삼십여 년이나 되고 직접 연구한 지도 수삼 년이 되었으나 복희씨 이래로 육천여 년의 세월이 깊었고 시대마다 變遷변천해 온 글자를 풀이하는 것은 쉬운 일이 아니었다. 그러나 人心之靈인심지영이 莫不有知막불유지로 深思熟考심사숙고해서 透得투득한 것도 있고 物格致知물격치지로 物물에서 얻은 것도 있고 혹은 배운 데서 혹은 본 데서 혹은 들은 데서 혹은 經傳경전에서 혹은 辭典사전에서 혹은 說文설문에서 혹은 先見者선견자의 말씀에서 多方다방으로 取취하였다.

제2부 二十四 方位

제2부에서는

24방위를 실었다.

二十四方位_{이십사방위}는

十二支支_{십이지지}와 四維_{사유}와 八干_{팔간}이다.

十二支支는 子, 丑, 寅, 卯, 辰, 巳, 午, 未, 申, 酉, 戌, 亥이고,

四維_{사유}는 乾, 坤, 艮, 巽이고,

八干_{팔간}은 甲, 乙. 丙, 丁, 庚, 辛, 壬, 癸다.

二十四方位이십사방위

二十四方位이십사방위는 十二支支십이지지와 四維사유와 八干팔간이다.

十二支支는 子자, 丑축, 寅인, 卯묘, 辰진, 巳사, 午오, 未미, 申신, 酉유, 戌술, 亥해이고, 四維사유는 乾건, 坤곤, 艮간, 巽손이고, 八干팔간은 甲갑, 乙을. 丙병, 丁정, 庚경, 辛신, 壬임, 癸계다.

子는 아들자 字고 띠로는 쥐띠고 方位방위로는 正北정북 子方자방이고 時間시간으로는 子時자시 子時 初초는 前日전일이고 子時 正정은 明日명일이다. 夜半야반을 子時라 하고 아들자 자를 놓은 것은 夜半에 夫婦부부가 交合교합하여 아들을 孕胎잉태한다는 뜻이 들어 있다. 고로 胞胎法포태법에 亥해가 胞포고 子자가 胎태다. 子를 쥐라 하는 것은 쥐는 야반 子時에 가장 많이 활동하며 穴혈 구멍에 출입하는 것이 男女남녀 交合교합의 動作동작과 같다 하여 이름한 것이다. 고로 周易주역 繫辭傳계사전에 曰 勞乎坎로호감 坎은 子니 夜半야반이고 夜半은 夫婦交合부부교합의 때이므로 '勞'라 한 것이고 勞는 '수고한다'는 글자고 色情색정에 過多과다하여 얻은 병을 癆疾뇌질이라 한다. 달로는 십일월이고 卦괘로는 坎卦감괘다.

癸계는 천간계 북방계 字고 方位방위로는 子와 丑 사이에 있고 癸는 孕胎잉태한 후 腹中복중 뱃속에서 發育발육하는 것이고 계자는 說問설문에 '꽃'이와 같이 쓰기도 하였다.

丑축자는 소축, 지지축 자고 方位방위로는 계와 간 사이고 時시로는 밤 1시부터 세 시까지고 달로는 십이월이고 띠로는 소띠다. 丑은 소. 소는 繫畜之物계축지물, 즉 매어 가두어 기르는 물건이다. 고로 字音자음이 畜축자와 같고 字形자형이 胎兒태아가 腹中복중 뱃속에서 웅크리고 탯줄에 매여있는 것이 소가 우리에 갇혀 고삐에 매여있는 형이다.

艮간은 그칠간, 한정간, 괘이름간 字고 方位로는 丑과 인사이 간방이고 간은 태아가 腹中복중 뱃속에서 출생하기 전 머리털이 자라기 직전의 形이다. 주역 계 사전에 왈 만물이 간에서 시작하고 간에서 마친다 하였다. 故로 태아가 간에서 발육이 그치고 인에 출생한다.

寅인자는 동방인, 공경인, 지지인 字고 方位로는 간과 갑사이 동이고 띠로는 호랑이고 시로는 인시고 달로는 정월이고 동물로는 호랑이. 호랑이는 인시에 활동을 많이 한다. 자형이 호랑이 머리 같다. 인은 人生於寅인생어인 하니 태아가 인에 이르러 출생하니 寅자는 사람이 갓 쓰고 서 있는 形이다.

甲갑자는 갑옷갑, 천간갑, 으뜸갑 字고 방위로는 갑방인과 묘 사이 동이고 시기로는 정월 말 이월초가 된다. 이때가 되면 초목 씨앗의 갑 껍질이 벌어지고 이와 같이 뿌리가 내린다. 주역에 왈 百果草木이 개갑탁이라 하였다.

卯묘자는 토끼묘, 지지묘, 동방묘 字고 방위로는 정동묘방이고 시간은 묘시고 달로는 이월이고 괘로는 진괘고 띠로는 토끼띠라 이월은 목왕지철로 초목의 뿌리가 내리고 새싹이 땅 위로 나온다. 卯 字의 자형이 그러하고 묘는 토끼다. 자형이 토끼가 웅크리고 앉아 달을 쳐다보는 形이고 卯에 亻인변이 붙으면 仰 우러러볼 앙 字가 된다.

乙을자는 '새' 또는 '굽다'라는 뜻으로 쓰이는 글자다. 천간으로는 두 번째에 있고, 방위로는 正東인 卯 다음으로 동쪽에서 약간 남쪽으로 이농한 방향이며, 시산으로는 7시, 節氣절기로는 秋分추분으로 음력으로 2월 말 또는 3월 초(양력 3월 21일경)로 초목의 싹이 아직 쭉 뻗어지지 못하고 구부러져 있는 시기다. 글자의 모양 또한 아직 떡잎이 벌어지지 못하고 구부러져 있는 모양이다.

辰진자는 때신, 별신, 지지진 字로 방위로는 동방을 巽손사이 진방이고 시간은 진시고 달로는 삼월 띠로는 용띠다. 삼월이 되면 초목이 뻗어진다고 辰자의 字形자형이 그러하고 辰은 용이다. 辰을 용이라 하는 것은 용의 특징만 따서 용이라 한 것이다. 용은 뱀 같이 길면서 턱밑에 거꾸로 붙은 비늘 세 개가 있고, 발톱이 있다. 辰 字의 위에 세 획은 용의 비늘 세 개를 뜻한 것이고 아래 획은 용의 발톱이다.

巽손자는 유순할손, 사양할손, 괘이름손 字고 방위로는 동남간 辰진과 巳사 사이

異方손방이고 卦괘로는 巽卦손괘고, 만물이 濟乎巽제호손하니 시기로는 삼월말 사월초다. 이때가 되면, 만물이 다 나와서 가지런하다. 巽자 자체가 '己+己+共'로, 몸기 둘에 공이 하나이니 己, 己 너도 나도 共공이다. 즉 '같이'라는 뜻이다.

巳사자는 뱀사, 지지사 字고 方位방위로는 南方남방 巽손과 丙병사이 四方이고 時間시간은 巳時사시고 달로는 四月 띠로는 뱀띠다. 巳 字는 뱀이니 뱀은 巳時에 활동하고 巳時에 모여든다. 巳 字는 뱀이 똬리 튼 刑이다.

丙병자는 남녘병, 천간병 字고 方位로는 南方 巳와 午 사이 丙方이다. 丙은 午時오시 初초 햇볕이 가장 밝은 때고 시기로는 해가 가장 길다. 故로 丙 字에 火 字가 붙으면 불꽃병, 밝을병 한다. 丙자의 'ㅡ'은 태양을 형상화한 것이고 '內'는 內陸내륙이다. 내륙 위에 태양을 그려 넣어 태양이 내륙에 비치는 형이다.

午오자는 낮오, 지지오 字고 방위로는 丙과 丁사이 正午方정오방이고 시간은 午時오시 달로는 五月이고 卦로는 离卦리괘고 띠로는 말띠 午는 말이다. 말은 日行千里일행천리한다. 故로 字形이 千천 字사이에 ㅡ을 加하니 午 字가 된다. ㅡ은 一日이라는 뜻이고 千은 천리다. 午方이 말인 것은 玉篇옥편에 馬生於午마생어오 즉, 말이 午에서 나왔다 하고 午方오방 离리는 先天선천으로는 乾건이다. 乾은 健건이니 乾乾不息건건불식의 뜻이다. 말은 終日종일 서 있고 終日 달려도 지치지 않는다.
周易주역 繫辭傳계사전에 曰 만물이 相見乎离상견호리라 하여, 만물이 서로 离에서 본다하니 离는 午다. 午는 낮, 한낮이 되면 만물이 시장으로 모여들어 서로 보게 된다.

丁정자는 장정정, 철간정, 성할정 字고 方位로는 南方남방 午와 未사이 丁方정방이고 시기로는 오월 末 유월 初 萬物만물이 丁壯之時정장지시 萬物이 장성한 때다. 사람으로 말하면 壯丁장정이다. 丁 字는 장정이 긴 나무토막을 어깨에 메고 있는 形이다. 옛날 촌에서 남자아이가 큰 나무토막을 어깨에 메면 장정이라 하였다.

未미자는 아니미, 지지미 字고 方位로는 丁과 坤곤 사이 未方이고 시간은 未時고 달로는 유월, 띠로는 양띠다. 양은 무리로 있는 동물로 조용하다가도 未時가 되면 어미는

매-하고 새끼를 찾고 새끼도 매-하고 어미를 찾는다. 未時가 양이고 양은 뿔을 나무에 걸고 자는 동물이므로 未 字는 뿔이 나무에 걸린 形이다.

坤 坤곤자는 땅곤, 괘이름곤 字고 方位로는 西南 未와 申 사이 坤方곤방이고 卦로는 坤卦고 坤 西南方 大陸대륙이다. 坤 字의 土는 地지, 땅이란 뜻이고 申신은 西南서남 申方이란 뜻이다. 周易주역 繫辭傳계사전에 曰 致役乎坤치역호곤, 곤에서 역사 일을 한다 하였으니 坤은 땅 일터다. 先天卦선천괘 天地正位천지정위하니 北이 坤의 正位정위다. 坤은 陰이니 陰은 午에서 右로 逆數역수하여 巽손, 震진, 艮간, 坎감, 乾건, 兌태 이렇게 일생 한 바퀴 돌다 보니 坤에 이르러 老母노모가 된 것이다.

申 申신자는 지지신 펼신, 거듭신, 기지개신 字고 方位로는 西南 坤곤과 庚경 사이 申方이고 시간은 申時고 달로는 칠월이고 띠로는 원숭이띠다. 원숭이는 申시에 휘파람을 잘 불고 申字形이 원숭이가 서 있는 모양이고 申 字를 '납작할 신' 하기도 하는데 원숭이는 다른 동물에 비하여 몸이 납작하고 申은 西南서남 大陸대륙이다.

庚 庚경자는 천간경, 별이름경, 서방경 字고 方位로는 西方 申과 酉유 사이 庚方이고 庚은 칠월 말 팔월 초니 坤申곤신에서 일하고 庚에서 休息휴식한다. 이때가 되면 萬物의 成熟期성숙기니 술밥에다 慶事경사가 많다. 故로 庚자와 慶경사경자가 音음이 같고 形이 유사하다.

酉 酉유자는 서방유, 지지유, 닭유 字고 方位로는 正西方 庚과 申사이 酉方이고 시간은 酉時고 달로는 팔월이고 띠로는 닭띠고 卦로는 兌卦태괘고 酉는 닭이다. 酉字는 西字에 한 획을 더하여 酉자로 쓰는데 酉는 正西方이므로 字形이 西字와 유사하고 酉를 닭이라 하는 것은 닭은 酉시만 되면 해가 길든 짧든 홰에 오른다. 周易주역 繫辭傳계사전에 이르기를 萬物이 說乎兌열호태라, 만물이 태에서 즐긴다 하였다. 팔월 이때가 되면 만물이 성숙하고 酒食주식으로 즐길 때다. 酉자에 氵삼수가 붙으면 酒술주 즉, 술이 된다.

辛 辛신자는 매울신, 천간신 字고 방위로는 西方 酉와 戌 사이 辛方이고 시기로는 구월 초고 辛은 괴로운 것, 즉, 酉유와 兌태에서 즐거움을 겪고 나서 興盡悲來흥진비래로 괴

로움이 온다. 구월은 山地剝卦산지박괘로 草木초목의 잎이 시들어 떨어지고 근심과 고통이 오는 때다. 故로 군자가 미리 安宅안택을 해야 한다.

戌 戌술자는 지지술, 개술 字고 方位로는 西方 辛과 乾건 사이 戌方이고 시간으로는 戌時고 달로는 구월이고 띠로는 개띠다. 戌시가 되면 날이 어둡고 밤이 된다. 개는 밤을 지키는 가축으로서 사람 대신 밤을 지킨다. 故로 戌자가 戈창과에 人사람인 字가 붙은 것이고 戌자와 수자가 옥편에 약간 구분 되어 있기는 하나 戌자를 지킨다는 뜻으로 변방 지키는 군사를 수자리라 하고 戌자를 '수자리수' 하기도 한다.

乾 乾건자는 '하늘건', '굳셀건', '괘이름건', '마를간' 字고 方位로는 西北間 戌과 亥 사이 乾方이고 卦로는 乾卦다. 이때는 十月初 陰陽이 交戰之時교전지시, 陰陽이 서로 싸울 때니 가장 어려운 때다. 故로 주역 繫辭傳계사전에 '戰于乾전우건에서 싸운다'고 하였다. 乾은 하늘이다. 天地正位천지정위하니 乾의 正位정위는 先天卦선천괘로 正南정남이다. 乾은 陽이므로 子에서 左로 順數순수하니 艮간, 震진, 巽손, 离리, 坤곤, 兌태 이렇게 일생 한 바퀴 돌다 보니 노부가 되어 後天후천 西北서북에 자리하게 된 것이다.

亥 亥해자는 '지지해', '돼지해' 字고 方位로는 北, 乾건과 壬임 사이 亥方이고 時間으로는 亥時고 달로는 十月이고 띠로는 돼지띠다. 돼지는 아무런 할 일이 없고 十二地支 중 끝이므로 일이 다 끝난 때고 하루로는 깊은 밤이라 할 일이 없는 때다. 고로 돼지는 할 일이 없다. 또 亥는 돼지 모양이고 亥는 核핵이다. 亥는 十月이니 十月이면 萬物만물의 씨가 다 영글어 다음 世代세대를 준비하고 있다. 사람으로 비유하면 혼인하기 전에 이미 核핵과 胞포가 構成구성되어 있다. 胞胎法포태법은 子에서 言及언급한 바 있고 더 많은 說明설명이 必要필요하다.

壬 壬임字는 '천간임', '북방임', '아첨할임' 字고 方位로는 亥와 子사이 北方 壬方이고 子時 初 夜야 子時 前日전일이다. 壬은 姙임신할임이니 姙娠임신한다는 뜻이다. 壬은 男子고 女는 女子, 男女가 交合교합하면 姙娠임신한다. 故로 壬이고 故로 亥고 故로 子다.

제3부 漢字의 部

제3부에서는
약 200 여 자의 부수를 골라
그 부수 글자의 의미를 밝혔다.
싣는 순서는
획수가 적은 것에서 획수가 많은
순으로 실었다.

漢字한자의 部부

一　一은 한일字로 하나로 쓰는 數字수자이다.

丶　丶는 귀점찍을주字로 글 구절에 찍는 점을 뜻한다.

丨　丨은 위아래통할아字로 위와 아래가 통한 모양이다.

丿　丿은 삐침별字로 글자의 삐침 획을 그대로 형용한 것이다.

乙　乙은 새을, 굽을을字로 새의 모양이다.

亅　亅은 갈고리궐字로 갈고리의 모양이다.

二　二는 두이字로 둘로 쓰는 數字수자이다.

亠　亠는 玉篇옥편에 '두'라 하고 義라 하였는데 그러나 이 亠部는 주로 높다는 글자
部로 많이 쓰인다.

人　人은 사람인字로 사람이 서있는 모양이다.

儿　儿은 어진사람인字로 사람이 걷는 하반신의 모양이다.

八　八은 여덟팔字로 사자 안에 팔이 이 四이고 이 四로 작용한 八이다. 序에 보라

入　入은 들입字로 한 획이 또 한 획 밑으로 들어갔다 하여 들입으로 쓰는 것이다.

冂　冂은 멀경, 들경字로 들밖에 멀리 보이는 城門성문의 모양이다.

冖　冖은 덮을멱字로 덮개의 모양이다.

冫　冫은 얼음빙字로 언 물방울 모양이다.

几　几는 책상궤字로 책상의 모양이다.

凵 凵은 입벌릴감字로 입 벌린 모양이다.

刀 刀는 칼도字로 자루 없는 칼의 모양, 칼에 자루가 있으면 힘을 쓰므로 力힘력 字가 된다.

力 力은 힘력字로 칼(刀)에 자루가 있어야 힘이 되므로 '힘력(力)'하는 것이다. 속담에 칼자루 쥔 자가 힘쓴다는 말이 힘력 字를 두고 하는 말이다.

勹 勹 는 쌀포字로 싸는 모양이다.

匕 匕는 숟가락비, 비수비字로 숟가락의 모양이다.

匚 匚은 모진그릇방字로 모진 그릇의 모양이다.

匸 匸는 감출혜字이다.

十 十은 열십字로 一과 丨의 具成字구성자로 一은 偶數우수의 表표이고 丨은 奇數기수의 表이다. 偶數우수도 五고 奇數기수도 五이니 五와 五가 합하니 十이다.

卜 卜은 점복字로 점은 吉凶길흉을 豫見예견하기 위해 행동하는 것을 점이라 한다. 卜은 各本각본, 모두 거북을 지지는 모양이라 한다.

卩 卩은 병부절字로 군에서 쓰는 병부 반절의 모양이다. 병부는 주로 대나무로 만드는데 대나무 토막을 쪼개서 하나는 임금이 갖고 하나는 군의 장수에게 주어 서로 부신을 삼는 물건이다.

厂 厂은 기슭엄字로 굴바위 언덕의 모양이다.

厶 厶는 사사사字로 厶는 공정하지 않은 것을 私사라 하는데 厶 字는 字形자형으로 봐도 둥글지 않고 公공은 O과 같이 둥글고 공정하다는 의미고 私는 厶와 같이 모지고 둥글지 않다는 의미이다. 公 字도 八字 밑에 厶를 했는데 漢字에 O이 없어지므로 부득이 厶를 대용한 것이다.

又 又는 또우字로 又는 '또'의 表示표시이다. 같은 글자가 연거푸 있으면 한 자만 쓰고 다음 글자는 又와 같이 하여 表하던 것인데 又를 글자로 쓰니 연거푸 있는 글자를 이와 같이 表한다.

口　口는 입구字로 입의 모양이다.

囗　囗는 에워쌀위字로 에워 싼 모양이다.

土　土는 흙토字로 土字는 十字에 一字를 붙여서 土가 된 글자로 易法역법에 一은 偶우의 表이고 ㅣ은 奇기의 表이다. 偶數우수도 五고 奇數기수도 五이니 五에 五를 더하니 十인데 五와 十은 土이다. 故로 十字에 一을 더한 것이다.

夂　夂는 뒤져서올치字로 뒤에 이르는 모양이다.

夊　夊는 천천히걸을쇠字로 천천히 걷는 모양이다.

夕　夕은 저녁석字로 해질 무렵 초승달의 모양이다.

大　大는 큰대字로 큰 사람의 모양이다.

女　女는 계집녀字로 女子는 여자의 생식기를 의미하여 만들어진 글자다. 男女가 外形은 서로 다르지 않으나 다른 것은 생식기이다.

子　子는 아들자字로 갓 낳은 아기의 모양이다.

宀　宀은 움집면字로 움집의 모양이다.

寸　寸은 마디촌字로 一尺일척한자를 十 열 마디로 나눈 것이 寸이다. 十은 十이고 丶는 尺 字의 눈금의 表이다.

小　小는 작을소字로 어떠한 물건을 나누어서 작은 것이다. 故로 地主지주에게 나누어 주는 농사를 小作이라 한다. 이와 같이 중간을 나누면 반만 남으니 작은 것이고 합하면 크다.

尢　尢은 절름발이왕字로 한쪽이 글자와 같이 구부러져있다.

尸　尸는 주검시字로 죽은 시체의 모양이다.

屮　屮은 떡잎철字로 냇물이 흐르는 모양이다.

山 山은 뫼산字로 산의 모양이다.

川 川은 내천字로 냇물이 흐르는 모양이다.

工 工은 장인공字로 工은 匠人장인의 도구 는 方尺방척이고 一은 直尺직척이다.

己 己는 몸기字로 자기의 表다.

巾 巾은 수건건字로 막대에 걸려있는 수건의 모양이다.

干 干은 방패간字로 방패의 모양이다.

幺 幺는 작을요字로 작음을 表한 글자다.

广 广은 바위집엄字로 바위 집 모양이다.

廴 廴은 끌인字로 물건을 끌고 가는 모양이다.

廾 廾은 팔짱낄공字다.

弋 弋은 주살익字로 화살의 모양이다.

弓 弓은 활궁字로 활의 모양이다.

彐 彐는 돼시머리계字로 돼지머리의 모양이다.

彡 彡은 터럭삼字로 털의 모양이다.

彳 彳은 걸을척字로 걷는 모양이다.

心 心은 마음심字로 심장의 모양이다.

戈 戈는 창과字로 창의 모양에 戈에 丶 이점은 창의 장식이다.

戶 戶는 지게호字로 지게문 외짝문의 모양이다.

手 手는 손수字로 손의 모양이다.

支　支는 가를지, 뻗칠지字로 支 字는 十이 위에 있고 又가 밑에 있어 뻗치고 있는 모양이다.

攴　攴은 칠복字로 손에 작은 망치를 쥐고 다듬어 치는 모양이다.

文　文은 글월문字로 文字는 文章문장문을 내기 위해 그은 것이 글월문 字로 쓰게 된 것이다.

斤　斤은 날근, 도끼근, 저울근字로 斤과 같이 도끼의 모양이고 저울의 모양이기도 하다.

方　方은 모방字로 모진 것이다. 옛날에 글자를 새발같이 썼다. 그러나 方 字는 모지게 썼다.

无　无는 없을무字로 없는 것은 形이 없다. 그러나 글자가 있어야 한다. 故로 无는 '없다'의 表다.

日　日은 날일字로 해의 모양이다.

曰　曰은 가로왈字로 口안에 一은 혀의 모양. 혀로 말하는 形容형용이다.

月　月은 달월字로 달의 모양이다.

木　木은 나무字로 나무의 모양이다.

欠　欠은 하품흠字다.

止　止는 그칠지字로 금지의 形容(형용)이다. 止 字는 '一 +卜+ㅣ'로 되었는데 ㅣ은 금지선이고 卜은 사람이고 一은 길이다. 길로 가는 사람을 ㅣ로 막아 그치게 하던 일이 그칠지 字로 된 것이다.

歹　歹은 살발린뼈알字로 살발린뼈의 모양이다.

殳　殳는 창수, 칠수, 팔모장수字다.

毋　毋는 말무字로 문을 닫아놓고 出入 못 하도록 한 表示표시의 모양이다.

比　比는 견줄비, 나란히비字로 두 사람이 나란히 앉아있는 모양이다.

毛　毛는 털모, 심을모, 풀모字로 짐승의 꼬리털의 모양. 故로 黃毛황모, 족제비꼬리털,
青毛청모 청설모의 꼬리털이라 한다.

氏　氏는 성씨字로 氏 字는 民민字의 머리를 뺀 것이니 뿌리를 뜻하는 글자이며
뿌리의 모양이기도 하다.

气　气는 구름기운기字로 구름이 바람을 타고 가는 모양이다.

水　水는 물수字로 물이 갈라져 흐르는 모양이다.

火　火는 불화字로 불이 타오르는 모양, 불타는 모양이다.

爪　爪는 손톱조字로 짐승의 발톱 모양이다.

父　父는 아비부字로 원 交교字에서 'ㅗ'는 빼고 '父'만 가져다가 아비부字로 쓰는
것이다. 父字가 交字에서 온 이유는 交字는 夫婦交合부부교합의 모양. 사람 위에
사람이 엎드린 形이니 交字에서 아들이 태어나고 아버지가 된다.

爻　爻는 사귈효, 육효효字로 周易卦爻주역괘효의 爻字인데 陰陽음양이 사귀는 뜻의
모양이다.

爿　爿은 조각장字로 나뭇조각 왼쪽의 모양이다.

片　片은 조각편字로 나뭇조각 오른쪽의 모양이다.

牙　牙는 어금니아字로 어금니의 모양이다.

牛　牛는 소우字로 소머리에 굴레를 한 모양이다.

犬　犬은 개견字로 개의 모양. 孔子가 말씀하시기를 犬字를 보고 개를 안다 하였다.

玄　玄은 검을현字다.

玉　玉은 구슬옥字로 구슬을 꿰어 놓은 모양이었는데 後에 漢字를 해자로 쓰니 王

字와 같으므로 점을 찍어 구분한 것이다.

瓜 　瓜는 오이과字로 넝쿨에 달려있는 오이의 모양 또는 오이는 진 字와도 유사하다.

瓦 　瓦는 기와와字로 기와의 모양이다.

甘 　甘은 달감字로 단 것은 글자로 形容_{형용}하기 어렵고 글자는 '달다'의 表다.

生 　生은 날생字로 식물이 땅 위로 나오는 모양이다.

用 　用은 쓸용字로 삼태기 모양. 그릇을 만들어 놓으면 쓴다. 故로 그릇을 만들어
　　놓고 써보라 한다.

田 　田은 밭전字로 밭의 모양이다.

疋 　疋는 발소字로 발의 모양이다.

疒 　疒은 병들어기댈역字이다.

癶 　癶는 걸음발字이다.

白 　白은 흰백字로 日에 ノ_{삐침}을 하였는데 삐침은 해를 가리키는 形容인데 해(日)는
　　희다는 뜻이다. 故로 白日 해는 희다 또는 五色의 하나로 희다의 表이기도 하다.

皮 　皮는 가죽피字로 가죽의 모양이다.

皿 　皿은 그릇명字로 제기의 모양이다.

目 　目은 눈목字로 눈의 모양. 눈은 橫_횡으로 되어야 하는데 縱_종으로 한 것은 橫으로
　　쓰면 四 字와 유사하므로 縱으로 쓴 것이다.

矛 　矛는 창모字로 창의 모양이다.

矢 　矢는 살시, 화살시字로 화살의 모양이다.

石 　石은 돌석字로 厂_엄은 굴 바위고 口는 돌의 모양. 돌은 바위가 떨어져 돌이
　　되거나 산 아래에 주로 굴러와 있다.

示 示는 보일시字로 내려다보이는 모양. 示는 神신을 뜻한다.

内 内는 짐승발자국유字로 짐승발자국 모양이다.

禾 禾는 벼화字로 이삭이 나온 벼의 모양이다.

穴 穴은 구멍혈字로 옛 土室의 모양이다.

立 立은 설립字로 사람이 서있는 모양이다.

竹 竹은 대나무죽字로 대나무의 모양이다.

米 米는 쌀미字로 쌀을 모아놓은 모양이다.

糸 糸는 실사字로 실의 모양이다.

缶 缶는 장군부字로 위가 좁고 배가 큰 그릇이다.

网 网은 그물망字로 그물의 모양이다.

羊 羊은 양양字로 양의 모양. ソ는 뿔이고 丯는 머리와 몸체이다. 孔子曰공자왈 '牛羊之字우양지자는 以形也이형야리' 즉 '소와 양의 글자는 形이리' 하시다.

羽 羽는 깃우, 날개우字로 새의 깃 모양이다.

老 老는 늙을로字로 노인이 갓을 쓰고 앉아있는 모양이다.

而 而는 말이을이字로 漢文한문 文法문법에 윗글과 아래 글을 잇는데 쓰이는 接續詞접속사다.

耒 耒는 쟁기뢰字로 옛날 농기구 쟁기의 모양이다.

耳 耳는 귀이字로 귀의 모양이다.

聿 聿은 붓율字로 붓의 모양이다.

肉 肉은 고기육字로 고기살의 모양이다.

臣　臣은 신하신字다.

自　自는 스스로자字로 目눈목 字에 ノ삐침을 하였다. 만물의 싹이 눈으로부터 나온다. 이것은 자연이다. 故로 스스로부터 하는 것이다.

至　至는 이를지字로 㐅는 去거고 土는 地지로, '목적지까지 가다'라는 뜻이다.

臼　臼는 절구구字로 절구통의 모양. 옛 절구통은 통 안에 벼가 잘 찧어 지도록 짧은 이가 있다.

舌　舌은 혀설字로 혀가 입에서 움직이는 形이다. 口는 입이고 干은 혀다.

舛　舛은 어그러질천 字로 서로 어그러진 모양이다.

舟　舟는 배주字로 배의 모양이다.

艮　艮은 그칠간, 괘이름간字로 胎兒태아가 출생하기 직전의 모양이다.

色　色은 빛색字다.

艸　艸는 풀초字로 풀의 모양이다.

虍　虍는 범의문채호字로 호랑이가 꼬리를 뻗치고 고개를 돌리는 모양이다.

虫　虫은 벌레충字로 벌레의 모양이다.

血　血은 피혈字다.

行　行은 다닐행字로 두발로 걸어가는 모양이다.

衣　衣는 옷의字자로 윗옷의 모양이다.

襾　襾는 덮을아字로 덮는 뚜껑의 모양이다.

見　見은 볼견字로 目은 눈이고 八은 左右로 보는 모양이다.

角　角은 뿔각字로 뿔의 모양이다.

言　言은 말씀언字로 口는 입이고 三은 말할 때 입이 上下左右상하좌우로 움직이는 모양이다.

谷　谷은 굴곡字로 골짜기의 모양이다.

豆　豆는 콩두, 제기두字로 제기의 모양이다.

豕　豕는 돈시, 돼지시字로 어린돼지 모양이다.

豸　豸는 해치치字로 해치의 모양이다.

貝　貝는 조개패字로 바다에서 나오는 조개류로 가공해서 貝物패물이나 佩物패물로 쓰고 돈으로도 쓰였다.

赤　赤은 붉을적字로 붉다의 表다.

走　走는 달릴주字로 달리는 모양이다.

足　足은 발족字로 'ㅁ+止'으로 構成구성된 글자인데 疋소와 같이 발의 모양이다. ㅁ를 한 것은 머리는 둥글고 발은 모졌다는 뜻이다.

車　車는 수레거, 차차字로 차바퀴의 모양이다.

身　身은 몸신字字로 사람 몸의 形인데 字形이 길다. 故로 身長신장에 많이 쓴다.

辛　辛은 매울신字로 고추 모양인데 고추는 맵다.

辰　辰은 별신字다.

辵　辵은 머뭇거릴착字로 足자 위의 'ㅁ'의 위치에의 세 획(彡)이 머뭇머뭇하는 뜻으로 한 것이다.

邑　邑은 고을읍字로 口는 人口이고 巴는 많다의 表. 인구가 많으면 邑이 된다.

酉　酉는 닭유, 지지유, 서방유字다.

采 采는 분별할채字로 농부가 벼와 가라지를 분별하기 위하여 이리저리 헤치는 形容이다.

里 里는 마을리字로 田土밭과 흙이 있는 곳이 마을이다.

金 金 쇠금, 금금字로 金 字의 획은 금덩어리의 오목오목한 곳을 그려 글자로 삼은 것이다.

長 長은 긴장, 어른장字로 字形이 길어 이름한 것이다.

門 門은 문문字로 문의 모양이다.

阜 阜는 언덕부字로 언덕의 모양이다.

隶 隶는 미칠이, 근본이字다.

隹 隹는 새추字로 꼬리 짧은 새의 모양이다.

雨 雨는 비우字자로 비오는 모양이다.

青 青은 푸를청字로 '푸르다'의 表다.

非 非는 아닐비字로 '아니다'의 表다.

面 面은 낯면字로 얼굴의 모양이다.

革 革은 가죽혁, 생가죽혁 字다.

韋 韋는 가죽위, 다룸가죽위 字다.

韭 韭는 부추구字로 이슬 붙은 부추의 모양. 부추에 이슬이 있는 것은 薤露해로 부추에 이슬이라는 말과 노래가 있어 擇택한 것이다.

音 音은 소리음字로 소리이니 形이 없어 악기의 모양을 따서 소리음이라 한 것이다.

頁 頁은 머리혈字로 首머리수字와 같으면서 이 두 획이 上下로 바뀌어졌다. 首는

머리카락이 있는 머리고 頁혈은 수염이 있는 머리다. 頁은 머리 한 쪽을 뜻한다. 故로 책 한 장에도 一頁 二頁이 있다.

首　首는 머리수字로 머리카락이 있는 머리를 뜻한다. 首는 눈 위를 뜻하는 것이다.

飛　飛는 날비字로 새가 나는 모양이다.

食　食은 밥식, 밥사, 먹을식字로 人과 良으로 構成된 字로 人은 사람이고 良은 큰 사람 어린아이는 젖을 먹지만 큰 사람은 밥을 먹는다.

風　風은 바람풍字자로 옛날 風器풍기의 모양이다. 風器풍기는 손잡이를 잡고 당겼다 밀면 바람이 난다.

香　香은 향기로울향字로 '禾+日'로 具成된 글자로 禾는 벼고 日은 햇볕. 벼는 日照量일조량이 많을수록 향이 난다.

馬　馬는 말마字로 말의 특징과 形 그대로 나타낸 것이다. 말은 몸은 낮고 머리는 높다.

骨　骨은 뼈골字로 뼈의 모양이다.

高　高는 높을고字로 높은 성문의 모양이다.

髟　髟는 털길표字로 長은 긴것이고 彡은 털모양이니 털이 길다는 뜻이다.

鬥　鬥는 싸울투字로 두 주먹이 서로 싸우는 모양이다. 주먹으로 치는 것은 싸움이고 칼이나 창으로 치는 것은 戰爭전쟁이다.

鬯　鬯은 향풀창字로 鬯은 향풀 부분의 모양만 따온 글자로 은 향풀씨와 껍질이고 匕는 잎과 줄기다.

鬲　鬲은 솥격字로 솥에 새겨진 무늬를 따서 이름 한 글자다.

鬼　鬼는 귀신귀字로 머리에 뿔난 도깨비 귀신의 모양. 鬼는 도깨비이고 厶는 도깨비가 가진 물건 즉 도깨비 방망이다.

魚　魚는 고기어字로 고기의 모양이다.

鳥 鳥는 새조字로 새의 모양이다.

鹵 鹵는 소금로字로 소금밭의 모양이다.

鹿 鹿은 사슴록字로 사슴이 바위 밑에 누워있는 모양이다. 广은 바위 언덕이고 鹿은 사슴이다.

麥 麥은 보리맥字로 周주나라 武王무왕이 孟津맹진을 건넌지 五日에 까마귀가 가져온 곡식이 바로 보리이다. 故로 來는 來고 夊은 보리모양이다.

麻 麻는 삼마字로 삼 껍질을 벗겨서 언덕진 바위 밑에 걸어놓은 모양이다. 삼은 껍질이 필요한 것이 특징이다.

黃 黃은 누를황字로 누르다는 빛깔의 이름이다.

黍 黍는 기장서字로 기장에서 술을 빚는다하여 만들어진 글자이다. 故로 孔子曰공자왈 '黍可爲酒서가위주'라 하였으니 기장은 가히 술을 만듦으로 禾人水화인수라 하였다.

黑 黑은 검을흑字로 형벌에 墨刑묵형을 본뜬 글자. 얼굴 검은 점의 모양이다.

黹 黹는 바느질할치字로 수놓기 위해 바느질한 모양. 故로 이 글자에 部가 붙으면 수놓은 黼黻보불의 글자가 된다.

黽 黽은 맹꽁이맹字로 맹꽁이가 소리를 낼 때 수컷은 맹하고 암컷은 꽁하며 모양은 개구리 같고 거북이는 목이 있는데 맹꽁이는 목이 없다. 故로 龜字에 목이 없이 黽과 같이 쓴 것이다.

鼎 鼎은 솥정字로 솥의 모양이다. 발이 셋 달리고 귀가 둘 달린 솥의 종류다.

鼓 鼓는 북고字로 壴는 달아맨 북의 모양이고 支는 치는 북채다. 북은 치는 것이니 치지 않으면 북의 가치가 없다. 故로 이 사람도 치고 저 사람도 치면 동네북이냐고 한다.

鼠 鼠는 쥐서字로 쥐의 이빨과 꼬리를 의미하는 글자다. 臼는 쥐의 이빨이고 는 쥐꼬리 무늬다. 故로 쥐 이빨 쥐꼬리란 말은 써도 쥐 몸이란 말은 거의 안한다. 그래서 鼠 字에 몸은 빠진 것이다.

齊는 가지런할제字로 글자 모양이 좌우가 고르고 가지런하다.

 鼻는 코비字로 코의 모양이다.

 齒는 이치字로 이의 모양이다. 齒 字는 止와 齒로 되었는데 사람의 윗니는 그치고 아랫니만 움직이므로 위에 止 가 붙은 것이다.

 龍은 용룡字로 立體입체 서 있는 용을 뜻하는 것이다.

 龜는 거북귀字로 거북의 모양이다.

龠은 피리약字로 口口口는 피리 구멍이고 侖은 倫이니 피리는 악기로 구멍이 차례로 뚫어져 있고 음악은 절조가 있다.

제4부 漢字의 構成 原理

제4부에서는
약 1천 2백여 자의 한자를 골라
그 쓰임을 밝히고
구성 원리를 살펴보았다.
싣는 순서는
한자음의 한글 '가나다'순으로 하였으며
뜻이 비슷한 글자는
그 각각의 쓰임을 설명하였다.

가릴**간**/분별할**간**

[揀選간선 여럿 가운데서 가려 뽑음,揀擇간택 가려서 차지함]

揀 자는 '扌손수'+'柬가릴간'으로 構成구성 된 글자로 扌는 손이고 柬은 東동녁동자와 유사하다. 유사하지만 다른 것을 나타내기 위하여 柬을 사용한 것이다. 그러므로 揀은 유사한 것을 손으로 분별해 가리는 것이다.

 가릴**선**

[選擧선거 많은 중에서 골라서 드는 것, 選拔선발 가려서 뽑아내는 것, 選上선상 골라 뽑아서 바침, 지방의 남자 하인 중에서 골라서 서울의 각 관청에 올리던 일을 일컬음]

選 자는 '巽부드러울손'+'之갈지'자로 구성된 글자로 巽자를 풀어보면 '己+己+共'이 된다. 그리고 之자는 어조사로 문장을 이어주는 역할을 하는 것으로 '그저 모두 같다'는 뜻이 된다. 그러므로 選자는 모두 같은 것 중에서 그래도 하나를 가린다는 뜻이다.

국회의원이나 지방의회 선거 등 각종 선거에 출마한 사람들을 보면 거의 비슷한 약력과 비슷한 공약을 이야기하여 거의 같은 듯이 보이는 경우가 많다. 어떤 후보가 특별하게 다른 것 같지 않은 경우도 많다. 유권자는 그래도 그 중에 한 후보를 선택하게 된다. 대학 입시에서도 거의 비슷한 1등급 중에서도 가려서 뽑아야 하는 어려움이 있다. 이렇게 選자는 '그저 그러한 것들' 중에서 가린다는 뜻이 된다.

 가릴**택**

[擇交택교 벗을 가려서 사귀는 것, 擇吉택길 좋은 걸 가리는 것, 擇日택일 날을 가리는 것]

擇자는 扌손수와 睪엿볼역으로 구성된 글자로 扌는 揀가릴간이고 睪은 별 뜻이 없고 마음에 드는 대로 가져온 것이다. 고로 擇자는 좋고 나쁜 것을 떠나서 필요한대로 마음에 드는 대로 가려서 차지하기 전에 일이다. 고로 睪은 '扌'또는 'ㅅ'가 앞에 있으면 '택'이라 읽고 '馬'가 있으면 '역'이라 읽고 '束묶을속'이 있으면 '속'이라고 읽고 '金쇠금'이 붙으면 '탁'이라고 읽는다.

이상 '가르고 나누는'것을 나타내는 세 글자의 의미를 살펴보면, 揀은 유사한데서 진가를 가리는 것이고, 選은 같은 데서 더 낳은 것을 가리는 것이고, 擇은 마음에 드는 것을 가리는 것이다.

輕 가벼울경

[輕車경거 가벼운 차 , 輕擧경거 가볍게 드는 것, 말과 행동이 가벼움, 輕快경쾌 거뜬하고 만족한 것]

輕자는 '車수레차'+'巠지하수경'으로 구성된 글자로 車는 글자 그대로 '수레'를 뜻하는 것이고, 巠은 소리를 나타내기도 하며, 글자의 뜻보다는 무엇인가 '물품'이 수레 옆에 있는 것을 표현한다. 즉, 차 옆에 물품이 있으니 아직 차에 싣기 전이고 차에 싣지 않았으니 '가볍다'는 의미의 글자가 만들어진 것이다.

※重무거울중은 車에 물건을 가득히 실은 모습을 나타낸 것이고, 輕은 싣지 않은 모습이다.

敎 가르칠교

[敎科교과 가르치는 과목 , 敎壇교단 가르치는 단, 敎師교사 가르치는 스승, 敎育교육 가르쳐 기르는 것, 敎化교화 가르침이 돼 나가는 것]

敎자는 '孝효도효' + '父아비부'로 구성된 글자로 孝는 孝고 父는 父니, 아버지께 孝道효도 하라는 뜻으로 된 글자이다. 아이가 말 배울 때 이미 어른에게 인사하라고 하는 것이 가르치는 것이다.

指 가리킬지/손가락지

[指名 지명 이름 부르며 가리키는 것 , 指目 지목 어떠한 인물을 가리키는 것 , 指定 지정 가리켜 정하는 것, 指揮 지휘 손을 흔들어 가르쳐 시키는 것]

指자는 '扌손수' + '旨뜻지'로 구성된 글자로 扌은 手손수로 손가락을 말하고, 旨는 '뜻=마음=생각'이니 생각을 손가락으로 표현하는 것이니 가리키는 것이다. 따라서 指揮지휘, 指定지정 등 뜻을 전달하려고 손을 사용할 때 사용하는 글자다.

誨 가르칠회

[誨言회언 가르치는 말 , 懷柔회유 가르쳐 인도하는 것 , 誨諭회유 가르쳐 깨우침]

誨자는 '言말씀언'+'每매양매'로 구성된 글자로 言은 訓이고 每는 誨니 가르쳐 잘못을 깨우쳐

주는 것이 誨다.

〈참고〉 懷柔회유와 誨諭회유

懷柔회유와 誨諭회유는 둘 다 '말'로 상대방을 설득하는 것은 비슷하지만 懷柔는 '구슬리고 달랜다.'는 의미가 있고, 誨諭는 '가르쳐서 깨우치다.'는 의미가 있다. 따라서 懷柔는 정치 집단이나 범죄 집단 등에서 상대방을 우리 편으로 만들 때 많이 사용하고, 誨諭는 聖人이나 스승이 대중이나 제자들에게 가르침을 주기 위해 사용하는 경우가 많다.

 가르칠훈/경계할훈

[訓戒훈계 타일러 경계하는 것, 訓練훈련 가르쳐 단련시키는 것, 訓民훈민 백성을 가르치는 것, 訓學훈학 배우는 학생을 가르치는 것]

訓자는 '言말씀언'+'川내천'으로 구성된 글자로 言은 '말'이고 川은 戒경계할계자를 생략하여 사용하는 것으로 '경계하다', '조심하다', '타이르다' 등의 뜻이 있는 글자로 말로 타이르는 것을 '訓'이라고 한다.

이상 教교는 순수하게 가르치는 것이고, 誨회는 가르쳐서 잘못을 깨닫게 하는 것이고, 訓훈은 삼가고 경계하는 것이고, 指지는 손으로 가리키는 것인데 가르치는 의미도 들어 있다고 할 수 있다.

 가까울근/가까이할근

[近郊근교 집에서 가까운 곳, 近代근대 가까운 지나 시대, 近思근사 아주 비슷한 것, 近親근친 가까운 친척]

近자는 '斤도끼근'+'辶갈지'로 구성된 글자이다. 斤은 도끼나 칼이고 辶는 동사로 쓰였다. 옛날에는 인간생활에 가장 가까이 있는 도구가 도끼나 칼이다. 그러므로 도끼를 놓고 가깝다는 의미의 글자를 만든 것이다. 즉 '도끼=가깝다'가 성립한다.

 가까울이

[孔邇공이 심하게 가까운 것 , 密邇밀이 곁에 닿을 정도로 가까운 것, 邇言이언 쉽게 하는 말]

邇자는 '爾너이'+'辶쉬엄쉬엄갈지'로 구성된 글자로 辶자는 近가까울근 자를 생략하여 사용하는 것이다. 자형이 긴밀하고 너나하고 가까운 사이다.

이상 近 자는 가까운 것이고 邇 자는 가까이 있는 것으로 친하다는 뜻이 포함되어 있다.

가반/밭둔덕반

[畔界반계 밭 경계, 畔路반로 밭길 , 畔岸반안 밭 언덕, 天畔천반 하늘가, 먼 하늘과 땅 사이]]

畔자는 '田밭전'+'半반반'으로 구성된 글자로, 田은 田이고 半은 半이니 半이 갈라진 밭가란 뜻이고 양쪽 밭 사이니 밭의 둔덕이고 경계다.

 가변/변방변/곁할변

邊境변경 나라 가장자리 경계, 邊方변방 수도에서 먼 지방, 江邊강변 강의 주변, 路邊노변 길의 가장자리]

邊자는 '自스스로자'+'旁곁방'+'辶쉬엄쉬엄갈지'로 구성된 글자로 '곁으로(旁)부터(自) 가다(辶)'의 뜻으로 중심이 아니라 곁으로부터 가는 것이 '가장자리'이고 '변방'이다.

이상 畔字는 밭과 밭 사이의 가장자리이고 邊字는 경계란 글자가 文章문장에 붙기 이전에는 단순한 '가장자리'다.

 가난빈

[貧困빈곤 가난하여 고생스러운 것, 貧窮빈궁 없어 궁한 것, 貧民빈민 가난한 백성, 貧賤빈천 가난하고 천한 것]

貧자는 '分나눌분'+'貝조개패'로 구성된 글자로 分은 나누는 뜻이 있고, 貝는 財재물재니 分財분재, 즉 재산을 나누니 가난하다.

 가늘섬

[纖巧섬교 가늘고 교묘한 것, 纖手섬수 가는 손, 纖姸섬연 가늘고 고운 것, 纖維質섬유질 미세한 실 모양으로 이루어진 물질]

纖자는 '糸실사'+'韱부추섬'으로 구성된 글자로, 糸만으로도 '가늘다'는 뜻이 되지만 '부추처럼 가늘다'의 뜻을 가진 '韱' 자를 더해서 실을 다시 가늘게 찢어 놓았다는 뜻이 되어 더욱 '가늘다'의 뜻으로 쓰이는 글자다.

 가늘세/잘세

[細柳세류 가는 버들, 細雨세우 가는 비, 細報세보 자세하게 보고하는 것, 細菌세균 아주 작은 균]

細자는 '糸실사'+'田밭전'으로 구성된 글자로 糸는 실이고 田은 밭인데 桑田상전이므로, 뽕나무 밭을 뜻한다. 즉 뽕나무 밭에서 나온 누에고치 실이니 가늘다.

이상 纖가늘섬字는 여러 번 찢어서 가는 것이고, 細가늘세/잘세자는 姿體자체가 가는 것이다.

 가둘수

[囚禁수금 가두어 금하는 것 , 囚俘수부 사로잡아 가둔 것 , 囚人수인 가둔 사람]

囚자는 '口입구'+'人사람인'으로 구성된 글자로 사람을 가둔 形이다.

 가운데앙

[中央중앙 가운데이면서 가장 큰 곳, 震央진앙 지진이 발생한 진원 바로 위의 지표면]

央자는 '冂멀경'+'大큰대'로 구성된 글자로 冂은 물체의 둘레고 大는 大니 땅이나 事物사물의 中心중심 즉, 중요한 곳을 央이라 한다.

 가운데중/맞을중

[中間중간 두 사물의 사이, 中古중고 오래되지 않은 옛날, 中國중국 나라 이름, 中伏중복 삼복 중에 하나]

中자는 '口'+'丨'로 구성된 글자로 口는 物물이고 丨은 物의 가운데를 表示표시한 것이다.

이상 央은 事物의 중간 보다는 중요한 곳을 일컫는 것이고 中은 사물의 중간을 뜻한 것이다. 中자는 大中小 또는 上中下에 많이 쓰인다.

 가지런할제/제나라제/삼복아래홑자/재계할재/엄숙할제/고를제

[齊綫제최 상복인데 삼베로 지었으며 옷 하단을 접어 꿰맨 것, 齊家제가 집안을 잘 다스림, 齊戒제계 집에서 스스로 경계하는 것, 齊明제명 깨끗이 하는 것, 齊唱제창 일제히 다 같이 부르는 것]

齊자는 그 두 아래 획의 左右좌우가 가지런하다.

 가지조/조목조

[條件조건 어떠한 일에 어떻게 한다는 여러 가지의 건, 條例조례 조항의 례, 條文조문 조항을 적은 글, 條目조목 어떠한 규약에 하나하나의 명목, 條約조약 조문으로 된 약속]

條자는 '攸바유'+'木나무목'으로 구성된 글자로 攸는 語助辭어조사고 木은 木이니 나무란 것은

가지가 있다는 뜻으로 條字를 만든 것이다. 條 자는 원래 나뭇가지란 뜻이나 나뭇가지는 人間 生活法則생활법칙의 條律조률과 같으므로 一條二條일조이조 하는데 많이 쓰인다.

 가지지

[枝幹지간 가지와 줄기, 枝莖지경 가지와 밑동 줄기, 枝葉지엽 가지와 잎, 枝節지절 가지와 마디, 枝梢지초 가지 끝]

枝자는 '木나무목'+'支가를지'로 구성된 글자로 木은 原木원목이고 뜻은 支에 있으니 支는 가지다.

이상 條는 나뭇가지에 가지가 있고 가지에 가지가 또 있는 가지고 枝는 原木이 아닌 것은 모두 가지다.

 가질지/잡을지/지킬지

[持久지구 오래 견디는 것, 持續지속 계속하여 지키는 것 , 持參지참 물건을 가지고 참여하는 것]

持자는 '扌손가락지'+'寺절사'로 구성된 글자로 扌는 손이고 寺는 時의 생략형으로 어느 때든 늘 가지고 있는 것 故로 持操지조라 한다.

 가질취/거들취

[取得취득 얻어 가지는 것, 取利취리 이익을 가지는 것, 取息취식 휴식을 가지는 것, 取下취하 신청한 것을 철회함]

取자는 '耳귀이'+'又또우'의 구성된 글자로 耳는 가져온 것, 又는 가지는 손의 모양이다. 取字는 又部우부에서 찾아야 하고 耳는 글자를 만들기 위해 가져온 것일 뿐이고 뜻은 又에 있다. 故로 가질 취한다.

이상 持는 가지고 있는 것이고 取는 얻어 가지는 것이다.

 가릴비/덮을비

[庇免비면 가려서 면한 것 , 庇佑비우 가려 돕는 것 , 庇護비호 가려 보호하는 것]

庇자는 '广'+'比견줄비'로 구성된 글자인데, 합쳐져서 만들어진 글자라기보다 집 안에 있는 사슴록(鹿)에서 사슴의 머리 부분만 가려서 안 보이는 모습을 형상화한 것이다. 사슴은 독특한 뿔이 있는 머리 부분이 중요한데 머리 부분을 가렸으니 사슴인지 모른다. 그래서 庇자는 庇護비호 등 덮어준다는 뜻으로 쓰이는 경우가 많다.

가릴차/막을차

[遮光차광 빛을 막다, 遮斷차단 막아 끊음 , 遮日차일 해를 가림 , 遮道차도 길을 막는 것]

遮자는 '庶'+'辶'로 구성된 글자로 庶여러서는 많은 것을 뜻하고 辶는 之로 여럿이 무리지어 지나가면 길도 막히고 햇빛도 막힌다.

 가릴폐

[蔽塞폐색 가려져 막힌 것 , 蔽膝폐슬 무릎가리개 , 蔽風폐풍 바람 가린 것]

蔽자는 '++풀초'+'敝해질폐'로 구성된 글자로 ++는 풀이고 敝는 해진 것이니 해진 곳을 풀로 덮어 가린 것이다.

이상 庇는 물체로 가려진 것이고 遮는 수가 많아 가려진 것이고 蔽는 험을 가리는 것이다.

 가장최/우뚝할최

[最近최근 가장 가까운 것 , 最好최호 가장 좋은 것]

最자는 曰가로대왈+取취할취로 구성된 글자다. 고려의 서희장군은 거란족이 침략했을 때 말로서 강동 육주를 되찾았다. 침략한 적을 말로 이기는 것도 대단한 것인데 말 한 마디로 옛 땅을 찾기까지 했으니 정말 최고라 아니할 수 없다. 最 자는 이렇게 말(曰)로 얻는 것(取)을 최고라고 한다. 그래서 最 자가 최고, 제일, 으뜸, 중요한 일, 우두머리 등의 뜻으로 쓰이는 것이다. 最 자는 '맨 첫머리', '맨 끄트머리'에서처럼 '맨'이란 말이다.

 가을추/때추

[秋耕추경 가을갈이, 秋露추로 가을 이슬, 秋麥추맥 갈보리, 秋分추분 절기 이름, 秋收추수 가을걷이, 秋月추월 가을 달, 秋風추풍 가을바람]

秋자는 '禾벼화'+'火불화'로 구성된 글자이다. 火는 불 또는 볕이니 가을이면 벼를 말린다. 故로 벼(禾)와 불(火)을 더하여 가을이라는 뜻이 나온다.

 가물한

[旱魃한발 가뭄 귀신, 旱災한재 가물로 인하여 발생하는 재앙, 旱天한천 가무는 날씨, 旱草한초

가뭄을 잘 견디는 식물]

旱자는 '日'+'干방패간'으로 구성된 글자로 日은 日이고 干은 一十이니 十日이상 볕이 나면
가문다 한다.

 각각각

[各各각각 따로 따로, , 各立각립 따로 서는 것]

各자는 '夂옛구'+'口'로 구성된 글자이다. 夂은 散흩을산에서 한 부분만 따 온 것이고 口는
食口이니 식구가 따로 있는 것이 各이다.

 간통할간/거짓간

[奸計간계 간사한 계획, 奸巧간교 간사하고 공교로운 것, 奸臣간신 사한 신하, 奸凶간흉 간사하
고 흉한 것]

奸 자는 '女'+'干방패간'의 구성된 글자로 女는 女고 干은 干求간구한다는 뜻이다. 干求는 正
式정식으로 구하는 것이 아니고 새치기 하거나 속여서 구하는 것이니 즉 남의 여자를 새
치기 하는 따위가 奸이다.

 간사할간/간통할간/거짓간

姦자는 '여자가 셋이 모이면 간사하다'라고 한다.

 간사사/어조사야

[邪計간계 간사한 계책, 邪氣간기 간사한 기운, 邪幅사폭 바지의 폭]

邪자는 '牙어금니아'+'阝언덕부'로 구성된 글자이다. 牙자는 阝는 隱숨길은자의 생략형로 숨겨진
어금니를 뜻한다. 고로 邪자는 간사하게 숨긴다는 뜻이 숨어 있다.

 간사할사/거짓사

[詐欺사기 거짓으로 남을 속이는 것, 詐取사취 거짓으로 속여서 가져가는 것]

詐자는 '言'+'乍잠깐사'로 구성된 글자로 言은 言이고 乍는 作지을작의 생략형으로 '조작된 말'
이니 詐는 속이는 것이다.

이상 奸은 奸通간통에 많이 쓰이고 姦은 奸과 같으나 그리 쓰지 않고 邪는 숨기는 뜻이

있고 詐는 거짓말을 꾸며내는 것이다.

 간할간

[諫官간관 임금의 잘못을 간하는 벼슬 , 諫臣간신 임금의 잘못을 간하는 신하]

諫 자는 '言말씀언'+'柬가릴간'으로 구성된 글자로 言은 言이고 柬은 揀가릴간을 일부 생략하여 사용한 것이다. 즉, 말을 가려서 父母나 임금에게 하는 것이 諫이다.

 간할쟁

[諍臣쟁신 간하는 신하, 諍友쟁우 간하는 친구]

諍자는 '言말씀언'+'爭다툴쟁'으로 구성된 글자로 言爭언쟁 같으나 言에 諫의 뜻이 들어 있다.

 간절할간/정성간

[懇懇간간 간절한 모양, 懇曲간곡 간절하고 정성스러운 것, 懇談간담 친밀하고 진지하게 이야기하면서 서로의 의견을 나눔]

 간절절/끊을절

[切感절감 아주 깊이 느낌, 切問절문 간절히 묻는 것 , 切迫절박 여유가 없는 것]

 간략략/꾀략/대강략/노략할략

[略記약기 간략히 기록하는 것, 略歷약력 간략한 내력, 略式약식 간략한 의식, 策略책략 어떤 일을 도모하거나 처리하는 꾀와 방법]

略자는 '田밭전'+'各각자각'으로 구성된 글자로 田은 畋밭갈전이고 各은 각자를 뜻하는 글자로, 사냥을 하기 위해 각각의 역할을 정하는 것이 꾀요, 간략하게 하는 것이고 다스리는 것이라는 뜻이 나온다. 사냥하는 데에는 각자 계략이 있는 것이다.

 간첩첩/이간질할첩

[諜報첩보 비밀로 적의 형편을 정탐하여 자기편에 보고하는 것 , 諜者첩자 간첩]

諜자는 '言'+'枼잎엽'으로 구성된 글자로 言은 말하는 것이고 枼은 牒판첩이니 편지를 가지고 敵과 我軍 사이를 오가는 것

갈거/버릴거/제할거

[去殼거각 껍질을 버리는 것, 去來거래 가고 오는 것, 去勢거세 부랄 까는 것, 去心거심 속을 버리는 것]

去 자는 가는 모양이다.

 갈왕/이따금왕/향할왕

[往古왕고 지나간 옛날,　往來왕래 오고가고 함, 往復왕복 갔다가 되돌아오는 것,　往 往왕왕 이따금]

往자는 '彳'+'主'로 구성된 글자로 彳는 行갈행이고 主는 住살주니 '가서 머무른 것'이니 이미 간 것을 往이라 한다.

 갈서/죽을서

[逝去서거 죽은 것 , 逝者서자 가서 돌아오지 않는 것]

逝자는 '折꺾을절'+'辶'으로 구성된 글자로 折은 죽은 것이다. 故로 '세속이 아들 죽은 것을 꺾었다'한다. 辶은 가는 것이니 죽어서 가는 것을 逝라 한다.

 갈적/마침적/좇을적

[適格적격 격에 맞는 것,　適期적기 맞는 시기, 適性적성 성질에 맞는 것]

適자는 '商헤아릴상'+'辶'로 구성된 글자로 商은 摘적 또는 敵적이고 辶는 之니 그때에 마침 발생한 것을 形容한 글자 敵이 오자 갔으니 '마침 잘 갔다'에 쓰는 글자이다.

 갈지/어조사지

之자는 가는 모양 之字는 어조사로 接續詞접속사에 主로 쓰인 것이다. 예로 天地之間은 하늘과 땅 사이다.

이상 去는 가는 모양이고 往는 간 것이고 逝는 아주 간 것이고 適은 마침 간 것이고 之는 가는 모양이다.

 갈피구/나눌구

[區間구간 갈피사이, 區區구구 갈피갈피, 區內구내 구역 안, 區別구별 다른 것을 갈라놓는 것]

區자는 'ㄷ'+'品물건품'로 구성된 글자로 區域구역에 主로 쓰는 글자로 字形이 한 구역에 세 집이 사는 모양이다.

 갈마/숫돌마/맷돌마

[磨滅마멸 갈아 없애는 것, 磨墨마묵 먹을 가는 것, 磨石마석 맷돌, 磨琢마탁 갈고 쫏는 것]

磨자는 '麻삼마'+'石'으로 구성된 글자로 麻는 거친 삼이고 石은 돌이니 '거친 삼을 돌에다 문지른다.'는 뜻으로 된 글자다. 옛날에 거친 삼을 돌에다 갈던 일이 글자로 된 것이다.

 갈연/연구할연

[研究연구 깊이 생각하는 것, 研磨연마 갈고 닦는 것 , 研武연무 무술을 닦는 것]

研자는 '石'+'幵평평할견'으로 구성된 글자로 幵는 갈고 닦는데 쓰이는 기구다. 干이 두 개로 된 것은 다듬고 또 다듬는다는 뜻이다. 磨는 돌에다 물건을 가는 것이고 研은 물건으로 돌을 가는 것이다.

 감독할독/거느릴독

[督勵독려 감독하여 힘써 하도록 함 , 督促독촉 감독하여 재촉하는 것]

督자는 '叔아재비숙'+'目눈목'으로 구성된 글자로 '아재비의 눈'이다. 즉 아재비의 눈으로 살피는 것이다. 옛날에는 兄弟 叔姪숙질이 한 집에 살았다. 叔숙아재비는 크고 조카는 어리니 叔이 아이를 잘 보라는 뜻으로 만들어진 글자다.

周나라 武王이 殷은나라 紂주를 치고 나서 紂의 子孫을 封봉하고 管叔관숙과 蔡叔채숙으로 감독하도록 하였다.

〈참고〉아재비는 아재라고도 하는데 아버지 형제들을 일컫는 말이다. 요즘은 주로 삼촌이라는 말을 많이 사용한다.

 감출익/숨길익

[匿怨익원 원망을 숨김, 隱匿은닉 어떤 사실이나 물건을 감추거나 범인 따위를 숨김]

匿자는 'ㄷ'은 상자고 '若'은 萬若만약이다. 옛날에 어머니가 밤, 대추 같은 것을 만약을 위해 감추어 두었다가 제사에 쓰기도 했다.

감출장/간직할장/곳집장

[藏經장경 소장한 글, 藏俯장부 창고 , 藏版장판 소장한 판]

藏자는 옛 藏籠장롱의 모양인데 藏자 속의 臣字는 장롱 자물쇠의 形이다.

 갓관/갓쓸관

[冠笄관계 갓과 비녀, 冠帶관대 관과 띠, 冠童관동 나이가 스무 살이 되면 관동이라 한다, 冠禮관례 옛날에 남자가 성년이 이르러 어른이 된다는 뜻으로 상투를 틀고 갓을 쓰게 하던 예식]

冠자는 冠의 모양이다.

 갑옷갑/천간갑

[甲骨文갑골문 옛날 중국에서 龜甲귀갑과 짐승의 뼈에 새긴 글자, 甲年갑년 사람이 나서 十一年이 되는 해, 甲兵갑병 갑옷 입은 군사, 甲子갑자 六十甲子육십갑자에 첫 번째 甲坼갑탁 껍질이 벌어지는 것]

二十四方位說이십사방위설 참고

 갑자기돌/우뚝할돌/닥칠돌

[突擊돌격 갑자기 튀어 나와 치는 것 , 突隙돌극 굴뚝의 틈 , 突起돌기 불쑥 솟은 것]

突자는 '穴구멍혈'+'犬개견'으로 구성된 글자로 穴혈 구멍 난 것이 狀상 위에 솟았으니 굴뚝이다. 故로 牐突여돌이라 한다.

 갑자기졸

[猝富졸부 갑자기 부자 된 것, 猝死졸사 갑자기 죽음, 猝然졸연 갑작스럽게, 猝地졸지 갑작스러운 판]

猝자는 '犭큰개견'+'卒졸'로 구성된 글자로 犭은 犯범할범이고, 卒은 率솔이니 경솔하게 범하니 갑자기다.

 갑절배/어길패

[倍加배가 갑절을 더하는 것, 倍數배수 배가 되는 수 , 倍償배상 배로 보상하는 것]

倍자는 '位'+'口'로 구성된 글자로 位는 地位고 口는 食口니 地位도 높고 食口도 많으니 祿녹(록)이 倍가 된다. 故로 上士는 倍中士배중사고 中士는 倍下士배하사라 하였다.

 갑가/가치가

[價格가격 값, 價值가치 값어치 , 物價물가 물건 값, 歇價헐가 싼값, 呼價호가 부르는 값]

價자는 'イ사람인'+'両덮을아'+'貝조개패'로 구성된 글자로 イ은 人이고 両는 要구할요고 貝는 돈이니 돈 벌려고 장사하고 장사하는 사람은 값을 안다. 買人매인 장사하는 사람이니 價가 된다.

 값치/만날치

[值遇치우 우연히 만나는 것, 價值가치 값어치 , 近似値근사치 근사한 값]

值자는 'イ'+'直곧을직'으로 구성된 글자로서 イ은 人 또는 價값가고 直은 直이니 그 物件의 값이 直視的직시적인 것이다.

이상 價는 物價, 值는 그 때 서로 주고받는 값이다. 故로 值字는 '만날 치' 하기도 한다.

 갚을보/대답할보

[報告보고 어떠한 임무를 띤 사람이 그 사실을 알리는 것 , 報仇보구 원수를 갚는 것, 報答보답 신세진 것을 갚는 것 , 報償보상 손해를 물어주는 것]

報자는 '幸행'+'𠬝'로 구성된 글자로 幸은 免면이고 𠬝는 服이니 服복을 입어 恩德은덕을 갚아 免면 했다는 뜻으로 된 글자이다. 또는 행을 그대로 幸다행행으로 볼 수도 있다. '服'을 입어 은덕을 갚은 것이 되어 다행이다

 갚을상/보답할상

[償金상금 갚아주는 돈, 償債상채 빚을 갚는 것]

償자는 'イ'+'賞상줄상'으로 구성된 글자로 イ은 人이고 賞은 功공을 상주는 것이니 償은 남의 상이니 갚는 것이다. 또는 사람에게 상을 주었느니 갚은 것이다. 그러므로 報보는 은혜를 갚은 것이고 償상은 아랫사람의 공적에 대하여 돈이나 명예 등을 수여하여 공에 대한 대가를 제공하는 것 또는 다른 사람에게 빚 진 것 등을 돈으로 갚는 것을 상이라 하는 것이다.

이상 報는 무슨 채무의 돈을 갚는다는 뜻 보다는 정的정적으로 받은 것을 정의성석으로 갚는 意味의미가 많고 償은 돈을 갚는 데 主주로 쓰인다.

犬 개견

[犬馬견마 개와 말, 犬吠견폐 개가 짖는 것, 犬羊견양 개와 양]

犬字는 說文설문에 보면 孔子공자께서 말씀하시기를 犬字를 보고 개의 모양을 안다고 하였다.

狗 개구

狗寶구보 개 쓸개 속에 든 것인데 철전 같다 함, 狗竊구절 개도둑, 狗彘구체 개와 돼지]

狗字는 '犭'+'句구'로 구성된 글자로 犭는 犬이고 句는 어리다, 작다는 뜻으로 많이 쓰인다. 어린 개를 狗구라 하고 어린 말을 駒망아지구라 한다.

戊 개무/천간무

戊子무자 육십갑자의 하나

戌 술지지/개술

霽 개일제

[霽雨제우 비가 개임 , 霽月제월 비가 개인 뒤에 뜬 달]

霽자는 '雨비우'+'齊가지런할제'의 구성된 글자로 雨는 雨고 齊는 濟건널제니 비가 지나가고 구름이 걷힌 것을 霽라 한다.

晴 개일청

[晴嵐청남 갠 날씨에 일어나는 아지랑이, 晴朗청랑 맑고 밝음, 晴霄청소 갠 하늘]

晴자는 '日'+'靑푸를청'으로 구성된 글자로 日은 日이고 靑은 靑이니 해가 뜨고 하늘이 푸른 것이다. 霽는 비가 오다가 개인 것이고 晴은 '하늘에 구름이 없이 파랗다'는 뜻으로 된 글자다.

浦 개포/물가포

[浦口포구 개의 어귀, 浦邊포변 갯가]

浦자는 'ᆞ'+'甫'로 구성된 글자로 ᆞ는 濱빈이고 甫보는 大이다. 故로 큰 물가를 浦라 한다.

 강론할강/강구할강/강화할강

[講經강경 글을 소리 내어 읽는 것, 講求강구 생각하고 연구해서 구하는 것, 講和강화 생각하고 의논한 끝에 조건 있게 화해하는 것]

講자는 '言'+'冓짤구'로 구성된 글자로 言은 論말할론이고 冓는 井우물정과 再두재니 우물에 물이 날 때 까지 두 번, 세 번 판다. 즉 결과가 나올 때 까지 論하는 것이다. 故로 講求강구 講和강화라 한다.

 강철강

[鋼鐵강철 무쇠를 녹여서 고압을 가하고 탄소의 양을 줄여 굳고 단단하게 만든 쇠]

鋼자는 '金쇠금'+'岡산등성이강'로 구성된 글자로 金은 鐵쇠철이고 岡은 山岡산강이다. 산강에서 산출된 鐵이니 강하다.

 강할강/힘쓸강

[强硬강경 굳세고 딱딱한 것, 强盜강도 남의 것을 빼앗아가는 것]

鋼은 金鐵금철이 강한 것이고 强은 활이 강한 것이다. 활은 쓰는데 따라 쓰는 사람에 따라 강할 수 있다. 故로 강하게 행동하는 것도 强이다.

 갖출구

[具格구격 격을 맞춘 것, 具色구색 물색을 갖춘 것, 具足구족 갖추어 넉넉한 것, 具體구체 골고루 갖춘 것]

具자는 字形이 갖추어진 形이다. 故로 具字는 사물이 '있어야 할 것이 다 있고 缺陷결함이 없는 것'이다. 故로 결함이 있는 것을 不具라 한다.

 갖출비

[備考비고 참고하기 위해 준비한 것, 備員비원 인원을 갖춘 것, 備置비치 갖추어 두는 것, 備品비품 갖춘 물품]

이상 具는 完全한 것이고, 備는 이것저것 챙기는 것이다.

 같을사

[似是사시 이와 같다, 似而非사이비 같으면서 아닌 것 , 似人사인 사람 같다]

似자는 ' 亻사람인변'+'以써이'의 구성된 글자로 以人 즉, 사람으로서 사람을 무엇 같다고 한 것이 글자로 된 것이다. 즉, '귀신같다', '신선같다' 하는 따위이다.

 같을약/반야야

[若干약간 얼마 안 되게, 若年약년 젊은 나이 , 若此약차 이 같은 것, 若何약하 '어떠하냐'의 물음말]

若자는 苦쓸고字와 약간 같다. 故로 약간 같거나 틀린데 쓰는 글자이다.

 같을여/갈여

[如干여간 若干약간과 같은 말, 如今여금 이제와 같음 , 如或여혹 만일 혹시]

如자는 '女'+'口'로 구성된 글자로 女는 여자의 생식기 모양이고 口는 입의 모양이니 여자의 생식기와 입은 모양이 같다는 뜻으로 된 글자이다.

 같을류/종류류

[類別유별 종류 별, 類似유사 비슷한 것, 類聚유취 같은 것 끼리 모은 것]

類자는 '采분별할변'+'犬개견'+'頁머리혈'로 구성된 글자로 采은 분별하다고 犬은 짐승이고 頁은 머리이니 머리가 같은 짐승을 가려서 類라고 글자를 만든 것이다.

 같을초/닮을초

[肖似초사 닮아서 같은 것, 肖像초상 사람의 모양을 그림으로 그린 것, 不肖불초 어질지 못한 것]

肖자는 '小'+'月달월'로 구성된 글자로 小는 小고 月은 體니 그 體具체구가 같으면서 작은 것을 肖라 한다. 故로 肖字는 아들이 父兄부형에게 主로 쓰고 弟子가 스승에게 主로 쓴다. 故로 不肖子불초자 不肖弟불초제 不肖小子불초소자라 한다.

이상 似는 비슷하게 같은 것이고 若은 약간 같은 것이고 類는 같은 종류고 肖는 닮아서 같은 것이다.

까다로울가/가혹할가

[苛斂가렴 세금을 까다롭게 거두는 것, 苛令가령 까다로운 명령, 苛吏가리 까다로운 관리,苛政가정 까다로운 정치]

苛자는 '艹'+'可'로 구성된 글자로 艹는 草고 可는 可니 옳다 됐다 예나 지금이나 농촌에서는 풀매는 것이 生活이다. 艹는 김매는 것이니 김매는 것을 '可하다', '옳다 됐다'할 때까지 반복하는 것은 까다롭다.

 깎을박/찢을박/벗길박

[剝膚박부 살을 발리는 것, 剝削박삭 벗겨 깎음, 剝奪박탈 벗겨 뺏음, 剝皮박피 가죽을 벗김]

剝자는 '彔나무깎을록'+'刂칼도'로 구성된 글자로 彔은 字形이 뼈만 남기고 살은 깎아 낸 形이고 刂는 刀니 칼로 깎아 냈다는 뜻이다.

 깎을삭/제할삭

[削減삭감 깎아서 덜어냄, 削去삭거 깎아 버리자, 削除삭제 깎아서 제함]

削자는 '肖닮을초'+'刂칼도'로 구성된 글자로 비슷한 것 또는 닮은(肖) 것을 칼(刂->刀)로 깎아 잘라 낸다는 뜻이다.

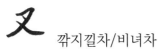 깎을산/제할산

[刪補산보 깎아내고 기우는 것, 刪修산수 깎아내고 수리함]

刪자는 '冊책책'+'刂칼도'로 구성된 글자로 칼로 책을 깎아 잘라내는 것이다. 刪 자와 削 자는 孔子가 刪詩書(산시서-詩書를 덜어 냄) 할 때에 나온 글자로 추정된다.
古代에 詩는 三千餘編삼천여편이 있었는데 孔子가 三百十一편만 남기고 같거나 민생에 도움이 되지 않는 것은 모두 책에서 깎아 냈다. 刪은 책에서 잘라 낸 것이고 削는 같은 것을 잘라 낸 것이다.

又 깎지낄차/비녀차

[叉路차로 두 갈래 길, 叉手차수 깍지 낀 손]
叉자는 깍지 낀 모양이고 갈라진 비녀 모양

깨달을각

[覺醒각성 깨달아 정신 차림, 覺悟각오 알고 있는 것]

覺자는 '臼'+'見볼견'의 구성된 글자로 臼는 學이고 見은 發見이니 배워서 事物의 理致를 발견해 안 것이 覺이다.

 깨달을성/똑똑할성

[惺惺성성 또릿또릿함, 覺惺각성 깨달음]

惺자는 '忄마음심'+'星별성'으로 구성된 글자로 忄은 心이고 星은 별이니 별은 낮에는 안 보이고 밤이면 보인다. 惺은 마음에 별이다. 평소에는 그 사물의 이치를 모르다가 배워서 깨닫고 보니 밤하늘에 별 같다. 故로 惺이다.

 깨달을오

[悟道오도 도를 깨달음]

悟자는 '忄'+'吾나오'로 구성된 글자로 忄는 心이고 吾는 나니 吾心은 본디 虛靈허령하고 不昧불매하다. 故로 朱子는 以復其初이복기초라 하였다. 되풀이 하면 사람의 마음 내 마음은 령하고 어둡지 않으니 그 本初본초의 밝은 데로 회복하는 것이 悟다.

이상 覺은 배워서 깨달은 것이고 惺은 깨달아 정신 차린 것이고 悟는 잘못을 깨달은 것이고 또는 그렇게 될 것을 알고 있는 것이다.

 깨어날소/차지기소

[蘇東坡소동파 송나라 시대를 대표하는 시인이자 예술가, 蘇生소생 깨어남]

蘇자는 '++풀초'+'魚물고기어'+'禾벼화'로 구성된 글자로 ++는 藥草고 魚는 잉어고기고 禾는 쌀이니 蘇 자의 원 뜻은 죽은 자가 되살아난다는 것이 아니고 病後병후에 탈진한 사람이 원기를 회복한다는 뜻이다. 蘇葉소엽은 心氣를 和暢화창 하게 하고 쌀은 뼈를 튼튼히 하고 잉어는 産婦산부에 유익한 고기로 이 세 가지를 和해서 먹으면 기운이 소생한다. 故로 蘇다.

 깰성

[醒悟성오 술이 깨어서 잘잘못을 안 것, 醒寤성오 잠이 깬 것]

醒자는 '酉닭유'+'星별성'으로 구성된 글자로 酉는 酒술주자의 생략형이고 星은 惺성이니 취한 술이 깬 것이다.

 깰오

[寤寐오매 자나 깨나]

寤자는 '宀'+'吾나오'로 구성된 글자로 宀는 寐잠잘매고 吾는 悟깰오니 잠을 깬 것이다.

이상 蘇는 病이 낳아서 소생하는 것이고 醒는 술이 깬 것이고 寤는 잠이 깬 것이다.

 거리가

[街談가담 거리에서 말하는 것, 街道가도 거리 길 , 街頭가두 길가 한쪽머리]

街자는 '行'+'圭별규'로 구성된 글자로 行은 行이고 圭는 市街시가의 길 모양이다.

 거리구

[衢街구가 거리, 衢巷구항 거리와 골목, 四通衢사통구 네 갈래로 통한 거리]

衢자는 '行'+'瞿볼구'로 구성된 글자로 行은 街거리가고 瞿는 懼니 두려운 거리, 무서운 거리 네 거리는 항상 무섭다. 左右에서 오는 차도 있고 말도 달려온다.

이상 街는 主로 市街地시가지를 말하는 것이고 衢는 큰 길 네거리다.

 거리거/며느리발톱거

[距骨거골 복사뼈, 距離거리 두 곳 사이 떨어진 길이]

距자는 '足발족'+'巨클거'로 구성된 글자로 足은 足이고 巨는 거 距는 두 발자국 사이를 距라 하고 더 가까이는 며느리발톱은 兩便에 붙어 거리를 두고 있다.

 거짓가/빌릴가

[假契約가계약 정식으로 계약하기 전에 임시로 언약한 것, 假橋가교 임시로 놓은 다리, 假貸가대 빌린 것, 假令가령 예를 들어 설명하는 말]

假자는 'イ'+'叚'로 구성된 글자로 イ은 借빌차이고 叚는 遐멀하니 먼데 것을 빌려온 것이다. 假令가령이란 文字가 바로 그 뜻이다.

 거짓위/속일위

[僞善위선 거짓으로 착한 것, 僞造위조 거짓으로 꾸민 것]

僞자는 'イ'+'爲하위'로 구성된 글자로 イ은 他이니 남이고 爲는 爲니 남을 爲해 한다는 것은 거짓이다. 故로 僞己而學위기이학 자기를 위해 배우지 非僞人之學비위인지학 남을 위해 배우지 않는다. 故로 남을 위해 배운다는 것은 거짓이다.

 거짓사/속일사

[詐欺사기 속이는 것, 詐取사취 속여서 가져감]

詐자는 '言'+'乍잠깐사'로 구성된 글자로 言은 言이고 乍은 作이니 조작된 말이니 거짓이다.

이상 假는 眞이 아닌 것이고 僞는 속이려고 만든 것이고 詐는 지어낸 말이다.

 거만할거/걸터앉을거

[倨見거견 걸터앉아서 사람을 맞이해봄, 倨氣거기 거만 끼]

倨자는 'イ'+'居살거'로 구성된 글자로 イ은 人이고 居는 居있을거니 倨는 움직이지 않고 그대로 있는 것이다. 사람이 들어 와도 꼼짝하지 않는 사람이니 거만하다.

 거만할만/게으를만

[慢無만무 전혀 없음, 慢性만성 거만한 성격, 漫然만연 느린 것]

慢자는 '忄'+'曼끌만'으로 구성된 글자로 忄은 心이고 曼은 긴 모양이다. 마음이 길게 늘어졌으니 게으르고 거만하다.

 거만할오

[傲慢오만 태도나 행동 따위가 방자하고 건방짐, 傲氣오기 오만스러운 기운]

傲자는 'イ'+'土'+'方'으로 구성된 글자로 イ은 人이고 土는 地고 方은 放恣방자다. 사람이 마음가짐이 흐트러지고 힘과 재주만 믿고 손순치 못한 것이 傲다.

이상 倨는 처신이 거만한 것이고 慢은 게을러 거만한 것이고 傲는 放心방심해서 거만한 것이다.

 거문고금

[琴曲금곡 거문고 곡조, 琴譜금보 거문고의 악보, 琴瑟금실 거문고와 비파]

琴자는 '珡'+'今'으로 구성된 글자로 絃현으로 된 樂器악기다. 珡은 악기의 줄과 기둥이고 今은 音을 붙인 것이다.

 거북귀

[龜齡귀령 거북의 나이이다. 거북이 오래 산다 하여 지어진 문자, 龜甲귀갑 거북의 등껍질, 龜鶴귀학 거북과 학 모두 오래 사는 동물]

龜자는 상형문자다.

 거칠무/황무지무

[蕪辭무사 거친 말, 자기가 쓴 글을 겸사하는 말, 蕪荒무황 거친 것]

蕪자는 '++'+'無'로 구성된 글자로 ++는 草고 無는 無니 풀이 없는 황무지란 뜻이다.

 거칠황/흉년황/멀황

[荒年황년 흉년, 荒畓황답 거친 논]

荒자는 '++'+'亡'+'川'으로 구성된 글자로 풀 하나 없고 洪水홍수가 져서 물 파간 자국만 있다는 것이다.

이상 蕪는 풀 없는 것이고 荒은 세월이 멀어서 산천이 변해서 거친 것이다. 故로 荒은 宇宙우주와 같이 넓고 오래된 데도 쓰는 글자다.

 걸음보

[步轎보교 가마의 하나, 步道보도 걸어 다니는 길, 步兵보병 걷는 군사, 步行보행 걸어다니는 것]

步자는 '止그칠지'+'少적을소'로 구성된 글자로 가는 것이 그치지도 않고 뛰지도 않아 止 아래 少를 한 것이다.

 거듭부/겹옷복

[複權복권 법률상 권을 상실한 사람이 다시 권리를 회복함, 複道복도 길 위에 길을 놓은 것, 複寫복사 한 번 쓴 글을 또 쓰는 것]

複자는 '衣'+'复'으로 구성된 글자로 复은 復돌아올복이다. 옷이 마르는데 그대로 거듭 마르는 것이 復이다.

거듭중/무거울중/중할중

[重刊중간 거듭 발간함, 重大중대 예사가 아니게 중한 것]

重자는 '丿'+'車'+'一'로 구성된 글자로 丿은 車의 꼭대기고 一은 車의 바닥이다. 수레 바닥에서 꼭대기까지 실었으니 무겁고 중하다.

 거듭첩/쌓을첩

[疊書첩서 쌓인 문서, 疊疊첩첩 거듭 거듭]

疊자는 '畾밭갈피뢰'+'宜마땅의'로 구성된 글자로 畾은 거듭 포개 놓은 모양이고 宜는 祭器제기니 疊은 제기에 거듭 포개 놓은 形이다.

이상 復은 같은 것을 그대로 거듭하는 것이고 重은 같은 것을 그대로든 아니든 두 번 거듭하는 것이고 疊은 거듭 포개 놓은 것이다.

 거슬러올라갈소

[溯考소고 거슬러 상고함 , 溯及소급 거슬러 올라가 미침, 溯流소류 거슬러 흐름]

溯자는 '氵'+'屰'+'月'로 구성된 글자로 氵는 流류고 屰은 逆역이고 月은 舟배주니 배를 타고 흐르는 물을 따라 거슬러 올라가는 것이 溯다.

 거스를역

[逆境역경 일이 뜻대로 안 되는 때, 逆徒역도 역적의 무리, 逆理역리 나라를 반역하는 도적]

逆자는 '辶'+'屰'으로 구성된 글자로 辶은 之고 屰는 머리(首)와 발이니 사람이 날 적에 머리부터 나지 않고 발이 나오니 거꾸로다. 溯는 거슬러 올라가는 것이고 逆은 이치를 거스르는 것이다.

 거느릴령/옷깃령/고개령

[領空영공 領土영토와 領海영해 위의 하늘 , 領內영내 영토 안, 領收영수 받아들임, 領土영토 한 나라의 통치권이 있는 지역]

領자는 '令명령령'+'頁머리수'로 구성된 글자로 令은 令이고 頁은 頭두 우두머리다. 우두머리는 부하를 명령하고 거느린다.

거느릴장/장수장/장차장

[將校장교 軍군 소위 이상의 무관, 將軍장군 軍군 준장 이상의 지위, 將來장래 앞날]

 자는 '뉘'+'夕저녁석'+'寸마디촌'으로 구성된 글자로 뉘은 나무 조각이고 夕는 多다고 寸은 村촌이니 옛날에 장수를 뽑을 때에 村촌에서 나무를 많이 쪼개는 사람이 장수가 되었다. 장수는 부하를 거느린다. 故로 '거느릴 장'하기도 한다.

 거느릴총/다총/꿰맬총

[總角총각 결혼 안 한 남자, 總監총감 전체를 감독하는 벼슬, 總管총관 전체를 관리하는 것, 總論총론 전체를 종합해서 재론하는 것]

總자는 '糸사'+'悤총'으로 구성된 글자로 糸는 絲실사고 悤은 思생각사이니 옛날에 실을 다루는 과정은 일이 많아 바쁘다. 벗기고 말리고 가리고 비가 오면 덮고 무척 바쁘다. 故로 總字는 總務총무 總理총리에 主로 쓰인다.

 거느릴통/실머리통

[統計통계 다 모아서 계산함, 統領통령 전체를 다 거느림, 다 거느리는 사람, 統率통솔 부하를 거느려 이끄는 것]

統자는 '糸'+'充'으로 구성된 글자로 糸는 絲실사고 充은 充찰충이니 옛날 文字문자가 없을 때 실로 법을 만들어 統治통치할 때 王宮왕궁에 法법으로 된 실이 體系別체계별로 차 있었다.

이상 領은 우두머리가 명령적으로 거느리는 것이고 將은 장수로서 부하를 거느리는 것이고 總은 모든 일을 다 거느리는 것이고 統은 체계적으로 거느리는 것이다.

 거둘권/주먹권

[捲歸권귀 걷어가지고 돌아감, 捲簾권렴 발을 걷어 올림, 捲席권석 자리를 걷음]

捲자는 'ㅊ'+'卷'으로 구성된 글자로 ㅊ는 手수고 卷은 책이니 옛날에는 책 한 권이 두루마리로 되었다. 서생이 책을 보다가 걷을 때는 두루 만다. 故로 捲이다.

 거둘수/추수할수

[收監수감 잡아서 옥에 감금함, 收金수금 돈을 거둠, 收納수납 거두어 들임]

收字는 'ㄐ'+'攵'로 구성된 글자로 ㄐ은 心이고 攵은 放방이니 放心은 거두어야 한다. 故

로 收放心수방심이다.

 거둘렴/감출렴

[斂髮염발 머리털을 거두는 것]

斂字는 '僉'+'攵'로 구성된 글자로 僉은 僉이고 攵은 散흩을산이니 僉다첨은 '모은다'의 뜻이 있으니 '흩어진 것을 거두어 모으다'의 뜻이다.

 거둘철/치울철

[撤去철거 걷어치움, 撤收철수 걷어감, 撤退철퇴 거두어 물러감, 撤退철퇴 거두어 버림, 撤回철회 제시하였던 것을 도로 거두어들임]

撤자는 '扌'+'育'+'攵'로 구성된 글자로 扌은 手고 育은 育이고 攵은 散흩을산이다. 育은 기르는 것 먹고 먹이고 놀다가 흩어진 것을 거두어가지고 가는 것이다. 故로 撤去, 撤收라 한다.

 거둘확

[穫稻확도 벼를 거두어들임]

穫자는 '禾'+'蒦'로 구성된 글자로 禾는 稻벼도고 蒦은 護보호할호니 벼를 보호하려면 거두어 들여야 한다.

이상 捲은 펴놓았던 것을 말아 걷는 것이고 收는 사람의 放心방심을 거두거나 물품을 거 두는 것이고 斂은 거두어 모으는 것이고 撤은 걷어치우는 것이고 穫은 곡식을 거두어 드리는 것이다.

 건장할건

[健脚건각 다리가 튼튼함, 健康건강 무병한 것, 健忘건망 사물을 잘 잊어버림]

健字는 '亻'+'建'로 구성된 글자로 亻은 人이고 建은 建이다. 집을 세우는 데에는 건장한 사람이어야 한다.

 걸임금걸/사나울걸/해걸

[傑傑걸걸 성한 모양, 桀惡걸악 걸 임금 같이 악한 것, 桀紂걸주 하나라 걸과 은나라 주]

掛 걸괘

[掛鏡괘경 거울을 걸다, 掛렴괘렴 마음에 걸리는 것, 掛榜괘방 방목에 걸림]

掛자는 '扌'+'卦'로의 구성된 글자로 扌는 手고 卦괘는 卦니 伏羲氏복희씨가 八卦팔괘를 그어 벽에 걸었으므로 지어진 글자다.

罹 걸릴리

[罹難리난 어려운데 걸림, 罹病리병 병에 걸림, 罹災리재 재난에 걸림]

罹자는 '罒'+'惟'로 구성된 글자로 罒는 网그물망이니 그물이고 惟유는 새니 새가 그물을 만났으니 걸린 것이다.

檢 검사할검/금제할검

[檢問검문 조사해 물음, 檢事검사 법관의 관직 또는 그 사람, 檢印검인 조사하고 찍는 도장]

檢자는 '木'+'僉'으로 구성된 글자로 木은 木이고 僉은 劍검의 音음과 변을 따서 木과 合합하여 作成작성한 글자로 검사한 印인의 文문인데 처음에는 직접 칼로 그어서 검사한 表표를 하였으므로 僉을 한 것 僉은 劍검을 뜻한다.

儉 검소할검

[儉朴검박 검소하고 질박함, 儉素검소 검소함, 儉約검약 검소하고 절약함]

儉자는 '亻'+'僉'으로 구성된 글자로 亻은 人이고 僉은 劍에 칼이 없다. 옛날에 劍은 사치품이니 丈夫장부라면 劍을 허리에 차고 다니는 사치품이었다. 故로 儉에 칼이 없으니 검소한 것이다.

刦 겁탈할겁

刦자는 '去'+'刂'로 구성된 글자로 칼을 가지고 겁박하여 가져가는 것이다.

劫 겁탈할겁/위협할겁

[劫迫겁박 다가 와서 위협하는 것, 劫奪겁탈 위협하고 뺏어감]

劫자는 '去'+'力'로 구성된 글자로 去는 去고 力은 脅협이니 위협하여 가지고 가는 것이 劫

이다.

 겁낼겁

[怯夫겁부 겁쟁이]

怯자는 '忄'+'去'로 구성된 글자로 忄은 心이고 去은 劫이니 마음에 겁이니 겁내는 것이다.

 계수나무계

[桂魄계백 달의 별명, 桂樹계수 계수나무, 桂月계월 달 또는 음력 八月의 다른 이름]

桂자는 '木'+'圭서옥규'로 구성된 글자로 木은 木이고 圭는 桂樹계수나무의 모양이다.

 게으를권/고단할권

[倦勤권근 근무에 피곤함, 倦憊권비 싫증이 나고 고단함, 倦厭권염 고단하고 싫증남]

倦자는 '亻'+'卷권'로 구성된 글자로 亻은 人이고 卷은 책이니 이 倦字는 처음부터 게으른 것이 아니고 일을 하다가 피곤해서 권태증이 나기도 한다. 책을 만들자니 대나무도 다듬어야지 실도 있어야지 등등해서 倦怠症권태증이 난 것이다. 故로 堯요 임금이 나이가 많아서 倦于勤권우근. 즉 '근무에 게으르다'하였다.

 게으를란

[懶農란농 게으른 농사, 懶婦란부 게으른 지어미, 懶性란성 게으른 성질, 懶怠란태 게으름]

懶자는 '忄'+'賴뢰할뢰'로의 구성된 글자로 忄은 心이고 賴는 賴니 무언가 믿고서 부지런하지 않은 것이다.

 게으를태/거만할태

[怠業태업 하는 직업에 게으름]

怠자는 '台'+'心'로 구성된 글자로 台는 胎태고 心은 心이니 怠는 교만을 띤 글자다. 애기도 가졌지 피곤하기도 하고 하기도 싫고 해서 게으른 것이다.

 게으를해

[懈意해의 게으른 생각, 懈弛해이 게을러서 마음이 느려진 것]

懈자는 '忄'+'解'로 구성된 글자로 忄은 心이고 解는 解니 마음이 풀려서 게으른 것이다.

이상 倦은 피곤해서 게으른 것이고 懶은 믿음이 있어서 게으른 것이고 怠는 功공이 있어서 게으른 것이고 懈는 걱정이 없어서 게으른 것이다.

 계집녀/시집보낼녀

[女傑여걸 여자 호걸, 女工여공 여자가 하는 직공, 女流여류 여자들]

女자는 象形文字상형문자로서 女人의 生殖器생식기를 意味의미해 만들어진 글자이다. 胎兒태아가 출생하면 父母는 아이의 생식기부터 보고 男女를 구별한다.

 계집애낭

[娘家낭가 외갓집, 娘娘낭낭 어머니, 娘子낭자 처녀]

娘字는 女良의 구성된 글자로 良女량녀이다. 흠이 없는 여자 즉, 未婚女미혼녀란 뜻이다. 흠이 없으면 良好양호라 하고 흠이 있으면 不良불량이라 한다.

 꺼릴기

[忌日기일 꺼리는 날, 父母부모 제삿날, 忌憚기탄 꺼림, 忌避기피 꺼려서 피하는 것]

忌자는 '己'+'心'로 구성된 글자로 己기는 私고 心은 心이니 私心사심은 털어놓기를 꺼린다. 故로 터놓고 말하는 것을 '忌憚기탄없이'라 한다.

 꺼릴탄/두려울탄

[憚改탄개 고치기를 꺼림, 憚畏탄외 두려움]
憚자는 '忄'+'單홑단'으로 구성된 글자로 忄은 心이고 單은 獨홀로독이니, 혼자 있으라 하니, 혼자 가라 하니 싫다. 둘이 있으라면 좋아해도 혼자 있으라면 꺼린다.

 거꾸러질도/엎어질도

[倒葬도장 거꾸로 장사 지냄, 倒置도치 거꾸로 두는 것, 倒懸도현 거꾸로 달아 놓음]

倒자는 '亻'+'到'로 구성된 글자로 人到는 順순이나 到人이니 거꾸로다. 옛날에는 글을 오른쪽에서 시작한다. 그래서 사람이 이르다 하고 하려면 人到인도, 자동이니 넘어지지 않으나, 倒는 오른쪽에서 읽으면 到人도인이 된다. 사람을 이르도록 잡아당기면 피동이기 때문에 거꾸러진다.

꺾을좌

[挫氣좌기 기를 꺾음, 挫折좌절 꺾음, 挫止좌지 꺾어서 그침]

挫자는 'ㅊ'+'坐'로 구성된 글자로 ㅊ은 手고 坐는 坐니 앉아 있는 것을 일어서지 못하도록 손으로 누르는 것이 挫다.

 꺾을절

[折價절가 값을 꺾어 정함, 折腰절요 허리를 꺾다, 折枝절지 가지를 꺾다]

折자는 'ㅊ'+'斤'로 구성된 글자로 ㅊ는 手고 斤은 斤이니 손에다 도끼를 잡았으니 꺾는 것이다. 挫는 꺾어서 크지 못하도록 하는 것이고 折는 꺾는 것이다.

 겨를가/틈가

[暇日가일 틈나는 날]

暇자는 '日'+'叚'로 구성된 글자로 日은 日이고 叚는 조각, 틈이다. 暇는 날짜가 꼭 짜여 있는데 조각, 틈이 나는 것이다.

 겨우근

[僅可근가 겨우 옳은 것]

僅자는 'ㅣ'+'堇제비꽃근'으로 구성된 글자로 ㅣ은 人이고 堇는 堇이니 흉년에 쓴 나물 따위를 먹고 사니 겨우 연명한다.

 겨울동

[冬瓜동과 수박 비슷한 과류, 冬眠동면 겨울잠, 冬柏동백 동백나무]

冬자는 '夂'+'冫'로 구성된 글자로 夂는 各각각각이고 冫은 氷이니 各處각처에 얼음이니 겨울이다.

决 결단할결/놓을결

[決價결가 값을 정함, 決隙결극 터진, 決斷性결단성 결단력이 있는 성질, 決議결의 의견을 종합하여 결단 지음]

決자는 ‘氵’+‘夬’로 구성된 글자로 氵는 水고 夬은 央가운데에 왼쪽에 터놓으니 決이 된다.

 겸손겸

[謙恭겸공 겸손하고 공손함, 謙德겸덕 겸손한 덕품, 謙辭겸사 겸손한 말,謙遜겸손 겸손함]

謙자는 ‘言’+‘兼겸할겸’로 구성된 글자로 兼言이니 言行언행이 兼한 것이 謙이다.

 겸할겸

[兼金겸금 보통금보다 값이 갑절되는 좋은 금, 兼務겸무 두 가지 업무를 겸한 것, 兼備겸비 겸해 갖춘 것]

兼자는 ‘禾’+‘禾’+‘⇒’로 구성된 글자로 禾禾는 벼 두 포기고 ⇒는 손이니 벼 두 포기를 한 손에 겸하여 쥐었다는 뜻이다.

 겹칠첩

疊字는 겹쳐 쌓아 놓은 形형이다.

 계교계

[計較계교 헤아려 비교함, 計略계략 계획과 모략, 計謀계모 계교하고 꾀함]

計자는 ‘言’+‘十’로 구성된 글자로 言은 謀꾀할모고 十은 一은 빼는 것이고 丨은 더하는 것이니 事物사물에 計算계산이다. 이기고 지는 것도 꾀하여 계산하고 흥패도 꾀하여 계산한다.

 경계계/방비할계

[戒告계고 경계하여 고함, 戒律계률 경계할 법도, 戒色계색 여색을 경계함]

戒자는 ‘++’+‘戈창과’로 구성된 글자로 ++는 금줄 같은 것이고 戈은 俄아니 나다. 戒는 남보다는 나 자신을 경계하는 것이 더 무게를 두고 있다. 故로 戒律계률, 戒愼계신, 齋戒재계가 모두 내 몸을 경계하는 것이다.

 경계할경/깨우칠경

[警覺경각 타일러 깨우치게 함, 警戒경계 경계함, 警告경고 알아듣게 고하는 것, 警察경찰 깨우치고 살피는 것 또는 行政機關행정기관의 이름, 警護경호 경계하고 호위함]

警자는 '敬'+'言'으로 구성된 글자로 敬경은 謹삼갈근이고 言은 訓가르칠훈이니 조심하라고 가르치는 것이다. 故로 警察경찰이란 말은 先警後察선경후찰 먼저 깨우쳐주고 뒤에 살핀다는 것이다.

 경사경/복경

[慶福경복 경사로운 복, 慶事경사 경사스러운 일, 慶雲경운 경사의 상징인 구름, 慶祝경축 경사를 비는 것]

慶자는 序 槪說서개설 참고

 경기기/지경기

[畿內기내 경기 안, 서울 안, 京畿경기 서울]

畿자는 '幾'+'田'으로 구성된 글자로 幾은 幾거의기고 田은 甸경기전이니 王城五白里왕성오백리를 甸服전복이라 한다. 故로 畿다.

 경영영/지을영/진영/별이름경

[營建영건 경영하여 세움, 營內영내 군의 진안, 營利영리 이로움을 경영함, 營業영업 경영하는 업]

營자는 '炏'+'呂'로 구성된 글자로 炏은 榮영화영이고 呂는 宮궁이니 영화를 보기 위해 宮室궁실을 짓는 것이다.

 곁방/의지할방/마지못할방

[傍系방계 직계에서 갈려 나간 것, 傍觀방관 곁에서 봄, 傍人방인 곁 사람, 傍助방조 곁에서 도움]

傍자는 'イ'+'旁두루방'으로 구성된 글자로 イ은 人이고 旁은 널리 四方이고 中은 아니니 곁이다.

 곁측

[側近측근 곁에서 가까운 것, 側面측면 몸에서 곁쪽, 側門측문 곁으로 난 문]

側자는 'イ'+'則곧측'로 구성된 글자로 イ은 人이고 則은 則이니 곧바로 곁이란 뜻이다. 傍은 中心중심이 아닌 것이고 側은 바로 곁, 가깝다는 뜻이다.

 고칠개

[改過개과 허물을 고침, 改良개량 좋은 것으로 바꾸는 것, 改善개선 고쳐서 착함, 改正개정 고쳐서 바로 함, 改題개제 제목을 고침]

改자는 '己'+'攵'로 구성된 글자로 己는 己내몸기고 攵은 攻칠공이니, 내 몸은 사가 있으므로 자기의 잘못됨을 다듬어(攻) 고치는 것이다.

 고칠경/다시갱

[更起갱기 다시 일어나다, 更生갱생 다시 살아나다, 更新경신 고쳐서 새롭게 함]

更자는 吏벼슬아치리字에 획이 하나 더한 것이다. 吏는 書吏서리다. 글을 쓰다가 잘못되어서 고치는 것 보다는 더 새롭게 하려고 고치는 것이다.

이상 改는 잘못됨을 고치는 것이고 낡은 것을 새것으로 고친다는 의미가 많다. 故로 吏字에 한 점 더해 更이 된 것이다. 故로 更新이라 한다.

 고할고/찾을곡

[告歸고귀 집으로 돌아갈 것을 알림, 告廟고묘 사당에 고함, 告發고발 범죄자를 관에 , 하는 것, 告白고백 사실대로 고함]

告자는 '牛'+'口'로 구성된 글자로 牛는 牛소우고 口는 柷축이니 소머리를 놓고 敢昭告于감소고우하고 告祝고축함을 뜻한 글자다.

 고할유/비유할유/화열할유

[喩林유림 明명나라 徐元太서원태가 지은 책 이름, 告喩고유 고해서 알림]

喩자는 '口'+'兪'로 구성된 글자로 口는 言이고 兪는 兪깨우칠유니 좋은 말로 알려주고 깨우쳐 주는 것이 喩다.

 고를균

[均等균등 차별 없이 고름, 均分균분 고루 나눔, 均一균일 하나같이 고름, 均衡균형 저울대 같이 고르게 하는 것]

均자는 '土'+'勻'로 구성된 글자로 均고를균은 높고 낮음이 없이 고른 것이다. 土는 흙이고 勻은 흙 고르는 기구다.

고울려/빛날려

[麗句려구 고운 글귀, 麗美려미 곱고 아름다운 것, 麗史려사 고려사기, 麗皮려피 두 장의 사슴 가죽]

麗자는 '丽고울려'+'鹿사슴록'으로 구성된 글자로 丽는 산골자기의 모양이고 鹿는 사슴이니 사슴은 主로 山川산천이 秀麗수려한 곳에 산다. 故로 麗字는 主로 山川산천이 秀麗수려한 데에 쓰인다. 麗山려산. 麗水려수. 佳麗江山가려강산

 고울련

[姸芳연방 곱고 아름다움, 姸艶연염 고운 것, 姸夭연요 곱고 어여쁜 것]

 고울요/일찍죽을요/어릴요

[夭桃요도 싱싱한 복숭아, 夭折요절 어려서 죽음, 夭夭요요 젊고 아름다움, 妖姬요희 요망한 계집]

夭자는 젊어서 고운 것이다. 大字에 '丿'와 같이 빗긴 것은 젊어서 머리털을 땋아 늘어뜨린 形형이다.

이상 麗字는 主로 山川이 고운 데에 쓰이고 姸은 여자나 物色물색이 고운 데에 쓰이고 夭는 主로 어려서 고운 데에 쓰인다.

 고요할막

[寞寞막막 아무도 없고 고요한 것]

寞자는 'ㅛ'+'莫'으로 구성된 글자로 ㅛ는 家집가고 莫은 莫없을막이니 집에 아무도 없으니 고요하다.

 고요료/고요할료

[廖落료락 멀리 떨어져 고요한 것, 廖闊료활 텅 비어서 넓음]

廖자는 'ㄱ'+'羽'+'彡'으로 구성된 글자로 厂는 家집가고 羽날개익는 새털이고 彡은 풀뿌리이다. 집이 빈지가 오래 되어 풀도 나고 새 집도 지어 人跡인적이 없어 고요한 것이다.

 고요적

[寂寥적료, 寂寞적막 고요함]

寂자는 '宀'+'叔'으로 구성된 글자로 宀는 家집가고 叔은 叔아재비숙이니 叔의 집이다. 叔의 집은 叔이 새로 살림 나와서 食口식구가 적고 자주 큰 집에 가므로 고요하다.

 고요정

[靜居정거 고요히 삶, 靜境정경 고요한 경지, 靜淑정숙 고요하고 깨끗함, 靜肅엄숙 고요하고 엄숙함]

靜자는 '靑'+'爭'으로 구성된 글자로 靑푸를청은 淸맑을청이고 爭은 淨깨끗할정이니 淸淨청정하니 고요하다.

이상 寞고요할막, 廖고요할요, 寂고요할적 三字는 위에 宀가 있으니 모두 집이다. 寞은 날은 저물고 찾아오는 사람이 없으니 고요한 것이고 廖는 집이 비어서 고요한 것이고 寂는 식구가 적어 고요한 것이다. 그리고 靜은 너무 맑아서 고요한 것이다.

 고개령/재령

[嶺南영남 경상도 지방, 嶺東영동 大關嶺대관령 동쪽 지방, 嶺西영서 대관령 서쪽 지방]

嶺자는 '山'+'領'으로 구성된 글자로 山은 山산이고 領은 領고개령이니 山의 옷깃이다. 옷은 옷깃에 달렸고 山의 領은 嶺이니 모든 山脈산맥은 領옷깃령에 달렸다. 故로 嶺字는 山下산하에 領을 한 것이다.

 고개치/재치/산우뚝할치

[峙立치립 여러 산이 줄지어 높이 서 있는 것]

峙자는 '山'+'寺'로 구성된 글자로 山은 山이고 寺는 절집이다. 절집에 갈 때 가는 작은 고갯길을 의미한 글자로 山길 고개에도 많이 쓰인다.

이상 嶺은 큰 산 고개고 峙는 큰 산 고개에도 쓰나 主로 작은 고개다.

 고기어

[魚群어군 고기 무리, 魚缸어항 고기 잡는 항아리]

魚는 물고기로서 象形상형이다.

 고기육

[肉感육감 살이 닿아서 느낌, 肉袒육단 살을 들어냄, 肉身육신 살과 몸]

肉자는 육고기 살점의 모양이다.

 고무래정/장정정/천간정/나무베는소리정

[丁艱정간 부모상을 당함, 丁口정구, 人口인구, 丁男정남 한창 때 남자, 丁香정향 향나무의 종류]

丁자는 象形상형이다. 丁은 장정이 큰 나무 토막을 어깨에 메고 있는 形형이다. 二十四方位說이십사방위설 참고

 고를조/곡조조/아침주

[調達조달 조정하여 잘 유통함, 調練조련 병사가 훈련을 함, 調理조리 고루 잘 가림, 調査조사 어떠한 사물을 밝히기 위해 살피는 것]

調자는 '言'+'周'로 구성된 글자로 言은 言언이고 周는 周주나라주니 周는 기울지 않다는 뜻이다. 周言주나라의말이 調니 말이 고르다. 말이 고른 것은 律呂률여고 律呂률여는 陰陽음양이 고르다. 故로 曲調곡조라 한다. 律呂는 五音오음, 六律육률을 고루하였다.

 고를화/화답할화

[和氣화기 화한 기운, 和談화담 화한 말씀, 和答화답 시나 노래를 상대방이 부르면 응, 해 부르는 것, 和睦화목 의좋게 지내는 것]

和자는 '禾'+'口'로 구성된 글자로 禾는 禾벼화고 口는 ○이니 둥근 것이다. 둥근 것은 公공이고 세모나면 私다. 私사가 없이 고르다는 뜻이다.

이상 調는 말이나 소리가 고른 것이고 和는 事物사물이 고르고 氣色기색이 화한 것이다.

 고리환/둥근옥환/둘레환

[環境환경 둘러쌓인 구역, 環攻환공 둘러싸고 공경함, 環刀환도 허리에 두른 칼, 玉環옥환 옥고리]

環자는 '王'+'睘놀라서볼경'으로 구성된 글자로 王은 玉옥이고 睘은 圜두를환이니 둥근 옥이다. 指環지환은 가락지를 말한 것이다.

 곡식곡/녹곡/녹구

[穀價곡가, 穀氣곡기 사람이 음식을 먹고 사는 것, 穀物곡물 여러 가지 곡식을 통틀어 物곡물이라 한다, 穀倉곡창 곡식 창고]

穀字는 '殸'+'禾'로 구성된 글자로 殸은 殼껍질각이고 禾는 禾벼화니 皮穀피곡, 피가 있는 곡식

이다.

 곤할곤/어지러울곤/괘이름곤

[困境곤경 곤한 지경, 困苦곤고 곤하고 괴로움, 困窮곤궁 곤하고 궁함, 困難곤난 곤하고 어려움]

困자는 '口'+'木'로 구성된 글자로 口는 에워싼 것이고 木목은 木이니 나무는 四方사방을 에워싸면 곤하다.

 곧을정

[貞潔정결 여자의 정조가 곧고 깨끗함, 貞固정고 곧고 굳음, 貞女정녀 정조 있는 여자]

貞자는 시집간 여자가 머리에 비녀 지를 形으로 女人여인의 貞操정조에 많이 쓰이는 글자다.

 곧을직

[直覺직각 곧 깨달음, 直系직계 바로 내려오는 계통, 直席직석 그 자리에서, 直屬직속 바로 닿는 소속]

直자는 '十'+'目'+'ㄴ'로 구성된 글자로 자대를 意味의미한다. 十目은 자대의 눈금이고 ㄴ는 曲尺곡척이다. 자대는 曲尺곡척이던 直尺직척이던 눈금은 열이고 곧다.

이상 貞은 女人여인의 마음 곧음이고 直은 자대의 곧은 것인데 일반 사물에 곧음을 뜻하는데 많이 쓰인다.

 곧즉/법측/본받을측

[則度측도 법도, 法則법칙 법의 규칙, 會則회측 회의 규칙]

則자는 '具'+'刂'로 구성된 글자로 具는 財재물재고 刂는 分이니 재산을 나눈데 데는 나누는 법칙이 필요하다.

 골곡

[谷間곡간 골 사이, 谷口곡구 골 어귀, 谷風곡풍 골바람 또는 東風동풍]

谷자는 '八'+'口'로 구성된 글자로 八은 산 골짜기의 모양이고 口은 골에 돌이다.

郡 고을군

[郡民군민 郡內군내에 사는 백성, 郡守군수 군 행정을 맡아 보는 벼슬, 郡邑군읍 군과 읍]

郡자는 '君'+'阝'로 구성된 글자로 君군은 君이고 阝은 鄕고을향이니 君을 封봉한 고을이라는 뜻이다. 卽즉, 丹陽君단양군이니 淸風君청풍군이니 하는 君이다.

洞 고을동/마을동/조심할동

[洞口동구 마을 어귀, 洞窟동굴 깊고 넓은 굴]

洞자는 '氵'+'同'으로 구성된 글자로 氵는 水수고 同은 共同공동의 同이니 共同으로 우물물을 마시고 사는 산골 마을이다.

州 고을주/섬주

[州閭주려 주와 려, 州里주리 주와 리, 州牧주목 고을에 목사]

州자는 '川'+'丷'로 구성된 글자로 川천은 물이고 丷는 물이 흐르는 사이에 모래섬의 모양이다. 그러나 人間인간이 使用上사용상에는 州주는 작은 마을이 아니다.
대부분의 큰 마을은 큰물을 끼고 발달한다. 큰물은 하류로 내려가면 한 줄기로 흐르는 것이 아니라 여러 갈래로 갈라져서 물 사이에 섬이 육지처럼 발달하고 그 섬에 사람이 많이 살게 된다. 그래서 큰 마을을 州주라 한다.

腦 골뇌

[腦膜炎뇌막염 뇌의 막에 염증이 생긴 병, 腦病뇌병 뇌의 병, 腦充血뇌충혈 뇌 속에 피가 찬 것]

腦자는 '月'+'㐫'로 구성된 글자로 月은 肉고기육이고 㐫는 腦의 모양이다.

巷 골목항

[巷歌항가 골목에서 부르는 노래, 巷間항간 골목 사이, 巷談항담 골목에서 하는 말]

巷자는 '共'+'己'로 구성된 글자로 共은 八家同井팔가동정의 작은 마을이고, 己는 己자기기니 自己자기 혼자서만 다닐 수 있는 마을 골목길이다.
옛날에는 여덟 집 정도의 집들이 모여서 가운데에 우물을 함께 파서 한 마을 사람들이 그 우물을 함께 쓴다. 그러한 마을을 팔가동정이라 한다.

곰웅

[熊膽웅담 곰의 쓸개, 熊掌웅장 곰의 손바닥]

熊자는 '能'+'灬'로 구성된 글자로 能은 能능할능이고 灬는 곰의 발이니 곰은 발재주가 能하다. 故로 能에 灬를 한 것이다. 故로 곰이 재주 부린다 한다.

 곳소/바소

[所幹소간 볼 일, 所感소감 느끼는 바, 所得소득 얻은 바, 所願소원 원하는 바]

所자는 '戶'+'斤'로 구성된 글자로 戶는 戶집호고 斤근은 近근이니 집 가까운 그 곳이라는 뜻이다.

 곳처/처할처/살처

[處決처결 그쳐 결정함, 處世처세 세상에 살아감, 處地처지 입장, 處處처처 곳곳]

處자는 虎범호, 夂의 구성된 글자로 虎는 호랑이고 夂는 걸어 다니는 것이다. 호랑이가 어슬렁거리고 걸어가니 집에 가만히 있는 것이 處다. 글자를 만들 때 物물과 人인을 상대로 지은 것이므로 이 글자 속에 人字인자가 없어도 그렇게 봐야 한다.

 꽃부리영/구름모양영/아름다울영

[英氣영기 영웅의 기운, 英達영달 영기로 일찍 달성함, 英雄영웅 영웅, 英才영재 뛰어난 재주]

英자는 '艹'+'央'으로 구성된 글자로 艹은 草풀초고 央은 央가운데앙이니 풀의 中央중앙이니 풀의 곧은 뿌리라는 뜻의 글자이다. 곧은 뿌리는 굳고 강하다. 꽃 뿌리 하는 것은 '곧'의 발음이 '꽃'으로 된 것이다.

 괴이할괴/의심할괴

[怪異괴이 이상한 것, 怪常괴상 괴상한 것, 怪物괴물 괴상한 물건]

恠자는 '忄'+'在'로 구성된 글자로 忄은 心마음심이고 在는 在外재외니 理性이성 밖이니 괴상한 것이다. 恠字괴자에 밖에 表표가 없으나 글자를 만들 때 획수를 줄이기 위해 어쩔 수 없었다. 怪는 恠의 略字약자다.

괴이할괴/허수아비괴

[傀儡괴뢰 크고 괴이한 것, 傀儡괴뢰 허수아비]

傀자는 '亻'+'鬼'로 구성된 글자로 鬼人귀인, 귀신같은 사람, 허수아비다. 周나릐 穆王목왕 때 괴인 偃師언사가 木人목인 즉, 나무로 만든 사람이 노래도 하고 춤도 추었다. 이것이 鬼人귀인 즉, 傀다.

이상 怪는 事理사리에 괴이한 것이고 傀는 物體물체가 괴이한 것이다.

 공경건

[虔虔건건 항상 조심하는 모양, 虔誠건성 정성스러움, 敬虔경건 공경하는 태도]

 공경경/삼갈경

[敬啓경계 공경하여 시작함, 敬老경로 노인을 존경함, 敬仰경앙 존경하고 우러러 봄]

虔자와 敬字가 모두 攵가 붙었는데 敬과 虔의 뜻을 알기 어렵다.

 공경흠

[欽命흠명 임금의 명령, 欽慕흠모 공경하여 사모함, 欽羨흠선 공경하고 부러워 함]

欽자는 '金'+'欠하품흠'으로 구성된 글자로 金은 鐘종이고 欠은 악기를 치는 것이다. 악기를 절조에 맞추어 치는 것이 정성과 공경이 아니면 不可能불가능하다. 故로 악기를 치는 것은 즐겁고, 높고 덕 있는 사람은 즐거워 欽慕흠모하는 것이다.

 공순공/받들공

[恭儉공검 공손하고 검소한 것, 恭謙공겸 공손하고 겸손한 것, 恭敬공경 공경함, 恭遜공손 공손하고 겸손함]

恭謙과 恭遜은 뜻이 조금 다르나 같이 풀었다.
恭字는 '共'+'小'로 구성된 글자로 共은 拱두손맞잡을공이고 小은 心이니 父母를 존경하여 절을 할 때 두 손을 한데 모아 절을 한다. 이것이 바로 공손이다.

 공부과/부세과/시험과

[課工과공 날로 하는 공부, 課目과목 과의 조목, 課題과제 과의 글제]

課자는 '言'+'果'로 구성된 글자로 言은 訓가르칠훈이고 果실과(열매)과는 공부를 해서 얻어지는 열매(결실)의 종류를 말한다. 故로 工夫공부 하는 데는 課가 있다.

 공교할교

[巧笑교소 공교로이 웃음, 巧言공언 공교로운 말, 巧滑교활 공교롭고 미끄럽게 잘 빠져 나감]

巧자는 '工'+'丂'로 구성된 글자로 工은 工공이고 丂는 工人공인의 공교한 形容형용이다.

 팔짱낄공/보옥공

[拱手공수 손을 포개어 잡음, 拱揖공읍 두 손을 잡고 읍함, 拱把공파 한 아름과 한 웅큼]

拱자는 'ㅁ'+'共'로 구성된 글자로 共은 共함께공이고 ㅁ은 手손수니 두 손을 한가지로 하였으니 拱두손을 모으는 것(공)이다.

 꽂을삽/농기구이름삽

[插木삽목 꺾꽂이, 插匙삽시 숟가락을 꽂음, 插紙삽지 인쇄할 때 종이를 먹이는 일]

插자는 'ㅁ'+'舀가래삽'으로 구성된 글자로 ㅁ은 手수고 舀은 농기구 삽의 모양이다. 삽은 쓸 때는 꽂는다. 故로 농기구 이름으로도 쓰고 꽂을 삽하고 동사로도 쓴다.

이상 拱은 두 손을 꽂는 것이고 插은 찔러서 꽂는 것이다.

 꼬리미

[尾閭미문 홍 무늬, 尾毛미모 꼬리털, 尾骨미골 꼬리 뼈]

尾자는 꼬리의 모양이다.

 꼭지적

商자는 과일의 꼭지 모양이다.

 꼴추

[芻狗추구 짚으로 만든 개, 芻蕘추요 꼴과 땔나무, 芻蕘之說추요지설 꼴 베고 나무하는 말]

芻자는 소먹이 풀, 즉 꼴의 모양이다. 베어 온 풀을 삼태기에 담아 놓은 모양이다.

꾀일괴/집어다팔괴

[拐帶괴대 몰래 띠고 감, 拐子괴자 거짓말로 속여 사람이나 물건을 誘拐유괴하는 사람]

拐字는 '扌'+'另'으로 구성된 글자로 扌는 手수고 另은 另헤어질령/별다를령이니 별다른 손으로 남의 물건을 몰래 집어가는 손이다. 손으로 만지며 업어주기도 하여 데리고 가는 손이니 拐다.

 꾀일유/달랠유

[誘拐유괴 꾀어냄, 誘導유도 꾀어서 인도함, 誘引유인 꾀어서 끌고 감, 誘惑유혹 꾀여 혹하게 함]

誘字는 '言'+'秀'로 구성된 글자로 言은 詐거짓사고 秀는 禾벼화는 먹을 것이고 乃이에내는 노리개다. 먹을 것과 노리개를 주며 속여 데리고 가는 것이 誘다.

 꾀모/도모할모

[謀計모계 꾀, 謀略모략 꾀하는 전략, 謀士모사 꾀를 잘 쓰는 사람]

謀字는 '言'+'某'로 구성된 글자로 言은 計꾀할계고 某는 某아무모니 아무것을 어떻게 계산하는 것이 꾀다.

 꿩치

[雉扇치선 꿩 털로 만든 부채, 雉湯치탕 꿩탕]

雉字는 '矢'+'隹'로 구성된 글자로 矢는 矢(시) 隹는 隹(추)니 꿩은 일반 새와 달리 처음 날을 때 화살 같이 날아가다가 날개를 편다. 故로 矢가 붙은 것이다.

 꽃다울방

[芳菊방국 꽃다운 국화, 芳名방명 꽃다운 이름, 芳姿방자 꽃다운 모양, 芳草방초 꽃다운 풀, 芳香방향 꽃다운 향기]

芳字는 '艹'+'方'로 구성된 글자로 艹은 草풀초고 方은 方방향방이니 풀이 방향으로 돌아 나오는 것을 芳草라 한다.

 꽃화

[花甲화갑 육십 세를 일컫는 것, 花柳화류 꽃과 버들, 花香화향 꽃향기]

花字는 '++'+'化'로 구성된 글자로 ++는 草고 化될화는 化니 풀이 화해 꽃이 된다.

 과자과

[菓子과자 과자, 菓茶과다 과자와 차]

菓字는 '++'+'果'로 구성된 글자로 菜果채과로 만든 것이란 뜻이다.

 관곽

[槨柩관구 덧널]

槨字는 '木'+'郭'으로 구성된 글자로 木은 棺관이고 郭곽은 '외성곽'字니 棺은 內棺내관이고 棺은 棺槨관곽이다. 옛날에 棺은 두 겹으로 하여 안에 것은 棺이고 밖에 것은 槨이라하니 합하여 棺槨관곽이다.

 관관/널관

棺槨관곽 내관과 외곽을 합친 말, 棺材관재 관재목]

棺字는 '木'+'官'으로 구성된 글자로 官木관목, 즉 官에서 처음 썼던 것으로 追定추정된다. 예기에 의하면 옛날 有虞氏유우씨는 氏棺을 썼다 한다.

 관리할관/주관할관/대통관

[管葛관갈 관중과 제갈량, 管鍵관건 자물쇠, 管見관견 대통의 구멍으로 보는 것이니 좁음을 비유한 말이기도 함, 管理관리 사무를 맡아서 봄]

管字는 '竹대나무죽'+'官'으로 구성된 글자로 대로 만든 악기를 主로 官에서 사용 하였으므로 官字가 붙은 것이다.

 관습관/버릇관

[慣例관례 습관이 된 전례, 慣性관성 습관이 된 성질, 慣習관습 늘 하던 것, 慣行관행 습관이 되어서 늘 하는 일]

慣字는 '忄'+'貫'로 구성된 글자로 忄은 性성품성이고 貫관은 貫꿸관이니 옛날에 돈을 실에다 꿰던 것이 버릇이 되었다.

 관청청/마루청

[官廳관청 관청, 관의 집]

廳자는 '广'+'聽'으로 구성된 글자로 广은 집이고 聽은 聽들을청이니 백성의 소원을 들어주는 집이니 관청이다.

 교만할교

[驕客교객 남의 사위를 일컫는 말, 驕氣교기 교만한 기운, 驕怠교태 교만하고 태만함]

驕자는 '馬'+'喬'로 구성된 글자로 馬는 馬말마고 喬는 喬높을교 또는 橋다리교니 다리는 높은 것이고 사람이 올라서 걸어가는 架設物가설물이다. 喬馬는 높은 말이니 높은 말에 올라타면 교만하다. 머리를 숙이면 공손하고 들면 교만하다. 말을 타면 멀리 보려고 머리를 수그리지 않는다.

 교만할만

慢자에 倨字거자가 붙으면 倨慢거만이고 驕字교자가 붙으면 驕慢교만이다. 倨慢거만은 行動행동이고 驕慢교만은 氣色기색이다.

 교활할교/빠를교

[狡詐교사 교활하게 속임, 狡滑교활 교활함]

狡자는 'ʒ'+'交'로 구성된 글자로 ʒ은 짐승이고 交교는 交尾교미의 뜻이다. 짐승은 암놈이 발정하면 거의 우두머리 수놈이 차지한다. 다른 수놈은 우두머리가 딴청필 때 빨리 낚아채는 짐승도 있다. 故로 짐승들의 사귐은 교활하거나 빨라야 한다.

 교활할활

[猾賊활적 교활한 도적]

猾자는 'ʒ'+'骨'로 구성된 글자로 ʒ는 狡고 骨골은 滑미끄러울활이고 體몸체니 즉, 체면이 없는 매끄럽고 교활한 짐승을 뜻한 글자로 사람이 체면 없고 교활하여도 같은 뜻으로 쓴다.

구태어감/용감할감

[敢不生心감불생심 감히 마음 내지 못함, 敢然감연 과감한 뜻이, 敢行감행 과감히 행동함]

 구멍공/성공

[孔老공노 공자와 노자, 孔孟공맹 공자와 맹자, 孔雀공작 새 이름]

孔자는 '子'+'乙'로 구성된 글자로 孔子의 姓성인데 孔子의 先代선대는 子姓자성이였는데 殷은나라 임금 帝乙제을의 乙字을자를 子에다 붙여 孔氏로 하였다 한다. '구멍공'이라고 하는 것은 새 새끼는 알에서 스스로 뚫고 나오고 날기 이전까지는 나무구멍에 있어야 한다.

 구멍혈

[穴居혈거 구멍에 삶, 穴구혈구 혈구멍, 穴處혈처 구멍 뚫린 곳]

穴자는 옛 土室토실의 모양이다. 土室의 문은 구멍이므로 구멍혈 하는 것이다.

 구을자/친근할자

[炙鐵적철 적쇠, 炙膾적회 산적]

炙자는 '夕'+'火'로 구성된 글자로 夕은 고기 모양이고 火화는 火니 불 위에 고기 굽는 形형이다.

 구할구/구걸할구

[求得구득 구해 얻음, 求仕구사 벼슬을 구함, 求嗣구사 자식 보려고 하는 것, 求山구산 산소자리를 구함, 求婚구혼 혼인 자리를 구함]

求자는 구하는 모양이다.

 구휼할휼

[恤孤휼고 외로운 분을 구휼함, 恤問휼문 구휼하여 물음, 恤民휼민 백성을 구휼함, 恤貧휼빈 가난한 자를 구휼함]

恤자는 '忄'+'血'로 구성된 글자로 忄은 憐불쌍히여길연이고 血은 衆무리중이니 여럿이 불쌍한 사람을 救구하는 것이 恤이다.

 구원할구

[救國구국 나라를 구원하는 것, 救急구급 위급한자를 구원함, 救命구명 목숨을 구함, 救貧구빈 가난을 구함, 救援구원 구원함]

救자는 '求'+'攵'로 구성된 글자로 求는 求구할구고 攵은 敵적적이고 攻칠공이니 敵적이 쳐들어 왔을 때 구하는 것이 救다.

 구경완/익숙할완

[翫弄완롱, 翫物완물 물건을 구경함, 翫月완월 달구경]

翫자는 '習'+'元'으로 구성된 글자로 習은 習익힐습이고 元원은 正月元宵정월원소의 뜻이다. 정 월보름에는 달을 구경하는 습관이 있다.

 구름운

[雲氣운기 구름 기운, 雲屯운둔 구름 같이 많이 주둔한 것, 雲髮운발 구름 같은 머리, 雲山운산 구름에 쌓인 산, 雲雨운우 구름과 비]

雲자는 '雨'+'云'로 구성된 글자로 雨은 雨우고 云은 致다스릴치이다. 비를 일으키는 것이 구 름이다. 故로 雲騰致雨운등치우라 한다.

 구를전/옮길전

[轉嫁진가 다른 데로 또 시집 감, 轉居전거 옮겨 삶, 轉落전락 굴러 떨어짐]

轉자는 '車'+'專'로 구성된 글자로 車는 車로서 굴리는 물건이고 專은 專전이니 專務전무 車 차에 專務전무는 굴린다. 故로 북은 치는 것이므로 효주에다 攵칠복을 한 것이고 車차는 굴리 는 것이나 아무나 굴려서는 안 되고 책임진 專務전무라야 하므로 ?이 붙은 것이다.

 군사군

[軍歌군가 군의 노래, 軍隊군대 군의 무리, 軍法군법 군의 법, 軍人군인]
軍자는 '冖'+'車'로 구성된 글자로 冖은 冪덮을멱이고 車은 車차니 車에다 장막을 덮어 씌웠 으니 위장한 軍이다. 軍字는 軍의 通稱통칭이다.

 군사병

[兵家병가 兵學병학의 전문가, 兵車병거 병졸을 실은 수레, 전쟁에 쓰는 차]

兵자는 '丘'+'八'로 구성된 글자로 丘는 丘언덕구고 八은 언덕 밑에 두 군사가 엎드려 있는 形형이다.

 군사졸/창졸할졸/마침졸

[卒遽졸거 갑자기, 卒業졸업 업을 마침]

 굳을견

[堅甲견갑 곧은 갑옷, 堅固견고 굳은 것, 堅城견성 굳은 성, 堅持견지 굳게 가짐]

堅자는 '臤'+'土'로 구성된 글자로 臤은 賢어질현이고 土는 土흙토니 賢者현자의 土토대는 굳다. 晋陽진양은 賢者현자 尹澤윤택이 지키는 땅이다. 智伯지백이 진양에 물을 터놓아 부엌에 개구리가 새끼를 쳐도 백성이 배반할 뜻이 없었다. 故로 賢者현자의 土토는 굳다. 堅字는 지조 굳은 데에 많이 쓰인다.

 굳을경

[硬骨경골 굳은 뼈, 硬性경성 딱딱한 성질, 硬軟경연 단단하고 부드러움, 硬直경직 굳어서 꼿꼿함, 硬化경화 굳어짐]

硬자는 '石'+'更고칠경'으로 구성된 글자로 石은 石석이고 更은 梗대개경,단단할경이니 단단한 돌이니 굳다.

 굳을고/진실로고

[固所願고소원 진실로 원하는 바, 固守고수 굳게 지킴, 固有고유 원래 있는 것, 固定고정 단단히 움직이지 않도록 함]

固자는 '口'+'古'로 구성된 글자로 口은 城성의 모양이고 古고는 오랜 것이다. 城성이 오래되었으니 굳은 것이다.

이상 堅은 意志의지가 굳은 데 主로 쓰이고 硬은 物體물체가 굳은 데에 쓰이고 固는 固執고집스러운데 主로 쓰인다.

굴굴

[窟居굴거 굴에서 삶, 窟穴굴혈 굴 구멍]

窟자는 穴구멍혈, 屈굽을굴의 구성된 글자로 구불구불한 구멍이니 굴이다.

 굳셀강

[剛健강건 굳세고 건강함, 剛硬강경 굳세고 굳음, 剛直강직 굳세고 곧음, 剛鐵강철 굳센 쇠]

剛자는 '岡'+'刂'로 구성된 글자로 岡은 鋼강이고 刂는 刀니 강철로 만든 칼이니 굳세다.

 굳셀의

[毅武의무 굳세고 씩씩함, 毅魄의백 굳센 정신, 毅然의연 굳센체함.]

毅자는 '豙'+'殳'로 구성된 글자로 豙는 豪호걸호고 殳는 殳창수니 호걸이 무기까지 갖추었으니 굳세다.

이상 剛은 質질이 강하거나 사람의 心志심지가 강한데 쓰이고 毅는 사람의 품위, 外貌외모가 흐트러지지 않은 것에 쓰인다.

 굽을곡/곡조곡

[曲曲곡곡 굽고 또 굽은 것, 曲流곡류 굽어 흐름, 曲折곡절 굽어 꺾임, 曲調곡조 곡조]

曲자는 글자 모양과 같이 모지게 굽은 것이다. 曲尺곡척의 모양이다.

 굽을굴/굴할굴

[屈曲굴곡 구불구불함, 屈伏굴복 구부려 엎드림, 屈伸굴신 구부렸다 폄]

 굽을왕/왕림할왕

[枉駕왕가 임금이 來訪래방한 것을 일컫는 말, 枉臨왕림 윗사람이 찾아온 것을 일컫는 말]

枉자는 '木'+'王'으로 구성된 글자로 木은 村촌이고 王은 王왕이니 王이 民間민간 村촌에 온 것을 枉이라 한다.

이상 曲은 각이 질 정도로 굽은 것이고 屈은 구불구불한 것이고 枉은 아래로 굽히는 것이다.

귀공/공편될공

[公暇공가 공무원에 공식으로 일정 되어 있는 휴가, 公開공개 여러 사람에 공식으로, 어 놓음, 公共공공 여러 사람이 다 함께, 公論공론 여러 사람들의 사심 없이 하는 말, 公子공자 귀족의 자제]

公자는 '八'+'厶'로 구성된 글자로 八은 分나눌분이고 厶은 ○이니 둥글면 公이고 모나면 私사다. 故로 물건을 나눌 때 둥글게 고루 하는 것이 公이다.

 귀할귀

[貴客귀객 귀한 손, 貴公귀공 상대방을 귀이 여겨 호칭하는 말, 貴人귀인 귀한 사람]

貴자는 貴人귀인의 形형이다.

 귀신귀

[鬼哭귀곡 귀신이 곡함, 鬼魅귀매 귀신에 홀리다, 鬼神귀신]

鬼자는 귀신의 形형이다.]

 귀신기/공경지/다만지

[祇送지송 공경하여 보냄, 祇受지수 공경하여 받음]

祇자는 '示'+'氏'로 구성된 글자로 示는 神신이고 氏는 低낮을저니 낮은데 神신이니 地神지신, 地誌祇지지기다.

 귀신신

[神格신격 신에 이를 정도, 神奇신기 이상한 것, 神農氏신농씨 古代帝王고대제왕의 한사람]

神자는 '示보일시'+'申'으로 구성된 글자로 示은 神의 表표고 申신은 西南方서남방이니 神의 最高位최고위는 집의 西南方서남방 申方이다.

이상 鬼는 사람이 죽은 뒤 陰氣음기고 神은 天神천신이고 祇는 地神지신이다. 神은 만물을 인출하고 祇는 만물을 제출한다.

 귀먹을롱

[聾昧롱매 귀먹고 어두움, 聾盲롱맹 귀먹고 눈 어두움, 聾啞롱아 귀먹고 말 못함, 聾者롱자 귀 먹은 자]

聾자는 '龍'+'耳'로 구성된 글자로 용은 귀로 듣지 못한다. 故로 귀먹을 롱 한다.

 귀이

[耳聾이롱 귀먹음, 耳鳴이명 귀가 잉하고 절로 우는 것, 耳目이목 귀와 눈, 耳順이순 六十세를 耳順이라고도 함]

耳자는 귀의 모양이다.

 귀밝을총

[聰氣총기 귀 밝고 정신이 좋음, 聰明총명 귀 밝고 눈 밝음, 聰智총지 귀 밝고 지혜가 있는 것]

聰자는 '耳'+'悤'로 구성된 글자로 耳는 耳귀이고 悤은 窻창창이니 창문은 밝다. 故로 귀밝을 총 한다.

 궁구할구

[究竟구경 마지막 끝, 究極구극 끝까지 생각하는 것, 究理구리 이치를 연구함]

究자는 '穴구멍혈'+'九'로 구성된 글자로 穴은 빈 공간 연구실이고 九아홉구는 아홉 번이나 생각하고 실험한다는 뜻이다.

 궁구할궁/궁할궁/다할궁

[窮竟궁경 마지막 끝, 窮計궁계 궁한 계교, 窮谷궁곡 다한골, 窮困궁곤 궁하고 곤함]

窮자는 '穴'+'躬'로 구성된 글자로 穴은 究연구할구고 躬은 躬몸궁이니 몸소 연구하는 것이다.

 꾸밀식

[飾非식비 잘못을 꾸미는 것, 즉 위장하는 것, 飾言식언 거짓말]

飾자는 '食'+'布'로 구성된 글자로 食은 먹는 것이고 布는 布베포니 飾은 속이는 것이다. 먹고도 먹지 않은 것 같이 살짝 덮어 놓는다던가 진짜는 먹고 가짜로 꾸며 놓던가, 먼저 한 말은 도로 삼키고 다른 말로 꾸며 하는 따위가 飾이다.

꾸밀장/행장장

[裝飾장식 장식하는 것, 裝身具장신구 몸을 단장하는 기구, 裝置장치 꾸며 둠]

裝자는 '壯'+'衣'로 구성된 글자로 壯은 壯士장사고 衣는 衣옷의니 壯士장사의 옷은 입을 때 꾸민다. 防彈裝置방탄장치도 해야 하고 위장도 해야 하고 上下地位상하지위의 區分구분도 해야 한다.

이상 飾은 거짓 속임의 꾸밈이고 裝은 僞裝以外위장이외에는 거의가 物品물품에 加工가공을 하거나 무엇을 하기 위해 꾸미는 것이다.

 꾸짖을질

[叱辱질욕 꾸짖고 욕함, 叱責질책 꾸짖고 책망함, 叱咤질타 꾸짖음]

叱자는 '口입구'+'匕비수비'로 구성된 글자로 입구에 비수비를 하였으니 비수처럼 날카롭게 말하는 것을 꾸짖는다고 한다.

 꾸짖을책/빚채

[責難책난 어려운 일을 실행하도록 책하고 권하는 것, 責善책선 친구 사이에 서로 잘, 도록 권하는 것, 責任책임 맡아서 해야 할 임무]

責자는 '主'+'貝조개패'로 구성된 글자로서 主는 主주고 貝는 財재산재니 財재산를 主管주관하는 사람은 책임이 있다.

 꾸짖을타

[叱咤질타 꾸짖음]

咤자는 '口'+'宅'로 구성된 글자로 口는 口입구고 宅는 它다를타니 할 일은 안 하고 엉뚱한 다른 일을 하였다고 꾸짖는 것이다.

이상 叱은 잘못한다고 꾸짖는 것이고 咤는 엉뚱한 일을 한다고 꾸짖는 것이고 責은 책임졌으니 잘하라고 꾸짖는 것이다.

 꿸관/돈꾸러미관

[貫道之器관도지기 도를 꿰는 그릇, 貫珠관주 구슬을 꿴, 貫穿관천 꿰어 뚫음, 貫通관통 꿰어서 통함, 貫鄕관향 사람의 본 고향]

貫자는 '毌'+'貝'로 구성된 글자로 毌은 돈 꾸러미 모양이고 貝는 돈이니 돈을 실 따위에 꿰는 것을 의미한다.

 꿸천/뚫을천/구멍천

[穿結천결 뚫어진 옷을 꿰맴, 穿孔천공 구멍을 뚫음]

穿자은 '穴'+'牙'로 구성된 글자로 穴은 穴구멍혈이고 牙어금니아는 鼠穿서아(쥐의이빨)니 쥐는 이빨로 벽 구멍을 뚫는다.

이상 貫은 뚫어진 구멍에 실 따위를 꿰는 것이고 穿은 구멍을 뚫는 것이다.

 권세권/저울질할권/권도권

[權家권가 권세 있는 집, 權道권도 사항이 급할 때 예법을 지키기 어렵다고 판단될 때 사용하는 것, 權勢권세]

權자는 '木'+'雚황새관'으로 구성된 글자로 木은 木목이고 雚은 鸛황새관이니 황새 같은 새들은 나무나 영역에 먼저 차지한 자가 기득권을 가지고 권세를 부린다.

 그칠간/괘이름간

[艮卦간괘 周易주역八卦팔괘에 하나, 艮方간방 동북방]

艮자는 周易八卦中주역팔괘중에 하나로 萬物만물이 艮에서 시작하여 艮에서 마치니 故로 그칠간 한다. 〈二十四方位 설명 참고〉

 그칠지

[止渴지갈 갈증이 그침, 止戈지과 전쟁을 그만둠, 止痛지통 아픔을 그치게 함, 止血지혈 피가 더 안 나오고 그침]

止자는 'ㅣ'+'ㅏ'+'一'로 구성된 글자로 ㅣ은 막은 것이고 ㅏ는 人이고 一은 道路도로다. 길로 가는 사람을 막아 멈추도록(그치도록) 한 것이다.

이상 艮은 다가서 그치는 것이고 止는 가다가 그치는 것이다.

 그궐/나라이름굴

[厥角궐각 그 이마, 厥女궐녀 그 여자, 厥初궐초 그 처음]

厥자의 義의는 未詳미상

그 기

[其間기간 그 사이, 其勢기세 그 형세]

其자는 指示代名詞지시대명사로 그의 表다.

 그림도/도모할도

[圖錄도록 그림을 모아 놓은 책, 圖面도면 그림, 圖謀도모 도모는 전쟁에 많이 쓴다. , 격을
하던 빠져 나가던 그림을 그려가면서 꾀하는 것이 도모다, 圖書도서 서적과 그림, 圖形도형
그림의 形형체]

圖자는 그려 놓은 그림의 모양이다.

 그림화/그을획

[劃期的획기적 기한을 그은 듯, 畫家화가 그림 그리는 사람, 畫工화공 그림 그리는 사람]

畫자는 '그림화' 하기도 하고 '그을획' 하기도 한다. 그림을 그려도 붓으로 긋는다. 故로
그림화, 그을획 두 가지로 쓴다.

 그림회/수놓을회

[繪圖회도 그림을 그림, 繪事회사 그림 그리는 일]

繪자는 '糸'+'會'로 구성된 글자로 糸는 絲실사고 會는 會모일회니 실을 모아 수놓는 뜻이다.
수놓을 때에는 미리 본을 그려 놓고 수를 놓으므로 '그림회'하기도 한다.

 그림자영

[影堂영당 영정을 모신 집, 影寫영사 글자나 그림을 밑에 깔고 그리는 것, 影幀영정 화상을
그린 족자, 影響영향 그림자와 메아리 소리]

影자는 '景'+'彡'로 구성된 글자로 景은 景빛경이고 彡은 形형이니 빛이 나니 形형을 따르는
그림자이다.

 그를오

[誤記오기 잘못 기록함, 誤落오락 잘못 떨어짐, 誤謬오류 잘못된 것, 誤發오발 잘못 쏜 것, 誤認

오인 잘못 안 것]

誤자는 '言'+'吳'로 구성字로 言은 記기고 吳는 昃기울측字를 吳로 잘못 기록한 古事고사가 있을 것이다. 그러나 未詳미상하다.

 그를착/섞일착

[錯覺착각 잘못 생각한 것, 錯亂착란 섞이고 어지러운 것]

錯자는 '金'+'昔'로 구성된 글자로 金은 金금이고 昔오래될석은 散흩어질산이니 여러 가지 쇠가 널리 흩어져 있으니 잘못 가려서 섞인 것이다.

이상 誤는 기록이 잘못된 것에 쓰이고 錯은 이것저것이 섞여서 잘못된 것이다.

 그을음매

[煤氣매기 그을음기, 煤煙매연 그을음연기, 煤炭매탄 석탄]

煤자는 '火'+'某'로 구성된 글자로 火는 燒사를소고 某는 某아무모니 '아무네 굴뚝에서 타는 그을음'이라는 뜻이다. 무엇이 타는 것이다.

 그윽할유/깊을유

[幽居유거 그윽한 곳에 삶, 幽谷유곡 그윽한 골, 幽靈유령 죽은 사람의 혼령, 幽宅유택 무덤]

幽자는 '山'+'幺'로 구성된 글자로 山은 山이고 幺사는 작고 좁은 것이다. 山의 골이 좁고 樹木수목이 우거져서 밖이 안 보이는 곳을 幽라 한다.

 그늘음

[陰曆음력 음력, 陰謀음모 모르게 꾸미는 악한 계략, 陰陽음양 음과 양]

陰자는 'ß'+'今'+'云'으로 구성된 글자로 ß는 阜언덕부고 今은 會모일회고 云은 雲구름운이니 언덕 위에 구름이 모여 들었으니 그늘이다.

 그을획

[劃地획지 땅에다 금을 그음]

劃자는 畵字와 같으나 畵은 글자 획을 긋는 데에 主로 쓰이고 劃은 물건에 칼을 대서 금을 긋는 데에 쓰인다.

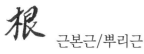 근본근/뿌리근

[根幹근간 뿌리와 줄기, 根據근거 근본이 되는 토대, 根本근본 근본, 뿌리, 根源근원 물줄기의 시작된 곳]

根자는 '木'+'艮'로 구성된 글자로 木은 木목이고 艮은 始시의 뜻이다. 萬物만물이 艮간에서 始作시작한다는 뜻이다.

 근본본

[本家본가 본집, 本貫본관 姓氏성씨의 본, 本末본말 근본과 끝, 本心본심 사람이 타고난 착한 마음, 本意본의 본대의 생각]

本자는 '木'+'一'로 구성된 글자로 木은 木목이고 一은 指示지시一이다. 나무 밑을 가리키면 뿌리 근본의 뜻이 되고 一이 나무 끝을 가리키면 末말 끝이 된다.

이상 根은 始作시작 始初시초의 뜻이고 本은 밑동이란 뜻이다.

 수심수/근심수

[愁悶수민 수심하고 고민함, 愁殺수쇄 愁心수심, 殺쇄는 어조사]

愁자는 '秋'+'心'로 구성字로 秋心이니 春心춘심은 希望희망이고 반대로 秋心추심이니 근심이다.

 근심우/상제우

[憂苦우고 근심되고 괴로움, 憂國우국 나라를 근심함, 憂慮우려 걱정함, 憂色우색 근심하는 빛]

憂자는 '百'+'㤅'로 구성된 글자이다. 百는 頭머리두고 㤅는 愛사랑애니, 우두머리의 사랑이다. 즉, 집이나 나라의 우두머리인 父母부모와 君長군장은 子息자식과 民族민족을 사랑한다. 그래서 늘 근심으로 가득차 있다.

 근심환/병들환

[患難환난 재난을 당한 근심, 患者환자 아픈 사람, 患候환후 웃어른의 병환을 일컫는 말]

患자는 '串'+'心'로 구성된 글자로 串송곳으로 사과 두 개를 찌른 形형이고 心은 心심이니 마음을 찔렀으니 어려움이 닥친 것이다.

愁은 없어서 근심하는 것이다. 가을은 되었는데 땔 나무 걱정, 겨울사리 의복도 준비 해야지 이런 따위의 근심이고 憂는 장래를 걱정하는 것이고 患은 어려운 일이 닥친 것이다.

 근원원

[源流원류 물이 흐르는 원천, 源泉원천 샘물이 나는 근원]

源자는 '氵'+'原'으로 구성된 글자로 氵는 水수고 原은 原원이니 물의 근본 뜻이 글자 그대로다.

 글경/날경/지날경

[經歷경역 지나온 내력, 經緯경위 날과 씨, 經傳경전 聖人성인의 글, 原文원문을 經경이라 하고 經을 본 받아 著述저술한 글을 傳이라 한다.]

經자는 '糸'+'巠'로 구성된 글자로 糸는 絲실사고 巠은 삼베를 짜기 위해 날을 늘여 놓은 形형이다. 後후에 周易주역, 詩傳시전, 書傳서전을 날의 의미로 經경이라 하였다.

 글문/문채문

[文庫문고 글곳간, 文句문구 글귀, 文脈문맥 글맥, 文武문무 문관과 무관
文書문서 계약이나 소유를 밝히기 위해 써 놓은 글, 文章문장 글 잘하는 선비고 사물에는 문채, 文化문화 글로 교화함, 세상이 개명되는 것]

文자는 글字가 있기 이전에 文字 같이 꽃무늬를 새겼던 것이 글字로 된 것이다. 故로 문채에도 쓰이는 글자다.

 글서/적을서

[書契서계 글, 書記서기 글을 적음 또는 글을 적는 官吏관리, 書生서생 글 하는 선비, 書信서신 편지]

書자는 글이고 글씨를 쓴다는 뜻으로 많이 사용된다. 글字를 쓰자면 획을 그어야 하므로 畫그림화, 書글서字가 모두 聿붓율 즉, 붓이 붙은 것이다.

 글사/말사

[詞伯사백 시문에 뛰어난 사람, 詞宗사종 詞伯과 뜻이 같음, 詞華사화 아름답게 잘 지은 詩文시문]

詞자는 '言'+'司'로 구성된 글자로 言은 言언이고 司는 司맡을사니 말을 맡아서 글로 써서 말한다는 뜻이다. 故로 告詞고사, 祝詞축사등 모두가 한 사람이 맡아서 말하는데 內容내용은 글

이다. 詞字를 일반 글에도 많이 쓰이나 祠堂사당이 고사에 主로 쓰이므로 司가 붙은 것이다.

詩 글시

[詩歌시가 시노래, 詩經시경 詩傳시전을 시경이라고도 함, 詩賦시부 詩와 賦]

詩자는 '言'+'寺'로 구성된 글자로 言은 言언이고 寺는 時시니 즉 時代시대의 감상을 글로 쓴 것이 詩다.

이상 經은 글의 날이고 文은 글자체고 書는 줄글이고 詞는 고하는 글이고 詩는 귀글이다.

禁 금할금/그칠금/겁박할금/당할금

[禁戒금계 금하고 경계함, 禁界금계 금하는 곳, 禁物금물 금하는 물건, 禁止금지 금하여 그치게 함]

禁자는 '林'+'示'로 구성된 글자로 林은 林수풀림이고 示는 表示표시이다. 산림에 마구 못 들어가도록 표시하여 금하는 것이다.

沸 끓을비/용솟음칠불

[沸騰비등 끓어오름, 沸湯비탕 끓고 있는 것, 佛水불수 용솟음치는 물]

沸자는 '氵'+'弗'로 구성된 글자로 氵는 水수고 弗은 물이 끓을 때 불쑥 불쑥 하는 모양이다.

湯 끓을탕/출렁거릴상/씻을탕

[湯器탕기 끓이는 그릇, 湯藥탕약 약을 끓임, 湯湯상상 물이 흐르는 모양]

湯자는 '氵'+'昜'로 구성된 글자로 氵는 水수고 昜은 陽볕양이니 물에 볕을 더하니 끓이는 것이고 부글부글 끓는 것은 아니다. 故로 湯字위에 붙는 글자에 따라 度도가 달라진다. 溫字온자면 溫溫이고 熱字열자면 熱湯이고 冷字냉자면 冷湯이다.

斷 끊을단/결단할단

[斷頭단두 목을 자름, 斷髮단발 머리털을 자름, 斷乎단호 기어코]

斷자는 '𢇍'+'斤'로 구성된 글자로 𢇍은 실을 끊어 놓은 形형이고 斤도끼근은 낡은 칼이다.

끊을절/뛰어날절

[絶景절경 더할 수 없이 좋은 경치, 絶斷절단 끊음, 絶代절대 이 시대에 뛰어남, 絶代佳人절대가인 이 시대에 뛰어나게 아름다운 사람]

絶자는 '糸'+'色'로 구성된 글자로 糸는 絲실사고 色은 色색이니 실에 빛이 다른 것은 끊어낸 데서 연유된 글자이다. 色은 실이 다르다. 故로 絶代, 絶色이라 한다.

 끌연/미칠연/뻗칠연

[延及연급 끌어미침, 延年연년 수명을 연장함, 延着연착 정해진 시간보다 늦게 이름]

延자는 '廴느릿느릿갈지'+'㐃정'으로 구성된 글자로 㐃은 正정도 아니며 止지도 아니며, 廴은 之도 아니고 廴, 㐃으로 구성되어 延인데 延은 무엇을 끄는 것 보다는 무슨 일을 빨리 처리하지 않고 질질 끄는 것이다. 故로 延期연기, 遲延지연하는 것이다.

 끌인/당길인

[引繼인계 하던 일을 넘겨주는 것, 引上인상 끌어 올림, 引受인수 일이나 권리를 넘겨 받음, 引用인용 끌어다 씀]

引자는 '弓'+' ㅣ'로 구성된 글자로 弓은 弓궁이고 ㅣ은 矢시니 활에 실을 메웠으니 당기는 것이고 따라서 '끌인' 한다.

 끌제/이끌제/던질제/떼지어날시

[提供제공 끌어다 대줌, 提起제기 끌어 일으킴, 提案제안 안건을 끌어 냄]

提자는 '扌'+'是'로 구성된 글자로 扌는 手수고 是옳을시는 題표제제니 問題문제를 끌어낸다는 뜻이 들어있다.

 끝계/계절계

[季冬계동 마지막 겨울, 季氏계시 막내, 季子계자 막내 아들, 季節계절 절기, 四季節사계절]

季자는 '禾'+'子'로 구성된 글자로 禾는 秋가을추고 子는 子자니 늦새끼란 뜻이다.

 끝단/단정할단

[端居단거 단정히 있음, 端緖단서 실머리, 端雅단아 단정하고 아담함, 端午단오 五月五日 名節명절의 하나, 端坐단좌 단정히 앉음]

端자字는 '立'+'山'+'而'로 구성된 글자로 山而立산이입 산이 서 있는 것이다. 山발은 거칠고 산봉우리는 끝이 단정하다. 故로 끝단 단정할단 하는 것이다.

 끝말/없을말

[末期말기 끝장에 가까운 시기, 末路말로 마지막 가는 길, 末尾말미 끝꼬리, 末梢말초 끝 수내기]

末자는 '一'+'木'로 구성된 글자로 '一'이 '木목' 위에 붙으면 '末'이 되고 '一'이 '木목' 밑에 붙으면 '本'이 된다. 本字 근에 보라.

이상 季는 伯仲季백중계의 끝이고 端은 端末단말의 끝이고 末은 本末본말의 끝이다.

 기름고/기름지게할고

[膏粱고량 기름진 쌀밥, 膏藥고약 고은 약, 膏澤고택 膏는 기름이고 澤은 물이다. 기름도 흐르고 물도 흐른다. 故로 조상의 德덕이 미침을 뜻한 말이다.]

膏자는 '高'+'月'로 구성된 글字로 高는 高고고 月은 肉고기육이니 살이 높은 것은 기름져서 그런 것이다. 그러나 글자의 구성과는 조금 달리 졸여서 걸게 된 것을 膏라 한다.

 기름방/비계방

[肥肪비방 살찐 비계, 脂肪지방 기름과 비계]

肪자는 '月'+'方'로 구성된 글자로 月은 肉육이고 方은 方방이니 즉, 方肉방육이니 살이 찌면 方肉방육(비계)이 생긴다.

 기름지/연지지

[脂膏지고 기름, 脂肪지방 속기름과 비계]

脂자는 '月'+'旨'로 구성된 글자로 月은 肉육이고 旨맛있을지는 맛이다. 맛있는 고기는 脂肪지방이다.

 기름유

[油庫유고 기름창고, 油頭유두 기름 바른 머리, 油粕유박 깻묵, 油印物유인물 유사한 물건]

油자는 'ㅣ'+'由'로 구성된 글자로 ㅣ는 水수고 由는 理由이유다. 緣由연유가 있는 물이니 짜낸 물이 기름이다.

이상 膏는 졸여서 만든 기름이고 肪은 비계기름이고 脂는 속기름이고 油는 짜낸 기름이다.

기계계

[械器기기 기계]

械자는 '木'+'戒'로 구성된 글자로 木은 木목이고 戒는 戒조심할계니 戒木, 즉 조심할 나무니 기계다. 기계는 항상 경계하고 조심해야 한다. 요즈음은 기계를 쇠로 만드나 옛날에는 나무로 만들었다.

기계기/기틀기/기미기

[機械기계 기계, 機關기관 활동장치를 가진 기계, 機微기미 事物사물의 미묘한 기틀]

機자는 '木'+'幾기미기,기밀할기'로 구성된 글자로 幾木기목이니 機字는 械字와 같이 있어야 뜻이 나온다. 기계는 기밀하고 경계해야 한다는 뜻이다.

기기

[旗手기수 기를 들거나 받든 군사, 旗亭기정 술집 요리집, 旗幟기치 기]

旗자는 '方'+'人'로 其의 구성된 글자로 方은 族겨레족이고 人은 人이고 其기는 가르키는 것이다. '여기 어느 족속이 있다'는 표시이다. 各각 族屬족속마다 기가 다르다. 旗는 기고 어떠한 族족이란 표는 旗字 위에 붙는다.

기약기

[期年기년 제돌, 期約기약 기한을 정하고 약속함]

期자는 '其'+'月'로 구성된 글자로 옛날에 期約은 主로 土地토지를 賣買매매 하는데 期限기한을 主로 한 달로 한다. 故로 期다.

기약약/맺을약

[約款약관 약속하고 정한 조목, 約束약속 언약을 단단이 함, 結婚결혼 혼인을 약속함]

約자는 '糸실사'+'勺구기작'로 구성된 글자로 옛날 글자가 없을 때 실을 구부려 맺는 形容형용이다. 즉 勺자는 뜻 보다는 구부린 형용을 표현한 것이다.

기록할기

[記念기염 오래도록 기억하여 잊지 않음, 記錄기록 적음, 記事기사 기록한 일, 記憶기억 잊지 않음]

記자는 '言'+'己'로 구성된 글자로 己言기언, 자기의 말 또는 일을 잊지 않으려고 기록 또는 기억하는 것이다.

 기록록

[錄名녹명 이름을 기록함]

錄자는 '金쇠금'+'彔기록할록'로 구성된 글자로 金은 金石금석이고 彔은 金石에다 기록 또는 새긴 形형이다.

이상 記는 문서에다 기록하는 것이나 사람의 머리로 잊지 않고 있는 것도 記고 錄은 머리와 생각은 의미가 적고 記字가 위에 있으면 記錄 적는 것이고 錄은 새겨놓은 것이다.

 기특할기/기이할기

[奇計기계 기특한 계책, 奇怪기괴 괴상한 것, 奇談기담 기이한 얘기, 奇花기화 기이한 꽃]

奇자는 '大'+'可'로 구성된 글자로 大可대가 즉, '크게 옳다'하는 것이다. 字形자형이 기특하다.

 기생기

[妓女기녀 기생, 妓生기생 기생]

妓자는 '女계집녀'+'支가지지'로 구성된 글자로 嫡女적녀가 아니고 支女지녀니 妓女는 歌舞가무에 재주가 있다. 故로 支를 하였는데 支는 技재주기의 뜻도 있다.

 기다릴대/대접할대

[待賈대가 값이 오르기를 기다림, 待令대령 명령을 기다림, 待遇대우 대접함]

待자는 'ㅓ'+'寺절사'로 구성된 글자로 ㅓ은 行이고 寺는 時때시니 때는 기다리게 된다.

 기쁠락/즐거울락/풍류악/좋을요

[樂曲악곡 풍류의 곡조, 樂工악공 악기를 만드는 사람, 樂器악기 음악을 연주하는데 쓰 는 기

구, 樂園낙원 즐거운 곳, 樂天낙천 자연을 즐김]

樂자는 '白'+'丝'+'木'으로 구성된 글자로 樂器악기의 形容형용이다. 丝은 絲실사니 樂器의 絃현이고 木은 樂器의 받침대고 白은 연주하는 것이다. 즐거울락 하는 것은 樂은 즐겁다는 뜻이 轉구를전(변하여)하여서 '즐거울락', '좋을요'한다.

 기쁠열

[悅樂열락 기뻐서 즐김, 悅服열복 기뻐서 복종함]

悅자는 '忄'+'兌'로 구성된 글자로 忄은 心이고 兌는 기뻐하는 모양이다. 周易주역에 兌태는 悅이라 하였다.

 기쁠유/즐거울유/구차할유

[愉色유색 즐거운 안색, 愉快유쾌 즐거워 마음이 쾌함]

愉자는 '忄'+'俞'로 구성된 글자로 忄은 快상쾌할쾌고 俞대답할유는 넉넉한 모양이다. 快俞하니 愉다. 故로 快愉쾌유의 文字가 붙는 것이다.

 기쁠흔

[欣然흔연 기쁜 듯이, 欣悅흔열 기뻐함, 欣欣흔흔 기쁜 모양]

欣자는 '斤'ㅣ'欠'로 구성된 글자로 斤은 近가까울근이고 欠탄은 歡기쁠환이니 기쁜 것이 歡기뻐할환에 가깝다는 뜻이다.

 기쁠환

[歡談환담 기쁘게 말하는 것, 歡迎환영 기쁘게 맞음]

歡자는 '雚황새관'+'欠하품흠'으로 구성된 글자로 欠은 鸛황새이고 欠은 황새가 황새를 맞아들일 때 하는 形容형용이다. 故로 歡迎환영이다.

 기쁠희

[喜色희색 기쁜 빛, 喜壽희수 일흔 일곱 살]

喜자는 '吉'+'㕻'로 구성된 글자로 吉은 吉길할길이고 㕻는 善착할선이니 일이 잘되니 기쁜 것이다.

이상 樂은 기쁜 것이 밖으로 발산한 것이고 悅은 마음에서 기쁜 것이고 愉는 和悅_{화열}한 모양이고 歡은 기뻐서 받아들이는 모양이고 ?은 기쁜 모양이고 喜는 기뻐서 입이 벌어진 것이다.

 기울보

[補缺_{보결} 터진 곳을 기움, 補給_{보급} 물품을 뒷바라지로 보태서 대여줌, 補闕_{보궐} 빈자리를 메움, 補陽_{보양} 양기를 도움, 補藥_{보약} 보약]

補자는 '衣_{옷의}'+'甫_{클보}'로 구성된 글자로 衣는 衣옷고 甫는 輔_{덧댈보}니 옷이 해지면 천을 덧대어 기워 입는다.

 기를사/먹일사

[飼育_{사육} 먹여 기름, 飼料_{사료} 먹이]

飼자는 '食_{먹을식}'+'司_{맡을사}'로 구성된 글자로 食은 食이고 司는 '맡아서 돌보고 기르는'것이다.

 기를양/봉양할양

[養家_{양가} 양자로 들어간 집, 養女_{양녀} 수양 딸, 養老_{양로} 노인을 봉양함, 養育_{양육} 기름]

養자는 '羊_{양양}'+'食'으로 구성된 글자로 羊은 善_선이고 食은 食_식이니 잘 먹여 기르는 것이다.

 기를육

[育成_{육성} 길러 이룸, 育種_{육종} 종자를 기름, 教育_{교육} 가르치고 기름]

育자는 '厶'+'月'로 구성된 글자로 厶은 充_{보충할충}이고 月은 體_{몸체}니 몸을 充實_{충실}하게 하는 것이다. 故로 '養育_{양육}', '愛育_{애육}'한다.

 기를축/쌓을축/가축축/집짐승츄

[畜舍_{축사} 짐승 기르는 집, 畜産_{축산} 짐승을 길러 생산하는 것]

畜자는 '玄_{검을현}'+'田_{밭전}'으로 구성된 글자로 玄은 牽_{끌견}이고 田은 田_전이다. 옛날 사람이 家畜_{가축}에는 소를 主軸_{주축}으로 삼았다. 소는 밭을 간다. 故로 田_전이 붙은 것이다.

이상 飼는 짐승 따위를 놓아서 먹여 기르는 것이고 養은 받들어 모시는 것이고 育은 어린이를 키우는 것이고 畜은 가축을 가두어 기르는 것이다.

기지개신/펼신

[伸腰신요 허리를 폄, 伸冤신원 원을 폄, 伸長신장 길게 폄]

伸자는 'イ'+'申'로 구성된 글자로 イ은 人이고 申은 申신이니 기지개를 하면 몸이 펴진다.

 기러기안

[雁書안서 편지, 雁信안신 편지, 雁陣안진 기러기진, 雁行안행 기러기가 줄지어 날아가는 것]

雁자는 '厂'+'イ'+'隹'로 구성된 글자로서 厂은 바위집이고 隹는 隹새추이고, イ은 隹자를 한 번 더 쓰기 위해서 덧그어 넣은 것이다. 隹가 둘인 것은 雙쌍이란 뜻이다. 기러기는 정해진 배필 雙이 있다. 厂은 기러기 은신처다.

 기러기홍/클홍/기운덩이홍

[鴻鵠홍곡 기러기와 곤이, 鴻毛홍모 기러기 털, 가볍다는 뜻, 鴻恩홍은 큰 은혜]

鴻자는 '江강강'+'鳥새조'로 구성된 글자로 '강에서 주로 생활하는 강새'란 뜻이다.

이상 雁은 기러기의 작은 것이고 鴻은 기러기의 큰 것이다.

 기릴예/즐길예

[輿望여망 명예, 명예와 인망, 譽聞예문 좋은 평을 들음, 譽言예언 기리는 말]

譽자는 '與더불어여'+'言말씀언'으로 구성된 글자로 與言여언이니 더불어 하는 말이니 기리는 것이다.

 기릴찬/도울찬

[讚歌찬가 기리는 노래, 讚美찬미 아름다운 덕을 기리는 것, 讚辭찬사 기리는 말]

讚자는 '言'+'贊도울찬'으로 구성된 글자로 贊言찬언 '돕는 말'이니 讚은 기리고 감탄하여 기리는 것이다.

이상 譽는 말로 기리는 뜻이 많고 讚은 글로 기리거나 노래로 많이 기린다.

 기장서

[黍稷서직, 黍禾서화 기장과 벼]

黍자는 '禾벼화'+'入들입'+'水물수'로 구성된 글자로 禾入水(곡식에 물을 넣어 술을 만든다)다. 孔子께서 말씀하시기를 기장은 술을 빚을 수 있으므로 禾入水라 하셨다.

沃 기름질옥

[沃畓옥답 기름진 논, 沃野옥야 기름진 들, 沃土옥토 기름진 땅]

沃자는 '氵'+'夭어릴요'로 구성된 글자로 氵는 油기름유고 夭는 少年소년이다. 少年소년의 머리는 기름지다.

柱 기둥주

[柱頭주두 기둥머리, 柱石주석 기둥 받침돌, 柱礎주초 기둥 밑에 놓는 돌]

柱자는 '木'+'主'로 구성된 글자로 主木이니 집을 지을 때에는 기둥이 主木이다.

候 기후후/기다릴후/차질후

[候補후보 결원이 난 벼슬자리나 지위 등의 채움, 候風후풍 바람을 미리 예측하는 것]

候자는 侯字에 내려 그은 획 '丨'이 더 있다. 侯는 과녁후字고 候字의 '丨'은 화살인데 과녁을 맞히는 데는 기후의 영향을 많이 받는다.

緊 긴할긴/굳을긴

[緊急긴급 사항이 닥쳐온 것, 緊密긴밀 매우 빽빽함, 緊迫긴박 다가와 박절한 것, 緊要긴요 바로 필요한 것]

緊자는 '臤'+'糸'로 구성된 글자로 臤는 賢현이고 糸는 法법이다. 옛날에는 실로 정치를 하였으므로 실법을 잘 아는 賢者현자가 긴요하다는 뜻이다.

吉 길할길

[吉慶길경 좋은 경사, 吉禮길예 길사의 예식, 吉兆길조 좋은 징조]

吉자는 '士'+'口'로 구성된 글자로 口는 吉의 표시인 ○이고 士사는 선비 선생님이다. 옛날에 吉凶길흉의 표시를 吉은 O, 凶흉은 X로 하였다. 後世후세에 글자를 楷字해자로 만들 때 O를 口으로 하니 입구口와 같으므로 士를 붙여 吉로 하고 X에는 凵을 붙여 凶으로 한 것이다. 지금에도 맞은 건 O고 틀린 것은 X다.

길도/이를도

[道德도덕 도와 덕, 道路도로 길, 道義도의 도와 의]

道자는 'ㆍノ'+'一'+'自'+'辶'로 구성된 글자로 'ㆍノ'은 一陰일음一陽일양이고 一은 太極태극이고 自은 由유고 辶는 之지니 '一陰일음一陽일양이 太極태극으로 부터'라는 뜻이다. 故로 易주역에 曰왈 '一陰一陽일음일양을 謂之道위지도'라 하였다.

 길도

[途中도중 길 가운데]

途자는 '余'+'之'로 구성된 글자로 余는 나고 之는 之지로 現在현재 내가 가고 있는 길 앞으로 갈 길이다. 故로 前途전도가 洋洋양양이라 한다.

 길로

[路柳로류 길가 버들, 路線로선 금 그어 놓은 길, 路程로정 길]

路자는 '足'+'各'로 구성된 글자로 足는 足발족이고 各은 各각각각이니 모든 各動物각동물의 발이 닿는 곳은 다 길이다. 故로 길이 있으면 온갖 동물이 다 다닌다.

 길정

[程度정도 얼마의 길이, 程里정리 길의 거리]

程자는 '禾'+'呈'로 구성된 글자로 禾는 禾벼화고 呈드릴정은 '드리는 것'이다. 벼를 地主지주에게 드리기 위해 길을 묻고 리수를 생각한다.

이상 道는 道理도리에 많이 쓰이고 途는 길에 주로 쓰이고 路는 道字와 같이 쓰는 글자이다. 갈 수 있는 곳은 다 길이다. 程은 거리 里程리정에 많이 쓰인다.

永 길영/오랠영/멸영

[永訣영결 다시 만날 수 없는 이별, 永久영구 길고 오래감, 永生영생 죽지 않음]

永자는 'ㆍ'+'水'로 구성된 글자로 ㆍ은 泉샘천 字의 第一劃제일획이고 水은 水수니 泉천 즉, 샘물은 길게 흐르고 오래도록 마르지 않는다는 뜻으로 지어진 글자다. 故로 樑水천수(샘물)를 長流水장류수라 한다.

길장/긴장/어른장/클장

[長江장강 긴 강, 長空장공 긴 공중, 長久장구 길고 오램]

長자는 字形이 길다.

이상 永字는 글 쓰는 目的목적에 따라 무궁하다는 뜻이 있고 長은 字形으로 '크다', '길다', '어른이다'의 뜻으로 쓰인다.

 길쌈방

[紡機방기 베틀, 紡績방적 길쌈, 紡織방직 베 짜는 것, 紡車방거 물레]

紡자는 '糸'+'方'으로 구서된 글자로 糸는 織짤직이고 方은 方法방법이니 '실을 다루고 베 짜는 방법이라'는 뜻이다.

 길쌈적/이를적/공적

[績女적녀 길쌈 하는 여자]

績자는 '糸'+'責'로 구성된 글자로 糸는 織짤직이고 責은 責꾸짖을책 또는 積쌓을적이니 베를 맡아서 짜낸 것이니 功공이 된다. 故로 功績공적이라 한다.

 길게흐를연/넓힐연

[演劇연극 극을 연주하는 것, 演技연기 재주 부리는 것, 演壇연단 연설하는 단, 演說연설]

演자는 'ㆍ氵'+'寅'으로 구성된 글자로 寅은 寅方인방이다. 寅方水는 길게 흐른다. 글자를 만들 때 흐르는 寅方水를 보고 쓴 것 같다.

 깊을심/못심

[深坑심갱 깊은 구덩이, 深谷심곡 깊은 골, 深林심림 깊은 수풀, 深思심사 깊이 생각함]

深자는 'ㆍ氵'+'冗'+'木'으로 구성된 글자로 氵는 水수고 冗은 穴혈이고 木은 木목이니 깊은 우물을 뜻한 글자다. 우물 샘은 나무토막으로 네모지게 쌓아 올린다. 冗쓸데없을용과 穴구멍혈은 구멍인데 땅 위가 봉긋한 것은 穴이니 사람 사는 굴이고 冗은 위가 불어나지 않은 깊은 구멍이다.

깊을오/모퉁이오/따실욱

[奧妙오묘 깊고 묘한 것, 奧旨오지 깊은 뜻]

奧자는 '悤'+'大'로 구성된 글자로 悤바쁠총는 쌀을 싸서 놓은 形형이고 大는 쌀을 올려놓는 床상이다. 옛날에 쌀이 귀하여 중요히 쓸 쌀은 집안 깊숙한 곳에 두었다.

 깊을유/그윽할유

이상 深은 물이 깊은 것이고 奧는 오묘하게 깊은 것이고 幽는 산골짜기가 깊어 초목이 우거진 곳이다.

 낄개/매일개/클개/갑옷개/굳을개

[介甲개갑 갑옷, 介婦개부 많은 여인, 介入개입 끼어드는 것]

介자는 人字에 儿 두 획이 끼어 있다.

 깃우

[羽毛우모 깃과 털, 羽旄우모 깃으로 된 기, 羽翼우익 날개쭉지]

羽자는 새 날개깃의 모양이다.

 끼칠유/남을유/잃을유

[遺家族유가족 끼친 가족, 남아있는 가족, 遺憾유감 끼친 감정, 遺骨유골 끼친 뼈, 남은 뼈]

遺자는 '貴'+'之'로 구성된 글잘 貴는 貴귀할귀고 之는 逝갈서니 逝去서거한 분의 貴한 것은 遺物유물이니 귀하다.

 낄섭/잡을섭/겸할섭

[攝理섭리 임금을 끼고 다스림, 攝政섭정 임금을 끼고 정치함]

囁자는 '扌'+'聶'로 구성된 글자로 扌는 持가질지고 聶소곤거실섭은 세 귀이다. 세 귀가 붙은 것은 솥귀를 한쪽 잡아준다는 뜻으로 攝政섭정이라 한다. 솥은 나라의 重器중기다. 故로 定鼎于漢陽정정우한양 '솥을 한양에다 정한다'고 하였다.

낄협/곁협

[夾攻협공 여럿이 끼고 공격함, 夾房협방 곁방]

夾자는 '大'+'人人'으로의 구성된 글자로 大人대인(큰 사람)이 두 사람을 양 곁에 낀 모양이다.

 낄협/가질협

[挾憾협감 감정을 낌, 挾勢협세 형세를 낌]

挾자는 '扌'+'夾'으로 구성된 글자로 扌는 持가질지고 夾은 夾낄협이니 무엇을 가지고 있는 것이니 故로 夾에다 扌를 한 것이다.

 나라국

[國家국가 나라와 가정, 國은 나라이고 家는 나라 안에 큰 구역을 다스리는 것을 家라 한 다, 國境국경 나라 지경, 國民국민 나라 백성, 國政국정 나라 정치]

國자는 '囗'+'或'으로 구성된 글자로 囗은 國境국경이고 或혹혹은 域지경역이니 한 구역 을 국경으로 한 나라다.

 나라방

[邦家방가 나라와 집]

邦자는 '丰'+'阝'로 구성된 글자로 丰은 封봉할봉이고 阝은 郡고을군이니 한 끝을 封한 나라다.

唐당은 堯요가 세운 나라이고 虞우는 舜순이 세운 나라다. 夏하는 禹우가 세운 나라이고 商상은 湯탕이 세운 나라이며, 殷은은 湯탕이 세운 나라로 商과 동일한 나라다. 周㈜는 武王무왕이 세운 나라이며 漢한은 劉邦유방이 세운 나라다. 吳오는 泰伯태백과 仲雍중옹을 封한 나라다. 蔡채는 蔡仲채중을 封한 나라다. 曹조는 武王무왕 제 曹叔조숙에게 封한 나 라다. 宋송은 商紂상주의 庶兄서형 微子啓미자계에게 封한 나라다. 魯로는 伯禽백금의 封한 나라다. 衛위는 周武王주무왕의 母弟모제 康叔封강숙봉에게 封한 나라다. 晋진은 周成王주성 왕의 弟제 唐叔虞당숙우에게 封한 나라다. 鄭정은 周宣王주선왕의 庶弟서제 桓公友환공우에게 封한 나라다. 陳진은 虞舜우순의 後후 胡公滿호공만에게 封한 나라다. 齊제는 太公望태공망 呂尙여상에게 封한 나라 趙조는 周穆王주목왕의 祖父조부에게 封한 나라다. 魏위는 周文王 주문왕의 子자 畢公高필공고의 後후를 封한 나라다. 韓한은 周武王주무왕의 子자 韓後한후의 後후를 封한 나라다. 楚초는 顓頊전욱 때부터 있던 나라다. 燕연은 召公奭소공석에게 封한 나라다. 秦진은 顓頊전욱의 後를 封한 나라다.

 나그네려/괘이름려

[旅客여객 나그네 손, 旅館여관 나그네가 묵어가는 집, 旅愁여수 나그네의 수심]

旅자는 '方'+'农'로 구성된 글자로 方은 地方지방이고 农는 나그네의 衣冠의관의 모양이다.

 나무목

[木工목공 나무 다루는 장인, 木器목기 나무그릇, 木手목수 나무로 기구를 만드는 사람]

木자는 나무의 모양이다.

 나무수/세울수/심을수

[樹立수립 어떤 사업이나 정부를 세우는 것, 樹種수종 나무 종류]

樹자는 '木'+'土'+'豆'+'寸'로 구성된 글자로 木은 植木식목이고 土豆는 빈 땅이고 寸은 村마을촌이니 마을 빈 땅에 심어 놓은 작은 나무이므로 樹立수립이라 한다.

 노나무가/개오동나무가

櫃자 伍子胥오자서의 墓묘에 난 나무다.

 계수나무계

[桂林계림 계수나무 수풀, 桂魄계백 달의 별명, 桂月계월 계수나무 꽃이 피는 달 八月]

桂자는 '木'+'圭'로 구성된 글자로 木는 木이고 圭는 계수나무의 모양이다.

 구기자구/굽을구

[枸杞구기 구기자]

 구기자기/산버들기

[杞柳기류 산버들과 들버들]

枸자와 杞字는 붙은 文字문자로 枸杞는 가지가 버들 같고 구불구불하다. 故로 木에 句를 한 것이다.

 복숭아도

[桃李도이 봉숭아와 오얏, 桃仁도인 복숭아씨]

桃자는 '木'+'兆'로 구성된 글자로 兆木조목 징조의 나무란 뜻이다. 故로 복숭아 꽃이 잘 피면 좋은 징조라 한다.

 오동오/허울찰오

[梧桐오동 오동나무, 梧月오월 음력 七月의 별명]

 오동동

[桐君동군 거문고의 다른 이름, 桐梓동재 오동나무와 가래나무]

梧와 桐은 같은 나무이다. 梧字는 木, 吾의 구성된 글자고 桐은 木, 同의 구성된 글자로 梧桐은 우리가 다 같이 좋아하는 나무라는 뜻이다. 梧桐은 우리들 가구에 좋은 木材목재 다.

 밤률

[栗烈률렬 무서운 추위, 栗房률방 밤송이]

栗자는 '西'+'木'로 구성된 글자로 西는 要필요할요고 木은 木이니 밤은 제사에도 쓰고 藥약으로도 必要필요한 나무다. 또는 제사상 차리는데 대추는 東동에 놓고 밤은 西서에 놓는 뜻이기도 하다.

 잣나무백/측백나무백

[柏葉백엽 잣나무 잎, 柏子仁백자인 잣 열매, 柏酒백주 잣나무 잎으로 빚은 술]

柏자는 '木'+'白'로 구성된 글자로 白木 이 나무는 陰음을 向향하고 西서를 가르킨다하여 木에 白이 붙은 것이다. 白은 西를 意味의미한다.

 뽕나무상

[桑白皮상백피 뽕나무 속껍질, 桑椹상심 오디, 桑楡상유 해 질 무렵을 가리키는 말]

桑자는 '叒'+'木'로 구성된 글자로 叒은 뽕잎의 모양이고 木은 木이니 뽕나무는 잎을 따서 누에를 기르므로 잎의 모양을 한 글자다.

 소나무송

[松林송림 솔 수풀, 松魚송어 물고기 이름]

松자는 '木'+'公'로 구성된 글자로 公木공목이니 귀한 나무 높은 나무란 뜻이다. 故로 松은 百木之長백목지장이라 한다.

 감시

[柿葉시엽 감나무잎]

柿자는 '木'+'市'로 구성된 글자로 市木시목 감나무는 市中시중에서도 병 없이 잘 된다.

 버들양

[楊柳양류 버드나무]

楊자는 '木'+'昜'로 구성된 글자로 木은 木목이고 昜은 揚양이니 버들은 버들강아지가 솜 같이 되어 바람에 잘 날린다. 버들강아지는 멀리 날아가 묵은 논에 떨어져 잘 번식한다.

 버들류

[柳京유경 평양 서울, 柳枝유지 버들가지]

柳자는 '木'+'卯'로 구성된 글자로 木은 木이고 卯는 버드나무 가지가 늘어진 形형이다.

 오얏리

[李杜이두 唐당의 李白이백과 杜甫두보 李木이목 오얏나무]

李자는 木, 子의 구성된 글자로 木子, 즉 老聃노담이 李木이목을 가리켜 이는 나의 姓성이라 한데서 연유된 듯하다. 옛날 周주나라 때 조상공의 셋째 딸이 오얏을 통째로 삼키고 八十一年만에 老聃을 오얏나무 아래서 낳았는데 老聃이 낳으면서 오얏나무를 가리켜 이 나무는 나의 姓성이라고 하였다 한다. 故로 木子를 李로 한 듯하다. 또는 李는 열매가 많으므로 子가 붙은 것으로도 본다.

느릅나무유

[楡柳유류 느릅나무와 버드나무]

楡자는 '木'+'俞'로 구성된 글자로 木은 木목이고 俞는 愉즐거울유니 楡木은 性성이 愉하다.

 배리

[梨果이과 배나무 과실, 梨園이원 배나무 정원, 梨花이화 배나무 꽃]

梨자는 '利'+'木'로 구성된 글자로 利木이니 梨는 冷利냉리한 故로 梨다.

 대추조

[棗栗조률 대추와 밤]

棗자는 가시 많은 대추나무의 모양이다.

 풍나무풍

[楓木풍목 풍나무, 楓葉풍엽 풍나무잎]

楓자는 '木'+'風'로 구성된 글자로 風木이니 楓은 가을 바람에 잎이 붉어진다.

 살구행

[杏林행림 살구나무 수풀, 杏仁행인 살구씨]

杏자는 '木'+'口'로 구성된 글자로 木은 木이고 口는 둥그란 果과다. 나뭇가지 사이에 있는 形형이다.

 나눌분/푼분/분수분

[分家분가 살림남, 分居분거 여기 저기 나누어 살음, 分明분명 나눈 것이 명확한 것]

分자는 '八'+'刀'로 구성된 글자로 八은 左右좌우로 나누어진 모양이고 刀는 나누는 칼이다.

 날상

[翔空상공 공중에 날음, 翔禽상금 나는 새]

翔자는 '羊'+'羽'으로 구성된 글자로 羽는 날개깃이고 羊은 날개를 펴서 나는 모양이다.

 날개우 깃우

羽자는 새의 깃털 모양이다.

 날개익/공경할익

[翼卵익란 알을 품는 것, 翼廊익낭 문 좌우에 있는 곁채, 행낭]

翼자는 '羽'+'異다를이'로 구성된 글자로 羽와 다른 날개쭉지다.

이상 羽는 날개깃이고 翔은 나는 것이고 翼은 날개쭉지다.

 나물소

[蔬果소과 나물과 과일, 蔬飯소반 나물밥]

蔬자는 '++'+'疏성길소'로 구성된 글자로 ++는 菜나물채고 疏는 疏니 성근 나물 음식에 고기는 기름지고 나물은 성글다.

 나물채

[菜羹채갱 나물국, 菜果채과 나물과 과일, 菜圃채포 나물 포전]

菜자는 '++'+'采'로 구성된 글자로 ++는 草초 나물이고 采채는 캐는 것이다. 손으로 캐는 풀이 나물이다.

 나오

[吾等오등 우리들, 吾門오문 우리 가문]

吾자는 '五'+'口'로 구성된 글자로 五口오구 五人家族오인가족 우리들의 가족은 主로 五人이다.

 나여

[余等여등 우리들]

余자는 나의 모습이다. 余字는 '人'+'未'의 구성으로 人은 남이니 人未, 즉 남이 아니니 나다.

나비아/누에나비아

[蛾眉아미 나비 눈썹]

蛾자는 '虫'+'我'로 구성된 글자로 我虫아충이니 누에나비이다. 벌레는 사육하지 않으나 오직 누에만이 사육하고 우리 누에라 한다.

 나비접

[蝶兒접아 나비, 兒는 조사]

蝶자는 '虫'+'某'로 구성된 글자로 虫은 虫충이고 某은 某잎엽이니 날아다니는 것이 落葉낙엽같다 하여 붙인 글자다.

이상 蛾는 나방이 나비고 蝶은 날아다니는 나비다.

 나아갈진

[進度진도 나아가는 도수, 進路진로 나아갈 길, 進就진취 나아가는 것, 進化진화 돼 나가는 것]

進자는 '隹'+'之'로 구성된 글자로 隹는 雀참새작이니 새고 之는 之니 새는 가면 나아갈 줄은 알아도 물러가지 못한다.

 나아갈취/이를취

[就世취세 세상에 나아감, 就業취업 직업에 나아감, 就任취임 임무에 나아감]

就자는 '京'+'尤'로 구성된 글자로 京은 京경이니 서울이고 尤은 尢절름발이왕이니 절름발이다. 모로 가도 서울만 가면 된다. 서울 가야 벼슬한다. 좋은데로 가는 것이 就다.

 날근/근근/도끼근

[斤兩근양 근과 양, 斤斧근부 도끼]

斤字는 저울의 모양 같기도 하고 도끼 같기도 하다.

 날비

[飛閣비각 날아갈 듯한 집 누각, 飛禽비금 나는 새, 飛躍비약]

飛자는 나는 形이다.

날생/살생

[生家생가 낳아준 집, 生計생계 살계책, 生氣생기 산 기운]

生자는 풀의 싹이 땅 위로 돋아 나는 形이다.

 날출/내보낼추/내칠출

[出家출가 집에서 나감, 出刊출간 서적을 간행하여 세상에 내 놓음, 斥出척출 쫓아냄]

出자는 生字에 비하여 完全완전히 밖으로 나온 形이다.

 날카로울예/뾰족할예/창태

[銳氣예기 날카로운 기운, 銳利예리 연장 따위가 잘 드는 것]

銳자는 '金'+'兌'로 구성된 글자로 金은 鐵쇠철이고 兌는 脫벗을탈이니 쇠가 둔기를 벗어나면 예리하다.

 날릴양/나타날양

[揚棄양기 날려 버림, 揚名양명 이름을 날림, 揚水양수 물을 날림]

揚자는 '扌'+'昜'로 구성된 글자로 扌는 揭들게고 昜은 陽양이니 陽은 움직인다. 움직이고 들리니 날린다.

 날일

[日光일광 햇빛, 日氣일기 날씨]

日字는 象形상형문자이다.

 남녁병

丙方병방 丙寅병인 二十四方方位說이십사방방위설 참고

 남방리/괘이름리

[离卦이괘]

离자는 卦괘 이름으로 离는 ☲로 두 눈이 서로 이어진 形형이고 离字는 그물에 물건이 걸린 形이다.

 남루할람/옷해질람

[襤褸남루 옷 해진 모양]

襤자는 '衣'+'監'로 구성된 글자로 衣는 衣의고 監은 監볼감이니 해진 옷 속으로 살이 보인다는 뜻이다.

 남루할루/옷꿰맬루/헌누더기루

[衣루의 누더기옷]

褸자는 '衣'+'婁'로 구성된 글자로 婁衣루의 여러 번 꿰맨 옷이다.

 납연

[鉛管연관 납으로 만든 관, 鉛鑛연광 납을 캐내는 광산]

鉛자는 '金'+'㕣'로 구성된 글자로 金은 金이고 㕣은 沿따를연이니 연한 金이란 뜻이다.

 내릴강/항복항

[降旗항기 항복하는 기, 降伏항복 항복, 降等강등 등급을 내림]

降자는 'ß'+'夅'로 구성된 글자로 ß는 阜언덕부고 夅은 발을 내려딛는 形이다.

 내천

[川谷천곡 냇물이 흐르는 골짜기]

川자는 내의 모양이다.

 냄새취

[臭氣취기 냄새기, 臭腥취성 비린내, 臭穢취예 더러운 냄새]

臭자는 '自'+'犬'로 구성된 글자로 自는 鼻코비고 犬은 犬견이니 개코는 냄새를 잘 맡는다.

낭떠러지애/언덕애

[崖岸애안 벼랑 언덕]

崖자는 '山'+'厓'로 구성된 글자로 山은 山이고 厓언덕애는 언덕이다. 산이면서 언덕이니 낭떠러지고 厓는 낭떠러지의 모양이다.

 낮오/지지오

[午方오방 정남, 午時오시 낮 十二시]

午자는 二十四方位說이십사방위설 참고

 낮주

[晝間주간 낮 동안, 晝夜주야 낮과 밤]

晝자는 '聿붓율'+'旦아침단'으로 구성된 글자로 聿은 盡다할진이고 旦는 아침이다. 아침 해 뜰 때부터 질 때 까지가 晝다.

 낮을저

[低價저가 낮은 가격, 低俗저속 낮은 풍속, 低調저조 능률이 낮음]

低자는 'イ'+'氐'로 구성된 글자로 イ은 人인이고 氐근본저는 밑이니 낮은 것이다.

 낮을저/이를저/근본저

[氐首저수 머리를 숙임]

氐자는 '氏'+'一'로 구성된 글자로 一이 氏 밑에 있으니 낮음을 뜻한 글자다.

 낯면/얼굴면

[面鏡면경 어굴 거울, 面談면담 대면하여 말하는 것, 面目면목 얼굴과 눈]

面자는 얼굴 앞모양이다.

 낱개

个字는 字形이 한 낱개에 不過불과하다.

 낱개

[個個개개 낱낱, 個別개별 낱낱이 구별함, 個性개성 개인의 특유한 성질]

 낱개

個자와 箇字는 通用통용되는 글자로 ' 亻'+'固군을고'는 고집스런 사람이고 竹대죽은 대쪽같이 고집스런 것이니 이 모두 한 개인에 不過불과하다.

 낳을산

[産故산고 아이를 낳은 일, 産卵산란 알을 생산함, 産婦산부 해산한 여자]

産자는 '产'+'生'로 구성된 글자로 产은 彦선비언이고 生은 生생이니 선비가 낳았다는 뜻이다. 産字는 生産생산, 産業산업에 많이 쓰인다.

 너그러울관

[寬待관대 너그러이 대우함, 寬大관대 너그럽고 큼, 寬容관용 너그러이 용서함]

寬자는 '宀'+'++'+'見'로 구성된 글자로 宀은 官관이고 ++은 莫大막대의 뜻이고 見은 所見소견이니 所見이 큰 官이니 民민을 대할 때 너그럽다.

 너여

[汝等여등 너희들]

汝자는 ' 氵'+'女'로 구성된 글자로 氵은 灑뿌릴쇄고 女는 少女소녀다. 물 뿌리고 청소하는 소녀니 젊고 낮은 여자아이다. 故로 너라 한다.

 넋백/넋잃을박/넋잃을탁

魄자는 '白'+'鬼'로 구성된 글자로 白은 一身일신의 精정이고 鬼는 一身의 神신이다.

 넋혼/혼혼

[魂車혼거 장사에 죽은 사람의 옷을 실은 수레]

魂자는 '云'+'鬼'로 구성된 글자로 云은 雲운이고 鬼는 一身의 神신이다.

이상 魂,魄 두 글자에 神귀신신이 붙지 않고 鬼가 붙은 것은 사람이 죽으면 骨肉골육은 흙이 되고 피는 물이 되고 혼은 하늘로 날아가고 그 음기인 鬼만 남아 있다. 故로 鬼를 붙인 것이다. 魄은 形에 屬속한 것이고 魂은 氣기에 屬하였다.

 넉넉우/광대우

[優等우등 우수한 등급, 優良우량 뛰어나게 잘된 것, 優秀우수 월등하게 빼어난 것]

優자는 'イ'+'憂'로 구성된 글자로 イ은 他타고 憂는 憂근심우니 남을 근심할 정도라면 넉넉하다. 故로 속담에 내 코가 석 자인데 남을 생각할 새 없다고 한다.

 넉넉할유

[裕福유복 넉넉한 복]

裕자는 '衣'+'谷'로 구성된 글자로 衣는 衣의고 谷은 谷곡이니 옷이 좁지 않고 넉넉하다는 뜻이다.

이상 優는 형편이 넉넉한 것이고 裕는 좁지 않은 것이다.

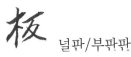 널판/부판판

[板刻판각 판에 새긴 것, 板橋판교 판다리, 板子판자 판자, 널판 조각]

板자는 '木'+'反'으로 구성된 글자로 木은 木목이고 反반은 나무를 쪼개면 서로 반대로 갈라진다. 그것이 板이다.

 넓을광/클광

[廣告광고 널리 알림, 廣求광구 널리 구함, 廣範圍광범위 범위가 넓음]

廣자는 '广'+'黃'으로 구성된 글자로 广는 집이고 黃은 橫가로횡이니 黃은 큰다는 뜻도 있다. 故로 橫으로 큰 것을 廣넓다 한다.

 넓을박/장기박/도박박

[博覽박람 널리 봄, 博聞박문 널리 들음, 博識박식 널리 알음]

博자는 '十'+'甫'+'寸'으로 구성된 글자로 十은 四方사방이고 甫는 大대고 寸은 得득이니 즉 四方으로 크게 넓게 얻었으니 博이다. 博字는 事物사물보다는 사람의 지식이 많은 것을 博이라 한다. 故로 '博士박사' '博識박식' 한다.

 넓을탄 평할탄

[坦坦大路탄탄대로 넓고 넓은 큰 길, 坦平탄평 넓고 평함]

坦자는 '土'+'旦'으로 구성된 글자로 土는 地땅지고 旦는 旦아침단이니 아침이면 세상이 넓어 보인다. 앞길이 평탄하다.

 넓을호

[浩大호대 넓고 큼, 浩然호연 광대한 모양, 浩蕩호탕 물이 넓은 모양]

浩자는 'ㅣ'+'告'로 구성된 글자로 ㅣ는 水수고 告는 告고할고니 물이 적으면 말이 없어도 물이 많고 넓으면 告한다.

 넓을홍/클홍

[洪鈞홍균 우주의 만물을 창조하는 神신, 洪大홍대 크고 넓음, 洪水홍수 비가 많이 내려서 넘쳐 흐르는 강물]

洪자는 'ㅣ'+'共'으로 구성된 글자로 ㅣ는 水수고 共은 共모일공이니 불은 흩어지면 크고 물은 한데 모이면 크다.

이상 廣은 폭이 넓은 것이고 博은 지식이 넓은 것이고 坦은 앞길이 넓은 것이고 浩은 한없이 넓은 것이고 洪은 홍수로 인해 넓은 것이다. 변천에 뜻도 있고 우주관도 있다.

 노래가

[歌曲가곡 노래 곡조, 歌舞가무 노래와 춤, 歌手가수 노래 부르는 사람, 歌謠가요 노래]

歌자는 '哥'+'欠'으로 구성된 글자로 哥노래가는 可~可 길게 소리하는 形이고 欠하품흠은 입을 벌린 모양이 노래다.

 노래구

[謳歌구가 노래 지방에서 부르는 노래]

謳자는 '言'+'區'로 구성된 글자로 言은 謠노래요이고 區는 區域구역, 地方지방에서 나름대로 부르는 민요

 노래요

謠자는 '言'+'䍃'로 구성된 글자로 言은 言언이고 䍃는 搖흔들릴요니 몸을 흔들면서 부르는 것이 謠다.

이상 歌는 곡이 있으면서 길게 부르는 것이고 謳는 各地方각지방에서 부르는 民謠민요고 謠는 몸을 흔들면서 부르는 것이다.

 넓힐확

[擴大확대 넓혀서 크게함, 擴充확충 넓혀서 채움]

擴자는 廣으로 구성된 글자로 은 拓척이고 廣은 廣넓을광이 열어서 넓히는 것이다.

 녹록/불귀신록

[祿米녹미 녹쌀, 祿俸녹봉 녹봉급]

祿자는 '示'+'彔'으로 구성된 글자로 示는 福복복이고 彔은 錄나무깎을녹이다. 故로 綠은 記錄기록에 의해 주는 것이다.

消 녹일소

[消却소각 녹여 버림, 消痰소담 가래를 삭임, 消毒소독 독을 삭임, 消失소실 사라져 없어짐]

消자는 'ɣ'+'肖'로 구성된 글자로 ɣ는 水수고 肖는 硝초석초니 硝는 물에 넣으면 녹는다.

畓 논답

[畓穀답곡 논 곡식, 畓農답농 논 농사]

畓자는 '水'+'田'로 구성된 글자로 水田수전이니 논이다.

驚 놀랄경

[驚怯경겁 놀라 겁에 질린 것, 驚愕경악 놀라는 것, 驚騷경소 놀라 어수선함]

驚자는 '敬'+'馬'로 구성된 글자로 敬은 警경계할경이고 馬는 馬말마니 말이 경계의 동작을 하

면 놀란 것이다.

 놀랄악

愕자는 '忄'+'咢'으로 구성된 글자로 忄은 心심이고 咢시끄럽게다툴악은 놀란 모양이다.

이상 驚은 놀란 것이고 愕은 놀란 기색이다.

 놀유

[遊客유객 놀러 다니는 사람, 遊覽유람 놀러 다니면서 여러 곳을 봄]

遊자는 '之'+'方'+'人'+'子'로 구성된 글자로 之는 之지고 方은 方방이고 人은 人인이고 子는 子자니 人子인자가 갈 때(之)에는 반드시 방소(方)를 두어야 한다. 遊必有方유필유방

 놈자/것자

者는 下待하대하는 말이고 또는 어떠한 事物사물의 실체를 일컫기 위하여 事物사물 밑에 붙이는 글자다.

 놈한

[怪漢괴한 괴이한 놈, 惡漢악한 악한 놈]

漢자는 漢水한수의 물 이름이다. 놈으로 쓰는 것은 물가 사람을 하대하는 말이다.

 뇌물뇌

[賂物뇌물 상관 또는 공무원에게 몰래 주는 돈]

賂자는 '貝'+'各'으로 구성된 글자로 貝는 財재물재고 各은 客손객이니 客財객재 즉 객돈이니 뇌물이다.

 높을고/고상할고

[高架고가 높은 시렁, 高閣고각 높은 누각, 高見고견 높은데서 봄. 식견이 많음을 일컫는 말]

 높을숭

[崇高숭고 무척 높은 것, 崇慕숭모 높여서 사모함, 崇拜숭배 높여서 절함]

崇자는 '山'+'宗마루종'으로 구성된 글자로 山宗산종 즉 산 말기니 높다.

 높을앙/밝을앙

[昂貴앙귀 무척 귀함, 昂騰앙등 무척 오름]

昂자는 '日'+'卬'로 구성된 글자로 日은 日일이고 卬은 仰우러를앙이니 해는 높이 떠 있고 萬物만물이 우러러보니 밝고 높다.

 높을륭

[隆起융기 높아짐. 높이 일어남, 隆冬융동 깊은 겨울, 隆準융준 콧마루가 높음]

隆자는 ' 阝'+'夂'+'生'으로 구성된 글자로 阝은 陸대륙육이고 夂은 두둑한 모양이고 生은 先生선생이란 뜻이다. 隆字는 높은 곳에서도 더 높은 것이다. 이 글자는 제자가 선생을 높이는 글자이므로 生이 붙은 것이다.

 높을존/술잔준

[尊敬존경 높은 이를 공경함, 尊貴존귀 높고 귀함, 尊待존대 높이 대접함]

尊자는 '酋'+'寸'으로 구성된 글자로 酋우두머리추은 奠제사지낼전이고 寸마디촌은 寸數촌수이다. 술잔은 촌수에 따라 높은 어른에게 먼저 드린다.

 높을준

[峻極준극 가장 높은 것, 峻急준급 높으면서 급한 것, 峻嶺준령 높은 고개]

峻자는 '山'+'夋'으로 구성된 글자로 山은 山산이고 夋천천히걷는모양준은 俊준걸준이니 산이 준걸하니 높다.

 높을최

[崔嵬최외 높은 모양, 催隤최퇴 무너짐]

催자는 '山'+'住'로 구성된 글자로 山은 山산이고 住는 벼랑의 모양이다. 벼랑 위에 산이니 높다.

 높을탁

[卓見탁견 본 것이 많음, 卓冠탁관 높은 관, 卓字는 特立특입]

卓자는 특별히 높이 서 있는 모양이다.

이상 高는 높은 모양이고 崇은 산 같이 높은 것이고 昂은 고개를 젖히고 쳐다볼 정도로 높은 것이고 隆은 훌륭한 것이고 尊은 어른이고 峻은 산이 높은 것이고 催는 산이 험하면서 높은 것이고 卓은 우뚝한 것이다.

 놓을방/내칠방

[放棄방기 놓아 버림, 放浪방랑 터놓아 마구 흐르는 물결, 放流방류 놓아 흐름]

放자는 '方'+'攵'로 구성된 글자로 方은 方방이고 攵뒤져올치는 啓열계니 啓方계방, 즉 열린 방향이란 뜻이다.

 놓을사/죄사할사

[赦免사면 면죄됨, 赦罪사죄 죄를 놓아 줌]

赦자는 '赤'+'攵'로 구성된 글자로 赤붉을적은 功공공이고 攵은 放놓을방이니 赫赫혁혁한 功이 있어 죄를 놓아준다. 또는 赤地적지 아무런 근거가 없어 죄를 놓아 준다.

 놓을종/늘어질종/세울종

[縱談종담 마구 지껄임, 縱隊종대 세로로 나란히 섬, 縱書종서 글줄을 세로로 씀, 縱橫종횡 세로와 가로]

縱자는 '糸가는실사'+'從좇을종'으로 구성된 글자로 늘어진 그대로다.

 누더기갈/갈옷갈

[褐色갈색 거무스름한 주황색]

褐자는 '衣'+'曷'로 구성된 글자로 衣는 衣옷의고 曷어찌갈은 葛칡갈이니 葛布갈포 즉 옷이란 뜻이다. 또는 曷은 竭다할갈이니 옷이 다 해진 누더기라는 뜻이다.

 누이매

[妹家매가 누이동생의 집, 妹夫매부 누이동생의 남편, 妹兄매형 손위 누이의 남편]

妹자는 '女'+'未'로 구성된 글자로 女는 女녀고 未는 未미니 未婚女미혼녀란 뜻이다. 어리니 손아래 누이다.

 누이자

[姉妹자매 손위 누이와 손아래 누이, 姉兄자형 손위 누이의 남편]

姉자는 '女'+'市'로 구성된 글자로 女는 女녀고 市는 婚女혼녀의 머리 장식의 모양이다.

이상 妹는 未婚女미혼녀를 뜻한 글자고 姉는 旣婚女기혼녀를 뜻한 글자다.

 누구수

[誰昔수석 옛날, 誰何수하 누구냐]

誰자는 '言'+'住'로 구성된 글자로 住은 進나아갈진이고 言은 言언이니 進言진언 누구나 나아가 말할 때면 아무 댁 누구라 한다.

 누를억/또한억

[抑留억류 눌러서 머무르도록 함, 抑壓억압 꽉 눌러버림]

抑자는 'ㅊ'+'卬'로 구성된 글자로 ㅊ는 手수고 卬은 仰우러를이니 쳐다보지도 못하도록 손으로 누르는 것이다.

 누를진/진정할진

[鎭撫진무 진정해 어루만짐, 鎭山진산 都邑도읍의 뒤에 자리잡고 있는 山, 鎭壓진압 진정해 누르는 것]

鎭자는 '金'+'眞'로 구성된 글자로 眞金진금이니 무겁다. 가벼운 물체가 움직이면 眞金으로 누르면 진정된다.

이상 抑은 강제로 누르는 것이고 鎭는 흔들리지 않도록 하는 것이다.

 누을와

[臥看와간 누워서 보는 것, 臥具와구 눕는 기구, 臥病와병 병들어 누움]

臥자는 '臣'+'卜'으로 구성된 글자로 臣신하신은 臥具와구고 卜은 人인이니 사람이 침대에 위에 누운 形형이다.

 누를황

[黃色황색 누른 빛, 黃牛황우 누른 소, 黃帝황제 옛 제왕의 한 사람, 黃河황하 중국에 있는 큰 하수 이름]

黃자는 누른색의 표다. 靑청, 黃황, 赤적, 白백, 黑흑은 모두 五色오색의 表표다. 五色의 글자는 會意회의가 아니고 純全순전한 글자니 五色의 王이다.

 눈물루

[淚數루수 눈물, 淚眼루안 눈물 흘리는 눈, 淚珠루주 눈물 방울]

淚자는 '氵'+'戾이그러질려'로 구성된 글자로 戾水려수 슬프면 肝經간경(간에 딸린 경락)이 뒤틀려서 눈물이 나온다.

 눈감을명/눈어두울명/눈감을면/독할면

[瞑瞑명명 어둡고 어두움, 瞑目명목 눈을 감음]

瞑자는 '目'+'冥'로 구성된 글자로 目은 目목이고 冥은 冥어두울명이니 冥은 어두우면서 밝은 것이다. 故로 音음이 明字명자와 같이 명이다. 눈을 감아도 속눈은 밝다는 뜻이다.

 눈목/조목목

[目擊목격 그 자리에서 직접 봄, 目光목광, 目睹목도 자기 눈으로 실제로 봄]

目자는 상형문자로 가로로 그렸던 것이 세로로 변한 것이다.

 눈썹미

[眉間미간 눈썹 사이, 眉目미목 눈썹과 눈, 眉睫미첩 눈썹과 속눈썹]

眉자는 '尸'+'目'로 구성된 글자로 目은 目이고 尸는 눈 위 눈썹의 모양이다.

 눈깜박일순/잠깐순

[瞬間순간 눈 깜박할 사이, 瞬息순식 눈 깜박이고 숨 쉬는 것. 빠름을 뜻한 말]

瞬자는 '目'+'舜'으로 구성된 글자로 舜目순목, '舜순임금이 눈을 깜박하였다' 하여 지어진 글자이다. 뜻은 그러나 증거는 찾지 못하였다.

 눈설/씻을설

[雪景설경 눈 경치, 雪糖설당 설탕, 雪馬설마 썰매]

雪자는 '雨'+'彐'로 구성된 글자로 雨는 雨우니 하늘에서 내리는 것을 모두 雨라 하고 彐은 가래(눈 치우는 도구)의 모양이다. 가래로 치우는 雨니 눈이다.

 뉘우칠회/후회할회

[悔改회개 뉘우쳐서 허물을 고침, 悔?회민 뉘우침과 린색함, 悔心회심 뉘우치는 마음]

悔자는 '小'+'每'로 구성된 글자로 小은 心심이고 每는 每매양매니 늘 마음에 있으면 뉘우치게 된다.

 느낄감

[感覺감각 느껴서 깨달음, 感動감동 느껴서 동함, 感謝감사 느껴 사례함, 感應감응 느껴 응함]

感자는 '咸'+'心'로 구성된 글자로 咸은 咸다함이니 다함이다. 이 咸字는 心字심자가 붙기 전에 느낌의 뜻이 들어있다. 咸聲함성은 많은 사람이 느껴서 함께 지르는 소리다. 그리고 周易주역咸卦함괘에 咸함은 感감이라 하였다. 그런 咸心(모두의 마음)이니 感느낌이다.

 늦을만

[晚景만경 늦은 경치, 晚到만도 늦게 이름, 晚成만성 늦게 이룸]

晚자는 '日'+'免'로 구성된 글자로 日은 時때시고 免은 免면할면(지나다)이니 때가 지났으니 늦은 것이다.

 늦을완/늘어질완

[緩急완급 늘어짐과 급한 것, 緩流완류 느리게 흐름, 緩步완보 걸음이 느림]

緩자는 '絲'+'爰'로 구성된 글자로 爰絲원사니 느리다.

이상 晚은 때가 지난 것이고 緩은 동작이 느린 것이다.

늙은노

[老人노인 늙은 사람, 老妄노망 늙어 망녕하는 것, 老少노소 늙은이와 젊은이]

老자는 노인이 갓 쓰고 앉아있는 모양이다.

 늙을고/죽은아비고/상고할고

[考檢고검 상고하여 검사함, 考古고고 옛것을 상고함, 考正고정 상고하여 바로 함]

考자는 '耂'+'丂'로 구성된 글자로 耂은 老늙을로고 丂는 늙은이의 허리 굽은 形이다. 考字는 죽은 아버지로도 쓰고 죽은 분의 사적을 상고 하는데도 쓰고 생각해보는데도 쓰인다.

 늙은이구

[耉老구로 늙은이]

耉자는 '老'+'句'로 구성된 글자로 老는 老늙을로고 句구는 痀곱사등이구니 늙은이가 허리도 굽고 이도 빠짐을 뜻한 글자다.

 늙을기/이룰지

[耆年기년 六十세]

耆자는 '老'+'日'로 구성된 글자로 老는 老로고 日은 旨맛있을지니 사람이 늙으면 고기 맛을 즐긴다하여 만들어진 글자다.

 늙은이옹

[翁姑옹고 시아버지와 시어머니, 翁壻옹서 장인과 사우]

翁자는 '公'+'羽'로 구성된 글자로 公은 公공이고 羽깃우는 도롱이의 모양이다. 漁翁어옹(고기잡는 노인)이 도롱이를 쓰고 앉아 있는 形이다.

 능할능

[能當능당 능히 당함, 能動능동 능히 움직임, 能力능력 할 수 있는 힘]

能자는 '育'+'匕'로 구성된 글자로 育은 育기를육이고 匕는 化될화니 上下天地상하천지 化育화육의

造花조화는 能하다.

 다리각

[脚氣각기 다리가 붓고 아픈 병, 脚力각력 다리 힘]

脚자는 '月'+'却'로 구성된 글자로 月은 腓骨비골(장단지뼈)이고 却은 却물리칠각이니 사람이 꿇어 앉으면 다리가 뒤로 물러간다는 뜻이다.

 다할갈

[竭力갈력 힘을 다함, 竭誠갈성 정성을 다함]

竭자는 '立'+'曷'로 구성된 글자로 立립은 竣마칠준이고 曷갈은 渴목마를갈이니 '물이 마르 듯이 일을 마칠 때 까지'가 竭이다.

 다할핍

乏자는 'ノ'+'之'로 구성된 글자로 다가서 갈데없는 것이다. 다 먹고 없는 것이다. 故로 春 窮夏乏춘궁하핍이라 한다.

 다개

[皆勤개근 근무 기간 내에 하루도 빠짐없는 것]

皆자는 '比'+'白'로 구성된 글자로 比는 比견줄비고 白은 알리는 것이다. 比比이 알리는 것 이니 다다.

 다첨

[僉員첨원 여러분, 僉尊첨존 여러분의 존칭, 僉座첨좌 여러분의 앞]

僉자는 '亼'+'吅'+'从'로 구성된 글자로 여러 사람 모두 합쳐서란 뜻이니 亼은 合이다.

 다필/마칠필

[畢竟필경 마침내, 畢納필납 다 받침, 畢役필역 일을 다함]

畢자는 '田'+'華'로 구성된 글자로 밭일이다. 田은 田전이고 華는 華꽃화니 꽃이다. 밭에 곡 식이 꽃이 피면 호미씻기를 하고 일을 마친다. 故로 '밭에 가라지가 패면 일꾼의 똥이

구리다'한다.

 다함

[咸悅함열 다 같이 즐거움]

咸자는 感느낄감字의 心이 없기는 하나 감동한다는 뜻이 있다. 故로 周易주역 咸卦함괘에 咸은 感감이라 하였고 咸聲함성은 감동의 소리다.

 다해/해당해/넓을해

[該當해당 상관있는 것, 該博해박 지식이 넓음, 該邑해읍 그 고을]

該자는 '言'+'亥'로 구성된 글자로 言은 理論이론이고 亥해는 核心핵심이니 즉 理論이론의 核心的핵심적인 것이다.

이상 皆는 하나하나 다고 僉은 모두들 다고 畢은 다 한 것이고 咸은 감동의 다고 該는 넓게 다란 뜻이다.

 다시부/돌아올복

[復活부활 다시 살아 움직임, 復興부흥 다시 일어남, 復權복권 권을 되찾음]

復자는 '彳'+'复'으로 구성된 글자로 彳은 往갈왕이고 复복은 돌아오는 것이다. 갔다가 다시 돌아오는 것, 한 일을 다시 또 하는 것이 復이다.

이상 更은 고쳐서 다시 하는 것이고 復은 한 것을 그대로 다시 하는 것이다.

 다툴경

[競技경기 기술을 내기함, 競馬경마 말 달리기 내기를 함, 競爭경쟁 다툼]

競자는 '竞다할경'+'竟'로 구성된 글자로 둘이 같으면서 달리는 形이다. 故로 競走경주라 한다.

 다툴쟁/다스릴쟁

[爭訟쟁송 다투어 송사함, 爭點쟁점 다투는데 중심점, 爭取쟁취 다투어 가져감]

爭자는 '爫'+'彐'+'亅'으로 구성된 글자로 爫과 彐는 手수, 두 사람의 손이고 亅은 두 사람이 다투는 물건이다.

이상 競은 재주와 능력을 다투는 것이고 競은 물건을 뺏으려고 다투는 것이다.

다리교/교나무교

[橋架교가 다리의 기둥과 기둥사이 위에 가로지른 것, 橋梁교량 다리]

橋자는 교나무다. 교나무는 다리 놓기에 좋은 나무라 생각된다.

 다만단

[但書단서 본문 밖에 但字를 붙여서 예외 뜻을 나타내는 글, 但只단지 다만]

只 다만지

[只管지관 단지 이것 뿐, 只今지금 이제]

只자는 '口'+'八'로 구성된 글자로 口는 知지에서 온 글자이다. 知에서 矢가 없어지고 口만 남았다는 뜻이다. 口는 입구字이므로 八을 붙인 것이다.

이상 但단은 좋은 평가를 할 때에 흠이 있다면 但하는데 쓰이고 只는 좋은 것은 없어지고 남은 것은 단지 하는데 쓰인다.

 다락루

[樓閣누각 높은 집, 樓船누선 다라이 있는 배]

樓자는 '木'+'婁'로 구성된 글자로 木은 木목이고 婁는 婁별이름루니 婁는 두 번 이상이니 집 위에 집이 또 있는 것이 樓다.

 다스릴리/이치리/정리할리

[理氣이기 이와 기, 理性이성 천리와 인성]

理자는 '王'+'里'로 구성된 글자로 王은 玉옥이고 里는 里리니 옥마을은 옥을 잘 다듬는다.

 다스릴치/치료할치

[治家치가 집을 다스림, 治國치국 나라를 다스림, 治療치료 병을 고치려고 하는 일]

治자는 'ⅰ'+'台'로 구성된 글자로 ⅰ는 法법법이고 台는 始처음시니 다스리는 것은 나라다. 나라 정치는 法법으로 始作시작한다.

이상 理는 理致로 다스리는 것이고 治는 法으로 다스리는 것이다.

 다를수/죽을수

[殊功수공 뛰어난 공, 殊邦수방 다른 나라. 멀리 떨어져 있는 나라, 殊常수상 보통과 다른 것]

殊자는 '歹'+'朱'로 구성된 글자로 歹는 死사고 朱는 誅벨주니 生者생자와 死者사자는 현저히 다르다.

 다를리/기이할리

[異見이견 견해가 다름, 異端이단 정통이 아닌 도, 異人이인 별다른 사람]

異자는 '田'+'共'로 구성된 글자로 田은 思생각사고 共은 共같을공이니 道도는 같은데 생각이 다른 것이다. 故로 異端이단이라 한다.

 다를타

[他界타계 다른 세계 저승, 他國타국 다른 나라, 他日타일 다른날, 他鄕타향 객지]

他자는 '亻'+'也'로 구성된 글자로 亻은 人인이니 남이고 也야는 어조사로 남이니 내가 아니란 뜻이다.

이상 殊는 아주 다른 것이고 異는 其는 其기인데 모습이 다른 것이고 他는 남이다.

 다행행/요행행

[幸福행복 운 좋은 복, 幸甚행심 매우 고마움, 幸運행운 운 좋은 것]

幸자는 辛신매울신字에 一을 더했다. 幸은 면한 것이다. 다행이란 말은 그 화를 면한데 쓰이는 말이다. 故로 辛(매울신=고생)을 면해 幸이 된 것이다.

 닦을수/길수

[修交수교 수교는 한 번 끝나는 것이 아니고 앞으로 자주 사귈 길을 닦았다는 뜻, 修道수도 도를 닦음, 修了수요 하던 업을 마침, 修身수신 몸을 닦음]

修자는 '攸'+'彡'로 구성된 글자로 攸바유는 所바소고 彡은 닦는 모양이다. 攸는 語助辭어조사로서 '거' 또는 '바'하는 데 쓰이고, 彡이 붙은 글자는 주로 닦고 칠하고 빛나는데 쓰인다.

다닐행/갈행/행실행/항렬항

[行脚행각 도보로 여러 곳을 돌아다니는 다리라는 뜻, 行動행동 하는 짓, 行爲행위 하는 것, 行列항렬 족보 촌수의 항렬]

行자는 두 발로 걸어가는 形이다.

 단단

[壇所단소 단 모신 곳, 壇祭단제 단 모신 제사]

壇자는 '土'+'亶'으로 구성된 글자로 土는 土토고 亶믿음단은 높은 것이니 흙을 봉해 높인 것이 壇이다.

 단련할단

[鍛鍊단련 단련, 鍛鐵단철 쇠를 단련함]

鍛자는 '金'+'段'으로 구성된 글자로 金은 金금이고 段은 段단이니 金조각은 단련해서 좋은 金을 이룬다.

 단련할련

[鍊金련금 단련한 금]

鍊자는 '金'+'柬'으로 구성된 글자로 金은 金금이고 柬은 揀가릴간이니 金을 가려내려면 단련을 해야 한다.

 단장장

[粧飾장식 장식함]

粧자는 '米'+'庄'로 구성된 글자로 米는 粉가루분이고 庄농막장은 집이니 집을 분장한 것이다. 故로 집단장이라 한다.

 닫을폐/감출별/막을별

[閉口폐구 입을 담음, 閉門폐문 문을 닫음, 閉會폐회 회의를 마침]

閉자는 '門'+'才'로 구성된 글자로 門은 門문이고 才는 문을 닫고 나무로 막아 놓은 形이다.

닫을합

[闔門합문 문을 닫는 것, 闔闢합벽 닫히고 열리는 것]

闔자는 '門'+'盍'로 구성된 글자로 門은 門문이고 盍덮을합은 盒합합(음식을 담는 그릇)이니 문을 닫는다는 뜻이다.

이상 閉는 出入출입 못하도록 닫는 것이고, 闔은 열린 문을 닫는 것이다. 闔은 天地闔闢천지합벽에 많이 쓰인다.

 달감

[甘橘감귤 단귤, 甘言감언 달콤한 말, 甘酒감주 단술, 甘草감초 단풀, 약 이름]

甘자는 '달다'의 表표다.

 달릴주

[走狗주구 잘 뛰는 개, 走路주로 달리는 길]

走자는 달리는 모양이다.

달현/달일현

[懸隔현격 차이가 매우 큼, 懸金현금 현수막에 상금을 걸어놓은 것]

懸자는 '縣'+'心'으로 구성된 글자로 縣은 縣監현감이고 心은 마음이니 모든 事案사안이 현감 마음에 달려있다는 뜻이다.

 닭계

[鷄犬계견 닭과 개, 鷄冠계관 닭의 벼슬, 鷄鳴계명 닭 울음]

鷄자는 '奚이을계'+'鳥새조'로 구성된 글자로 奚는 溪고 鳥는 鳥니 鷄는 畜以前축이전에 下溪鳥하계조는 시냇가에 사는 새다.

 담도

[堵墻도장 담]

堵자는 '土흙토'+'者놈자'로 구성된 글자로 土는 土고 者는 煮삶을자,구을자니 흙을 구워서 쌓은 土담이다.

 담장

[墻內장내 담 안, 墻壁장벽 담벽, 墻外장외 담 밖]

墻자는 '흙토+嗇장미장'으로 구성된 글자로 土는 堵담도고 嗇은 墻壁장벽의 모양이다.

 담원

[垣墻원장 둘러 친 담]

垣자는 '土흙토+亘걸칠긍'으로 구성된 글자로 土는 堵담도고 亘는 亘걸칠긍자로 담이 걸쳐있는 둘레를 垣이라 한다.

 답답울

[鬱金울금 울금초 향풀, 鬱林울림 울창한 숲, 鬱蒼울창 울창함]

鬱 자는 鬱인데 '木나무목+岳큰산악+木나무목'은 큰 산에 나무가 많은 것이고, 冖은 덮인 것이

고 은 잔풀과 수풀이 우거져 나뭇잎이 내려드리우고 잔풀 또한 가득하여 답답한 모양을 나타낸 것이다.

 대개개

[概論개론 줄거리만 논한 것, 概說개설 개요만 말한 것, 概要개요 줄거리 요점]

 자는 '木나무목+旣이미기'로 구성된 글자로 木은 木목이고 旣는 旣기니 나뭇잎은 이미 떨어진 나무줄기니 槪다.

 대답답

[答禮답례 남에게 받은 예를 답하는 것. 친구한테서 서신이 오면 바로 답서를 보내는 것이 답례다]

答자는 'ᄊ대죽'+'合합할합'으로 구성된 글자로 竹은 簡편지간이고 合은 合이니 簡은 書信서신이다. 옛날 書信은 竹簡이다. 竹簡죽간을 合해보고 答하니 竹合죽합이 答이다.

 대답할유/오직유

[唯而不諾유이불락 대답하고 허락하지 않는다, 唯唯유유 공손히 대답하는 것]

唯자는 '口입구'+'隹새추'로 구성된 글자로 口는 語고 隹는 進나아갈진이니 '예!' 하고 바로 나아가는 것이 唯다.

 대신대/바꿀대/세대대

[代身대신 남을 대리로 함, 代役대역 대리로 부역함, 代替대체 다른 것으로 바꾸어 놓는 것]

代자는 'イ사람인변'+'弋주살익'로 구성된 글자로 イ은 人사람인이고 弋는 쏘는 것이니 활 쏘는 것은 서로 交代교대하여 쏜다.

 대신할체/폐할체

替자는 '夫지아비부'+'夫지아비부+日날일'로 구성된 글자로 夫日부일은 日直일직이다. 日直은 夫와 夫가 交替교체한다.

이상 代는 年代연대 世代세대에 많이 쓰고 替는 交替교체하는데에 主로 쓴다.

竹 대죽

[竹竿죽간 대나무 낚싯대, 竹根죽근 대나무 뿌리, 竹馬죽마 대나무로 만든 말. 아이들 놀이개]

竹자는 대나무의 모양이다.

筍 대순순

[竹筍죽순 대순]

筍자는 '竹대죽'+'旬열흘순'로 구성된 글자로 대나무는 봄에 비만 오면 새순이 열흘이면 다 큰다. 故로 竹旬 즉 筍이다.

廳 대청청/관청청

[廳舍청사 관청의 건물]

廳자는 '广집엄'+'聽들을청'으로 구성된 글자로 广은 집이고 聽은 聽청이니 남의 말을 들어주는 것이다. 백성의 소리를 들어주는 것이 관청이다.

砲 대포포

[砲兵포병 砲를 다루는 군사, 砲手포수 포 쏘는 사수, 砲車포거 포를 실은 차. 포를 장치한 차]

砲자는 '石돌석'+'包쌀포'로 구성된 글자로 石은 石석이고 包는 包포니 옛날에 돌을 싸서 던진 것이 砲다. 包石 돌을 쌌다는 뜻이다.

抗 대항할항/막을항

[抗拒항거 대해 막음, 抗告항고 법원 판결에 불복하고 다시 상급 재판소에 불복상고 하는 것]

抗자는'扌손수변'+'亢높을항'으로 구성된 글자로 扌는 手수고 亢은 亢높다이니 손을 높이 들어 대항하는 것, 손을 높이 들어 막는 것이다.

漑 댈개/물댈개

[漑灌개관 물을 댐, 漑水개수 물을 댐]

漑자는 '氵삼수변'+'旣이미기'로 구성된 글자로 氵는 水수고 旣는 槪대개개니 槪水개수는 대개 물은 대는 것이란 뜻이다.

灌 물댈관

[灌漑관개 물을 댐]

灌자는 'ⅰ삼수변'+'雚황새관'으로 구성된 글자로 ⅰ는 水수고 雚은 歡기쁠환이니 기쁜 물은 논에 물이니 논에 물은 댄 물이다.

 댈주/주의주

[注力주력 어떠한 일에만 힘쓰는 것, 注意주의 조심하는 것]

注자는 'ⅰ삼수변'+主주인주'로 구성된 글자로 ⅰ는 水수고 主는 主人주인이다. 논 주인의 물은 자기 논에 먼저 댄다.

 댈박/떠돌박/쉴박

[泊錢박전 돈을 댐, 泊舟박주 배를 댐]

泊자는 'ⅰ'+'白'으로 구성된 글자로 ⅰ는 水수고 또는 津진이고 白은 아뢰는 것이다. 배가 물가에 닿으면 배가 닿았다고 하는 것이 泊이다.

이상 漑는 漑的개적으로 대는 것이고 灌은 기뻐 대는 것이고 注는 마음먹고 대는 것이고 泊은 배를 댄 것이다.

 따뜻할난

[暖氣난기 따뜻한 기운, 暖帶난대 따뜻한 지대, 暖房난방 방을 따뜻하게 함]

暖자는 '日'+'爰'으로 구성된 글자로 日은 日일이고 爰은 援원이니 해가 느리게 지는 봄이면 따스하다.

 따를수

[隨命수명 명을 따름, 隨分수분 분수를 따름, 隨俗수속 풍속을 따름, 隨行수행 따라 다님]

隨자는 'ⅰ'+'左'+'月'+'之'로 구성된 글자로 ⅰ는 阜부고 左는 左좌고 月은 月월이고 之는 之지니 달이 가면 언덕에 그림자는 따라 간다.

 따를종/쫓을종

[從軍종군 군대를 따라 싸움터로 가는 것, 從心종심 생각나는 대로, 從師종사 스승을 따름]

從자는 'ⅰ'+'㐌'으로 구성된 글자로 ⅰ은 行갈행이고 㐌은 따라 가는 모양이다.

追 따를추/쫓을추

[追加추가 나중에 더함, 追憶추억 지나간 일을 생각함]

追자는 '自'+'辶'로 구성된 글자로 自는 師사고 辶는 之지니 제자가 스승을 따라가는 것이다.

遵 따를준/쫓을준

[遵法준법 법을 지킴, 遵行준행 그대로 따라함]

遵자는 '尊'+'辶'로 구성된 글자로 尊은 尊높을존이고 辶는 之지니 높은 이가 하는 대로 따라 하는 것이다.

이상 隨는 그림자 같이 따라가는 것이고 從은 바로 따라가는 것이고 追는 뒤늦게 따라가는 것이고 遵은 높은 사람 또는 先人선인들의 제도를 그대로 따르는 것이다.

殉 따라죽을순

[殉國순국 나라를 위해 죽음, 殉死순사 따라 죽음, 殉葬순장 상전이 죽으면 그의 하인을 따라 장사지냄]

殉자는 '歹'+'旬'로 구성된 글자로 歹사바른뼈알은 死죽을사고 旬은 旬열흘순이니 모시던 분이 죽은 지 旬內순내(열흘 내에)에 죽으면 殉이다.

摘 딸적/들쳐낼적

[摘發적발 들추어냄, 摘要적요 요점만 따서 적은 것]

摘자는 '扌'+'啇'로 구성된 글자로 扌는 手수고 啇밑둥적은 啇적(꼭지)이니 꼭지에 손이 갔으니 따는 것이다.

汗 땀한/오랑캐이름한

[汗衫한삼 속적삼, 汗血한혈 땀과 피]

汗자는 '氵'+'干'으로 구성된 글자로 氵는 水수고 干은 肝간이니 肝水간수 일이 힘들면 肝經간경이 피로해 땀이 난다. 너무 무서워도 땀이 나는데 干事간사이기 때문이다. 干事간사는 일을 간여한다는 뜻이다.

때시

[時間시간 시간, 時局시국 당시에 돼 가는 판국, 時代시대 시대, 時俗시속 시대의 풍속]

時字는 一日일일 하루를 十二分십이분한 것이 時다. 日은 日일이고 土은 十二고 ㅣ도는 分나눌분이다.

 때잃을차/미끄러질차

[蹉跌차질 헛딛어 미끄러짐, 蹉跎차타 蹉跌과 같음]

蹉자는 '足'+'差'로 구성된 글자로 足은 足족이고 差는 差어긋날차니 발을 바로 디디지 못해 미끄러진 것이다.

 때못만날타/미끄러질타

跎자는 '足'+'它'로 구성된 글자로 足은 足족이고 它다를타는 佗다를타니 발을 다른 곳을 딛어 미끄러진 것이다.

이상 蹉와 跎는 때 못 만난 것에 많이 쓴다.

 땅지

[地區지구 땅 구역, 地方지방 땅의 사방, 地軸지축 땅의 축]

地자는 '土'+'也'로 구성된 글자로 土也토야이다. 땅은 흙으로 된 것이다. 坤은 땅을 상징하는 주역 卦괘 이름이고 地는 형체의 그대로 땅이다.

 더딜지/기다릴지

[遲刻지각 정해진 시각보다 늦은 것, 遲久지구 더디고 오램, 遲速지속 더딤과 빠름]

遲자는 '犀무소서'+'之'로 구성된 글자로 犀는 犀무소서(물소)고 之는 之지니 물소는 한 번 넘어지면 일어서기가 더디다 하여 지어진 글자다.

 더할가

[加減가감 더하고 감함, 加工가공 자연으로 된 물건에 인공을 더함, 加俸가봉 봉급을 더함]

加자는 '力'+'口'로 구성된 글자로 본봉 외에 食口식구가 더 많거나 능력에 따라 얹어 주는 것이 加다.

더할익

[益友익우 유익한 벗, 益者익자 유익한 자]

益字는 '八'+'皿그릇명'으로 구성된 글자로 담은 위에 또 담아주는 것이 益이다. 益자의 皿은 그릇인데 처음에는 '益'이와 같이 담았는데, '益'를 더하니 益자가 된다.

 더할증

[增刊증간 간행을 늘림, 增量증량 물량을 더함, 增設증설 시설을 늘림]

增자는 '土'+'曾일찍증,거듭할증'로 구성된 글자로 사업 같은 것을 더 늘리는 것이다.

 더할첨

[添加첨가 더하는 것, 添付첨부 같이 붙임]

添자는 'ㅡ'+'夭'+'水'로 구성된 글자로 ㅡ는 酒술주고 夭어릴요는 작은 것이고 水는 酒술주다. 술잔에 술이 줄어드니 술을 더 따르는 것이 添이다. 故로 添酌첨작이라 한다.

이상 加는 계산해서 더하는 것이고 益는 더 부어주는 것이고 增은 더 늘리는 것이고 添은 덧붙여 주는 것이다. 이상 네 글자 중 增字外증자외는 더하는 것이지 주는 것은 사실 아니다.

 더울서

[暑氣서기 더운 기운, 暑月서월 더운 달]

暑자는 '日'+'者'로 구성된 글자로 日者일자 해가 길면 덥다. 해는 더운 것이다.

 더러울누/좁을누/고루할누

[陋名누명 더러운 소리, 陋俗누속 비루한 풍속]

陋자는 'ß'+'匚'+'內'으로 구성된 글자로 ß는 邑마을촌이고 匚은 상자이다. 內는 內안내니 좁은 상자 안이니 좁고 그와 같은 곳이니 비루하다.

 더러울비/시골비

[鄙近비근 천한데 가까움, 鄙地비지 천한 사람 사는 곳]

鄙자는 '啚더러울비'+'阝'로 구성된 글자로 啚는 낮은 모양이고 阝는 鄕시골향이니 낮은 시골 이란 뜻이다.

 더러울오/웅덩이오/낮을오/술구덩이오

[汚名오명 더러운 명예, 汚物오물 더러운 물건, 汚俗오속 더러운 풍속, 汚染오염 더러운 것이 물듦]

汚字는 '氵'+'亐땅이름울'로 구성된 글자로 氵는 水수고 亐은 亐이니 흙손의 모양이다. 흙손 씻은 물이니 더럽다.

 더러울예

[穢德예덕 더러운 덕, 穢俗예속 더러운 풍속]

穢자는 '禾'+'歲'로 구성된 글자로 歲禾세화다. 해마다 벼를 받치는 더러운 법이다.

 더러울추/부끄러울추/감출추

[醜怪추괴 추하고 괴이함, 醜類추류 추한 종류, 醜惡추악 추악함]

醜자는 '酉닭유'+'鬼'로 구성된 글자로 酉는 酒술주고 鬼는 鬼귀신귀니 술귀신 술 취한 추태를 뜻한 글자다.

이상 陋는 좁아서 陋한 것이고, 鄙는 낮고 천한데 主로 쓰고, 汚는 무언가 묻어서 더러운 것이고, 穢는 옳지 않은 것으로 주거나 받거나 이기거나 하는 것이다. 故로 天厭穢德천염예덕 이라 하고 더러운 勝利승리라 한다. 醜는 몸가짐이 단정치 않은 것이다.

 더불여/어조사여/참여할여

與件여건 형편
與否여부 그런 것과 그렇지 않음
與字는 '臼절구구'+'爻'+'八'로 구성된 글자로 臼는 방아확이고 爻사귈효는 友벗우고 八은 共 함께공이니 옛날에 방아를 찧을 때 이웃이 共同공동으로 더불어 살았다.

 던질투

[投稿투고 원고를 보냄, 投機투기 기회를 노리고 던져보는 것, 投入투입 뛰어드는 것]

投자는 '扌'+'殳'로 구성된 글자로 扌는 手수고 殳는 던지는 창이다. 던지는 창을 손에 가졌으니 投다.

減 덜감

[減免감면 감하여 면제함, 減俸감봉 봉급을 감함, 減縮감축 감하여 축소함]

減자는 '氵'+'咸다함'으로 구성된 글자로 氵는 水수고 咸은 盈찰영이니 물이 차면 덜린다. 또는 減은 물 이름인데 글자 지을 때 다른데 물은 줄지 않았는데 減水함수만이 준 것을 의미했을지 모른다.

省 덜생/살필성

[省墓성묘 묘를 살핌, 省事생사 일을 줄임, 省略생략 덜어서 간략히 함, 省禮생례 예를 줄임]

省자는 '少'+'目'로 구성된 글자로 少는 少소고 目은 條目조목이니 조목을 적게 하니 더는 것이다.

損 덜손

[損氣손기 기운이 손상됨, 損名손명 명예가 손상됨, 損福손복 복이 덜림]

損字는 '扌'+'員'으로 구성된 글자로 扌는 手수고 員인원원은 圓둥글원이니 손으로 □(담)을 헐어버린 것이다. 故로 損害손해 損傷손상한다.

除 덜제/제할제/갈제

[除去제거 제해버림, 除名제명 명단에서 지움, 除夕제석 음력 十二月 그믐날]

除자는 '阝'+'余'로 구성된 글자로 阝는 階섬돌계고 余는 餘남을여니 즉, 성 쌓고 남은 돌은 버린다는 뜻이다.

蓋 덮을개/대개개/집이을개

[蓋頭개두 머리를 덮음, 蓋世개세 세상을 덮음, 蓋瓦개와 기와로 집을 이음]

蓋자는 '艹'+'盍'으로 구성된 글자로 艹는 草풀초고 盍덮을합은 建物건물의 形이니 건물에 풀을 덮는 것이 蓋다. 蓋자는 蓋屋개옥에서 始作시작된 글자다.

落 떨어질락/부락락/논마지기락

[落價낙가 값이 결정됨, 落款낙관 글씨나 그림을 그리고 자기의 도장을 찍는 것, 落膽, 담 간 담이 떨어짐, 落葉낙엽 잎이 떨어짐]

落字는 '艹'+'洛'으로 구성된 글자로 艹는 葉잎엽이고 洛은 洛떨어질낙이다. 나뭇잎이 낙수에 떨어진 것을 보고 지은 글자다.

 떨어질영/서쪽오랑캐련

[零落영락 똑 떨어짐, 零細영세 극히 작고 가늠]

零字는 '雨'+'令'으로 구성된 글자로 雨는 雨우고 令영령은 鈴방울령이니 빗물이 방울같이 되어서 떨어지는 것을 의미한 글자다.

 떨칠분/일어날분

[奮擊분격 떨쳐 일어나 돌격함, 奮起분기 떨쳐 일어남, 奮發분발 떨쳐 출발함]

奮字는 '大'+'隹'+'田'으로 구성된 글자로 大는 大대고 隹새추는 進나아갈진이고 田은 田전이다. 田에서 크게 나아가니 출세한 것이니 奮이다.

 떨칠불/거시를불/먼지채불/도울필

[拂去불거 털어버림, 拂下불하 관공서에서 물건을 일반인에게 팔아 넘기는 일, 輔弼보필]

拂字는 '扌'+'弗'로 구성된 글자로 扌는 手수고 弗아니불은 먼지 털이의 形이다. 먼지를 떨쳐 버린다는 뜻이다.

 떨칠진/성할진

[振起진기 떨쳐 일어남, 振興진흥 떨쳐 흥함]

振字는 '扌'+'辰'로 구성된 글자로 扌는 手수고 辰은 震벼락진이니 손을 힘차게 흔들어 떨치는 것이다.

이상 奮은 떨치고 일어나는 것이고 拂은 털어버리는 것이고 振은 진동해 떨치는 것이다.

 떨기총/모을총/번잡할총

[叢林총림 나무떨기가 수두룩한 수풀, 叢生총생 떨기로 남]

叢字는 나무떨기의 모양이다. 떨기는 여러 개가 수북이 보여 있는 모양이다.

떳떳상/항상상

[常經상경 떳떳한 법, 常談상담 평상시에 하는 말, 常理상리 떳떳한 이치, 常任상임 늘 맡은 임무]

常자는 '尙'+'巾'로 구성된 글자로 尙은 堂당이고 巾은 巾건이니 堂內至親당내지친에 服巾복건은 禮法예법에 떳떳한 것이다.

 떳떳용/항상용

[庸工용공 용혈한 장인, 庸夫용부 용렬한 장부]

庸자는 '广'+, '聿'+'用'으로 구성된 글자로 广는 집이고 聿은 事일사고 用은 用쓸용이니 집에서 일하고 쓰는 것은 사람의 일상생활에 떳떳한 일이다.
常은 법도상 떳떳한 것이고 庸은 생활상 떳떳한 것이다.

 도랑구/개천구

[溝渠구거 도랑 보도랑, 溝?구확 도랑과 구렁]

溝자는 '氵'+'冓'로 구성된 글자로 氵는 水수고 冓짤구는 購살구다.

 도랑독/개천독/흐릴독

瀆字는 '氵'+'賣'로 구성된 글자로 氵는 水수고 賣는 賣매다.

이상 溝자와 瀆字는 뜻이 같다. 溝瀆은 田畓전답 사이에 도랑이다. 밭에는 물길을 낸 것이고 논에 물을 빼기 위해 도랑을 낸 것인데 도랑을 내기 위해 사고판 것이 溝瀆이다.

 도둑구/원수구

[寇患구환 도둑의 근심]

寇자는 '完'+'攵'로 구성된 글자로 完완전할완은 院담원이고 攵은 敵원수적이니 院은 큰 집, 잘 사는 집에 敵적이 침입한 것을 寇라 한다. 寇는 떼로 몰려다니며 약탈한다.

 도적도

[盜掘도굴 몰래 광물을 캐냄, 盜難도난 도적맞은 재난, 盜跖도척 옛날 중국에 큰 도적]

盗자는 '汉'+'皿'로 구성된 글자로 汉물갈라질차皿그릇명. 즉 재물 다음 제기를 훔치는 것이다.

 도적적

[賊窟적굴 도적의 굴, 賊徒적도 도적의 무리, 賊子적자 불효자, 반역자]

賊자는 '貝'+'戎'으로 구성된 글자로 貝는 財재물재고 戎병장기용은 무기다. 무기로 위협하여 재물을 뺏는 것이 賊다.

 도적절/사사절/그윽할절

[竊盜절도 몰래 훔치는 것, 竊聽절청 몰래 듣는 것, 竊取절취 몰래 가져감]

竊자는 '穴'+'来'+'卨사람이름설'로 구성된 글자로 穴은 穴혈이고 来올래는 類무리류고 卨은 짐승으로, 짐승 같은 무리가 와서 몰래 훔쳐가는 것이다. 살쾡이 같은 무리도 닭을 훔쳐간다.

이상 寇는 떼도둑이고 盜는 祭器제기 따위를 훔치는 것이고 賊은 山산이나 길목에 숨어 있다가 과객을 죽이거나 위협하여 돈이나 물건을 뺏는 것이고 竊은 짐승 같은 것이 몰래 가져가는 것이다.

 도망도/피할도

[逃匿도익 도망쳐 숨음, 逃走도주 도망쳐 달아남, 逃避도피 도망쳐 피함]

逃자는 '兆'+'辶'로 구성된 글자로 兆는 兆조고 辶는 之지니 징조를 보고 가는 것이 도망이고 피하는 것이다.

 도망둔/피할돈

[遁甲둔갑 갑자 을축을 돌려 집는 법. 세속은 귀신을 부리고 변신하는 술법으로 알고 있다, 遁辭둔사 관계나 책임을 회피하려고 억지로 꾸며서 하는 말]

遁자는 '盾'+'辶'로 구성된 글자로 盾은 盾순이니 방패고 辶는 之지니 방패 같은 물체로 몸을 숨기는 것이다.

 도망망/없어질망

[亡命망명 남의 나라로 몸을 피하여 옮김, 亡失망실 잃어버림]

亡字는 도망가는 形이다.

이상 逃자는 기미를 보고 피하는 것이고 遁은 숨는 것이고 亡은 없어진 것이다.

 도읍도/도무지도

[都監도감 관청의 이름, 都局도국 산이 둘러싸여 있는 전체의 판국, 都市도시 집과 사람이 많은 곳]

都자는 '者'+'阝'으로 구성된 글자로 者는 堵도읍도고 阝는 鄕시골향이니 한 고을 정도로 담이 되었으니 도읍한 것이다. 故로 國都국도에는 十二部십이부가 있다. 都는 마을이다.

 도타울독

[篤敬독경 도타이 공경함, 篤信독신 독실이 믿음, 篤學독 독실이 배움]

篤자는 '竹'+'馬'로 구성된 글자로 竹馬故友죽마고우 같이 도타운 것을 뜻한다.

 도울보/수레덧방보

[輔車相依보거상의 輔와 車가 서로 의지함, 輔國보국 나라를 도움]

輔자는 '車'+'甫'로 구성된 글자로 車는 車거고 甫는 補보니 수레를 보호하려고 補한 것이 덧방이다.

 도울부/붙들부

[扶起부기 붙들어 일으킴, 扶老부로 노인을 도움, 扶養부양 도와서 기름]

扶자는 '扌'+'夫'로 구성된 글자로 扌는 持지고 夫는 丈夫장부니 丈夫가 잡아주는 것이 扶다.

 도울우

[佑啓우계 도와서 열어줌, 佑命우명 하늘이 도운 명]

佑자는 '亻'+'右'로 구성된 글자로 左右좌우에 사람이 있으면 돕기 마련이다.

 도울찬

[贊者찬자 돕는 분, 贊助찬조 도움. 돈으로 도움]

贊자는 ‘先先’+‘貝’로 구성된 글자로 先先은 先선이고 貝는 財재니 돈으로 돕는 것이다.

 도울유/죄놓을유/너그러울유

[宥罪유죄 죄를 놓아줌]

宥자는 ‘宀’+‘有’로 구성된 글자로 宀은 家가고 有는 有유니 죄를 지어 刑형을 받고도 집에 老父母노부모가 있던지 어린아이가 있어 돌볼 사람이 없으면 宥罪유죄한다. 故로 宀에 有를 한 것이다.

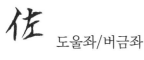 도울좌/버금좌

[佐郎좌낭 六曹육조 正五品정오품 벼슬]

佐자는 佑字와 뜻이 같다.

이상 輔는 서로 돕는 것이고 扶는 잡아주는 것이고 佑는 神신이 돕는데 많이 쓰이고 佐는 사람이 돕는데 主로 쓰고 贊은 위해 돕거나 금전으로 돕는 것이고 宥는 도와서 용서하는데 쓰인다. 宥는 형편이 딱하여 돕는 것이다.

 독할독/해할독

[毒感독감 심한 감기, 毒蛇독사 뱀 이름. 독이 많음, 毒素독소 독의 원소, 毒藥독약 독한 약]

毒자는 ‘主’+‘母’로 구성된 글자로 主는 素소고 母는 母모니 원소는 독하다.

 돈전

[錢穀전곡 돈과 곡식, 錢文전문 돈에 새긴 글자, 錢財전재 돈과 재물, 錢幣전폐 돈]

錢자는 ‘金’+‘戔’로 구성된 글자로 金은 金鐵금철이고 戔은 金鐵에 새긴 文문이다. 그것을 가지고 돈으로 사용한 것이다.

 돈화/재물화

[貨物화물 물품, 貨殖화식 재산을 늘림, 貨幣화폐 돈]

貨자는 ‘化’+‘貝’로 구성된 글자로 化는 化화고 貝는 貝패니 貝가 化해서 돈이 된 것이다. 돈이 재산도 되고 재산이 돈도 된다.

돈폐/폐백폐

[幣物폐물 선사하는 물건, 幣帛폐백 일반적인 모든 예물]

幣자는 '敝'+ '巾'으로 구성된 글자로 敝는 수놓은 形이고 巾은 천으로 천에다 수놓은 비단이다. 故로 비단은 폐백으로도 쓰고 돈으로도 대용한다.

 돌아갈귀/시집갈귀

[歸家귀가 집으로 돌아감, 歸期귀기 돌아갈 기한, 歸養귀양 돌아가 봉양함]

歸자는 '止'+'帚'로 구성된 글자로 帚빗자루추는 追쫓을추고 止는 止지고 帚는 婦며느리부니 여자란 뜻이다. 여자는 남편을 따라 그칠 곳에 그치는 것이 歸다.

 돌아볼고

[顧客고객 단골손님, 顧問고문 돌보는 것. 또는 추대한 직무, 顧視고시 되돌아 봄, 顧恤고휼 돌보아 구휼함]

顧자는 '雇'+'頁'로 구성된 글자로 雇품살고는 머슴이고 頁머리혈은 머리 어른이다. 머슴은 우두머리 어른이 돌본다.

 돌아볼권/친속권

[眷屬권속 집안 식구, 眷念권렴 돌보아 염려함, 眷率권솔 거느린 식구]

眷자는 '关'+'目'으로 구성된 글자로서 关은 圈울타리권이고 目은 目목이니 한 집안에서 서로 돌본다는 글자다.

이상 顧는 없고 외로운 자를 돌보는 것이고 眷은 圈內권내 사람 또는 친척 간에 돌보는 것이다.

 돌아올반/배반반

[反擊반격 되받아 치는 것, 反對반대 상반되는 대답, 反論반론 상반되는 논란, 反覆반복 뒷치락 엎치락]

反자는 '厂'+'又'로 구성된 글자로 厂은 집이고 又는 又우니 집으로 돌아온 形이다.

 돌아올반

[返納반납 받은 것을 되돌려 주는 것, 返送반송 되돌려 보내는 것]

返자는 反字와 뜻이 거의 같다.

 돌아올환/돌릴환/돌선

[還甲환갑 六十一年, 還軍환군 군을 돌이킴, 換拂환불 도로 주는 것]

還자는 '罒'+'之'로 구성된 글자로 罒은 圜환이고 之는 之지니 돌아가는 것인데 오던 길로 곱돌아가는 것보다는 고리처럼 돌아가는 것이다.

 돌아올회/돌회

[回甲회갑 六十一年, 回顧회고 되돌아보는 것, 回春회춘 봄이 돌아옴]

回자는 돌고 도는 形이다.

이상 反은 집으로 돌아오는 것이고 返은 反과 거의 같으며 오던 길로 돌아오는 것이고 還은 한 바퀴 돌아오는 것이고 回는 회전해 도는 것이다.

 돌선/돌이킬선

[旋師선사 이기고 돌아오는 군사, 旋車선거 수레를 돌림, 旋風선풍 회오리 바람]

旋자는 '方'+'疋'로 구성된 글자로 方는 旗기기고 疋필은 疋馬필마니 疋馬와 旗幟기치를 흔들며 돌아오니 이기고 돌아오는 것이 旋이다. 故로 凱旋개선이라 한다.

 돌순/쫓을순

[循行순행 순행, 循環순환 돌고 돌아옴]

循자는 '彳'+'盾'으로 구성된 글자로 彳은 行행이고 盾은 盾순이니 방패 다니면서 방패를 한 것이니 순행 도는 것이다. 循자는 방범원이 방패를 들고 循行순행하는 것을 의미한다.

 돌순/순행할순/두루순

[巡警순경 경찰관, 巡禮순례 돌아가는 예. 돌아가면서 드리는 예, 巡杯순배 술잔을 돌림]

巡자는 '巛개미허리변천'+'之'로 구성된 글자로 巛은은 災재고 之는 還이니 地方지방에 무슨 재난이나 있지 않을까 도는 것이 巡이다.

이상 旋은 이기고 돌아오는 것이고 循은 돌고 도는데 主로 쓰는 글자다. 例예로 宇宙우주가 循環순환한다. 日月일월이 순환한다. 巡은 災難이 생길까 해서 도는 것이다.

 돌알

[斡旋알선 남의 일을 보살펴 줌]

斡자는 '龺'+'人'+'斗'로 구성된 글자로 龺은 乾하늘건이고 人은 之, 즉 어조사고 斗는 北斗북두니, 北斗가 돌아감을 뜻한 글자다. 고로 璇機縣斡선기현알이라 한다.

 돌석/섬석

[石刻석각 돌에다 새김, 石經석경 돌이 많은 길, 石工석공 돌 다루는 장인]

石자는 'ㄱ'+'口'로 구성된 글자로 ㄱ은 바위 언덕이고 口는 돌의 모양이니 돌은 主로 산 밑에 굴러와 있거나 언덕 밑에 쌓여 있다.

 돛대도/노도/삿대도

[悼歌도가 뱃노래]

悼자는 '木'+'卓'으로 구성된 글자로 木은 木목이고 卓은 卓탁이다. 높은 나무니 배 젓는 삿대다.

 돛대범

[帆船범선 돛단배, 帆檣범장 돛대]

帆자는 '布'+'凡'으로 구성된 글자로 布은 布포고 凡은 汎범이니 떠 있는 배 위에 걸린 布는 돛이다.

 필위/할위/위할위

[爲待위대 위하여 대우함, 爲先위선 조상을 위함, 爲政위정 정치를 함]

爲자는 'ㅉ'+'為'로 구성 된 글자로 ㅉ는 손이고 為는 하는 形容형용이니 하위 字가 된다.

 될화/변화할화

[化生화생 화해서 남, 化育화육 천지 자연의 이치로 만물을 길러 자라게 함]

化자는 'イ'+'ヒ'로 구성된 글자로 イ은 人인이고 ヒ는 사람의 모형이 변화하여 된 것이다.

이상 爲는 人爲的인위적으로 해서 된 것이고 化는 자연적으로 화해서 되는 것이다.

 동녘동

[東君동군 해, 東宮동궁 太子(태자)의 宮, 東方동방 동쪽, 東海동해 동쪽 바다]

東자는 '木'+'日'으로 구성된 글자로 해는 동쪽에서 뜨고 東은 五行오행으로 木의 方位방위니 해가 동쪽 나무사이로 떠오르는 形이다. 또는 東은 동쪽의 表다.

 동관료/관리료

[寮屬료속 관리 소속]

寮자는 '宀'+'尞'로 구성된 글자로 宀은 官관이고 尞횃불료는 來올래와 京서울경이 합쳐져서 된 것이다. 즉 벼슬하러 서울에 온 사람, 벼슬한 사람들끼리 同官동관이라한다.

 동산원/울타리원

[園頭幕원두막 과원 한 쪽 머리에 만들어 놓은 막, 園藝원예 채소나 과목을 가꾸는 일, 園圃 원포 채소나 과목을 심는 표전]

園자는 '口'+'袁'으로 구성된 글자로 口는 울, 담이고 袁은 짐승 울 안에 짐승도 키우고 나무도 심어 가꾸는 곳이 園이다. 故로 울타리가 있으면 園이고 울타리가 없으면 苑원이다.

 또역/또한역

[亦各역각 제각기, 亦是역시 또한 전에 생각했던 대로, 亦如是역여시 또한 이와 같다]

亦자는 '亠'+'卝'으로 구성된 글자로 亠는 어떠한 물체이고 卝는 人사람인자가 두 개다. 우산과 같은 하나의 물체(亠) 아래 한 사람이 들어가 의지해 있는데, 다른 사람도 '나도'하고 끼이는 형이다.

 또우

[又重之우중지 더욱이, 又況우황 또 더군다나]

又자는 옛날에 글자를 쓰고 같은 글자를 또 쓸 때에 그 글자 대신 '又' 이와 같이 하였던 것이 이후에 또우자로 쓰는 것이다.

또차/어조사저/구차할차

且자는 쌓고 또 쌓은 모양이다.

이상 亦자는 나도 또한 하는 의미고 又는 食而又食식이우식 밥 먹고 또 밥 먹는다는 뜻이고 且는 食且飲水식차음수 밥 먹고 또 물 마신다. 貧且賤빈차천 가난하고 또 천하다.

 도깨비리   도깨비매

[魑魅이매 도깨비, 魅力매력 남을 홀리는 힘, 魅惑매혹 남을 홀려서 혹하게 함]

이상 魑와 魅는 글자가 두 가지라 해서 두 가지가 아니고, 같은 鬼物인데 鬼에다 离떠날리와 夫지아비부를 한 것은 离는 離떼놓을리고 夫는 昧새벽매니 도깨비는 낮에는 떠나갔다가 어두우면 나타나는 鬼物귀물이란 뜻이다. 魑와 魅는 山林산림의 異氣이기로 생긴다.

 도깨비망

[魍魎망양 도깨비]

 도깨비양

魍,魎은 鬼物귀물로서 둘이 行動행동을 하면서 묘에 시체를 몰래 파내 믹는다 아어 魍魎이다.

 똥분

[糞尿분뇨 똥오줌, 糞門분문 밑구멍]

糞자는 '米'+'異'로 구성된 글자로 米는 米미고 異다를이는 변한 것이다. 쌀이 변하면 똥이다.

 똥시/신음할히

屎자는 '尸'+'米'로 구성된 글자로 尸는 尾꼬리미고 米는 糞똥분이다. 꽁무니로 나오는 똥이란 뜻이다.

똥집위

[胃病위병 위장병, 胃酸위산 속 쓰린 병, 胃癌위암 위에 생긴 암]

胃자는 '田'+'月'로 구성된 글자로 田은 田전이고 月은 肉육 또는 腑장부부니 一身일신의 田穀전
곡을 蓄積축적한 곳이 胃다.

 돼지돈/우리속돼지돈

[豚犬돈견 돼지와 개, 豚兒돈아 자기 아들의 겸칭, 豚魚돈어 돼지와 고기]

豚자는 '月'+'豕'로 구성된 글자로 月은 月월이고 豕시니 生後생후 몇 달 된 돼지란 뜻이니 어
린 돼지다. 故로 養豚양돈이라 한다.

 돼지시

[豕突시돌 돼지가 갑자기 달려옴]

豕자는 돼지의 머리 발털의 모양이다.

 돼지저

[山豬산저 산 돼지]

豬자는 '豕'+'者'로 구성된 글자로 豕는 豕시고 者는 堵담도니 담을 치고 기른다는 뜻이다.

이상 豚은 어린 돼지고 豕은 돼지 모양이고 豬은 산돼지 亥는 돼지 모양이고 地支지지의 열
두 번째 글자다.

 두려울공/의심할공

[恐喝공갈 공갈치는 것, 恐懼공구 두려움, 恐怖공포 두려워 떠는 것]

恐자는 '巩'+'心'으로 구성된 글자로 巩은 筑손으로쌓을축에서 온 것이고 心은 心심이니 筑(축대)
에 竹죽도 없고 木목도 없으니 비만 오면 무너질까 두려운 것이다. 가상적으로 말한다면
담을 새로 쌓고 대나무로 덮어야 하는데 쌓을 축자는 '築'이러한데, 竹도 없고 木도 없으
니 무너질까 두려운 것이다.

 두려울구

[懼然구연 두려운 듯이]

懼자는 '忄'+'瞿'로 구성된 글자로 忄은 心심이고 瞿놀라구는 衢네거리구니 거리에 나온 마음이니 두렵다.

 두려울송

[悚懼송구 미안함]

悚자는 '忄'+'束'으로 구성된 글자로 忄은 心심이고 束은 束묶을속이니 조이는 마음 悚은 어른에게 예물을 못하였거나 근친을 못 하였을 때 생기는 마음이다. 故로 罪悚죄송이라 한다.

 두려울외/꺼릴외

[畏怯외겁 두려워 겁냄, 畏忌외기 두려워 꺼림, 畏友외우 존경하는 벗, 畏人외인 두려운 사람. 나보다 나은 사람]

畏자는 '田'+'꾜'로 구성된 글자로 田은 思생각사고 꾜는 長어른장이니 나보다 낫다고 생각해 두려운 것이다.

 두려울포

[佈懼포구 두려워함]

佈자는 '忄'+'布'로 구성된 글자로 忄은 心심이고 布는 布포니 베옷을 입으면 추워서 떨듯이 무서워서 떤다는 뜻이다.

 두려울황

[惶感황감 황송하고 감격함, 惶恐황공 높은 분의 은전이 있을 때 쓰는 글자다]

이상 恐은 염려가 돼 두려운 것이고 懼는 무서워서 두려운 것이고 悚은 죄스러운 것이고 畏는 나보다 나은 것이고 佈는 떨리는 것이고 惶은 너무 고마운 것이다.

 두루주/주나라주

[周密주밀 꼭 짜임, 周旋주선 일이 잘 되도록 주선하는 것, 周圍주위 둘레. 환경]

周자는 '用'+'口'로 구성된 글자로 用은 用용이고 口는 人口인구 戶口호구니 인구, 호구를 쓸 때에는 두루 해야 한다. 言에 周가 붙으면 調조가 된다.

두루방/곁방/넓을방

[旁求방구 두루 널리 구함, 旁通방통 널리 통함]

旁자는 '产'+'方'으로 구성된 글자로 产은 帝임금제고 方은 四方사방이니 임금이 人材인재를 구할 때 四方 넓게 구한다는 뜻으로 된 글자다.

이상 周는 고루 두른다는 뜻이고 旁은 두루 넓이란 뜻이다.

 두를편

[遍踏편답 두루 밟음, 遍身편신 온 몸]

遍자는 '扁'+'之'로 구성된 글자로 扁작을편은 조각이고 之는 之지니 곳곳마다 가는 것이 遍이다.

 둘쌍

[雙童쌍동 쌍둥이, 雙眸쌍모 두 눈]

雙자는 '隹'+'又'로 구성된 글자로 새 두 마리를 雙이라 한다.

 둘조/쫓아잡을책

[措手足조수족 손발을 움직이지 않음, 措置조치 일의 결과를 지음]

措자는 '扌'+'昔'로 구성된 글자로 扌는 手수고 昔은 惜석이니 아끼는 것은 쓰지 않으니 두는 것이다.

 둘치

[置重치중 어떠한 곳에 중점을 둠, 置之치지 내버려 둠, 置標치표 표하여 둠]

置자는 '罒'+'直'으로 구성된 글자로 罒은 罔망이고 直곧을직은 値값치니 값어치가

없으니 放置방치해두는 것이다.

이상 措는 조치해두는 것이고 置는 放置해두는 것이다.

 두를요/얽을요

[繞帶요대 띠를 둘름, 繞江城요강성 강성을 둘름]

繞자는 '糸'+'堯'로 구성된 글자로 糸는 絲사고 堯임금님요는 얽은 形이니 실로 얽어놓은 것이다.

 두를위/에울위

[圍繞위요 에워두른 것]

圍자는 에워 두른 모양이다.

 두를환/옥담원

[圜환위 둘러쌈]

圜자는 둥글게 두른 것이다.

 두를휘/지휘할휘

[揮劍휘검 칼을 두름, 揮手휘수 손을 두름, 揮帳휘장 장을 두름]

揮자는 '扌'+'軍'로 구성된 글자로 扌는 手수고 軍은 將軍장군이니 장군의 손이니 지휘하는 것이다.

이상 繞는 실 같은 것으로 얽어 두른 것이고, 圍는 에워 두른 것이고, 揮는 손을 들어 지휘하는 것이다.

 뒤후/뒤질후

[後昆후곤 자손, 後宮후궁 임금의 첩, 後背후배 학문이나 나이가 나보다 적거나 늦은 사람]

後자는 '彳'+'夋'으로 구성된 글자로 彳은 行행이고 夋천천히걷는모양준은 緩느릴완이니 느리게 가니 뒤가 된다. 故로 徐行而後서행이후다.

 뒤칠번/나를번/번득일번

[翻翻번번 펄럭이는 모양]

翻자는 '番'+'羽'로 구성된 글자로 番은 '한 번 두 번'하는 番이고 羽는 羽우니 날개는 나는 것이니 날개를 뒤척거리는 것을 翻이라 한다.

 둥글단/모을단

[團結단결 단체를 맺음, 團束단속 잡도리를 단단히 함, 團合단합 단결과 같음]

團자는 '囗'+'專'으로 구성된 글자로 囗은 둥그런 것이고 專모일단은 오로지 구슬처럼 속까지 차서 둥근 것이다.

 둥글원

[圓滿원만 모난 데가 없이 둥글둥글하게, 圓卓원탁 둥근 탁자, 圓形원형 둥근 형체]

圓자는 '囗'+'員'으로 구성된 글자로 囗는 둥그런 것(○)이고 員인원원은 音음을 가져다 '원'한 것이다. 또는 員은 人員이 둥글게 모여 있는 모양을 뜻한 것이다.

이상 團은 둥글면서 속이 꽉 차고 단단한 것이고 圓은 둥글면서 비교적 넓적하다.

 뚫을천/꿸천

[穿孔천공 구멍을 뚫다, 穿鑿천착 구멍을 뚫음]

穿자는 '穴'+'牙'로 구성된 글자로 穴은 穴구멍혈이고 牙는 鼠牙서아(쥐의이빨)니 쥐의 이빨은 구멍을 잘 뚫는다.

 뛸조/뛸도

[跳躍도약 뛰어 오름]

跳자는 '足'+'兆'로 구성된 글자로 足은 足족이고 兆는 挑돋울도다. 발을 돋으며 건너뛰는 것이 跳다.

 뛸약/뛸적

[躍動약동 뛰어 움직임, 躍進약진 뛰어 나가는 것]

躍자는 '足'+'翟'으로 구성된 글자로 足은 足족이고 翟은 雀참새작이니 참새는 걸을 때 깡충깡충 뛴다. 故로 깡충깡충 뛰는 것이 躍이다.

 뛸용

[踊躍용약 불쑥불쑥 뛰는 것]

踊자는 '足'+'甬'으로 구성된 글자로 足은 足족이고 甬은 涌샘솟을용이니 샘솟음 치듯이 불쑥불쑥 뛰는 것이 踊이다.

뛸초

[超過초과 한도를 넘어감, 超凡초범 보통보다 뛰어남, 超能力초능력 보통 능력보다 뛰어남]

超자는 '走'+'김'로 구성된 글자로 走달릴주는 越넘을월이고 足부를소는 招부를초니 招越초월 소리치면서 건너뛰는 것이다.

이상 跳는 발을 돋아서 뛰는 것이고 躍은 깡충깡충 뛰는 것이고 踊은 불쑥불쑥 뛰는 것이고 踊는 차례로 가지 않고 넘어가는 것이다.

 드릴납/바칠납

[納金납금 바치는 돈, 納期납기 바치는 기한, 納稅납세 세금을 바침, 納幣납폐 폐백을 드림]

納자는 '糸'+'內'로 구성된 글자로 糸는 繭고치견이고 內는 內내니 옛날에 고치실을 官관에 바쳤다. 그래서 納稅납세라 한다.

 드릴정/올일정

[謹呈근정 삼가드림]

呈자는 '口'+'壬'로 구성된 글자로 口는 告고고 壬은 높은 분 또는 壬임이니 고해드리는 것이다.

 드릴헌

[獻金헌금 돈을 드리는 것, 獻納헌납 드려 바치는 것, 獻身헌신 몸을 바침, 獻盃헌배 술잔을 드림, 獻血헌혈 피를 바침]

獻자는 '虍'+'鬲'+'犬'으로 구성된 글자로 虍호피무늬호는 虎범호고 鬲막을격은 隔사이뜰격이고 犬은 犬개견이니 담 안에서 개를 호랑이한테 던져 주는 것이다. 대가성 없이 주는 것이 獻이다.

이상 納는 바치는 것이고 呈은 告고하는 것이고 獻은 대가성 없이 주는 것이다.

遂 드릴수/이룰수

[遂事수사 일을 이룸, 遂意수의 뜻을 이룸]

遂자는 'ㆍ'+'逐'로 구성된 글자로 ㆍ는 入입이고 逐축은 逐쫓을축이니 쫓다가 우리에 들어가면 하던 일을 드디어 이룬 것이다.

들거/받들거/모두거/온거

[擧家거가 온 집안, 擧皆거개 온통 다, 擧事거사 일을 일으킴]

擧자는 '與'+'手'로 구성된 글자로 與手여수니 발은 밟는 것이나 손은 든다.

 들게/일어날걸

[揭示게시 들어 보임, 揭揚게양 들어 날림, 揭載게재 신문 잡지에 들어 실음]

揭자는 '扌'+'曷'로 구성된 글자로 扌는 手수고 曷어찌갈은 竭비석갈이니 손을 다 펴서 든 것이다.

이상 擧는 드는 것이고 揭는 높이 든 것이다.

 들입

[入庫입고 창고에 들임, 入校입교 학에 들어감, 入門입문 문에 들어감]

入자는 왼쪽 획이 오른쪽 획 밑에 든 것이다.

 들교

[郊祀교사 들제사. 들제사는 하늘과 땅에 지내는 제사, 郊外교외 들 밖, 郊墟교허 들의 빈터]

郊자는 '交'+'阝'로 구성된 글자로 交는 交교고 阝는 邑읍이니 읍 밖에 일터이다. 집에 있으면 홀로지만 일터에 나가면 이 사람도 사귀고 저 사람도 사귀며 밥도 같이 먹고 일도 같이 한다.

 들야

[野景야경 들 경치, 野談야담 백성들이 들에서 하는 얘기]

野자는 '里'+'予'로 구성된 글자로 里는 里리고 予나여는 敍차례서니 마을이 平敍평서한 곳을 野라 한다.

이상 郊는 일터 들이고 野는 넓은 평지를 野라 한다.

 들을문/들릴문

[聞見문견 들고 봄, 聞道문도 도를 들음, 聞識문식 들고 아는 것]

聞자는 '門'+'耳'로 구성된 글자로 門은 門문이고 耳는 聽청이니 各각 門前문전에서 들은 것, 지나가면서 들은 것이다.

 들을청/수소문할청

[聽聞청문 들음, 聽訟청송 송사를 들음]

聽자는 '耳'+'悳'으로 구성된 글자로 悳은 德덕이니 큰 귀, 德 있는 귀니 잘 듣는다.

 들을령

[聆音령음 소리를 들음]

聆자는 '耳'+'令'로 구성된 글자로 耳는 耳이고 令은 令령이니 귀로 하여금 무슨 소리인가 새겨듣는 것이다. 故로 聆音察理령음찰리라 한다. 소리를 듣고 이치를 살핀다.

이상 聞은 들은 것이고 聽은 들은 것이고 聆은 귀를 기울이고 무슨 소린가 듣는 것이다.

 뜻지/기록할지

[志氣지기 의지와 기개, 志士지사 뜻 있는 선비]

志자는 '士'+'心'로 구성된 글자로 士는 士사고 心은 心심이니 선비의 마음이다. 선비는 道도에 從事종사하는 사람이다.

 뜻지/맛지

[旨酒지주 맛있는 술, 旨趣지취 어떠한 일에 대하여 하려고 하는 뜻]

旨자는 '匕'+'日'로 구성된 글자로 匕는 숟가락이고 日은 그릇이고 날이니 그릇 위에 숟가락을 올려놓았으니 뜻이 있는 날이다. 旨는 '맛지'하기도 하는데 이것은 음식의 맛으로도 쓰기는 하나 '어떠한 의미'의 뜻으로 많이 쓰인다.

 뜻의/생각할의

[意氣의기 의지와 기개, 意味의미 글이나 말의 가지고 있는 뜻, 意思의사 생각하는 것]

意자는 '立'+'日'+'心'으로 구서된 글자로 서서 이럴까 저럴까 생각하고 정하지 않은 것이다.

 뜻정/실정정

[情交정교 정으로 사귐, 情談정담 정으로 정 있는 말]

情자는 '忄'+'靑'으로 구성된 글자로 忄은 性성이고 靑청 東方동방의 色색으로 性의 發발이다.

이상 志는 마음을 정한 것이고 旨는 어떠한 뜻의 글자고 意는 마음에 정하지 못한 것이고 情은 七情칠정이다.

 띠대/찰대

[帶甲대갑 갑옷을 띤 군사, 帶劍대검 칼을 띰, 帶行대행 같이 가는 것]

帶자는 '卅ㅂ'+'帀'로 구성된 글자로 卅ㅂ는 띠고 帀는 常항상상이니 보통 항상 띠고 있는 것이란 뜻이다.

 띠반/가죽띠반

[鞶帶반대 가죽 띠]

鞶은 '般'+'革'로 구성된 글자로 般돌반은 盤소반반이고 革은 革가죽혁이니 서린 가죽이니 가죽 띠다.

 띠신

[紳士신사 남자의 美稱미칭]

紳자는 '糸'+'申'으로 구성된 글자로 糸는 絲실사고 申은 넓은 것이다. 실이 넓으니 띠다.

 마침경

[究竟구경 마침내, 竟是경시 마침내 이것이, 竟夜경야 밤이 다 가도록]

竟자는 字形자형이 다리를 벌리고 달리는 形형이다. 競경은 둘이 달리지만 竟은 혼자다. 혼자 가다보면 마침내 끝을 보기 마련이다.

 마칠요

[了定요정 결정함]

了자는 글귀의 마침 表표가 글자로 된 것이다.

 마침종

[終結종결 끝맺음, 終乃종내 마침내, 終末종말 마치는 끝]

終자는 '糸'+'冬'으로 구성된 글자로 糸는 織짤직이고 冬은 冬겨울동이니 베 짜는 일은 겨울이 되면 마친다.

 마를건/하늘건

[乾畓건답 마른 논]

乾자는 周易주역 八卦中팔괘중에 하나로 乾은 陽양이니 습이 없어 마른 것이다. 二十四方位說참고

 마를고

[枯渴고갈 물이 마름, 枯木고목 마른나무, 枯凋고조 말라 떨어짐]

枯자는 '木'+'古'로 구성된 글자로 나무가 오래 되어 마른 것이다.

 마를조

[燥渴조갈 물기가 마름]

燥자는 '火'+'品'+'木'으로 구성된 글자로 火는 火화고 品은 物品물품이고 木은 床상이니 물품을 상에 올려놓고 불로 말리는 形이다. 乾은 살집이 적어 마른 것이고 枯는 마른 나무고 燥는 물기가 없어 마른 것이다.

 마땅당/당할당

[當局당국 해당의 국, 當今당금 당한 지금, 當代당대 당한 대]

當자는 '尙'+'田'으로 구성된 글자로 '尙'은 堂집당이고 田은 田전이니 밭은 집 앞에 있는 것이 마땅하다.

 마땅의

[宜當의당 마땅히, 宜兄宜弟의형의제 형에 마땅히 하고 아우에 마땅이 함]
宜자는 '宀'+'且'로 구성된 글자로 '宀'는 갓이고 且는 租조상조 또는 비석의 形이니 할아버지 비석은 갓을 씌우는 것이 마땅하다.

이상 當자와 宜자는 뜻이 거의 같으나 當은 당한 일에 쓰이고 宜는 의무적의 뜻이 내재되어 있다.

里 마을리/리수리

[里落리락 부락, 里門리문 마을 입구의 문, 里諺리언 마을에 속담, 里程리정 길 리수]

里자는 '田'+'土'로 구성된 글자로 田은 田전이고 土는 土토니 田土가 있으니 마을이다.

 府 마을부/곳집부

[府庫부고 고십, 府尹부윤 府의 관장]

府자는 '广'+'付'로 구성된 글자로 广는 廳관청청이고 付줄부는 모든 文書문서를 배부하는 관청이란 뜻이다.

 部 마을부

[部隊부대 한 단위의 군대, 部落부락 마을, 部署부서 할당된 業務업무]

部자는 '咅'+'阝'로 구성된 글자로 咅는 剖쪼갤부고 阝는 邨마을촌이니 갈라놓은 마을이다. 故로 '이부락', '저부락'한다.

 村 마을촌

[村落촌락 마을, 村民촌민 촌 백성]

村자는 '木'+'寸'으로 구성된 글자로 木은 木목이고 寸은 작다는 뜻이다. 도시에서 떨어진 산간 작은 마을, 작은 나무가 드문드문 있는 곳이다.

 魔 마귀마

[魔鬼마귀 못된 잡귀, 魔女마녀 여자 마귀, 魔術마술 사람을 홀리는 수법]

魔자는 '麻'+'鬼'로 구성된 글자로 麻삼마는 거침삼이고 鬼는 鬼귀니 머리털이 삼 같이 거친 鬼物귀물이다.

 歃 마실삽

歃자는 '臿'+'欠'으로 구성된 글자로 臿가래삽은 揷꽂을삽이고 欠함품흠은 飮마실음이니 飮은 피를 마실 때에 主로 쓰는 글자다. 피는 맹세할 때에 마시는데 영웅이 창이나 칼을 땅에 꽂아 놓고 마신다 하여 揷이 붙은 것이다.

마실음/마시게할음

[飮料음요 마시는 물건, 飮福음복 제사 지낸 뒤에 제상에 있는 술을 마시는 일]

飮자는 '食'+'欠'으로 구성된 글자로 食은 食식이니 먹는 것이고 欠은 마시는 형용사다.

 마실흡/숨들이쉴흡

[吸氣흡기 기를 마심, 吸收흡수 마시어 거두어들임, 吸引흡인 마시어 끌어당김]

吸자는 '口'+'及'으로 구성된 글자로 口는 口구고 及은 音음을 '흡'으로 하여 '흡'하고 마시는 것이니 공기를 마시는 것이다.

이상 歃은 피를 마시는 것이고 飮은 물 또는 물로 된 것을 마시는 것이고 吸은 공기를 마시는 것이다.

 마음심

[心肝심간 심장과 간장, 心經심경 심장의 신경, 心德심덕 마음의 덕, 心魂심혼 마음과 혼]

心자는 心臟심장의 모양이다.

 맞이할영/장가들영

[迎送영송 맞아들임과 보냄, 迎新영신 새것을 맞아들임, 迎入영입 맞아들임]

迎자는 '卬'+'辶'로 구성된 글자로 卬은 仰앙이고 辶는 之지니 仰은 쳐다보는 것 쳐다보면서 가니 맞는 것이다.

 마디절/절개절

[節氣절기 절기, 節槪절개 지조 굳은 마음, 節約절약 씀씀이를 줄이는 것]

節자는 '竹'+'卽'로 구성된 글자로 竹은 竹죽이고 卽은 卽즉이니 대나무는 마디로 되었다는 뜻이다. 대나무는 당년에 수십 마디가 된다.

 마디촌

[寸刻촌각 한 치의 시각, 寸功촌공 작은 공, 寸祿촌녹 작은 녹, 寸志촌지 작은 뜻]

寸자는 '十'+'丶'로 구성된 글자로 十은 十십이고 丶은 一尺일척을 十으로 나눈 눈금이다.

이상 節은 대나무 마디 같은 것이고 寸은 한 치 두 치하는 마디를 말한다.

 마를재/끊을재

[裁可재가 국사의 제안건에 대하여 임금이 몸소 결재하여 허가함, 裁斷재단 옷감 따위를 잘라서 마름, 裁縫재봉 옷감을 마루재서 쥐여 맴]

裁자는 '𢦏'+'衣'로 구성된 글자로 𢦏는 截끊을절이고 衣는 衣옷의니 옷을 만들려고 재서 찢어 놓은 것이 裁다.

 마르젤제

[製粉제분 가루를 만듦, 製本제본 본을 만듦, 製絲제사 실을 만듦]

製자는 '制'+'衣'로 구성된 글자로 製衣제의 즉 옷을 만드는 것이다.

이상 '마르다'는 '옷감이나 목재 등을 치수에 맞게 자르는'것으로 裁는 자르는 것이고 製는 잘라서 옷을 만드는 것이다.

 마당장

[場內장내 마당 안, 場外장외 마당 밖, 場打令장타령 雜歌잡가의 한 가지]

場자는 '土'+'昜'로 구성된 글자로 土는 地땅지고 昜은 易바꿀역이니 사람들이 물건을 바꾸어 가는 곳이 場이다.

 마루청/대청청/관청청

[廳舍청사 관청 집]

廳자는 '广'+'聽'으로 구성된 글자로 广은 집이고 聽청은 듣는 것이다. 관청은 민원을 들어주는 곳이다.

 마루헌/초헌헌

[軒車헌거 대부의 수레, 軒昂헌앙 높은 모양, 軒軒丈夫헌헌장부 외모가 俊秀준수하고 쾌활한 남자]

軒자는 '車'+'干'으로 구성된 글자로 車는 車거고 干은 干간이니 大夫의 車를 軒이라 한다. 선비나 大夫의 초당을 軒이라 하는데 軒은 大夫가 수레를 타고 行次행차하고 國政국정에 干與간여한다는 뜻이다.

이상 廳은 대청마루고 軒은 大夫의 초헌이다.

拒 막을거/진이름구

[拒否거부 승낙하지 않고 물리침, 拒絶거절 막아 끊어버림]

拒자는 '扌'+'巨'로 구성된 글자로 扌는 手수고 巨는 巨거니 巨手거수 손을 크게 하여 막는 것이다.

杜 막을두

[杜鵑花두견화 참꽃, 杜門두문 문을 막음, 杜絶두절 막히고 끊어짐, 杜冲두충 약 이름]

杜자는 '木'+'土'로 구성된 글자 木土 土木이니 土木工事토목공사는 나무와 흙으로 막는 것이다. 木, 斧도끼부 나무와 도끼가 있으면 쪼개는 것이다. 나무와 흙은 막는 것이다.

防 막을방/방축방

[防備방비 미리 막아 준비함, 防禦방어 막아서 못하도록 함, 防風방풍 바람을 막음]

防자는 '阝'+'方'으로 구성된 글자로 阝는 阜부고 方은 方法방법 제방을 하는 방법이다. 제방은 좁은 언덕을 의지해 막으므로 阜에 方을 한 것이다.

抵 막을저/칠지

[抵築저축 부닥침, 抵抗저항 대항함]

抵자는 '扌'+'氐'로 구성된 글자로 扌는 手수고 氐는 氐저니 밑에서 막는 것이다.

沮 막을저/물이름저/축축할저

[沮遏저알 막아서 못가게 함, 沮止저지 막아서 그치게 함]

沮자는 '氵'+'且'로 구성된 글자로 氵는 水수고 且는 흘러오는 물을 막는 물건이다. 가마니, 마대 따위다.

塞 막을색/막힐색

[塞淵색연 생각이 깊고 착실한 모양, 塞方색방 변방, 塞穴색혈 구멍이 막힘]

塞자는 '宀'+'共'+'土'로 구성된 글자로 宀는 家고 共은 온돌의 모양이고 土는 土니 집 온돌 밑에 흙이 차서 막힌 것이다.

막을장/막일장

[障壁장벽 벽이 막힘, 障礙장애 막힘]

障자는 'ß'+'章'로 구성된 글자로 ß은 防둑방이고 章문장은 獐노루장이니 山田산전에 콩이나 팥을 심어 놓으면 노루가 콩잎을 잘라 먹는다. 故로 노루가 못 들어오도록 막는 것이 障이다.

 막을제/방축제

[堤塘제당 연못을 막음, 堤防제방 방축을 막음]

堤자는 '土'+'是'로 구성된 글자로 土는 土토고 是옳을시는 堤둑제니 흙을 끌어다 쌓아 막은 것이 堤다.

 막을질/원소질

[窒塞질색 꽉 막힘, 窒素질소 元素원소의 한 가지, 窒息질식 숨이 막힘]

窒자는 '穴'+'至'로 구성된 글자로 穴은 穴구멍혈이고 至이를지는 穴 앞을 막은 물체다.

 막을항/항거할항

[抗拒항거 순종하지 않음, 抗告항고 법원을 판결을 불복하고 다시 상급재판에 上訴상소. 는 일, 抗戰항전 대항하여 싸움]

抗자는 '扌'+'亢'로 구성된 글자로 扌는 手수고 亢은 亢항이니 높이 막는 것이다.

이상 拒는 받아 주지 않고 막는 것이고 杜는 土木토목으로 막는 것이고 防은 재난을 막는데 많이 쓰는 글자고 抵는 밑바닥을 막는 것이고 沮는 더 못 오도록 막는 것이고 塞은 구멍 속이 막힌 것이고 障은 장을 둘러막은 것이고 堤는 둑을 막는 것이고 窒은 구멍을 꽉 막는 것이고 抗은 덤비는 것을 막는 것이다.

 만질마

[摩撫마무 어루만짐]

摩자는 '麻'+'手'로 구성된 글자로 麻는 麻마고 手는 手수니 옛날에 삼베는 무척 손이 많이 간다. 故로 摩니 '만질마'다.

만물물

[物件물건 물건, 物力물력 물건의 힘, 物類물류 물건의 종류, 物望물망 사람들이 높이 우러러보아 드러난 이름]

物자는 '牛'+'勿'로 구성된 글자로 牛는 牛우고 勿은 어조사 소는 人家인가에 代表的대표적인物이다. 故로 牛에다 勿을 붙여 物이라한 것이다.

 만날봉/북소리봉

[逢別봉별 만나고 이별하는 것, 逢時봉시 만날 때, 逢迎봉영 만나서 맞아들임]

逢자는 '夆'+'辶'로 구성된 글자로 夆끌봉은 峰봉우리봉이고 辶는 之지니 '어느 산봉우리 밑에서 만나자'는 약속의 만남이다.

 만날우/뜻밖에우

[遇待우대 만나서 대접함, 遇合우합 만나서 합함]

遇자는 '禺'+'辶'로 구성된 글자로 禺긴꼬리원숭이우는 偶짝우고 辶는 之지니 가다가 우연히 만난 것이다.

 만날치/다할치/값치

[値遇치우 서로 우연히 만남]

値자는 '亻'+'直'로 구성된 글자로 亻은 人인이고 直은 直日직일, 直前직전. 直面직면의 뜻이 있다. 故로 直面的직면적으로 만난 것이다.

 만날해

[邂逅해후 오다가다 만남]

邂자는 '解'+'辶'로 구성된 글자로 解는 解해고 辶는 之지니 만나려고 하던 차에 만나니소식도 알고 궁금증이 풀린다는 뜻으로 된 글자다.

逅 만날후

逅자는 '后'+'辶'로 구성된 글자로 后임금후는 後뒤후고 辶는 之지니 헤어진 후로 우연히 만난 것이다.

이상 逢은 약속의 만남이고 遇는 우연히 만남이고 値는 맞들어 만난 것이고 邂는 만나려고 하던 차에 우연히 만난 것이고 逅는 헤어진 후에 처음 만난 것이다.

 많을다

[多角的다각적 여러모, 多福다복 복이 많음, 多情다정 정이 많음]

多자는 '夕'+'夕'로 구성된 글자로 夕가 둘이니 많은 것이다.

 맏백/벼슬이름백/으뜸패

[伯父백부 큰아버지, 伯氏백씨 큰형]

伯자는 'イ'+'白'로 구성된 글자로 白人백인 머리가 흰 사람이 맏이다.

 맏맹/맹랑할맹

[孟冬맹동 첫 겨울, 孟浪맹랑 맹랑, 孟月맹월 四季節사계절의 첫 달, 孟秋맹추 초가을]

孟자는 '子'+'皿'로 구성된 글자로 子는 子자고 皿피혈은 뜻과는 관계 없이 모양으로 그릇, 즉 제기다. 맏이는 제사와 제기를 맡는다.

 맏형

[兄公형공 처가 남편의 兄을 일컫는 敬稱경칭, 兄夫형부 언니의 남편, 兄嫂형수 형의 아내]

兄자는 '口'+'儿'로 구성된 글자로 口는 食口식구고 儿은 先선이니 食口中식구중에서 먼저 낳은 사람이 형이다.

 맏누이자

[姉妹자매 누이형과 누이동생, 姉兄자형 손위 매형]

姉자는 '女'+'市'로 구성된 글자로 女는 女녀고 市저자시는 女子가 시집갈 때 머리에 장식한 모양이다.

 말이을이/어조사이/너이

[而今이금 지금, 而後이후 뒤에]

而자는 한문 문법에 접속사로서 위와 아래 글을 이어주는데 쓰이는 글자의 表표다.

 말마

[馬具마구 말을 부리는데 쓰는 기구, 馬兵마병 말 타는 군사, 馬車마차 말이 끄는 차]

馬자는 말의 形을 본 뜬 글자다.

 말탈기/마병기

[騎馬기마 마병이 타는 말, 騎?기? 말 타는 군사]

騎자는 '馬'+'奇'로 구성된 글자로 馬는 馬마고 奇는 奇기니 말 위에 붙어 있으니 말 탄 것이다.

 말망아지구

[駒隙구극 말이 틈 사이로 지나감. 빠름을 의미함, 駒馬구마 새끼 말]

駒자는 '馬'+'句'로 구성된 글자로 馬는 馬마고 句는 句구니 어린 것을 駒라 하고 어린 개를 狗강아지구라 한다. 어린 말이니 駒다.

 말씀어/말할어

[語句어구 말귀, 語韻어운 말운, 語助詞어조사 한문 문법에 조사]

語자는 '言'+'吾'로 구성된 글자로 吾言오어(나의말). 우리의 말이니 이르는 말이다.

 말씀언

[言句언구 말귀, 言及언급 말이 미침, 言動언동 말과 행동, 言行언행 말과 행실

言자는 言은 말이니 말은 입으로 한다. 言은 字形이 말할 때 입을 상하좌우로 움직이는 形容형용이다.

 말씀담

[談論담론 말씀하면서 의논함, 談話담화 말씀함]

談자는 '言'+'炎'으로 구성된 글자로 言은 言언이고 炎불탈염은 淡맑을담이니 맑은 말이다. 말 속에 計策계책이나 雜想잡상이 없고 純粹순수한 말이니 故로 淸談청담이다.

말씀변/분변할변

[辯難변난 言辯언변으로 논란함, 辯明변명 말해 밝힘, 辯護변호 말해서 보호함]

이상 辯자는 辯護변호에 主로 쓴다. 辯은 辨변에서 온 글자로 판단이 分明분명치 않으면 辯護가 必要필요하다.

 말씀사/사양할사

[辭去사거 작별하고 감, 辭今사금 말주변, 辭讓사양 주는 것을 받지 않고 다른 분에게 줌]

辭자는 '肴'+'辛'으로 구성된 글자로 肴은 亂어지러울란이고 辛은 辯말잘할변이니 辭자는 말 속에 사양의 뜻이 들어있다. 辭退사퇴는 겸손이 들어 있고 경우에 따라서는 亂난을 책임지고 물러간다는 뜻도 있다.

 말씀설/기쁠열

[說客세객 유세하는 사람, 說敎설교 敎교를 설명함, 說明설명 말해 밝힘]

說자는 '言'+'兌'로 구성된 글자로 言은 言말씀언이고 兌는 悅기쁠열이니 기쁜 말이다. 說은 말하는 사람도 기쁘고 듣는 사람도 기쁘다.

 말화

[話法화법 말법, 話題화제 얘깃거리]

話자는 '言'+'舌'로 구성된 글자로 言은 言이고 舌혀설은 活살활이니 生活생활의 살아가는 이야기가 話다.

이상 語는 사람을 대하는 말이고 言은 사람이 지껄이는 것은 모두 말 言이고 談은 조용히 말하는 것, 욕심없는 말이고 辯은 변론하는 말이고 辭는 글로 말하는 것이고 說은 說明하는 말이고 話는 살아가는 얘기다.

 가로왈

[曰可曰否왈가왈부 옳다 그르다 하고 떠드는 것, 孔子曰공자왈 공자 가라사대]

曰자는 '口'+'一'로 구성된 글자로 口는 입이고 一은 입 안에 있는 혀다. 입안에 혀가 움직여 말하는 것이 曰이다. 曰은 德덕 있는 사람이 일컫는 것을 曰이라 한다.

말두/별이름두

[斗落두락 마지기, 斗量두량 말질하는 것, 斗星두성 별 이름]

斗자는 'ㆍ'+'十'로 구성된 글자로 ㆍ는 쌀이고 十은 十升십승이다. 쌀이 열 되면 一斗일두, 즉 한 말이다.

 말막/없을막/클막/나물모

[莫可奈何막가내하 어찌할 수 없음, 莫敢開口막감개구 감히 입을 열지 못함, 莫强막강 매우 강함, 莫甚막심 매우 심함]

莫자는 큰 모양이다. 크니 함부로 하지 말라는 금지사다.

 말물/먼지털이물

[勿驚물경 놀라지 말라, 勿論물론 더 말할 것 없이, 勿侵물침 침범치 말라]

勿자는 금지사고 금지의 물건이며 금지의 동작이다. 勿은 기 같은 것인데 흔들어서 못하도록 금하는 것이다.

 말불/아니불

弗자는 금지사로서 勿字와 같이 말하는 形容動作형용동작의 物件물건이다.

 말무/없을무/하후씨관무

[毋寧무녕 차라리, 어찌, 도리어, 더욱]

毋자는 금지사로서 금지의 表示표시다.

이상 莫은 함부로 하지 말라는 것이고 勿과 弗은 말라는 형용 동작하는데 흔드는 물건이고 毋는 금지의 표시다.

 말미암을유/까닭유/자득할유

[由來유래 겪어온 것, 由路유로 겪어온 길]

由자는 田자의 획이 위로 나온 것이다. 풀이 나오는 모양, 곡식은 밭에서 난다는 뜻이다. 곡식은 밭을 말미암고 농민은 밭이 아니면 말미암을 곳이 없다.

曝 말릴폭/볕쬘포

[曝曬포쇄 바람쐬고 볕에 바램, 曝陽폭양 뜨거운 양지]

曝자는 暴日폭일이니 볕을 쬐어 말리는 것이다.

淡 맑을담/물맑을담/싱거울담

[淡淡담담 말쑥한 모양, 淡泊담박 빛깔과 맛이 담백한 것. 잡맛이 없는 것, 淡水담수 맑은 물]

淡자는 '氵'+'炎'으로 구성된 글자로 氵는 溪水계수(시냇물)고 炎불탈염은 꽃모양이다. 꽃이 비치는 산골 시냇물은 맑다.

淑 맑을숙/착할숙

[淑氣숙기 청숙한 기운, 淑女숙녀 얌전한 여자]

淑자는 '氵'+'叔'으로 구성된 글자로 氵는 淨깨끗할정이고 叔아재비숙은 人傑인걸을 말한다. 淨淑정숙한 곳에 사는 人傑도 貞淑정숙하다. 故로 淑자는 人傑에도 많이 쓰인다. 例예 淑人君子숙인군자, 淑女숙녀 등

淨 맑을정

[淨潔정결 맑고 깨끗함, 淨界정계 깨끗한 곳, 淨妙정묘 깨끗하기도 하고 묘하기도 함,
淨化정화 깨끗해감. 깨끗해짐]

淨자는 '氵'+'爭'로 구성된 글자로 氵는 洗세고 爭다툴쟁은 씻는 모양이다. 씻어간 뒤에는 淸淨청정하다. 環境환경이 깨끗한 것을 淨이라 한다.

淸 맑을청

[淸歌청가 맑은 노래, 淸江청강 맑은 강, 淸淨청정 깨끗함]

淸자는 '氵'+'靑'으로 구성된 글자로 氵는 水수고 靑은 하늘 같이 푸르고 잡색이 없는 것이다.

雅 맑을아

[雅淡아담 바르면서 맑음, 雅量아량 좋은 역량, 雅士아사 품위있는 선비]

雅자는 '牙'+'隹'로 구성된 글자로 牙는 牙어금니아이고, 隹새추는 稚어릴치니 어린이의 어금니는 처음 나기 때문에 바르고 아담하다는 뜻이다.

이상 淡은 잡맛 없이 맑은 것이고 淑은 공기가 맑은 것이고 浄은 환경이 맑은 것이다. 清은 잡색 없이 맑으며 雅는 풍속, 소리, 행동, 욕망과 人格인격에도 쓰인다.

 맛미/의미미

[味覺미각 맛을 느끼는 감각, 味感미감 맛으로 느낌]

味자는 '口'+'未'로 구성된 글자로 口는 口입 구고 未는 未아닐 미이니 입에는 있고 채 먹기 전이라 '맛'이다.

 맛지

이상 맛을 뜻하는 글자의 味는 飮食物음식물의 맛이고, 旨는 취지의 맛이다. 음식의 좋은 맛에도 쓴다.

 매화매

[梅毒매독 성병의 한 종류, 梅實매실 매화나무 열매, 梅花매화 매화나무 꽃]

梅자는 '木'+'每'로 구성된 글자로 매화나무는 꽃이 피어도 잎은 늦게 피어 매양 나무만 서 있으므로 梅라고 한다.

 매울신/천간신

[辛苦신고 맵고 씀, 辛味신미 매운 맛]

辛자는 매운 고추의 모양

 매울열/빛날열/사나울열

[烈士열사 節義절의를 굳게 지키는 사람, 烈女열녀 정절이 곧은 여자, 烈光열광 몹시 강한 빛]

烈자는 '列'+'火'로 구성된 글자로 列은 어려운 것이고, 火는 불이니 列火열화 독한 불 즉 뜨거운 불이므로 어려운 것을 이겨내고 견디는 사람을 烈士 烈女라고 한다.

이상 辛은 맛이 매운 것이고 烈은 사람의 마음과 행동에 대하여 주로 쓴다.

맥맥

[脈管맥관 맥이 통하는 관, 脈度맥도 맥이 뛰는 정도, 脈絡맥락 맥이 이어지는 管관. 脈搏맥박 맥이 뛰는 것]

脈자는 '月'+'辰'로 구성된 글자로 月은 體育체육이고, 辰은 脈線맥선의 形이다.

 맬계/이을계

[係戀계련 사랑에 매여 잊지 못함, 係累계루 이어서 얽매임, 係嗣계사 후손]

係자는 'イ'+'系'로 구성된 글자로 イ은 人인이고 系는 系이을계이니 係는 혈통이 이어지는 係統계통 關係관계라 한다.

 맹세맹/땅이름맹

[盟邦맹방 동맹을 맺은 나라, 盟誓맹서 맹세, 盟主맹주 동맹을 주재한 사람]

盟자는 '朋'+'血'로 구성된 글자로 明은 朋벗붕이고, 皿은 血피혈이니 벗이 서로 맹세할 때 피를 마시거나 피를 내어 맹세한다는 의미에서 血盟혈맹이라고 한다.

 맹세할서

[誓告서고 임금이 나라의 큰 일을 宗廟종묘에 고함, 誓文서문 매세하는 글]

誓자는 '折'+'言'로 구성된 글자로 折言절언이니 약속하는 말, 말대로 하겠다는 맹세다.

이상 盟은 서로 맹세하는 것이고 誓는 내가 상대방에게 맹세하는 것이다.

 맺을결

[結果결과 과를 맺음, 結交결교 사귐을 맺음, 結婚결혼 혼인을 맺음]

結자는 '糸'+'吉'로 구성된 글자로 吉絲길사. 길한 실이니 좋은 일을 서로 맺는 것이다. 故로 結婚결혼 같은 좋은 일을 할 때 쓰이는 글자다.

 맺을계/계약계/이름설/나라이름글

[契機계기 어떠한 일이 일어나거나 결정되는 근거나 기회, 契主계주 계를 모으고 그를 책임진 사람, 契丹글란 옛날에 있던 나라 이름]

契자는 '丰'+'刀'+'大'로 구성된 글자로 上古상고 때 노끈을 맺어 정사를 할 때 실을 맺던 形容형용이다. 丰는 실을 맺은 모양이고 刀는 칼이고 大는 실과 칼을 올려놓는 상이다. 옛날에 계약할 때 맺은 실은 아무데나 두는 것이 아니고 상 위에 두었다.

 맺을체

[締結체결 맺음]

締자는 '糸'+'帝'로 구성된 글자로 帝絲제사니 옛날에 文字문자가 없을 때 임금이 나라를 다스리기 위해 만들어진 실이니 오늘의 헌법과 같은 실이다. 그 법이 임금의 집에 갖추어져 있었다. 그래서 실사(糸)에 帝가 붙은 것이다.

 맡을사/벼슬사

[司諫사간 임금의 잘못을 간하는 벼슬, 司法사법 법을 맡음, 司書사서 서적을 맡아보던 벼슬]

司자는 'ㄱ'+'口'+'ㄱ'로 구성된 글자로 ㄱ口는 一區일구니 한 구역을 'ㄱ'과 같이 금을 그어 맡은 것이다.

 맡을장/손바닥장

[掌匣장갑 손에 끼는 것, 掌中장중 손바닥 가운데]

掌자는 '尙'+'手'로 구성된 글자로 尙은 堂당이고 手는 手수니 손에서 가장 넓은 곳이 손바닥이다. 堂은 明堂명당이란 뜻이다. 명당은 넓고 밝은 곳이다. '맡을장'하는 것은 손으로 장악한다는 뜻이다.

 머슴용

[傭耕용경 머슴으로 밭을 갈음, 傭人용인 머슴살이 하는 사람]

傭자는 'イ'+'庸'으로 구성된 글자로 イ은 人사람(남)이고 庸은 庸쓸용이니 집에서 항상 일 하는 것이 庸인데 남의 일을 하니 머슴이다.

 머리두

[頭角두각 머리뿔, 頭蓋두 개 머리에 뚜껑이 된 부분, 頭髮두발 머리털]

頭자는 '豆'+'頁'로 구성된 글자로 豆는 제기의 모양이고 頁는 머리다. 音음을 '두'라 한 것은 豆콩두의 音을 따 온 것이고 頁도 머리다. 그런데 頁에 豆를 더하고도 '머리두' 하는 것은 제기는 우두머리 또는 맏이가 주장하기 때문이다.

 머리수/처음수/자백할수

[首功수공 첫째공, 首魁수괴 우두머리, 首席수석 맨 윗자리]

首자는 'ˋˊ'+'頁'로 구성된 글자로 頁는 머리 얼굴의 모양이고 ˋˊ는 머리털 모양이다.

 머리혈

首자와 頁字는 部數부수 九畫구획 참고

 머무를류/오랠류

[留念유염 생각을 함, 留連유연 주저하여 차마 떠나지 못하는 모양, 留心유심 마음에 둠]

留자는 '卯'+'田'로 구성된 글자로 卯은 卯토끼묘고 田은 田전이니 토끼는 가다가 밭이 있으면 머무른다.

 머무를정

[停車정거 수레를 머무름, 停留정유 머무름, 停止정지 머물러 그침]

停자는 'ㅓ'+'享'으로 구성된 글자로 ㅓ은 人이고 亭은 停머무를정이니 정자는 오고 가는 사람이 쉬어가는 곳이다.

 머무를주

[駐屯주둔 머물러 진을 침, 駐兵주병 군사를 머무름, 駐在所주재소 파견 나와 머물러 있는 곳]

駐자는 '馬'+'主'로 구성된 글자로 馬는 馬마고 主는 住주니 兵馬병마가 머물러 있는 것이 駐다.

 머무를주

[住居주거 머물러 사는 것, 住民주민 머물러 사는 백성, 住所주소 머물러 사는 곳]

住자는 'ㅓ'+'主'로 구성된 글자로 ㅓ, 主는 主人이란 뜻이다. 그 곳에 머물러 사는 사람, 주인이다.

이상 留는 마음에 머물러 두는 뜻이 많다. 故로 卯는 抑억이고 田은 思사다. 그러나 앞뒤 글자에 따라 행동에도 많이 쓴다. 停은 오고 가면서 머무르는 것이고 駐는 兵馬병마가 머무르는 것이고 住는 머물러 사는 것이다.

 머뭇거릴저/건너뛸착

躇자는 '足'+'著'로 구성된 글자로 著는 처음 쓰는 글을 著저라 한다. 발도 처음 가는 길은 머뭇거리게 된다.

 머뭇거릴주

[躊躇주저 머뭇거림]

躊자는 '足'+'壽'로 구성된 글자로 발걸음을 노인처럼 한다 하여 지어진 글자다. 躊躇주저 두 글자는 두 글자라도 한 글자이고, 躊는 壽수(나이많은)한 노인이 머뭇거리는 것이고, 躇는 길이 서툴러서 머뭇거리는 것이다.

 먹묵/그으름묵

[墨客묵객 글씨 쓰는 사람, 墨書묵서 붓글씨]

墨자는 '黑'+'土'로 구성된 글자로 검은 매연의 흙으로 만든 것이 墨다.

 먹을복/옷복/옷입을복/복입을복

[服色복색 옷 빛깔, 服飾복식 의복의 장식, 服藥복약 약을 먹음]

服자는 制度的제도적으로 마음먹고 하는 일을 服이라 한다. 故로 '먹을복'하고 마음먹고 병이 나으려고 먹는 것이 服藥복약이다. 服은 '月'+'𠬝'로 구성된 글자로 月은 腮麻三月시마삼월 小功五月소공오월 大功九月대공구월하는 月이고 𠬝은 상주 옷의 모양이다.

 먹을식/밥사

[食客식객 남의 집에 기식하고 문객 노릇하는 사람, 食口식구 한 집에서 밥을 같이 먹, 며 사는 사람, 食堂식당 밥 먹는 곳]

食자는 '人'+'良'으로 구성된 글자로 良人양인이다. 良은 成人성인이다. 未成人미성인은 젖을 먹고 成人은 밥을 먹는다. 故로 食자를 '먹을식', '밥식'한다. 또는 食은 人良인양이니 人之良能인지양능 사람의 절로 능한 것이 밥 먹는 것이다.

含 먹을함/머무를함/참을함

[含淚함루 눈물을 먹음, 含默함묵 입을 다물고 조용하게 있음, 含笑함소 웃음을 먹음]

含자는 '今'+'口'로 구성된 글자로 입에 있고 삼키지 않은 것이다.

이상 服은 마음먹고 먹는 것이고 食은 밥 먹는 것이고 含은 입에 문 것이다.

 先 먼저선/비로소선

[先覺선각 먼저 깨달은 것, 先見선견 먼저 본 것, 先驅者선구자 먼저 몰고 가는 사람]

先자는 '生'+'儿'로 구성된 글자로 生은 生생이고 儿은 兄형이니 兄은 먼저 낳았다. 故로 先이다.

 遙 멀요/노닐요

[遙邁요매 멀리감, 遙拜요배 멀리서 절을 함, 遙天요천 멀리 보이는 하늘]

遙자는 '䍃'+'辶'로 구성된 글자로 䍃는 搖흔들릴요고 之는 之지니 가서 흔들리는 것만 보이니 멀다.

 遼 멀료

[遼隔요격 멀리 막힘, 遼東요동 땅 이름, 遼落요락 멀리 떨어져 미치지 못하는 모양]

遼자는 '尞'+'辶'로 구성된 글자로 尞之는 벼슬하러 서울 가는 길은 멀기만 하다.

 遠 멀원/멀리할원

[遠客원객 먼데서 온 손님, 遠隔원격 멀리 막힘, 遠郊원교 먼 들, 遠路원로 먼 길]

遠자는 '袁'+'辶'로 구성된 글자로 袁은 사람이 옷을 갖춰 입은 모양이고 之는 之니 옷을 갖춰 입고 가니 멀리 가는 것이다. 遠자는 단순히 멀기만 한 것이 아니고 갈 길이 먼 것이다. 멀리 갈려고 하는 것, 마음속으로 내다보는 것, 心理的심리적인 뜻이 들어있다.

 悠 멀유/아득할유

[悠久유구 멀고 오램, 悠然유연 침착하여 서두르지 않는 모양, 悠悠유유 느릿느릿한 모양]

悠자는 '攸'+'心'로 구성된 글자로 收_{바유}는 語辭_{어사}에 바하는 것이고 心은 思_사니 생각하는 바가 멀다는 뜻이다.

 멀하

[遐齡_{하령} 나이가 많음, 遐想_{하상} 면 생각. 원대한 생각]

遐자는 '叚'+'辶'로 구성된 글자로 叚는 假_{거짓가}고 辶는 之_니 遐는 假想的_{가상적}인 側面_{측면}이 많고 路程_{노정}의 遠近_{원근}에는 거의 쓰지 않는다. 例_예 遐壽_{하수} 遐鄕_{하향} 遐方_{하방}에 쓰이고 遐路_{하로} 遐距里_{하거리} 라고는 쓰지 않는다.

 멀형

[逈野_{형야} 먼 들, 逈河_{형하} 멀리 보이는 하수]

逈자는 '向'+'辶'로 구성된 글자로 向은 向_향이고 之는 之_니 앞을 向이라 하는데 앞 向에 멀리 보이는 것을 逈_형이라 하고 보이지 않는 곳은 비록 멀어도 逈遠_{형원}이라 하지 않는다.

이상 遙字는 멀리 가서 잘 보이지 않는 것이고 遼는 갈 길이 먼 것이고 遠은 뜻이 먼 것이고 悠는 멀어서 아득한 것이고 遐는 가상적으로 먼 것이고 逈은 앞에 멀리 보이는 것이다.

婦 며누리부/지어미부/여자부

[婦女_{부녀} 여자, 婦德_{부덕} 여자의 덕, 婦道_{부도} 부인의 도리]

婦자는 '女'+'帚'로 구성된 글자로 女는 女_녀고 帚_{비추}는 빗자루니 女人이 비를 가지고 있는 모양이다. 글자를 지을 때 부인이 비를 들고 있는 것을 보고 지어진 것이다. 집안 청소는 主로 女人이 많이 한다.

牧 먹일목/칠목

[牧丹_{목단} 모란꽃 이름, 牧童_{목동} 소 먹이는 아이, 牧民_{목민} 백성을 다스림, 牧場_{목장} 가축을 기르는 곳]

牧자는 '牛'+'攵'로 구성된 글자로 牛는 牛_우고 攵는 攻_{칠공}으로, 치는 것인데 여기에 '칠목' 하는 것은 기른다는 뜻이다.

먹일사/칠사

[飼料사료 먹이, 飼育사육 먹여 기름, 飼牛사우 소를 먹임]

飼자는 '食'+'司'로 구성된 글자로 食은 食먹을식이고 司는 司맡을사니 맡아서 먹이는 것이다.

 먹일포

[哺乳포유 젖을 먹임]

哺자는 '口'+'甫'로 구성된 글자로 口는 口고 甫클보는 甫니 哺는 젖 먹여 기르는 것이다. 甫는 '클보' 즉 잘 크라는 뜻이다.

이상 牧은 놓아 먹이는 것이고 飼는 먹이를 주어 먹이는 것이고 哺는 빨아 먹는 것이다.

 멜하/연하/질하/더할하

[荷露하로 연이슬, 荷葉하엽 연잎, 荷重하중 짐의 무게]

荷자는 '艹'+'何'로 구성된 글자로 艹는 草초고 何는 묻는 말이다. 무슨 풀이냐고 물었던 일로 만들어진 글자 같다. '멜하' 하는 것은 蓮莖연경(연줄기)이 연잎을 메고 있다.

 멍에가

[駕馬가마 사람이 메고 가는 가마. 타는 가마]

駕자는 '加'+'馬'로 구성된 글자로 加는 加가고 馬는 馬마니 말에 더한 멍에다

 멍에양/도울양

[襄禮장례 장사지내는 예절, 襄奉양봉 장예를 지냄]

襄자는 衣사이에 㠯가 들어있어 상여에 옷(衣)으로 휘장 두른 形이다. 이 글자는 명칭과 조금 달리 字形자형에 따라 쓰인다.

 면류관면

[冕旒冠면류관]

冕字는 '日'+'免'으로 구성된 글자로 日은 冠관이 四角形사각형으로 된 것이고 免면할면은 俛힘쓸

면이니 면류관은 네모이지고 앞이 一寸二分일촌이분이 낮다. 冕은 낮다는 뜻이다.

 면할면/벗을면/피할면

[免窮면궁 궁함을 면함, 免急면급 급함을 면함, 免稅면세 세금을 면제함]

免字는 兔자에 윗머리에 삐침(丿)이 하나 더하고 오른쪽에 점(丶)이 없다. 토끼는 교활하다. 免는 兔에 삐침을 더하고 점이 없어 교활한 토끼를 면하였다는 뜻시다. 故로 벗어난 데 쓰인다.

 멸할멸

[滅亡멸망 망하여 없어짐, 滅種멸종 종자가 없어짐]

滅자는 '氵'+'戌'+'火'로 구성된 글자로 옛날에 개가 主人을 구하려고 물을 물어다 불을 껐다는 傳說전설이 있다. 滅字를 만들려고 이런 전설을 인용한 것 같다.

 명령할령/하여금령/성령

[令監영감 正三品정삼품 관의 이름, 令族영족 남의 집안을 존칭하는 말, 令息영식 남의 아들을 경칭하는 말]

令자는 '亼'+'卩'로 구성된 글자로 亼은 습합이고 卩병부절은 병부니 장수가 병부를 합해 보고 명령하는 것이다.

 명령할명/목숨명

[命駕명가 길을 떠나기 위해 하인에게 마차 준비를 시키는 것, 命途명도 운명, 命令명령 분부하는 것]

命자는 '合'+'卩'로 구성된 글자로 合은 습합이고 卩병부절은 병부니 병부를 주어 명한다. 옛날에 將軍장군을 任命임명할 때 병부를 주어 命한다.

이상 命은 任命하는 것이고 令은 '하라'하고 令하는 것이다.

 모을모/부를모

[募軍모군 군대를 모음, 募兵모병 군사를 모음, 募財모재 재물을 모음]

募자는 '莫'+'力'으로 구성된 글자로 莫은 大대고 力은 力력이니 큰 힘이 되기 위해 모으는 것이다. 故로 募金모금 募兵모병이라 한다.

모를제/어조사제

[諸客제객 모든 손, 諸公제공 점잖은 여러분, 諸君제군 여러분, 諸生제생 모든 학생]

諸자는 '言'+'者'로 구성된 글자로 言者, 말하는 것은 통틀어 諸라 한다. 故로 諸君제군 諸公제공 諸生제생의 말이나 문자가 붙고 諸禽제금 諸獸제수하는 문자는 드물다.

 모을종/씨종

[綜合종합 한군데로 모음]

綜자는 '糸'+'宗'으로 구성된 글자로 絲之宗사지종. 실의 종마루 실이 모이는 곳이다. 실 끝을 한데 모으는 것이다.

 모을집

[集結집결 한 곳으로 모임, 集計집계 모아서 계산함. 集註집주 여러 사람이 註를 한데 모음]

集자는 '隹'+'木'으로 구성된 글자로 隹는 雥새떼지어모일잡이고 木은 木목이니 새 세 마리가 나무에 모인 것을 뜻한 것인데 後후에 隹 하나만 쓴 것이다.

 모을취 쌓을취

[聚落취락 모여사는 부락, 聚斂취렴 걷어들임]

聚字는 '取'+'乑'으로 구성된 글자로 取는 取취할취고 乑무리중,더높은곳을잡고오를반은 衆무리중이니 여러 번을 모아들이는 것이다.

 모을합 합할합

[合格합격 시험에 붙음, 合理합리 이치에 합함, 合水합수 물이 합함]

合字는 '人'+'口'로 구성된 글자로 人은 人이고 口은 同같을동이니 같은 사람끼리 뜻이 맞는다는 뜻이다. 이 글자는 물건을 합하는데도 쓰이나 뜻이 같거나 이치에 맞는데 主로 쓰인다. 故로 合格합격 合理합리 合心합심 하는 것이다.

 모일회/만날회

[會見회견 모여서 봄, 會期회기 집회의 시기, 會談회담 모여서 말씀함, 會遇회우 모임에서 만남]

會字는 '合'+'罒'+'曰'로 구성된 글자로 合은 合이고 罒는 目눈목이니 目的목적이고 曰은 말하는 것이다. 어떠한 목적을 두고 모여서 말하는 것이 會다. 故로 會談회담 會議회의 開會개회 國會국회라 하니 이 모두 말하기 위해 모인 것이니 會다.

이상 募는 힘이 되기 위해 모으는 것이고 諸는 모든 것이 하는데에 쓰이고 綜은 흐트러진 것을 한데 모으는 것이고 集은 모여드는 것이고 聚는 끌어 모으는 것이고 合은 的合적합하다는 것이고 會는 目的목적의 모임이다.

 모방할모/법모

[模倣모방 본뜸, 模範모범 본보기, 模本모본 본보기. 模型모형 같은 형상의 물건을 만들기 위한 틀]

模字는 '木'+'莫'으로 구성된 글자로 木은 木이고 莫는 摹베낄모니 나무에다 모형을 만드는 것이다. 故로 전에 것을 그대로 본떠하는 것이 模다.

 모방할방/의방할방

[倣此방차 이를 의방하라]

倣자는 '亻'+'方'+'攵'로 구성된 글자로 亻은 他人타인이고 方은 式법식이고 攵는 啓열계니 啓行계행(길을 앞장서서 인도함)의 뜻이다. 다른 사람의 하던 방식대로 하는 것이 倣이다.

이상 模는 판에 박힌 대로 하는 것이고 倣은 다른 사람이 하는 방식대로 하는 것이다.

 모방/방소방/바야흐로방

[方角방각 모난 뿔, 方今방금 금방, 方面방면 어떤 방향의 지방, 方式방식 방법과 방식]

方자는 '모방'자로 옛날에 글자를 새발 같이 그렸으나 方자만은 모가 나도록 그렸을 것이다.

 모래사

[沙果사과 과일, 沙器사기 사기 그릇, 沙漠사막 모래사막. 불모지]

沙자는 砂모래사와 뜻이 같다. 沙는 뜻이 砂에 있다. 돌이 작으니 모래다.

 모름지기수/기다릴수/수염수/잠깐수

[須髮수발 턱수염과 머리털, 須臾수유 잠깐, 須知수지 꼭 알아야함]

須字는 '彡'+'頁'로 구성된 글자로 彡는 수염의 모양이고 頁머리혈는 머리니 수염의 뜻은 맞으나 기다린다는 뜻은 未詳미상하다.

侍 모실시

[侍女시녀 모시는 여자, 侍童시동 모시는 아이, 侍墓시묘 시묘살이, 侍生시생 모시는 소생]

侍자는 '亻'+'寺'로 구성된 글자로 亻은 人이고 寺절사는時때시니 사람이 때로 곁에 있는 것을 侍라 한다.

御 모실어/거느릴어

[御街어가 대궐로 통한 길, 御駕어가 임금이 타는 수레, 御命어명 임금의 명령]

御자는 '彳'+'缶'+'卩'으로 구성된 글자로 彳은 行갈행이고 缶장군부는 缶고 卩는 임금의 節符절부이니 임금이 行次행차할 때에는 장구와 북을 올리며 좌우에서 모신다.

이상 侍는 곁에서 모시는 것이고 御는 임금이 行次행차할 때 모시는 것이다.

惡 모질악/악할악/미워할오/어조사오

[惡氣악기 악한 기, 惡談악담 모진 말, 惡辣악랄 악랄한 것]

惡자는 '亞버금아'+'心'로 구성된 글자로 亞心이니 악하다. 道心도심은 微작을미하고 人心은 危위험위하니 方寸방촌 사이에 次心차심이 恣방자할자하니 亞心아심이니 惡악이다.

姿 모양자

[姿貌자모 모양새 있는 얼굴, 姿色자색 예쁜 얼굴, 姿勢자세 모양새]

姿자는 '次버금차'+'女'로 구성된 글자로 맏딸이 시집가니 次女차녀는 모양을 낸다.

渴 목마를갈

[渴求갈구 목 마르도록 구함, 渴望갈망 목 마르도록 바램, 渴症갈증 목 마른 증세]

渴자는 '氵'+'曷어찌갈'로 구성된 글자로 氵는 水고 曷은 竭다할갈이니 물기가 다했으니 목이 마르다.

絞 목맬교

[絞殺교살 목 졸라 죽임, 絞首교수 목 졸라 맴, 絞首刑교수형 목을 매는 형벌]

絞자는 '糸'+'交'로 구성된 글자로 糸실사는 絲실사고 交는 交사귈교니 絞는 실과 실이 서로 사귀는 것이 아니고 실고리를 지어 홀쳐매도록 된 것이다.

命 목숨명

[天命천명 하늘이 준 명]

命은 날 적에 타고난 것을 命이라 한다. 자세한 내용은 '명할명'참고

壽 목숨수/명길수

[壽考수고 오래 살음, 壽命수명 살아 있는 동안의 목숨, 壽福수복 오래 살고 복 있음]

壽자는 오래 살은 노인의 얼굴 주름살 모양이다.

沐 목욕목/머리감을목

[沐浴목욕 목욕함, 沐浴室목욕실 목욕실]

沐자는 '氵'+'木'으로 구성된 글자로 氵는 雨비우고 木은 木목이니 비가 오면 나무가 머리감은 것 같다. 故로 사람도 머리 감은 것을 沐이라 한다.

浴 목욕욕/몸씻을욕

[沐浴목욕 목욕함, 浴恩욕은 은혜를 입음]

浴자는 '氵'+'谷'로 구성된 글자로 谷水곡수이다. 산골짜기에 물이니 몸 전체를 씻기 좋다.

이상 沐은 머리 감는 것이고 浴은 몸을 씻는 것이다.

咽 목구멍인/삼킬인

[咽頭炎인두염 인두의 염, 咽喉인후 목구멍]

咽자는 '口'+'因'으로 구성된 글자로 口는 口입구고 因은 因인할인이니 입으로 因해 음식이 넘어가는 목구멍이다.

喉 목구멍후

[喉骨후골 목구멍 앞에 불어난 뼈]

喉자는 '口'+'候물을후'로 구성된 글자로 口는 口고 候는 候물을후니 候는 氣기운기다. 입과 氣途기도가 가까이 있고 喉는 숨쉬는 氣管기관이다.

이상 咽은 음식물 받아들이는 구멍이고 喉는 숨 쉬는 구멍이다.

 목항/목덜미항/조항

[項强症항강증 목이 뻣뻣한 증세, 項目항목 일을 세분한 가닥, 項軟항연 목을 가누지 못하는 증세]

項자는 '工'+'頁머리혈'로 구성된 글자로 工은 머리와 어깨 사이 목의 모양이고 頁은 머리다.

 몰구/쫓아낼구/앞재비구

[驅駕구가 말을 몰음, 驅魔구마 마귀를 몰아냄, 驅從구종 관리를 모시고 다니는 사람]

驅자는 '馬'+'區'로 구성된 글자로 馬는 馬말마고 區지경구는 구역이니, 한 구역 한쪽 구역으로 쫓아내는 것이 驅다. 또는 말을 앞세우고 뒤에서 인도하는 것도 驅다.

 몸궁/몸소궁

[躬耕궁경 몸소 밭을 갈음, 躬行궁행 몸소 하는 것]

躬자는 '身'+'弓'으로 구성된 글자로 身은 身신이고 弓은 弓궁이니 활은 새를 쏘거나 전쟁에서 쓰는 도구다. 누가 하라고 시키지 않고 누구를 하라고 시키지도 않고 직접 나아가 하는 것이 躬이다.

 몸궁/몸소궁

躬자와 같다.

 몸기/사사기/내몸기

[己身기신 자기, 己有기유 자기의 소유]

己자는 자기를 表표한 글자다. 천간기 天干, 五行오행으로 陰土음토다.

 몸신

[身命신명 목숨, 身邊신변 몸 주변, 身分신분 개인의 사회적 지위, 身元신원 일신상에 관계, 身長신장 몸의 길이]

身자는 字形이 사람의 몸 같으면서 길다. 故로 身長신장에 많이 쓰인다.

몸체/본받을체

[體格체격 몸의 생김새, 體軀체구 몸통, 體能체능 신체의 능력, 體得체득 체험하여 얻은 것, 體面체면 몸과 얼굴]

體자는 '骨'+'豊'으로 구성된 글자로 骨뼈골은 骨格골격이고 豊풍성할풍은 豊풍이니 몸통을 뜻한 글자다.

이상 躬은 시키지 않고 몸소 하는 것이고 己는 나 자신이고 身은 키고 體는 몸통이다.

 몹쓸포/볕쪼일폭

[暴軍포군 몹쓸 임금, 暴徒폭도 폭동을 일으키는 무리, 暴發폭발 별안간 터짐, 暴惡포악 사납고 악함]

暴자는 '日'+'暴사나울폭'으로 구성된 글자로 日은 볕이고 暴은 洪水홍수니 볕이 홍수 같이 쬐이는 것이 暴다.

 몹쓸학/까다로울학

[虐待학대 몹시 대함, 虐民학민 백성을 학대함, 虐政학정 몹신 정치]

虐字는 '虍'+'𢇛'로 구성된 글자로 虍는 虎호고 𢇛은 세 가닥 난 창이다. 호랑이를 창으로 마구 찌른다 하여 虐이다.

이상 暴은 心理的심리적으로 몹시 하는 것이고 虐은 身體上신체상으로 몹시 하는 것이다.

 못담/깊을담/소담

[潭水담수 깊은 물, 潭淵담연 깊은 못]

潭자는 'ⅱ'+'覃'로 구성된 글자로 ⅱ는 水수고 覃은 覃미칠담이니 깊은 물을 潭이라 한다.

 못소

[沼畔소반, 沼上소상 못 위]

沼자는 'ⅱ'+'김'로 구성된 글자로 ⅱ는 水수고 김부를소는 昭밝을소니 물이 깊은 곳을 沼라 하는데 主로 大江대강이 흐르는 곳이 깊어서 회류하는 곳이다. 沼는 흐르는 물이므로 주로 흐리지 않다.

못지/어긋날지/물이름타

[池塘지당 연못]

池자는 '氵'+'地'로 구성된 글자로 氵는 水수고 地는 地땅지니 땅을 파서 물을 가둔 것을 池라 한다. 泉地通水천지통수

 못택/덕택택

[澤及萬世택급만세 덕택이 만세에 미침, 澤梁택양 못에 설치한 고기 잡는 나무]

澤字는 '氵'+'四'+'幸'으로 구성된 글자로 氵는 水수고 四는 四方이고 幸은 幸다행행이니 물을 막아 가둔 곳이 澤이다. 周易주역 澤卦택괘를 보면 '☱'이와 같이 위가 뚫어지고 아래를 막아 물이 고인 形이다. 물이 고여 있으면 주변이 질펀하고 물을 대지 않아도 땅이 윤기가 난다. 故로 '윤택할윤'하고 '덕택'이라 한다.

이상 澤은 깊은 것이다. 沼는 흐르는 물이 깊은 것이고 池는 땅을 파서 물을 가둔 것이고 또는 자연으로 파인 곳이고 澤은 막아서 고인 물이다.

 못날열/더러울렬

[劣等열등 낮은 등급, 劣勢열세 세가 못함]

劣자는 '少'+'力'으로 구성된 글자로 少는 少적을소고 力은 能力능력이니 능력이 적으니 劣이다.

 뫼산

[山高산고 산이 높음, 山谷산곡 산골, 山頭산두 산 머리, 山林산림 산과 숲, 山水산수 산과 물]
山자는 山의 形이다.

 뫼악

[嶽降악강 귀인이 탄생함, 嶽丈악장 아내의 아버지]

嶽자는 '山'+'獄'로 구성된 글자로 山은 山산이고 獄옥옥은 높은 모양이니 높은 산을 嶽이라 한다. 嶽은 감옥인데 옛날에 감옥은 돌담으로 되어 엉들멍들하다. 그러니 높고 엉들멍들한 산이란 뜻이다.

묘할묘/예쁠묘/젊을묘

[妙覺묘각 묘하게 깨달음, 妙訣묘결 묘한 비결, 妙齡묘령 이십세 전의 여자 나이, 妙方묘방 묘한 처방

妙자는 '女'+'少'로 구성된 글자로 少女니 少女는 아름답고 예쁘다.

 무너질붕/죽을붕

[崩壞붕괴 무너짐, 崩落붕락 무너져 떨어짐, 崩頹붕퇴 무너짐]

崩자는 '山'+'朋'로 구성된 글자로 山은 山이고 朋은 산이 무너져 파인 形이다.

 무너뜨릴괴/무너질괴

壞자는 '壤'자에서 온 글자인데 壤字의 襄도울양 中間중간을 장사지내느라고 무너뜨렸다. 그래서 壤흙양이 壞무너질괴로 된 것이다.

 무리군/많을군

[群居군거 떼를 지어 살음, 群起군기 떼를 지어 일어남, 群島군도 많은 섬]

群字는 '君'+'羊'으로 구성된 글자로 君은 郡군이고 羊은 羊양이다. 산 고을에 양들은 무리로 몰려 산다.

 무리당/마을당

[黨魁당괴 당의 우두머리, 黨旗당기 당의, 黨論당론 당에서 논의된 의논, 黨員당원 당의 인원, 黨派당파 당파]

黨字는 '尙'+'黑'으로 구성된 글자로 '尙'은 堂집당이고 黑은 黔首금수라는 뜻이다. 黔首금수는 백성이다. 堂에 사람이 모이면 서로 의논한다. 의논하다 보면 편이 생긴다. 편이 곧 黨이다.

 무리대/떼대

[隊列대열 떼를 지어 늘어선 행렬, 隊伍대오 군대의 행오, 隊長대장 군대의 어른]

隊자는 'ß'+'豕'로 구성된 글자로 ß는 部부고 豕은 遂이름수니 行伍행오로 이루어진 것이 隊다. 故로 部隊부대라 한다.

무리도/걸어다닐도/한갓도

[徒杠_{도강} 외나무다리, 徒法_{도법} 한갓법만, 徒步_{도보} 걸음]

徒字는 '彳'+'走'로 구성된 글자로 彳은 行_행이고 走는 走_{달릴주}니 走는 車_차도 안타고 走行_{주행}하는 것이다. 무리도 하는 것은 그런 무리라는 뜻이다.

 무리등/같을등/등급등

[等級_{등급} 등급, 等分_{등분} 같은 양으로 나눔, 等閑_{등한} 중하게 여기지 않음]

等자는 '竹'+'寺'로 구성된 글자로 竹은 竹馬_{죽마}고 寺_사는 時_{때시}니 즉, 같은 때 나이도 같고 살기도 같은 곳에 살면서 竹馬를 타고 놀던 같은 무리란 뜻이다.

 무리배

[輩流_{배류} 나이와 신분이 같은 류, 輩出_{배출} 연달아 많이 나옴, 輩行_{배행} 나이가 비슷한 사람]

輩字는 '非'+'車'로 구성된 글자로 非_{아닐비}는 東西_{동서}로 排列_{배열}되어 있는 館舍_{관사} 또는 學舍_{학사}의 形이고 車_{수레차}는 무리로 타는 차다. 故로 같은 學校_{학교}에서 나온 사람을 先輩_{선배} 後輩_{후배} 同輩_{동배}라 한다.

 무리중/많을중

[衆多_{중다} 무리로 많음, 衆生_{중생} 많은 사람, 衆人_{중인} 뭇사람]

衆字는 會意_{회의} 문자로 原_원은 '眾'이와 같이 四자 밑에 人字를 셋 하여 많음을 뜻하였다 한다.

이상 群은 무리로 살거나 다니는 것이고 黨은 편에 무리고 隊는 행오의 무리고 徒는 맨발 맨손의 무리고 等은 같은 무리고 輩는 같은 직업의 무리고 衆은 많은 무리다.

 무르녹을농/두터울농

[濃淡_{농담} 진함과 묽음, 濃度_{농도} 물에 탄 度, 濃液_{농액} 농도의 액]

濃字는 '氵'+'農_{갈꽃농}'으로 구성된 글자로 氵는 酒_{술주}고 農은 農_농이니 農酒는 짙다. 무르녹다.

 무서울맹/사나울맹/날랠맹

[猛擊맹격 무섭게 침, 猛浪맹랑 사납게 이는 물결, 猛烈맹렬 무서움]

猛字는 '犭'+'孟'으로 구성된 글자로 犭은 獸짐승수고 孟은 大대니 큰 짐승은 무섭다.

 무릅쓸모/선우이름묵

[冒耕모경 임자의 승낙 없이 밭을 갈아 농사 지음, 冒瀆모독 더럽힘, 冒犯모범 무릅쓰고 범함]

冒字는 '月'+'目'으로 구성된 글자로 눈을 덮은 격이다. 무릅쓴다는 뜻은 경우나 사리를 생각지 않고 눈을 꾹 감고 감행한다는 뜻이다.

 무덤묘

[墓碣묘갈 묘 앞에 비석, 墓所묘소 산소, 墓祭묘제 산소에서 지내는 제사]

墓字는 '莫없을막'+'土'로 구성된 글자로 莫은 慕그리워할모고 土는 土흙토니 조상을 사모하는 땅이니 墓다.

 무덤분/봉분분/책이름분

[墳墓분묘 무덤, 三墳삼분 책]

墳字는 '土'+'卉'+'貝'로 구성된 글자로 土는 土흙고 卉풀훼은 흙이 두둑한 모양이고 貝는 보배다. 옛날 사람이 중요한 보물을 땅 속에 묻고 두둑하게 한 것이 墳이다.

 무덤총

[塚墓총묘 무덤]

塚字는 '土'+'冢무덤총'으로 구성된 글자로 土는 土토고 冢은 무덤, 흙무덤이다. 塚은 흙으로 된 무덤인데 冢字와 같으며 冢字에 점이 있으면 家집가, 즉 집인데 점이 없으니 무덤이다.

이상 墓는 시체가 들어 있는 것이고 墳은 보물 또는 시체가 들어 있는 것이고 塚은 흙무덤으로 토실과 같은 것이고 시체의 무덤으로도 쓴다.

 무역무/돌아살무

[貿易무역 외국과 장사 거래를 함]

貿字는 '卯'+'貝'로 구성된 글자로 卯는 留머무를유고 貝는 財貨재화이다. 財貨를 庾積유적하여 交易교역하는 것이 貿다.

무늬문

[紋樣문양 무늬 모양, 紋織문직 무늬를 넣어 짬]

紋字는 '糸'+'文'으로 구성된 글자로 糸는 緞비단단이니, 비단이고 文은 비단에 글자나 꽃 같은 것을 수놓은 것을 紋이라 한다.

 무릇범/대강범/다범

[凡例범례 모든 예, 凡百범백 모든 것, 凡常범상 보통, 凡人범인 보통 사람]

凡字는 '几'+'丶'로 구성된 글자로 几은 책상이고 丶은 지시하는 것이다. 几는 책상으로 보통이란 뜻이다.

 무거울중/거듭중

[重刊중간 거듭 간행함, 重輕중경 무거움과 가벼움, 重農중농 농사를 중요하게 여김]

重字는 車 위에 '丿'이 있고 아래에 '一'이 있다. 차 바닥에서부터 위까지 가득 실었으니 무겁다.

 묵을숙/잘숙/별수

[宿命숙명 과거의 인연에 의한 운명, 宿泊숙박 여관에서 잠, 宿舍숙사 자는 관사, 宿願숙원 오랜 소원]

宿字는 '宀'+'亻'+'百'으로 구성된 글자로 宀는 家집가고 亻은 客손객이고 百백은 一白의 뜻이니 一泊, 즉 뱃사람이 배를 나루에 대 놓고 하루를 묵으면 宿의 뜻이 된다. 故로 宿泊숙박이라 한다.

 묶을속

[束帶속대 띠를 맴, 束縛속박 얽어 묶음, 束髮속발 머리털을 묶음]

束字는 '木'+'口'로 구서된 글자로 木은 木목이고 口은 띠니 띠로 나무를 묶은 形이다.

 문서권

[券契권계 약속 어음, 券書권서 약속한 증서]

券字는 '龹'+'刀'로 구성된 글자로 龹은 卷쇠노권이고 刀는 分나눌분이니 문서는 계약문서다. 계약문서는 둘로 만들어 각자 하나씩 나누어 갖는다. 옛날에 계약서는 대쪽에다 쓰기 때문에 대쪽 수가 많아 두루마리 책이 된다. 이런 두루마리 책을 하나씩 나누어 갖는 것이 券이다.

 문서장/형상상

[狀元장원 시험 성적이 첫째로 뽑힌 사람, 狀貌상모 얼굴의 생김새, 狀況상황 형편]

狀字는 '爿'+'犬'으로 구성된 글자로 爿은 爿나뭇조각장이니 조각이고 犬개견은 獻바칠헌이니 옛날에는 널판 조각에 문서를 적어 주는 것이 狀이다.

이상 券은 계약문서 따위고 狀은 상장 위임장 임명장의 문서 따위다.

 문문/집안문/가문문

[門客문객 門下의 식객, 門徒문도 제자, 門樓문루 문 위에 세운 다락집]

門字는 門의 形이다.

 문호/지게호

[戶口호구 집과 인구, 戶別호별 집집마다, 戶籍호적 한 집안의 관계를 적은 장부, 戶主호주 한 집안의 어른]

戶字는 삽작문인데 외짝문의 形이다.

 문득홀/홀연홀/잊을홀/깜작할홀

[忽遽홀거 갑자기, 忽待홀대 소홀이 대우함, 忽略홀약 수월함]

忽字는 '勿말물'+'心'으로 구성된 글자로 勿心, 즉 마음에 없으니 '잊을홀'이고 忽은 문득 생각도 나고 문득 잊을 수도 있는 것이다.

 묻을매/감출매

[埋骨매골 뼈를 묻음, 埋沒매몰 끌어 묻음, 埋伏매복 숨어서 엎드림, 埋葬매장 묻어 장사지냄]

埋字는 '土'+'里'로 구성된 글자로 土는 土토고 里는 理다스릴리니 흙으로 정리하는 것이 埋다.

 물을문/문안할문

[問答문답 묻고 대답함, 問名문명 이름을 물음, 問病문병 앓는 이를 찾아가 위로함]

問字는 '門'+'口'로 구성된 글자로 門은 主人_{주인}의 門_문이고 口는 客_{손객}의 입이다. 지나가는 과객이 길을 묻는 것을 뜻한 글자다.

 물을신

[訊檢_{신검} 물어서 조사함, 訊問_{신문} 캐물음, 訊罪_{신죄} 죄를 캐물음]

訊字는 '言'+'凡'으로 구성된 글자로 캐묻는 것이다. 言은 言_언이고 凡는 迅_신이니 말을 빨리 하라고 캐묻는 것이다.

 물리칠각/버릴각

[却老_{각로} 늙음을 물리침, 却說_{각설} 첫 머리에 하는 말, 却退_{각퇴} 물리침, 却之_{각지} 물리침]

却字는 '去'+'卩'로 구성된 글자로 去는 去_{갈거}고 卩은 卩_(부절)니 부절에 어긋나니 물리치는 것이다. 故로 부당한 書案_{서안}을 물리치는 것을 却下_{각하}라 한다.

 물리칠배/밀칠배

[排擊_{배격} 배척하고 공격함, 排球_{배구} 공을 손으로 치는 운동의 하나, 排水_{배수} 불필요한 물을 밖으로 빼냄, 排列_{배열} 늘어놓음]

排字는 '扌'+'非'로 구성된 글자로 扌는 推_{물리칠추}고 非는 非_{아닐비}니 글자 모양과 같이 손으로 잘 배열하는 것이다. 또는 非는 그른 것이니 옳지 않은 것은 물리친다는 뜻도 있다.

 물리칠제/떨어질제

[擠排_{제배} 밀어 물리침]

擠字는 '扌'+'齊'로 구성된 글자로 扌는 推_{물리칠추}고 齊_{가지런할제}는 濟_{건널제}니 건너오는 것을 물리치는 것이다.

 물리칠척/내칠척

[斥邪_{척사} 사를 물리침, 斥逐_{척축} 쫓아냄, 斥和_{척화} 화의를 물리침]

斥字는 '斤_{도끼근}'+'丶_{점주}'로 구성된 글자로 斤은 한 근 두 근 하는 글자로 저울의 形이다. 저울은 공정해야 되는데 '丶'이와 같은 점이 더하니 물리치는 것이다. 故로 못 쓸 땅을 斥地_{척지}라 한다.

이상 却은 물리쳐 버리는 것이고 排는 돌려놓는 것이고 擠는 받아주지 않는 것이다.

水 물수

[水管수관 물이 통하는 관, 水利수리 물의 편리, 水晶수정 보석의 하나]

水字는 물이 가라진 형이다.

江 물강

[江口강구 강어귀, 江流강류 물이 흐름, 江村강촌 강가 마을, 江海강해 강과 바다]

江은 川천 보다 큰 물이다.

河 물하

[河南하남 황하 남쪽의 땅, 河伯하백 물귀신, 河濱하빈 하수가, 河水하수 냇물 황하수]

河는 큰 물이다.

湖 물호/호수호

[湖水호수 큰 물, 湖海호해 호수와 바다]

湖字는 바다 같이 넓은 큰 못이나.

이상 水는 물의 총명이고 江과 河는 흐르는 큰 물이고 湖는 큰 연못 물이다.

漚 물거품구/담을구

漚字는 '氵'+'區'로 구성된 글자로 氵는 水수고 區는 區구니 물 갈피이다. 물은 갈피가 없으나 물거품은 갈피가 있다.

沫 물거품말/침말

[口沫구말 입거품]

沫字는 '氵'+'末'로 구성된 글자로 氵는 水수고 末은 末끝말이니 혀끝의 물이니 침이다.

泡 물거품포

[泡沫포말 물거품]

泡字는 'ⅰ'+'包'로 구성된 글자로 ⅰ는 水수고 包는 包쌀포니 물거품이 저 보따리 같다 하여 지어진 글자다.

이상 漚는 물거품 갈피를 보고 지어진 글자고 沫은 물이 떨어지는 끝을 보고 만들어진 글자고 泡는 물거품이 보따리 같음을 보고 지어진 글자다.

 물가빈/나루빈

[濱涯빈애 물가]

濱字는 'ⅰ'+'賓손빈'으로 구성된 글자로 ⅰ는 濟건널제고 賓은 賓(손님)이니 손이 건너는 곳이 濱이다.

 물가수/물이름수

[洙泗수사 두물 이름. 洙와 泗사]

洙字는 'ⅰ'+'朱붉을주'로 구성된 글자로 ⅰ는 濱물가빈이고 朱는 殊죽일수니 물가는 물가인데 濱과 다르다.

 물가애

[涯岸애안 물가]

涯字는 'ⅰ'+'厓언덕애'로 구성된 글자로 ⅰ는 水수고 厓는 물가 언덕의 모양이다.

 물가주/섬주

[洲島주도 섬]

洲字는 'ⅰ'+'州'로 구성된 글자로 ⅰ는 水고 州는 州고을주니 물가에 물이 파가고 모래가 쌓여서 州字와 같이 섬이 만들어진 곳을 洲라 한다.

이상 濱은 손이 건너는 나루터고 洙는 물가이고 洲는 섬이고 涯는 언덕진 물가이다.

 물결도/파도도

[波濤파도 물결]

濤字는 'ⅰ'+'壽'로 구성된 글자로 ⅰ는 水고 壽는 壽목숨수니, 壽는 노인 얼굴에 주름진 모양이니 파도 물결은 주름이 졌다 하여 濤라 한다.

浪 물결랑/물좔좔흐를랑/맹랑할랑

[浪費낭비 돈을 헛되이 씀, 浪言낭언 헛된 말]

浪字는 '氵'+'良'로 구성된 글자로 氵는 水고 良은 良좋을량이니 물이 여울에 좔좔 잘 흐르는 것이다. 그러나 여울물은 흐르는 것이 일정치 않다. 혹은 급한데도 있고 비가 오던지 바람이 불게 되면 삽시간에 달라질 수 있다. 故로 風浪풍랑 猛浪맹랑하는 것이다.

波 물결파/움직일파

[波光파광 물결의 빛, 波丘파구 한 물결의 제일 높은 곳]

波字는 '氵'+'皮'로 구성된 글자로 氵는 水고 皮피는 皮(가죽)니 물의 가죽(표면)이다. 물 밑은 움직이지 않고 물 표면만 움직이는 것을 波라 한다.

이상 濤는 물결의 모양이고 浪는 흐르는 물결이고 波는 물이 움직이는 것이다.

灣 물굽이만/배대는곳만

[灣泊만박 항만에 배를 댐, 灣商만상 항만의 장사]

灣字는 '氵'+'彎굽을만'으로 구성된 글자로 氵는 水 또는 海바다해니 바닷물 같이 활 같이 구부러져 들어온 곳이 灣이다. 灣字에서 變字변자의 上體상체가 붙은 것은 바다 굽이는 파도 부딪혀 지형이 변한다는 뜻이다.

漫 물질펀할만/두루할만/부질없을만/이득할만

[漫談만담 쓸데없는 말, 漫吟만음 생각나는대로 시를 읊음, 漫錄만록 붓이 가는 대로 기록함]

漫字는 '氵'+'曼끌만'으로 구성된 글자로 氵는 水고 曼은 曼曼만만이니 물이 쓸데없이 아무데나 있는 것이 漫이다.

渦 물돌와/소용돌이와/웅덩이와

[渦紋와문 소용돌이 모양의 무늬, 渦旋와선 소용돌이 침, 渦形와형 소용돌이 모양]

渦字는 '氵'+'咼'로 구성된 글자로 氵는 水고 咼입비뚫어질와는 過지날과字의 辶가 없으니 지나가지 않고 물이 그 자리에서 빙빙 도는 것이다.

물방울적/떨어질적

[滴瀝적력 물방울이 똑똑 떨어짐, 滴水적수 물방울]

滴字는 'ㅡ'+'啇'으로 구성된 글자로 ㅡ는 水고 啇장사상은 과일 꼭지 모양이다. 즉 과일 꼭지 같이 맺힌 것이 滴이다. 물방울은 맺히면 점점 커져서 떨어진다. 故로'떨어질적'하기도 한다.

 물러갈퇴/물리칠퇴

[退却퇴각 물리침, 退去퇴거 물러감, 退路퇴로 물러갈길, 退送퇴송 물러 보냄]

退字는 '艮'+'辶'로 구성된 글자로 艮는 게고 辶는 辶니 게는 뒤로 물러간다. 故로 退다. 참고로 주역에 艮은 게를 뜻하는 것으로 되어 있다.

 물품품/품수품

[品格품격 물품의 질, 品階품계 직품의 등급, 品目품목 물품의 목록]

品字는 物品물품을 쌓아 놓은 形이다. 物品은 각자 타고난 特性특성이 있으므로 '품수품'하기도 한다.

 뭇서/무리서

[庶幾서기 거의, 庶母서모 아버지의 妾첩, 庶務서무 여러 가지 사무, 庶民서민 백성]

庶字는 'ㄏ'+'恭'로 구성된 글자로 ㄏ는 집이고, 恭는 우물이다. 집 안에 우물을 파고 여러 사람이 산다 하여 庶다.

 뭍륙/어긋날륙

[陸軍육군 육지의 군대, 陸路육로 육지의 길, 陸續육속 연달아 이어짐, 陸松육송 소나무]

陸字는 'ㅂ'+'초연덕육'으로 구성된 글자로 언덕과 흙만이 이어졌으니 陸이다.

狂 미칠광/정신잃을광

[狂客광객 미친 나그네, 狂女광녀 미친 여자, 狂夫광부 미친 남자]

狂字는 'ㅣ'+'王'으로 구성된 글자로 ㅣ은 犬개견이고 王은 王왕이니 개가 왕노릇 하려면 미

친다. 사람이 자기 체질과 분수를 모르고 행동하면 미친다. 故로 人王이 全온전할전이고 犬
王이 狂이다.

 미칠급/및급

[及其時급기시 그 때에 미쳐]

及字는 '人'+'丁'로 구성된 글자로 人은 人이고 丁는 乃이에내니 사람이 여기까지 갔으니
미친 것이다. 조금이라도 떨어지면 못 미친 것이므로 字形이 丁와 人이다. 及은 丁와 人
이 떨어지지 않았다.

 미칠태

[迨今태금 이제에 미쳐, 迨吉태길 좋은 때가 됨]

迨字는 '台'+'辶'로 구성된 글자로 台는 胎아이밸태고 辶는 之니 迨는 그 때 까지 기다린다
는 뜻이 있고 또는 미리의 뜻도 있다.

 미울증/미워할증

[憎惡증오 미워함]

憎字는 '忄'+'曽일찍증'으로 구성된 글자로 忄은 心심이고 曽은 潧물이름증이니 미운 아이를 떡
하나 더 준다는 뜻이다.

 미끄러질질/어긋날질

[跌倒질도 발을 헛디뎌 꼬꾸라짐]

跌字는 '足발족'+'失잃을실'로 구성된 글자로 失足실족하여 미끄러진 것이다.

 미끄러질활/어지러울골

[滑石활석 광물의 이름, 滑走활주 미끄러져 달아남]

滑字는 '氵'+'骨뼈골'로 구성된 글자로 氵는 水고 骨은 磑활석활이니 활석에 물이 묻으면 미
끄럽다.

 민첩할민

[敏感민감 감각이 민첩함, 敏達민달 빨리 達달함, 敏速민속 재빠름, 敏捷민첩 민첩함]

敏字는 '每'+'攵'로 구성된 글자로 每은 每매양매고 攵은 敎가르칠교니 매양 가르치고 다듬으니 민첩하다.

 믿을부/알부/괘이름부

[孚信부신 믿음, 孚佑부우 믿고 도움]

孚字는 '爪'+'子'로 구성된 글자로 爪는 爪손톱조고 子는 子자니 새가 발톱으로 새끼를 까기 위해 정성껏 보호하는 形이다. 周易주역 中孚卦중부괘 小註소주에 孚字는 如鳥之抱卵之象여조지포란지상 즉 새가 알을 품은 형상과 같다 하였다.

 믿을신/이틀밤잘신/소식신

[信圭신규 서옥의 이름, 信念신염 믿는 마음, 信徒신도 종교를 믿는 사람들, 信望신망 믿어 바람]

信字는 'ㅣ'+'言'으로 구성된 글자로 人言, 즉 사람이 말하는 것이다. 말은 사람만이 한다. 故로 사람이 말하였다면 믿어도 여우가 말하였다면 믿지 않는다. 옛날 태고적에 성인이 말씀하시니 사람마다 믿었다.

 믿을양/헤아릴양/믿어줄양

[諒恕양서 사정을 참작하여 용서함, 諒知양지 살펴서 알음, 諒解양해 이해함]

諒字는 '言'+'京'로 구성된 글자로 言京이다. 서울에 큰 일이 있어서 本會본회에 참석 못하였으니 諒解양해하란 말이다.

 믿을윤/옳게여길윤/진실로윤

[允可윤가 임금의 재가, 允恭윤공 진실로 공손함, 允納윤납 진실로 받아들임]

允字는 'ㅿ'+'儿'으로 구성된 글자로 ㅿ는 ○이니 ○는 옳은 것이고 儿은 어진사람이 가는 모양이다. 어진사람이 사가 없으니 믿는다.

이상 孚는 상하관계에 믿는 것, 父子부자 사이고 信은 친구 간에 믿는 것이나 信字는 널리 쓰인다. 諒은 이해하라는 것이고 允은 옳다는 뜻이 들어있다.

 밀퇴/밀추

[推敲퇴고 시를 지을 때 글자를 여러 번 생각하여 고치는 일, 推考추고 미루어 생각함, 推戴

_{추대} 미루어 받들음]

推字는 '扌'+'隹'로 구성된 글자로 扌는 手_수고 隹_{새추}는 進_{나아갈진}이다. 손이 나아가니 미는 것이다. 故로 推進_{추진}이라 한다.

 밑저/그칠저/이를지/정할지

[底力_{저력} 밑바닥에 깔려있는 힘, 底邊_{저변} 밑쪽, 底意_{저의} 속 뜻]

底字는 '广'+'氏'로 구성된 글자로 广는 집이고 氏는 근본 밑바닥 근본이란 뜻이다.

 바랄기/계획할기

[企及_{기급} 바라던 것이 됨, 企待_{기대} 바람, 企圖_{기도} 바라는 일을 도모함, 企業_{기업} 사업을 기획하는 것]

企字는 '人'+'止'로 구성된 글자로 人止, 즉 사람이 그치는 것이다. 人所當止_{인소당지} 사람이 마땅이 그칠 곳이 企란 뜻이다.

 바랄망/바라볼망/가며돌아보지않을망

[望見_{망견} 바라봄, 望樓_{망루} 멀리서 바라보는 누각, 望拜_{망배} 멀리서 연고 있는 쪽을 바라보고 절을 함]

望字는 '亡'+'月'+'壬'으로 구성된 글자로 亡月, 즉 지는 달이고 壬은 郎君任_{낭군임}, 즉 달이 질 때까지 任이 오기를 바라보는 것이 望이다. 故로 望夫石_{망부석}이 있다.

 바랄희

[希求_{희구} 구하길 바람, 希望_{희망} 바람]

希字는 'x'+'布'로 구성된 글자로 X는 ○의 반대고 布는 베옷이다. 베옷은 가난한 사람이 입는다. 가난한 사람은 부자 되기를 바라고 베옷 입은 사람은 비단옷 입기를 바란다. 故로 希求_{희구}, 希望_{희망}이라 한다.

이상 企는 앞을 바라보고 터를 잡는 것이고 望은 바라보는 것이고 希는 願_원하는 것, 잘 되기를 바라는 것이다.

 바쁠망/일이많을망

[忙事_{망사} 바쁜 일, 忙月_{망월} 바쁜 달]

忙字는 '忄'+'亡'으로 구성된 글자로 忄은 心이고 亡은 逃亡도망이다. 일이 바쁘다보니 도 망갈 사이도 없다. 또는 도망갈 때는 바쁘다.

 바쁠총/총총할총

[悤急총급 바쁘고 급함, 悤忙총망 매우 바쁨]

悤字는 原來원래 恖바쁠총이니 囱창창은 창문에 달이 비친 형이고 心은 心이니 창문에 초승달 이 비치면 무척 바쁘다. 故로 초승달은 종갓집 맏며느리여야 본다 한다. 종갓집 맏며느 리는 무척 바쁘다. 식구도 많고 해는 지고 초승달은 서천에 뜨고 저녁하기가 더욱 바쁘 다.

 바다해

[海口해구 바다 어구, 海寇해구 바다의 도적, 海獺해달 바다 수달, 海龍해용 바다 용]

海字는 '氵'+'亠'+'母'로 구성된 글자로 氵는 水고 亠는 之고 母는 母모니 水之母수지모다. 물의 어머니니 바다다.

 바다명/기운덩어리명

[溟洲명주 바다 가운데 있는 섬]

溟字는 '氵'+'冥어두울명'으로 구성된 글자로 氵는 海해고 冥은 깊어서 어두움을 뜻한다. 그러 니 깊은 바다다.

 바다양/클양/물성한모양양

[洋橘양귤 오렌지, 洋緞양단 고급 비단, 洋洋양양 넓고 큰 모양]

洋字는 '氵'+'羊'으로 구성된 글자로 氵는 水고 羊은 群군이니 물이 크고 넓은 바다다.

이상 海는 바다의 총칭이고 溟은 깊은 바다고 洋은 넓은 바다다.

 바소/곳소

[所幹소간 볼 일, 所感소감 느끼는 바, 所見소견 본 것, 所願소원 원하는 바]

所字는 '戶지게호'+'斤도끼근'으로 구성된 글자로 戶는 집이고 斤은 近가까울근이니 집 가까운 곳 이란 뜻이다.

바위암/험할암/높을암

[巖盤_{암반} 바위로 이루어진 땅바닥, 巖壁_{암벽} 바위 벽, 벼랑]

巖字는 '山'+'嚴'으로 구성된 글자로 山嚴_{산엄}이다. 산이 엄하게 보이는 것은 바위로 되었기 때문이다.

 바꿀역/쉬울이

[易理_{역리} 주역이치, 易服_{역복} 옷을 바꿈, 易俗_{역속} 풍속이 바뀜, 易學_{역학} 주역을 연구하는 학문]

易字는 '日'+'勿'로 구성된 글자로 日은 日이고 勿은 物_{만물물}이니 周易_{주역}에 말하기를 告者_{고자}에 日中爲市_{일중위시}, 日中에 저자를 만들어 聚天下之物_{취천하지물}, 천하의 物을 모아서 交易而退_{교역이퇴}, 바꾸어서 물러가게 하였다 하니 易字는 日中에 日字와 物字에 勿을따서 易을 만든 것이다.

 바꿀체/대신체/갈아드릴체

[替當_{체당} 남을 대신하여 일을 담당함, 替代_{체대} 바꾸어 대신함, 替直_{체직} 당직을 서로 갈아듬]

替字는 '夫'+'夫'+'日'로 구성된 글자로 夫는 人夫_{인부}고 日은 日直_{일직}이니 日直은 날마다 바꾼다.

 바꿀환

[換穀_{환곡} 곡식을 서로 바꿈, 換歲_{환세} 해가 바뀜, 換節_{환절} 절기가 바뀜, 換形_{환형} 모형이 바뀜]

換字는 '扌'+'负'+'大'로 구성된 글자로 扌는 拂_{떨불}이고 负_{질부}는 象_{코끼리상(모양상)}이고 大는 大니 그 象을 봐서 物로 바꾸는 것이 아니고 換率_{환률}로 계산해서 처리하는 것이 換이다.

이상 易은 있는 것으로 없는 것을 바꾸는 것이고 替는 자리를 바꾸는 것이다.

 바칠공/세바칠공

[貢納_{공납} 공물을 바침, 貢物_{공물} 나라에 바치는 물건]

貢字는 '工'+'貝'로 구성된 글자로 工은 加工_{가공}이고 貝는 貝物_{패물}이니 貝物을 加工해서 바치는 것이다.

 바탕질/질박할질/전당지

[質鈍질둔 질이 둔함, 質問질문 질의해서 물음, 質朴질박 질이 소박함]

質字는 '斤'+'貝'로 구성된 글자로 斤는 도끼고 貝는 도끼 바탕의 모양이다. 도끼 두 개를 한 것은 나무를 쪼개는데 도끼 두 개를 사용하기 때문이다.

 바를정/정히정/정월정

[正當정당 바르고 당연함, 正道정도 바른 길, 正名정명 명실이 바름]

正字는 字形이 바르다. 곧은 것은 굽지 않은 것이고 바른 것은 기울지 않은 것이다.

 바늘침/침침/바느질할침

[針孔침공 비늘귀, 針灸침구 침과 뜸, 針尺침척 바느질자]

針字는 '金'+'十'로 구성된 글자로 金은 金금이고 十은 計꾀계니 針字는 '바늘침' 하기도 하나 '침'이다. 침을 놓을 때는 생각을 많이 한다. 故로 計가 붙은 것이다.

 침침/바늘침

[鍼治침치 침으로 고침]

鍼字는 '金'+'咸'으로 구성된 글자로 金은 金이고 咸다함은 感느낄감이니 침으로 人體인체를 感動감동케 한다는 것이다.

 바람풍/풍속풍/경치풍

[風車풍거 풍구, 風骨풍골 풍채, 風敎풍교 교육과 정치의 힘으로 풍속을 화함]

風字는 옛날 풍구의 모양이다.

 박달나무단

[檀君단군 우리나라 태초의 임금, 檀木단목 박달나무]

檀字는 '木'+'亶'으로 구성된 글자로 木은 木이고 亶밑음단은 壇단단이니 壇을 만드는데 쓰는 나무라는 뜻이다. 박달나무는 야물고 잘 썩지 않아서 단을 만드는 데 많이 쓴다.

 밖외

[外界외계 내 몸 밖의 일. 다른 세계, 外國외국 우리나라 밖의 나라, 外貌외모 겉의 모양]

外字는 ‘夕저녁석’+‘卜점복’으로 구성된 글자로 夕는 집의 모양이고 卜은 人이니 사람이 집 밖에 있으니 外다. 반대로 內字는 사람이 집 안에 있는 形이다.

 밖표/웃옷표/글표

[表具표구 병풍 족자 따위를 꾸미는 것, 表記표기 겉에 표시한 기록, 表象표상 겉에 나타난 모양, 表紙표지 겉장]

表字는 겉옷의 모양이다.

 반드시필/반들필

[必得필득 반드시 얻음, 必須필수 꼭 어떠하던지, 必勝필승 꼭 이김, 必要필요 꼭 요구되는 것]

必字는 ‘心’+‘ノ’으로 구성된 글자로 꼭 한다고 마음에 ‘ノ’을 그은 것이다.

 받들봉/녹봉

[奉答봉답 받들어 화답함, 奉讀봉독 받들어 읽음, 奉命봉명 명을 받들음]

奉字는 ‘夫’+‘廾’으로 구성된 글자로 夫은 三人이고 廾은 擧들거니 三人이 드는 것이니 奉이다. 한 사람이 들고 左右좌우에서 받드는 것, 父母가 하시는 것을 받들고 이어가는 것이다. 故로 ‘奉親’이라 한다.

 받을수

[受講수강 강의를 받음, 受檢수검 검사를 받음, 受諾수락 허락을 받음, 受賂수뢰 뇌물을 받음]

受字는 ‘爫’+‘冖’+‘又’로 구성된 글자로 爫손톱조는 手수손수이고 冖는 손을 벌린 形이고 又는 움켜쥐는 形이다.

 발족/그칠족/족할족/과하게공손할주

[足骨족골 발의 뼈, 足跡족적 발자취, 足恭주공 과이 공손함]

足字는 ‘口’+‘止’으로 구성된 글자로 口는 方방이고 止는 가는 形이니 足의 口는 머리는 둥글고 발은 모났다는 뜻이고 止는 발은 가는 것이다.

 밝을랑

[朗讀낭독 거침없이 잘 읽음, 朗月낭월 밝은 달]

朗字는 '良'+'月'로 구성된 글자로 '良月'이니 完全이 밝은 달, 유난히 밝은 달밤을'朗'이라 한다.

 밝을명/밝힐명

[明君명군 밝은 임금, 明堂명당 좋은 터자리, 明德명덕 밝은 덕, 明珠명주 밝은 구슬]

明字는 '日'+'月'로 구성된 글자로 日과 月은 밝다는 뜻이다.

 밝을조/소대소/소목소/빛날조

[昭光소광 밝게 빛나는 빛, 봄빛, 昭代소대 태평한 세상, 昭明소명 밝음]

昭字는 '日'+'召'로 구성된 글자로 日은 日이고 召는 沼늪소니 물에 해가 비추어서 맑으면서 밝은 것이다. 故로 잘 다스리는 세월도 昭代소대, 昭和소화라 하고 따뜻한 봄날도 昭光소광이라 하고 일이 밝은 것도 昭詳소상이라 한다.

 밝을철/슬기로울철

[哲理철리 이치에 밝음, 哲人철인 사물의 이치에 밝고 식견이 높은 사람]

哲字는 '折'+'口'로 구성된 글자로 折은 꺾는 것이고 口는 知알지니 지혜가 있다는 뜻이다.

이상 朗은 달밤이 밝은 것이고 明은 밝은 것이고 昭는 맑고 밝은 것이고 哲은 지식이 밝은 것이다.

 밟을답

[踏橋답교 정월 보름날 다리를 밟으며 달 아래서 놀던 일, 踏查답사 그 곳에 실제로 , 서 조사함]

踏字는 '足'+'沓'으로 구성된 글자로 足은 足족이고 沓은 沓이니 音음을 나타낸 것이다. 발은 밟는 것이다. 山이면 山을 밟는 것이고 氷빙이면 얼음을 밟는 것이고 地지면 땅을 밟는 것에 국한 되므로 沓을 붙인 것이다.

 밟을도/발춤도

[舞蹈무도 발춤 추는 것]

蹈字는 '足'+'爫'+'臼'로 구성된 글자로 足는 足족이고 爫는 手수고 臼는 臼절구구니 방아로 벼

- 201 -

를 찧을 때 손으로 벼를 구겨 넣고 발로는 방아다리를 밟고 또 밟고 자주 밟는다. 이와 같이 발을 움직이면 발춤이 된다. 故로 '발춤도' 하기도 한다.

 밟을유/짓밟을유

[蹂躪유린 짓밟음]

蹂字는 '足'+'柔'로 구성된 글자로 足은 踏밟을답이고 柔는 柔부드러울유니 밟아서 부드러운 것이니 짓밟는 것이다.

 밟을천

[踐踏천답 짓밟음, 踐履천리 시행하는 것, 踐言천언 말대로 하는 것, 踐行천행 실행하는 것]

踐字는 '足'+'戔돈전'으로 구성된 글자로 足은 '足족'이니 '넉넉할족'이고 戔은 錢돈전이니 錢足이다. 돈이 넉넉하여야 實踐실천 한다는 뜻으로 된 글자다.

 밟을리/신리

[履綦리기 신 끈, 履歷이력 지나온 일, 履行이행 말 듣고 그 길로 밟아 실행함]

履字는 '尸주검시'+'復돌아올복'으로 구성된 글자로 尸는 '신'이고 復은 復다시부니 신을 신은 다음은 다시 그 길로 간다. 故로 履는 말한 다음 그 길로 실행하는 것이다.

이상 踏은 디니며 밟는 것이고, 蹈는 뛰면서 밟는 것이고, 蹂는 짓밟는 것이고, 踐은 實踐실천하는 것이고, 履는 결정된 것이거나 명령한 것을 그 길로 바로 밟아하는 것이다.

 밤률/무서울률/풍류/이름률

[栗烈율열 무서운 추위, 栗子율자 밤알, 栗園율원 밤나무 동산]

栗字는 '西'+'木'으로 구성된 글자로 西는 要요고 木은 木이니 要木요목이다. 밤은 祭羞제수에도 必要필요하고 藥材약재로도 쓰고 防犯방범에도 必要하다.

 밤소

[宵明소명 밤이 밝은 것, 宵分소분 밤 중, 宵行소행 밤길을 걸음]

宵字는 '宀'+'肖'로 구성된 글자로 宀은 宇宙우주고 肖초는 消사라질소니 陰은 消고 陽은 長장이다. 밤은 陰이고 낮은 陽이다. 良消陰長양소음장하니 밤이다.

밤야/어두울야/고을이름액

[夜間야간 밤 사이, 夜景야경 밤 경치, 夜光야광 밤 빛, 밤에 빛나는 광채, 夜光珠야광주 밤에 광채 나는 구슬]

夜字는 '衣'+'夕'으로 구성된 글자로 衣는 衣옷의고 夕은 多많을다니 옷을 많이 입으니 밤이다. 밤에는 낮 보다 차서 옷을 많이 입거나 이불을 많이 덮는다.

 밥손/저녁밥손

[饔飧옹손 아침 밥과 저녁 밥]

飧字는 '夕'+'食'으로 구성된 글자로 夕食, 즉 저녁 밥이다. 옛날에는 아침과 저녁이 다르다. 아침에는 밥을 먹고 저녁에는 죽을 먹는다.

 밥반/먹을반/칠반

[飯器반기 밥 그릇, 飯匙반시 밥 숟가락]

飯字는 '食'+'反'으로 구성된 글자로 食은 食먹을식이고 反반은 板널빤지판이니 나무그릇이다. 나무그릇의 밥이다. 故로 一飯之德일반지덕, 즉 밥 한 그릇의 덕이다. 十匙一飯십시일반 즉, 열 숟가락이면 한 그릇 밥이 된다 한다.

 밥옹/아침밥옹

[饔膳옹선 잘 차린 음식]

饔字는 '雍'+'食'으로 구성된 글자로 雍누그러질옹은 甕독옹(옹기)이고 食은 食먹을식이니 옹기밥이니 아침밥이다.

 밥통위/별이름위

[胃結核위결핵 위에 생기는 결핵, 胃痙攣위경련 위가 오그라지며 극통을 일으키는 병]

胃字는 '田'+'月'로 구성된 글자로 田은 田전이고 月은 肉고기육이니 胃는 肉體上육체상 水穀수곡의 田이다. 胃는 六府육부의 하나로 水穀의 府다.

 배주

[舟筏주벌 배와 뗏목, 舟師주사 뱃사공, 舟楫주즙 배와 노]

舟字는 배의 形을 본 뜬 글자다.

 배박

[舶趠風박초풍 음력 오월에 부는 바람, 舶來品박래품 국내로 들어온 외국산 물품]

舶字는 '舟'+'白'으로 구성된 글자로 舟는 舟배주고 白백은 泊배댈박이니 배를 댄다는 뜻이 들어 있다.

 배선/옷깃선

[船頭선두 뱃머리, 船員선원 배에서 근무하는 직원]

船字는 '舟'+'㕣'로 이루어진 글자로 舟는 배를 나타내며 㕣은 沿따를연에서 따 온 글자로 沿은 흐름에 따라 내려가는 일을 뜻한다. 옛날 중국의 동쪽에서는 舟라 하였고 서쪽에서는 舟㕣이라 하였다고 한다.

 배함/싸움배함

[艦隊함대 군함. 二隻이척 이상으로 편성된 해군 부대, 艦艇함정 군함]

艦字는 '舟'+'監'으로 구성된 글자로 舟는 舟고 監은 監볼감이니 배에서 감시하니 싸움배다.

 배항/건널항

[航空機항공기 비행기, 航路항로 선박 또는 비행기 길, 航海항해 배를 타고 바다를 건넘]

이상 舟는 배의 모양이고 舶는 물품을 싣는 배고 船는 배에 가설물이 있고 艦는 싸움배고 航은 높은 배니 비행기다.

 배반반/달아날반

[叛奴반노 상전을 배반한 종, 叛徒반도 배반한 무리, 叛臣반신 배반한 신하]

叛字는 '半'+'反'으로 구성된 글자로 半은 半반반이고 反은 版널판이니 나무를 쪼개면 半半이 서로 배반한다.

 배상할배

[賠款배관 손해를 무는 약속의 조목, 賠償배상 끼친 손해를 물어줌]

賠字는 '貝'+'咅'으로 구성된 글자로 貝는 財재물재고 咅침부는 倍곱배니 돈의 원액에 倍를 갚는 것을 賠라 한다.

 배복/두터울복/안을복

[腹腔복강 뱃 속 창자, 腹部복부 배 부위, 腹心복심 뱃 속]

腹字는 '月'+'夏'로 구성된 글자로 月은 肉體육체고 夏은 椱말코복(베틀에 딸린 기구의 일종)이니 뱃속은 복잡하다. 五臟六腑오작육부에다 水穀수곡이 들어 있고 精血정혈과 魂魄혼백이 간직된 복잡한 곳이다. 故로 腹이다.

 배부를요/넉넉할요

[饒富요부 배부른 부자, 饒足요족 배 부르고 넉넉함]

饒字는 '食'+'堯'로 구성된 글자로 食은 食식이고 堯는 堯요임금요다. 임금인데 堯는 정치를 잘하여 백성이 모두 먹을 것이 넉넉하였다하여 지어진 글자다.

 배부를포

[飽喫포끽 배불리 먹음, 飽聞포문 배불리 들음, 많이 들음, 飽學포학 많이 배움]

飽字는 '食'+'包'로 구성된 글자로 食은 食식이고 包는 包쌀포니 먹고 싸가지고 갈 정도라면 배부르다.

 배울학

[學課학과 배우는 과목, 學校학교 학교, 學徒학도 배우는 사람들, 學德학덕 학식과 덕망]

學字는 'ﾃﾃ'+'字'로 구성된 글자로 ﾃﾃ는 與줄여고 字는 字글자자니 글자로 더불었으니 배우는 것이다.

 백성민

[民間민간 백성, 民權민권 백성의 권리, 民力민력 백성의 힘]

民字는 象形상형이다.

 백성맹

氓字는 '亡'+'民'으로 구성된 글자로 亡은 罔그물망이고 民은 民백성민이니 無識무식한 백성이란 뜻이다.

 뱀사/자득할이/이무기타

[蛇毒사독 뱀독, 蛇龍사룡 뱀과 용, 蛇退사퇴 뱀 허물]

蛇字는 '虫'+'它'으로 구성된 글자로 虫은 虫벌레충이고 它다를타/뱀사는 뱀의 모양이다.

 뱀사/지지사

뱀의 모양이다.

 방울령

[鈴鐸영탁 방울]

鈴字는 '金'+'令'의 구성된 글자로 金은 金쇠금이니 金의 性성품성은 둥글다. 둥근 것이 방울이고 令영령은 음을 나타내는 소리다.

 방울탁

[木鐸목탁 목탁은 아구리는 쇠로 되어있고 혀는 나무로 되어있다, 金鐸금탁 금탁은 쇠로된 아가리에 혀도 쇠다]

鐸字는 '金'+'睪'으로 구성된 글자로 金은 金쇠금이고 睪엿볼역은 소리 또는 澤못택이다. 鐸은 쳐서 백성을 깨우는 惠澤혜택을 준다. 故로 睪이 붙은 것이다.

이상 鈴은 둥근 것이고 鐸은 속이 빈 종 같은 것이다.

 방방/별이름방

[房門방문 방문, 房賃방세 방세]

房字는 '戶'+, '方'으로 구성된 글자로 戶집호 方모방 집이 네모지니 방이다.

 방자할자

[放恣방자 방자함]

恣字는 '次'+'心'으로 구성된 글자로 次버금차 心마음심이니 正心이 아니니 방자하다. 恣字 위에 放字가 있어야 뜻이 나온다. 마음은 거두어야지 놓으면 방자하다.

 방패간

방패의 모양이다.

 밭갈경

[耕稼경가 밭 갈고 심음, 耕墾경간 갈아 일굼, 耕讀경독 밭 갈고 글 읽음, 耕耘경운 밭 갈고 김을 맴]

耕字는 '耒'+'井'으로 구성된 글자로 耒쟁기뢰는 쟁기의 모양이고 井우물정은 밭을 갈아 놓은 形이다.

 밭전

[田穀전곡 밭의 곡식, 田畓전답 밭과 논, 田畝전무 밭이랑, 田庄전장 밭과 터]

田字는 밭의 모양이다.

 빠질윤/기운덩어리질론

[淪滅윤멸 빠져서 멸함, 沒몰윤 빠져 가라앉음]

淪字는 '氵'+'侖'으로 구성된 글자로 氵는 水물수고 侖둥글륜은 倫일륜륜이니 이 淪字는 물에 빠진 것을 원 뜻으로 하되 마음과 정신이 노는데 빠지거나 일하는데 빠진 데에 많이 쓰인다.

 빠질몰/죽을몰

[沒覺몰각 지각이 없음, 沒頭몰두 어떤 한 가지 일에 정신이 빠진 것, 沒落몰락 뚝 떨어짐]

沒字는 '氵'+'殳'으로 구성된 글자로 氵는 水수고 殳은 投던질투니 물에 던지니 빠진다. 불에 타서 없어진 것을 滅멸망할멸이라 하고 물에 빠져 가라앉은 것을 '沒'이라 한다.

 빠질익/오줌료

[溺器료기 오줌 누는 그릇, 료강, 溺死익사 물에 빠져 죽음]

溺字는 '氵'+'弱약할약'으로 구성된 글자로 약한 것이 물에 가니 빠져나오지 못한다.

速 빠를속/부를속/서두를속

[速記속기 빨리 기록함, 速達속달 빨리 감]

速字는 '束'+'之'로 구성된 글자로 束은 束묶을속이고 之는 送보낼송이니 한데 묶어서 보내면 빠르다.

迅 빠를신

[迅急신급 빠르고 급함, 迅雷신뢰 빠른 우레, 迅速신속 매우 빠름]

迅字는 '卂'+'之'로 구성된 글자로 卂빨리날신은 飛날비고 辶는 之니 날듯이 가니 빠르다.

疾 빠를질/병질

[疾苦질고 아파서 고생함, 疾病질병 병들어 앓음, 疾足질족 발이 빠름, 疾走질주 빨리 달림]

疾字는 '疒'+'矢'로 구성된 글자로 疒병들어기댈녁은 病병병이고 矢는 矢화살시니 화살은 빠르다. 故로 '빠를질' 하는데 원래는 병들어서 앓는데 쓰는 글자다. 병에 참조하라.

吮 빨연/핥을연

[吮癰연옹 헌데를 빨음]

吮字는 '口'+'允'으로 구성된 글자로 口는 口고 允은 允진실로윤이니 입에 물어도 믿는 것은 빨기 때문이다. 입으로 진실되게 하는 것은 빨아주는 것이다.

濯 빨탁/씻을탁

[濯足탁족 발을 씻음, 洗濯세탁 씻어 빨래함]

濯字는 '氵'+'翟'으로 구성된 글자로 氵는 水고 翟꿩적은 習作습작이니 새 새끼는 날기 전에 폴짝폴짝 뛴다. 故로 빨래할 때에 빨래 방망이가 새가 뛰듯이 폴짝폴짝 한다.

秀 빼어날수

[秀氣수기 빼어난 기운, 秀麗수려 山水산수의 경치가 빼어나고 아름다움, 秀拔수발 빼어남]

秀字는 '禾'+'乃'로 구성된 글자로 禾는 禾벼화고 乃이에내는 벼 이삭이 쑥 빠져 나온 것을 뜻한다.

 뽑을발/빼어날발/밋밋할패

[拔去발거 빼버림, 拔本발본 뿌리를 뺌, 拔萃발췌 여럿 가운데서 뛰어남]

拔字는 '扌'+'犮'로 구성된 글자로 扌는 手손수고 犮은 髮터럭발이니 머리털은 자주 빠진다. 故로 拔은 손으로 뽑는 것이다.

 뺄추/뽑을추

[抽身추신 몸이 빠져나옴, 抽籤추첨 심지 뽑음, 抽出추출 뽑아냄]

抽字는 '扌'+'由'로 구성된 글자로 扌는 手손수고 由는 油기름유니 손으로 눌러서 기름 짜듯이 뽑아내는 것이 抽추다. 故로 抽出液추출액이라 한다.

 뺏을탈/깎을탈

[奪氣탈기 기운이 빠짐, 奪色탈색 빛이 빠짐, 奪取탈취 뺏어 가짐, 奪胎탈태 형태가 달라짐]

奪字는 '大'+'隹'+'寸'으로 구성된 글자로 大는 大고 隹는 推옮을추고 寸마디촌은 得얻을득이니 크게 밀치고 얻는 것이 奪이다.

 뺨협

[頰骨협골 뺨의 뼈, 頰筋협근 뺨의 근육]

頰字는 '夾'+'頁'의 구성된 글자로 夾낄협이니 얼굴 옆이고 頁머리혈은 얼굴이다. 얼굴 옆이니 뺨이다.

 버릴거/갈거/덜거

去字는 原원은 '갈거字'인데 '버릴거' 하는 것은 가버린다는 말이 이어진 것이다.

 버릴기

[棄却기각 버려 물리침, 棄權기권 권리를 포기함]

棄字는 原원 后稷후직의 이름인데 '后稷'을 낳아서 기르지 않고 숲 속에다 버렸다하여'버릴기'로 쓰는 것이다.

버릴연/덜연

[捐金연금 돈을 기부함, 捐世연세 세상을 떠남]

捐字는 '扌'+'肙'로 구성된 글자로 扌는 手고 肙장구벌레연은 口와 肉고기육이니 捐은 다 버리는 것이 아니고 자기가 먹을 고기를 한 점 떼어서 남을 주는 것, 故로 義捐金의연금이라 한다.

이상 去와 棄는 뜻이 거의 같으나 去는 버리는 것이고 棄는 자기가 가지지 않거나 하지 않는 것도 棄고, 捐은 덜거나 떼어 버리거나 주는 것이다. 捐은 버린다는 뜻 보다는 준다는 뜻이 더 깊다.

 버섯균/세균균

[菌桂균계 肉桂육계의 일종, 菌根균근 균의 뿌리, 菌毒균독 균의 독]

菌字는 '++'+'囷'으로 구성된 글자로 ++는 芝지초지고 囷곳집균은 '둥근 창고의 모양으로 된 버섯'이란 뜻이다.

 벗섯지/지초지

[芝蘭지란 지초와 난초, 芝草지초 지초]

芝字는 '++'+'之'로 구성된 글자로 ++는 草풀초고 之는 '之字모양의 버섯'이란 뜻이다.

 벌거벗을라

[裸麥나맥 쌀보리, 裸葬나장 관없이 장사 지냄, 裸體나체 벌거 벗은 몸]

裸字는 '衣'+'果'로 구성된 글자로 衣는 衣옷의고 果는 果과일과니 실과는 벗은 몸이다. 쌀, 보리와 같은 곡식과 비교해보면 과일은 껍질을 벗기지 않고 그냥 먹을 수 있으니 껍질이 없다고 생각한 것이다.

 벗을탈/벗어날탈

[脫穀탈곡 곡식을 털어냄, 脫去탈거 벗어버림, 脫喪탈상 상을 벗음, 脫走탈주 벗어 달아남]

脫字는 '月'+'兌'로 구성된 글자로 月은 體몸체고 兌은 悅기쁠열이니 기쁜 몸이니 벗어난 것이다. 故로 脫穀, 脫走라 한다. 故로 글자 중에 그때 상황을 가지고 지은 글자가 많다.

버금부/쪼갤부/기를벽

[副官부관 어떠한 벼슬의 다음 자리, 副本부본 원본과 같이 적은 문서, 副賞부상 원상 외에 더 주는 상, 더불어 주는 상]

副字는 '畐'+'刂'로 구성된 글자로 畐은 富부자부고 刂는 分나눌분이니 富를 나눈 것이니 富者부자 다음은 간다. 正 다음이 副다.

 버금아

[亞父아부 아버지 다음으로 존경하는 사람, 亞相아상 정성 다음, 亞聖아성 성인 다음]

亞字는 二 사이에 卌를 넣어 버금이라 하니 '二'의 뜻이니 '버금'이다.

次 버금차/차례차/잠간차

[次官차관 다음 벼슬, 次男차남 둘째 아들, 次代차대 다음 세대, 次序차서 차례]

次字는 '冫'+'欠'로 구성된 글자로 冫는 二고 欠는 飮마실음이니 飮福음복을 하는데 첫 잔은 맞이가 마시고 다음 잔은 둘째가 마심으로 '次'고 이렇게 차례로 마시니 '차례차' 하기도 한다.

이상 副는 어떠한 位위나 物件물건에 正이 없을 때를 豫備예비로 둔 것이고, 亞는 人格的으로 다음이고, 次는 順序순서에 依한 버금이다.

 번민할민/답답할민/민망할민

[悶懣민만 고민함, 悶死민사 고민하다 죽음]

悶字는 '門'+'心'로 구성된 글자로 門 안에 있으니 마음이 답답하고 사리에 어둡다.

煩 번거번/괴로울번

[煩惱번뇌 마음이 시달려 괴로움, 煩多번다 번거로이 많음]

煩字는 '火'+'頁'으로 구성된 글자로 火는 火화고 頁머리혈은 頭머리두니 머리가 뜨겁고 복잡한 것이다.

이상 悶은 속이 좋지 않은 것이고, 煩은 머리가 번거로운 것이다.

번수번/차례번/땅이름반/날릴파

[番地번지 땅 번지, 番次번차 차례, 番號번호 부르는 차례]

番字는 '釆'+'田'으로 구성된 글자로 地番지번에 많이 쓰인다. 釆캘채는 분별하는 것이고 田은 밭이니 밭을 분별하려면 地番이 있어야 한다.

 번성할번/많을번/말갈기당길번

[繁多번다 번거로이 많음, 繁茂번무 번성함, 繁植번식 번성해 퍼지고 늘어남]

繁字는 '每攵'+'糸'로 구성된 글자로 每攵은 敏민첩할민이고 糸실사는 孫손자손이니 번성해서 子孫이 많음을 뜻한다. 故로 人道인도는 敏政민정하고 地道지도는 敏樹민수라 한다.

 번식할식/성할식/심을식

[殖利식리 이익을 불림, 殖産식산 생산을 불림]

殖字는 '歹'+'直'으로 구성된 글자로 歹부서진뼈알는 死죽을사고 直곧을직은 植심을식이니 죽은 것은 산 자의 양식이고 거름이다. 故로 殖이다.

 번개전/전기전

[電車전차 전기로 가는 차, 電流전류 전기가 흐름, 電信전신 전기로 보내는 통신]

電字는 '雷'+'乚'로 구성된 글자로 雷우뢰뢰는 雷뢰고 乚은 光광이다. 우레가 칠 때 光을 내는 것이 電이다.

 벌나/새그물나/비단나

[羅綺나기 비단, 羅網나망 새그물, 羅紗라사 서양에서 온 모직물, 羅袖나수 비단 소매
羅列나열 벌려 놓음]

羅字는 '罒'+'糸'+'隹'로 구성된 글자로 罒은 罔그물망이고 糸는 絲실사고 隹참새작은 '새'다. 그물에 새가 있으니 새그물이다. '벌라'하는 것은 벌려 놓은 그물이란 뜻이고 '비단나'하는 것은 붙여진 이름이다.

 벌렬/반열렬/베풀렬

[列擧열거 이것 저것 다 드는 것, 列國열국 여기 저기 벌려 있는 나라, 列聖열성 여러 성인]

列字는 '歹'+'刂'로 구성된 글자로 歹은 死죽을사고 刂는 分나눌분이니 죽은 짐승의 고기나 뼈를 찢어 벌린 뜻의 글자다.

 벌벌

[罰金벌금 벌로 내는 돈, 罰杯벌배 벌로 받는 술잔, 罰則벌칙 죄를 범한 자를 처벌하는 법칙]

罰字는 'ㄇ'+'言'+'刂'로 구성된 글자로 ㄇ은 罔그물망이고 言은 訓가르칠훈이고 刂는 刑형벌형이니 卽즉, 말로 가르치는 訓刑훈형이다.

 벌봉

[蜂起봉기 벌처럼 일어나다, 蜂屯봉둔 벌이 둔치다, 蜂蜜봉밀 벌꿀, 蜂聚봉취 벌이 뭉치다]

蜂字는 '虫'+'夆'으로 구성된 글자로 虫은 虫벌레충이고 夆은 峰봉우리봉이니 벌은 모여서 생활하는 벌레로 모여 있는 形이 거꾸로 산봉우리 같다.

 벌레충

[蟲疥충개 옴, 蟲媒花충매화 벌레 벌이 꽃가루로 다른 꽃에 전파하여 생식하는 꽃, 蟲聲충성 벌레소리]

蟲字는 벌레의 모양이다.

 벼리강

[綱紀강기 큰 줄, 綱領강령 큰 줄거리]

綱字는 '糸'+'岡'으로 구성된 글자로 糸는 絲실사고 岡은 岡산등성이강이니 실의 등성이니 벼리다. 참고로 벼리는 그물코를 꿴 굵을 줄을 일컫는 것으로 일이나 글의 뼈대가 되는 줄거리를 말한다.

 베리기/기록할기/터기/열두해기

[紀綱기강 큰 줄, 紀年기년 세기와 한 해, 紀元기원 나라를 세운 첫 해]

紀字는 '糸'+'己'로 구성된 글자로 糸는 綱벼리강이고 己는 記기록할기니 歷事역사나 歲月세월의 기록 또는 倫理윤리의 大事대사를 紀綱이라 한다.

베리유/맬유/모퉁이유/어조사유/발어사유

[維歲次유세차 '維'는 발어사고 '歲次'는 해의 차례, 維新유신 '維'는 어조사고 新'은 새로워짐]

維字는 '糸'+'隹'으로 구성된 글자로 糸는 絲실사고 隹새추는 惟생각할유/오직유니 '오직 그 실만'이라는 뜻이니 큰 실이다.

 베풀사/저자사/벌릴사/방자할사

[肆筵사연 자리를 폄]

肆字는 '長'+'聿'로 구성된 글자로 長은 長긴장이고 聿붓율자는 字形이 길다. 字形이 긴 데다 長이 있으니 '길게 펴다'는 뜻이다.

 베풀선/펼선/밝힐선

[宣告선고 널리 고함, 宣誓선고 맹세를 선포함, 宣揚선양 베풀어 날림, 宣戰선전 전쟁을 선포함]

宣字는 '宀'+'亘'으로 구성된 글자로 宀은 宮궁궁이고 亘걸칠궁은 上下四方이다. 故로'宣字'는 物件물건을 베푸는 것이 아니고 宮中에서 '教化'나 '命令'을 말이나 글로 펴서 四方사방에 알도록 하는 것이다.

 베풀설/설영설

[設計설계 계획을 세움, 設令설령 가령, 設問설문 문제를 내어 물음]

設字는 '言'+'殳'로 구성된 글자로 言은 計꾀계고 殳창수는 이리저리 펴 놓은 모양이다.

 베풀시/펠시/자득할이

[施肥시비 비료를 함, 施賞시상 상을 줌, 施設시설 시설, 施恩시은 은혜를 베풀음]

施字는 '方'+'人'+'也'로 구성된 글자로 方은 族겨레족, 人은 人인이고 也는 也어조사야니 남을 위한 것이 施다. 故로 施恩施償시은시상 한다.

 베풀장/파장할장

[張目장목 눈을 부릅 뜸, 張本장본 일에 발단이 되는 근본]

張字는 '弓'+'長'으로 구성된 글자로 弓은 弓활궁이고 長은 長긴장이니 활을 길게 잡아당긴다는 의미고 또는 활을 쏘니 자랑스럽기도 하다. 故로 誇張과장이라 하고 擴張확장이라 한다.

 베풀진/진진

[陳米진미 묵은 쌀, 陳疏진소 글을 올림, 陳述진술 사실을 베풂, 陳列진열 널어놓음]

陳字는 '阝'+'東'으로 구성된 글자로 祭物제물을 陳設진설 할 때 동쪽에서부터 차례로 진설한다는 뜻이다.

이상 肆은 길게 펴놓는 것이고 宣은 널리 선포하는 것이고 設은 設計설계하는 것이고 施은 주는 것이고 張은 늘리는 것이고 陳은 진열하는 것이다.

 벼룩조/일찍조

[蚤虱조슬 벼룩과의 모든 작은 벌레]

蚤字는 '叉'+'虫'으로 구성된 글자로 虫은 虫충이고 叉는 벼룩의 모양이다.

 베낄등/등서할등

[謄記등기 베껴서 기록한 장부, 謄錄등록 베껴서 기록됨, 謄本등본 원본을 베낌]

謄字는 '朕'+'言'으로 구성된 글자로 朕나짐은 勝이길승이고 言은 言언이니 말보다 나은 것은 베끼는 것이다. 故로 千言천언이 不如謄불여등이라 즉, '천 번 말하는 것보다 한 번 베끼는 것이 낫다'한다.

 베낄초/가릴초

[抄略초략 빼앗음, 抄本초본 문서에 부분만 베낌, 抄筆초필 가는 붓]

抄字는 '扌'+'少'로 구성된 글자로 扌는 手수고 少는 少소니 손으로 필요한 부분만 베끼는 것이다.

 범호

[虎踞호거 범이 걸어 앉은 것, 虎骨호골 범의 뼈, 虎班호반 범의 무늬]

虎字는 '虍'+'几'으로 구성된 글자로 虍는 범이 꼬리를 뻗치고 고개를 돌리고 있는 形이고 几안석궤는 범이 올라서 있는 물체다.

법도도/잴도/지날도/도수도/헤아릴탁

[度量도량 자와 말, 度日도일 날을 보냄]

度字는 '广'+'又'로 구성된 글자로 글자 이름이 많다. 그러나 그 이름이 모두 있으므로 度字의 뜻이 나온다. 广는 집이고 又는 재는 形容형용이다. 집을 짓기 위해서는 법도가 있어야 하고 재기도 해야 하고 그려도 보고 경도 위도 모두 봐야 한다. 故로 글자 이름이 많은 것이다.

 법률률/풍류률/지을률

[律客률객 音律을 하는 사람, 律呂율여 음악의 律은 陽이고 呂는 陰이다]

律字는 '彳'+'聿'로 구성된 글자로 彳은 行갈행이고 聿은 筆붓필이니 行할 것을 붓으로, 글로 明示명시해 놓은 것이 律이다. 故로 그 제도는 法律로 定한다.

 법법

[法網법망 법의 그물, 法界법계 불교에 하는 말, 法系법계 법률의 갈래, 法律법률 법의 규정]

法字는 'ㅣ'+'去'로 구성된 글자로 ㅣ는 水수고 去갈거는 之갈지니 물은 순으로 흘러간다. 故로 흐르는 물을 본 받아 지은 글자다.

 법술/꾀술

[術家술가 술법하는 사람, 術書술서 행술하는 서적, 術策술책 꾀의 묘책]

術字는 '行'+'朮'로 구성된 글자로 行은 行행이고 朮차조출은 述지을술이니 지어서 하는 것을 術이라 한다.

 법전/맡을전/책전

[典禮전례 예를 맡은 것, 典祀전사 제사를 드림, 典章전장 법]

典字는 '冊'+'丌'로 구성된 글자로 冊책책은 책이고 丌대기는 책상이니, 書傳서전 에 의하면 '책상 위에 책이 있으니 높이는 뜻'이라고 하였다. 典은 중요한 책으로 성인의 글을 典이라 한다.

이상 度는 법도고 律은 法律법률이고 模는 본이고 範은 둘레고 法은 법이고 術은 術法이고 典은 중함을 뜻한 글자다.

법준/평평할준/코마루절

[準備준비 필요한 것을 마련함, 準用준용 무엇에 준하여 씀, 準則준칙 표준이 되는 법칙]

準字는 ‘氵’+‘隹’으로 구성된 글자로 氵는 水수고 隹새추는 물가 수준대의 모양이니 수준대를 본 떠 만든 글자다.

 벗붕

[朋黨붕당 벗의 당, 朋輩붕배 벗의 같은 무리, 朋友붕우 벗]

朋字는 ‘月’+‘月’로 구성된 글자로 ‘月月’이니 같다는 뜻이다. 벗은 같은 사람끼리 사귄다.

 벗우/우애우

[友邦우방 이웃나라로 친한 나라, 友愛우애 우애, 友誼우의 벗의 의, 友情우정 벗의 정]

友字는 字形이 어깨동무한 모양이다.

이상 朋은 같은 것이고 友는 벗을 하는 것이다.

 베포/펼포

[布告포고 펴서 고함, 布教포교 교를 폄, 布袋포대 베 포대, 布德포덕 덕을 폄, 布木포목 베와 무명]

布字는 ‘丿’+‘一’+‘巾’로 구성된 글자로 丿은 베고 一은 베를 감는 굴대고 巾은 巾수건건인데 베를 짤 때에는 굴대로 감는다. 감은 것은 펴기 때문에 ‘펼포’ 하기도 한다. 十은 베의 모양이나 十만 가지고는 베로 보기 어려우므로 巾을 한 것이다.

 벙어리아/까마귀소리아/깔깔웃을액

[啞啞아아 까마귀 소리, 啞者아자 벙어리]

啞字는 ‘口’+‘亞’로 구성된 글자로 亞의 음을 따서 ‘아’라 한 것이고 까마귀 소리는 ‘아아’하고 벙어리도 ‘아아’하므로 ‘벙어리아’한 것이다.

 베일참/죽일참

[斬伐참벌 쳐서 베임, 斬死참사 베여서 죽음, 斬首참수 머리를 자름]

斬字는 '車'+'斤'로 구성된 글자로 車는 軍字_{군자}에 'ㅡ'이 없고 斤_{도끼근}은 칼이다. 軍에 ㅡ이 없으니, 軍法을 어기었으니 베는 것이다.

 割 베일할/나눌할

[割去_{할거} 베어버림, 割當_{할당} 나누어 돌아가는 몫, 割腹_{할복} 배를 가름]

割字는 '害'+'刂'로 구성된 글자로 害는 害_{해로울해}하고 刂는 分_분이니 칼로 베어 나누는 것이다.

이상 斬은 죄진 자를 베는 것이고, 割은 물건을 베거나 재산을 나누는데 쓰이는 글자다.

 亘 뻗칠긍

[亘古_{긍고} 옛날까지 뻗침, 亘萬古_{긍만고} 만고에 뻗침]

亘字는 亙_{걸칠긍}자와 같다. 二의 사이에 日이 뻗치고 있다. 二의 윗획은 하늘이고 아랫획은 땅이고 사이에 日은 하늘과 땅을 뻗치고 있는 形이다. 故로 亘萬古_{긍만고}, 亘天地_{긍천지}하는 것이다.

 延 뻗칠연/미칠연/맞을연

[延及_{연급} 뻗쳐서 미침, 延年_{연년} 수명을 연장함, 延引_{연인} 끌어옴, 延長_{연장} 길게 늘임]

延字는 '廴'+'正'으로 구성된 글자로 廴은 正도 아니고 止도 아니며 丆은 之도 아니다. 之면 가면 되고 止면 그치면 되는데 그저 질질 끄는 것이다. 延字는 물건을 끄는데도 쓰이나 일을 빨리 하지 않고 질질 끄는데 많이 쓰인다. 故로 延期_{연기}, 遲延_{지연} 한다.

 官 벼슬관

[官權_{관권} 관의 권리, 官祿_{관록} 관리가 받는 녹, 官僚_{관료} 관원, 官民_{관민} 관과 민]

官字는 官집의 形이다. 또는 벼슬한 사람은 관을 쓰는데 관의 形이기도 하다.

 仕 벼슬사/벼슬할사

[仕途_{사도} 벼슬길, 仕進_{사진} 벼슬하러 나아감]

仕字는 'ㅓ'+'士'로 구성된 글자로 士人_{사인} 선비가 된 사람은 벼슬한다.

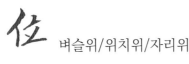 位 벼슬위/위치위/자리위

[位畓위답 어떠한 목적에 쓰기 위하여 장만한 논, 位次위차 위의 차례]

位字는 ' 亻'+'立'으로 구성된 글자로 亻은 人이고 立은 立이니 사람이 서 있는 자리를 位라 한다.

 벼슬작

[爵祿작록 벼슬과 녹봉, 爵位작위 지위]

爵字는 벼슬의 爵位작위를 말한다. 술잔이 爵及작급에 따라 잔이 돌아간다.

 벼슬직/직분직

[職務직무 직업의 업무, 職俸직봉 직업의 봉급]

職字는 '耳'+'戠'으로 구성된 글자로 耳귀이는 聽들을청이고 戠찰흙시는 識알식이니 백성의 말을 듣고 알아서 처리하는 것이 官職관직이다. 職業에도 많이 쓰인다.

 벼슬환/내관환

[宦官환관 宮中에서 모시는 벼슬, 宦路환로 벼슬길, 宦情환정 관리가 되고 싶은 뜻]

宦字는 '宀'+'臣'으로 구성된 글자로 宀는 家집가고 臣은 臣신하신이니 家臣가신의 벼슬이다.

이상 官은 벼슬한 사람의 冠관을 쓴 모양이고 仕는 벼슬하는 것이고 位는 벼슬자리고, 職은 業업이고 宦은 家臣가신이다.

 벼도

[稻熱病도열병, 稻田도전 벼 밭]

稻字는 '禾'+'舀'로 구성된 글자로 禾는 禾벼화고 舀퍼낼요는 벼를 손으로 절구에 구겨 넣는 形이다. 벼는 찧어서 먹는 곡식이다. 故로 '稻精도정'이라 한다.

 벼화

[禾稼화가 벼를 심음, 禾苗화모 벼 싹, 禾蕙화혜 벼 이삭]

禾字는 이삭 나온 벼의 모양이다.

 벼루연

[硯蓋연개 벼루 뚜껑, 硯水연수 벼루 물]

硯字는 硏갈연이니 먹을 가는 그릇이다. 故로 硏字와 同동이라 하였다.

 베개침/별침

[枕肱침굉 팔을 볌, 枕木침목 나무토막을 벰 또는 물건 밑을 괴는 나무, 枕席침석 베개와 자리]

枕字는 '木'+'尤'으로 구성된 글자로 木은 木이고 尤머뭇거릴유는 沈가라앉을침이니 베개를 만들 때 沈香木심향목으로 만들었으므로 枕이다.

 벽벽/바람벽/별이름벽

[壁經벽경 벽에서 나온 책, 壁壘벽루 벽 같이 쌓은 진터, 壁報벽보 벽에 부쳐 알리는 것]

壁字는 '辟'+'土'로 구성된 글자로 辟임금벽은 避피할피고 土는 土다. 바람을 피하려고 만들어 진 土가 壁이다.

 변할변/고칠변/죽을변

[變更변경 달리 고침, 變質변질 질이 변함, 變化변화 변화힘]

變字는 '䜌'+'攵'으로 구성된 글자로 䜌옷헤질오는 蠻오랑캐만이고 攵칠복은 夏여름하니 오랑캐가 夏로 변한다는 것이다. 故로 孔子께서 말씀 하시기를 齊제가 한 번 변하면 魯노가 되고 魯가 한 번 변하면 夏가 된다 하였다. 그러나 未詳하다. 더 연구가 필요하다.

 변화화/될화/변화할화/죽을화

[化去화거 변해감, 죽음, 化生화생 화해서 남, 化石화석 돌이 됨, 化育화육 천지 자연의 이치로 만물을 길러 자라게 함]

化字는 '亻'+'匕'로 구성된 글자로 亻은 人이고 匕비수비는 胎兒의 形이다. 變化변화해서 되는 過程과정이다. 爲할위자는 人爲的인위적으로 해서 만들어서 되는 것이고 化는 자연적으로 변화 해서 되는 것이다.

星 별성/희득희득할성

[星光성광 별빛, 星度성도 별이 돌아가는 도수, 星霜성상 햇수, 星象성상 별의 모양]

星字는 '日'+'生'으로 구성된 글자로 日은 太陽태양이고 生은 生이니 太陽의 光을 받아 生한다는 뜻으로 된 글자다.

 별수/잘숙

[宿契숙계 '前世'의 약속, 宿根숙근 묵은 뿌리, 宿命숙명 정해진 운명, 宿所숙소 자는 곳]

宿字는 'ㅗ'+'亻'+'一'+'白'으로 구성된 글자로 ㅗ는 집이고 亻은 行人이고 一은 一日일일이고 白은 泊배댈박이니 行人행인이 어떠한 집에서 하루 묵어가는 것을 宿이라 한다. 별은 二十八宿이다.

이상 星은 衛星위성이고 宿은 經星경성이다.

 병들병

[病客병객 병든 사람, 病菌병균 병의 균, 病名병명 병 이름, 病死병사 병으로 죽음]

病字는 'ㄅ'+'丙'으로 구성된 글자로 ㄅ은 병들어 누워있는 모양인데 ㄅ部가 붙은 글자는 거의 병에 관한 글자가 된다. 丙은 音을 딴 것이다.

 병들질/빠를질/미워할질

疾字는 'ㄅ'+'正'으로 구성된 글자로 ㄅ은 病병이고 矢화살시는 병자가 누워서 앓고 있는 形이다.

 병호/흙으로만든악기호

[壺蓋호개 병 뚜껑, 壺漿호장 병의 장]

壺字는 병의 모양이다.

 병풍병/울타리병/물리칠병

[屛風병풍 병풍]

屛字는 병풍의 모양이다.

 병부부/상서부/부적부

[符同부동 병부와 한가지로 똑같음, 符瑞부서 상서로운 징조, 符節부절 대나무로 만든 부신]

符字는 '竹'+'付'으로 구성된 글자로 竹은 竹죽이고 付줄부니 符字는 옛날에 대나무로 만든 符信부신을 뜻한 글자인데 대나무 토막을 잘라 하나는 장수가 갖고 하나는 조정에 두고 유사시에 그 符信을 서로 合하여 맞으면 인정하고 다르면 인정치 않는다. 故로 兵符병부라 한다.

 병증세증

[症勢증세 병 증세]

症字는 '疒'+'正'으로 구성된 글자로 疒은 病병이고 正은 무슨 병인가 바로 알아내는 것이다.

 빛경/경치경/사모할경/물경

[景槪경개 경치, 景光경광 경치의 광경, 景慕경모 사모함]

景字는 '日'+'京서울경'으로 구성된 글자로 서울에 해가 들었다는 뜻이다.

 볕양/밝을양

[陽莖양경 자지, 陽谷양곡 해 뜨는 곳, 陽氣양기 양의 기운]

陽字는 'ß'+'昜'으로 구성된 글자로 ß는 陸육이고 昜은 햇살이 내리 쬐는 모양이다. 육지에 햇살이 내리쬐니 陽이다.

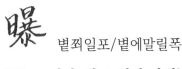 볕쬐일포/볕에말릴폭

[曝曬포쇄 바람 쐬고 볕에 바램]

曝字는 '日'+'暴'으로 구성된 글자로 햇볕이 몹시 쬐니 마른다.

 뼈골/꼿꼿할골

[骨幹골간 뼈줄기, 骨膜골막 뼈의 막, 骨髓골수 뼛 속 기름, 骨子골자 뼈. 중요한 것]

骨字는 뼈의 모양을 본 뜬 글자다.

 뼈해

[骸骨해골 뼈의 전체]

骸字는 ‘骨’+‘亥’로 구성된 글자로 骨은 骨골이고 亥는 該해니 ‘한 동물의 뼈 전체 다’라는 뜻이다. 故로 百骸백해라 한다.

 보리맥

[麥稈맥간 보릿짚, 麥酒맥주 보리로 빚은 술, 麥秋맥추 보리 가을 음력 오월]

麥字는 ‘來’+‘夊’으로 구성된 글자로 來는 來올래고 夊은 보리의 모양이다. 보리는 原원 國産국산이 아니고 다른 곳에서 온 것이다. 故로 來字가 붙은 것이다.

 보낼견/쫓을견

[遣奠견전 발인할 때 문 앞에서 지내는 제사, 遣中견중 파견 나가는 중]

遣字는 ‘虫’+‘目’+‘辶’로 구성된 글자로 虫는 貴귀할귀고 目은 官벼슬관이고 辶는 送보낼송이니 귀한 벼슬을 주어서 보내는 것이 遣이다. 故로 派遣이라 한다.

 보낼송

[送客송객 손을 보냄, 送金송금 돈을 보냄, 送別송별 보내 이별함]

送字는 ‘癸’+‘辶’로 구성된 글자로 癸은 서서 가는 것을 바라보는 形이고 辶는 가는 것이다. 가는 것을 보내고 가는 것을 멀리서 보는 모양이다.

 보낼수/짐바리수

[輸納수납 실어다 바침, 輸送수송 실어 보냄, 輸入수입 실어 드림, 輸出수출 실어냄]

輸字는 ‘車’+‘俞’로 구성된 글자로 車는 車차고 俞는 鍮놋쇠유니 유기다. 옛날에 유기를 수레에 실어 나르던 일에서 지어진 글자다.

이상 遣字는 책임을 줘서 보내는 것이고, 送은 대접해서 보내는 것이고, 輸는 실어서 보내는 것인데 아래 글자에 따라 뜻이 확정된다.

 보배보

[寶鏡보경 보배거울, 寶庫보고 보배 창고, 寶物보물 보물, 寶石보석 보석, 寶貨보화 보화]

寶字는 ‘宀’+‘珤보배보’+‘貝’로 구성된 글자로 宀는 집이고 珤,貝는 보배다.

보배진/맛좋을진

[珍果진과 맛 좋은 실과, 珍貴진귀 귀한 보배, 珍味진미 좋은 맛]

珍字는 '王'+'彡'으로 구성된 글자로 王은 玉옥이고 彡은 옥을 잘 다듬는 形이니 다듬은 玉이니 보배다.

 복기/상서기

[祺祥기상 상서로운 것, 祺然기연 편안한 모양]

祺字는 '示'+'其'로 구성된 글자로 示는 福복복이고 其는 其그기니 그 사람의 福이란 뜻이다.

 복복

[福券복권 제비를 뽑아 큰 배당 받는 채권, 福德복덕 복과 덕, 福祿복록 복과 녹, 福人복인 복 있는 사람]

福字는 '示'+'一'+'口'+'田'으로 구성된 글자로 示는 祥상서로울상이고 一은 '一曰壽일왈수'이다. 오래 살고, 口는 밥 잘 먹고 건강하고, 田은 富부다. 오래 살고 편안하고 건강하고 잘 사니 福이다.

 복지

[祉祿지록 복과 녹]

祉字는 '示'+'止'로 구성된 글자로 示는 祥상서로울상이고 止는 止그칠지니 그치는 곳은 살 곳이다. 사람이 좋은 곳에서 사는 것이 福이다.

 복희

[禧年희년 五十年마다 돌아오는 복스러운 해]

禧字는 '示'+'喜'로 구성된 글자로 示는 福복복이고 喜는 喜기쁠희니 복이 오는 기쁨이다. 五十 年 마다 종도 풀어주고 빚도 탕감해 주는 喜福이다. 故로 禧다.

 복숭아도

[桃李도이 복숭아와 오얏, 桃仁도인 복숭아 씨]

桃字는 '木'+'兆조짐조'로 구성된 글자로 兆木조목이다. 복숭아꽃이 잘 피면 좋은 징조고 잘 안 피면 좋지 않은 징조라 한다.

 복조/자리조

[祚命조명 하늘의 복으로 명함, 祚業조업 임금의 나라 다스리는 일]

祚字는 '示'+'乍'으로 구성된 글자로 示는 福복복이고 乍잠깐사는 作지을작이니 作福, 즉 人爲的 인위적으로 만든 福이다. 故로 祚業이라 한다.

 본뜰모/규모모/더듬을모/잡을막

[摸索모색 더듬어 찾음, 模範모범 본보기]

摸字는 'ㅊ'+'莫'로 구성된 글자로 ㅊ는 手수고 莫은 莫없을막이니 손은 눈이 없으므로 더듬는다. '본뜰모', '모범모' 하는 것은 摸의 뜻이다.

 본처적

[嫡家적가 본처의 집, 嫡男적남 본처의 아들]

嫡字는 '女'+'啇'으로 구성된 글자로 女는 女녀고 啇밑동적은 敵원수적이니 貴無敵귀무적이라 하였다.

 본받을효/닮을효

[效果효과 보람, 效能효능 효력의 능력, 效率효율 효력의 비률]

效字는 '交'+'攵'로 구성된 글자로 交는 交사귈교고 攵는 父아비부니 父交부교다. 아버지가 하던 대로 하는 것이 效다. 交는 夫婦交合부부교합의 象상이다. 나머지는 交字에 보라.

 볼간

[看過간과 보면서 지나감, 看病간병 병을 돌봄, 看做간주 그러하다고 보아둠]

看字는 '手'+'目'으로 구성된 글자로 手은 手고 目은 目목이니 눈 위에 손을 얹어 보는 것이 看이다.

 볼견/나타날현/보일현

[見機견기 기미를 보고, 見聞견문 보고 들음, 見本견본 본보기]

見字는 '目'+'儿'로 구성된 글자로 目은 目목이고 儿사람인은 눈을 左右좌우로 보는 동작이다.

 볼감/살필감

[監督감독 감시하고 단속함, 監司감사 옛날 관직의 이름, 監査감사 살펴 조사함]

監字는 '臥'+'皿'로 구성된 글자로 臥누울와는 臨임할임이고 皿그릇명은 祭器제기다. 臨은 윗사람이 아래로 臨하는 것이다. 그러니 監은 윗사람이 내려와서 그릇을 잘 만들었는지 살펴보는 것이다.

 볼관/괘이름관/집관/보일관

[觀感관감 보고 느낌, 觀光관광 풍광을 구경함, 觀念관념 생각, 觀覽관람 두루 봄]

觀字는 '雚'+'見'으로 구성된 글자로 雚황새관은 歡기뻐할환이고 見은 見볼견이니 즐거워서 보는 것이다. 故로 觀은 보는 것만으로 즐겁다.

 볼도

[目覩목도 눈으로 직접 봄]

覩字는 '者'+'見'으로 구성된 글자로 見者견자다. 目擊者와 같은 뜻의 글자다.

 볼람/두루볼람

[閱覽열람 읽어가면서 봄]

覽字는 '監'+'見'으로 구성된 글자로 監는 鑑거울감이고 見은 見견이니 하나하나 읽으면서 보는 것이다. 혹 빠진 것이 없나, 필요한 것이 없나 살펴보는 것이다.

 볼시/귀신기

[示範시범 모범을 보임]

示字는 하늘에서 神신이 내려다본다는 뜻에서 지어진 글자다. 示는 내려다보는 形이기도 하다. 보는 것은 눈으로 보는데 쳐다보는 눈은 ▆▆▆이러하지만 내려다보는 눈은 示字와 같이 ▆▆이러하다.

 볼첨/쳐다볼첨

[瞻望첨망 쳐다 바라봄, 瞻視첨시 쳐다보기도 하고 내려다보기도 함]

瞻字는 '目'+'詹'으로 구성된 글자로 目은 見이고 詹첨은 簷처마첨이니 弟子제자가 先生任선생님의 집을 우러러 보는 것을 뜻한 글자다. 故로 瞻慕첨모의 문구가 붙는다.

 볼시

[視角시각 보는 각도, 視界시계 시력이 미치는 범위, 視線시선 눈으로 물건을 보는 선]

視字는 示字와 같으나 示는 天示천시 하늘이 보고 神示신시 신이 본다는 뜻이 깊고 視는 上官상관이 視察시찰하는데 주로 쓰인다. 일반 視聽시청에도 쓴다.

이상 看은 손을 눈 위에 얹고 보는 것이고 見은 보는 동작이고 監은 살펴서 보는 것이고 覩는 직접 본 것이고 覽은 두루 보는 것이고 '示'는 내려다보는 것이고 瞻은 쳐다보는 것이고 視는 示字와 거의 같다.

 봄춘/남녀정사춘/술춘

[春江춘강 봄강, 春景춘경 봄 경치, 春光춘광 봄빛, 春夢춘몽 봄 꿈]

春字는 周易주역 卦象괘상의 뜻으로 만들어진 글자다. 春은 '三'+'人'+'日'로 구성된 글자로 三은 동지 달은 一陽이고 섣달은 二陽이고 정월은 三陽이니 三陽이 되는 때는 봄이고, 봄은 사람이 농사준비를 하는 시기이므로 人字와 日字가 붙은 것이다.

 뵈올알/아뢸알

[謁廟알묘 사당에 참배함, 謁見알현 찾아 뵘]

謁字는 '言'+'曷'로 구성된 글자로 言은 言언이고 曷은 曷어찌갈이니 무슨 말이 하고 싶어 청해 뵙는 것이 謁이다.

 보일현/나타날현/현재현

[現今현금 보고 있는 지금, 現金현금 현재 가지고 있는 돈, 現代현대 보이는 지금 시대,
現夢현몽 꿈에 보임]

現字는 '王'+'見'으로 구성된 글자로 王은 玉이고 見은 發見발견이니 玉은 山에 묻혀 있는 것인데 玉이 보이니 나타난 것이다.

이상 謁은 뵙는 것이고, 現은 보이는 것이다.

봉할봉/북돋을봉/부자봉

[封建봉건 천자가 제후를 '封'하던 제도, 封祿봉록 제후가 받는 쌀, 녹]

封字는 '圭'+'寸'으로 구성된 글자로 圭玉규옥으로 만든 封印봉인이다. 封印은 天子천자가 諸侯제후를 封할 때 쓰던 印인인데 그 印인은 寸촌에 不過불과하다.

 봉할함/꿰맬함

[緘口함구 입을 다물고 말하지 않음, 緘封함봉 꿰매 봉함]

緘字는 'ㅿ'+'咸'으로 구성된 글자로 ㅿ는 縫꿰맬봉이고 咸다함은 箴침이니 바늘로 꿰매 출입구를 막는 것이다.

 봉우리봉

[峯頭봉두 산봉우리 꼭대기]

峯字는 '山'+'夆'으로 구성된 글자로 山은 山이고 夆받들봉은 山봉우리의 形이다.

 뽕나무상/동쪽상

[桑麻상마 뽕과 삼, 桑白皮상백피 뽕나무 뿌리의 속 껍질, 桑椹상심 오디, 桑楡상유 뽕나무와 느릅나무]

桑字는 '叒'+'木'으로 구성된 글자로 木은 木이고 叒은 뽕나무 잎의 모양이다.

 뾰족할첨/날카로울첨

[尖端첨단 뾰족한 끝, 尖利첨리 뾰족하고 날카로움]

尖字는 '小'+'大'로 구성된 글자로 위가 작고 아래가 크니 뾰족하다.

 부딪힐격/찌를격

[激突격돌 부딪힘, 激流격류 부딪혀 흐름, 激忿격분 격렬히 분함, 激甚격심 충격이 심함]

激字는 'ㅟ'+'白'+'放'으로 구성된 글자로 ㅟ는 流흐를류고 白은 白흰백이고 放은 放놓을방이니 물을 放流방류할 때 흰 물결이 생기면 부딪힌 것이다.

부딪힐돌/갑자기돌/굴뚝돌

[突擊돌격 갑자기 일어나 침, 突起돌기 불쑥 솟음, 突出돌출 갑자기 튀어나옴]

突字는 '穴'+'犬'으로 구성된 글자로 우뚝한 모양이다. 穴은 穴혈이고 犬은 밑받침이다. 구멍난 것이 우뚝하니 굴뚝은 평지에서 갑자기 솟은 것이다.

 부르짖을규

[叫彈규탄 부르짖어 탄핵함]

叫字는 '口'+'斗'로 구성된 글자로 口는 呼부를호고 斗는 斗말두니 말은 입이 크다. 입을 크게 해서 부르니 부르짖는 것이다.

 부르짖을호/호령호/부를호/이름호

[號令호령 호령, 號泣호읍 부르짖어 울음]

號字는 '号'+'虎'로 구성된 글자로 号는 아이의 모양이고 虎는 虎호랑이호니 아이가'호랑이 봐'하고 부르짖는 것, 호소는 구해달라는 곳이다.

 부지런할근/수고할근

[勤恪근각 부지런하고 정성됨, 勤儉근검 부지런하고 검소함, 勤勉근면 부지런히 힘 씀]

勤字는 '菫'+'力'로 구성된 글자로 菫은 菫제비꽃근이고 力은 勞힘쓸노니 나물 캐고 풀 매는데 힘쓰니 부지런하다.

 붙들부/도울부

[扶起부기 붙들어 일으킴, 扶老부로 늙은 이를 붙들어줌, 扶助부조 붙들어 도와줌, 持부지 붙들어 잡음]

扶字는'扌'+'夫'로 구성된 글자로 扌는 手수인데 손은 잡고 붙드는 뜻이 있다. 夫는 丈夫장부인데, 丈夫의 손이니 붙들고 돕는 것이다. 노인을 붙드는 것은 丈夫가 아니면 힘들다. 故로 扶老부로, 携幼휴유라 한다.

 부자부/풍부할부

[富强부강 부하고 강함, 富國부국 부자 나라, 富貴부귀 부하고 귀함, 富裕부유 부하여 넉넉함]

富字는 '宀'+'畐'로 구성된 글자로 宀는 家가고 畐은 福복이니 복 있는 집이니 부자다.

 부세부/받을부 글부

[賦斂부렴 부세를 걷음, 賦稅부세 부세, 賦詩부시 시를 지음]

賦字는 '貝'+'武'로 구성된 글자로 貝는 財재고 武는 武器무기니 國防국방을 위해 세금을 거두는 것이 '賦'다.

 부세세/거둘세

[稅金세금 부세로 내는 돈, 稅目세목 부세의 종목, 稅法세법 세금의 법]

稅字는 '禾'+'兌'의 구성된 글자로 禾는 禾벼화고 兌는 悅기쁠열이니 기꺼이 내는 벼라 하여 稅다.

 부세조/조세조

[租稅조세 세금]

租字는 '禾'+'且'로 구성된 글자로 禾는 禾화고 且는 助조다. 井田法정전법에 九一而助구일이조라 하니 助法조법에서 나온 租字다.

 부처불/클필

[佛家불가 불도를 하는 사람, 佛經불경 부처의 경문, 佛敎불교 부처의 가르침, 佛法불법 부처의 법, 불교의 법]

佛字는 '亻'+'弗아니불'로 구성된 글자로 弗人 사람이 아니다. 佛은 像상이지 사람이 아니다.

 부를빙/장가들빙

[聘禮빙례 물품을 선사하는 예, 聘問빙문 예를 갖추고 방문함, 聘召빙소 예를 갖추어 부름]

聘字는 '耳'+'甹병'로 구성된 글자로 耳는 聽들을청이고 甹은 높은 모양, 높은 사람을 예로써 불러서 말을 듣고 배우는 것이다. 故로 招聘講士초빙강사라 한다.

 부를소

[召命소명 임금이 신하를 불러 명령함, 召集소집 불러 모음, 召還소환 되로 불러드림]

召字는 '刀'+'口'로 구성된 글자로 刀은 分나눌분이고 口는 口입구니 입을 벌려 부르는 것이다. 召字는 입에다 손을 댄 모양이다.

唱 부를창/인도할창

[唱歌창가 노래를 부름, 唱導창도 불러 인도함, 唱和창하 불러 화답함]

唱字는 '口'+'昌'로 구성된 글자로 口는 呼부를호고 昌창은 善선이니 착하게 부르는 것이 唱이다. 唱歌, 唱言이라 한다.

招 부를초

[招待초대 불러 대접함, 招聘초빙 예를 갖추어 부름, 招請초청 불러 청함, 招魂초혼 혼을 부름]

招字는 '扌'+'召'로 구성된 글자로 扌는 手고 召는 召니 손짓해서 부르는 것이다.

喚 부를환

[喚起환기 불러 일으킴, 喚友환우 벗을 부름]

喚字는 '口'+'奐'으로 구성된 글자로 口는 呼부를호고 奐은 奐빛날환이니 奐字가 붙으면 主로 音음으로 '환'이다. 뜻은 口에 있고 奐은 음을 가져온 것이다. 喚은 친구 간에 부르는 것이다. 故로 喚友라 한다.

이상 聘은 예를 갖추어 부르는 것이고 召는 입에다 손을 대고 부르는 것이고 唱은 잘 부르는 것이고 招는 손짓해 부르는 것이고 號는 별호로 부르는 것이고 喚은 친구 간에 시원하게 부르는 것이다.

扇 부채선/사립문선

[扇風선풍 부채 바람]

扇字는 부채의 모양이다.

碎 부서질쇄

[碎骨쇄골 뼈를 부수다]

碎字는 '石'+'卒'로 구성된 글자로 石은 破파고 卒은 잘다는 뜻이니 돌이 잘게 깨지니 부서진 것이다.

 부끄러울수/음식수

[羞愧수괴 부끄러움, 羞色수색 부끄러운 빛, 羞態수태 부끄러운 태도]

羞字는 '羊'+'ノ'+'丑'으로 구성된 글자로 소와 양의 음식인데, 대접하기 위해 차려 놓은 음식이다. 故로 이 글자는 겸손이 따른다. '잘 차리지 못하여 부끄럽습니다.' 하는 의미로 쓰는 글자다.

 부끄러울작

[怍色작색 부끄러움을 짓는 모양]

怍字는 '忄'+'乍'으로 구성된 글자로 忄은 心심이고 乍은 作지을작이니 자기 잘못을 마음으로부터 부끄러움을 짓는 것이다.

 부끄러울참

[慙愧참괴 부끄러움, 慙德참덕 부끄러운 덕]

慙字는 '忄'+'斬'으로 구성된 글자로 忄은 心심이고 斬은 斬刑참형이니 코를 베거나 귀를 벤 形이니 부끄럽다.

 부끄러울치

[恥事치사 부끄러운 일, 恥心치심 부끄러운 마음, 恥辱치욕 부끄러운 욕]

恥字는 '耳'+'止'로 구성된 글자로 耳는 '뿐'의 뜻을 지닌 어조사이고 止는 齒이치로서 이는 없고 잇몸뿐이니 부끄럽다는 뜻이다.

 부끄러울괴

[愧赧괴란 부끄러워 얼굴이 붉음]
愧字는 '忄'+'鬼'로 구성된 글자로 忄은 心이고 鬼은 神귀신신이니 神에 부끄러운 것이다.

이상 羞는 차린 것이 적어 부끄러운 것이고 怍은 잘못하여 사람 보기 부끄러운 것이고 慙은 참형을 받아 부끄러운 것이고 恥는 가진 게 없어서 부끄러운 것이고 愧는 양심에 부끄러운 것이다.

부드러울유/싹날유

[柔毛유모 부드러운 털, 柔順유순 부드럽고 순함, 軟유연 부드럽고 연함]

柔字는 '矛'+'木'로 구성된 글자로 矛창모는 茅띠모고 木은 木이니 떼 같은 나무니 부드럽다.

 부을주/쇠부릴주

[鑄工주공 주물을 만드는 사람, 鑄物주물 쇠를 부어 만든 물건, 鑄字주자 쇠를 녹여 부어 만든 글자]

鑄字는 '金'+'壽'로 구성된 글자로 金은 鐵철이고 壽는 壽字수자이니 쇠를 녹여 그릇을 만들 때 주로 壽字를 새겨 넣는다.

 부탁할탁/맡길탁

[託故탁고 연고 있음을 핑계함, 託孤탁고 어린아이를 부탁함, 託送탁송 남에게 물건을 부탁하여 보냄]

託字는 '言'+'乇'로 구성된 글자로 言은 言언이고 乇부탁할탁은 宅집택 또는 佗다를타니 다른 집에 전하는 말이니 부탁이다.

 북녘북/배반할배

[北京북경 중국의 현 수도, 北極북극 지구의 북쪽 끝]

北字는 두 사람이 등지고 앉은 形이다.

 북고

[鼓角고각 군대에서 전력용 북과 피리, 鼓女고녀 음문이 없는 여자, 鼓動고동 북을 울리는 소리]

鼓字는 '壴악기이름주'+'支가를지'로 구성된 글자로 壴는 북을 달아 놓은 形이고 支는 북 치는 방망이다. 북은 치는 것이므로 '칠고'하기도 한다.

 북돋울배

[培根배근 뿌리를 북돋움, 培養배양 북돋아 기름]

培字는 '土'+'咅'로 구성된 글자로 土는 土토고 咅는 倍곱배니 흙을 배로 하니 북돋는 것이다.

분별변/판단할변

[辨說변설 일에 잘잘못을 가려 말함, 辨證변증 변별하여 증명함]

辨字는 '辛'과 '辛'사이에 'ㅣ'이 들어있다. ㅣ은 分이니 똑같이 나누는 形이다.

 분개할개/슬플개/강개할개

[慨世개세 세상의 되어가는 형편을 보고 탄식하는 것, 慨然개연 탄식하는 모양]

慨字는 '忄'+'旣'로 구성된 글자로 忄은 心이고 旣는 旣이미기니 이미 지나간 일을 슬퍼하고 분개하는 것이다. 旣는 槪의기개의 뜻도 있어 음이 개고 槪는 의기개字로 槪는 영웅이 의기의 큰 뜻을 이루지 못한 탄식의 슬픔이다.

 불쌍할련/사랑할련

[憐悼연도 죽은 사람을 불쌍히 여겨 슬퍼함, 憐愛연애 불쌍히 여김]

憐字는 '忄'+'粦'으로 구성된 글자로 忄은 心이고 粦은 隣이웃린이니 이웃에서 생각하는 마음이다. 故로 同病相憐동병상련, 병든 사람이 서로 불쌍히 여긴다 한다.

 불사를소/불놓을소

[燒却소각 태워버림, 燒滅소멸 태워 없앰, 燒紙소지 종이를 태움]

燒字는 '火'+'堯요임금요'로 구성된 글자로 堯火 즉 요임금 시절에 맹수를 몰아 내려고 山에 草木초목을 불사른 데서 온 글자다.

 불꽃염

[炎涼염량 덥고 서늘함, 炎陽염양 더운 볕, 炎天염천 더운 때]

炎字는 불꽃의 모양이다. 불 위에 불은 불꽃이고 아래의 불은 불이다.

 불붙을치

[熾盛치성 불길 같이 성함, 熾烈치열 불길 같이 맹렬함]

熾字는 '火'+'戠차진흙시'로 구성된 글자로 火는 火화고 戠는 識깃발치니 불이 깃발같이 활활 탄다는 뜻이다.

불취/부를취

[吹管취관 피리를 불음, 吹毛취모 털을 불어냄. 극히 쉬움을 뜻한 말, 吹入취입 불러들임]

吹字는 '口'+'欠하품흠'으로 구성된 글자로 口는 口고 欠는 입을 움직이는 모양이다.

 불화

[火車화차 불 끄는 차, 火光화광 불빛, 火災화재 불이 나는 재앙]

火字는 불이 타는 모양이다.

 붉을단/신약단/모란란

[丹毒단독 단 병, 丹砂단사 영사, 丹脣단순 붉은 입술, 丹心단심 붉은 마음]

丹字는 '丹'+'丶'로 구성된 글자로 丹은 약곽의 모양이고 丶는 둥근 알약의 모양이다. 붉은 알약을 곽 안에 넣은 모양을 한 것이 丹字다.

 붉을자

[紫葛色자갈색 붉은 갈색, 紫銅자동 붉은 구리, 紫石자석 붉은 돌, 紫霞자하 붉은 노을]

紫字는 '此'+'糸'로 구성된 글자로 此가 붙은 글자는 거의 음이 '자'로 되는데 氵가 붙으면 泚로 '맑을자'하고 ++가 붙으면 茈로 '풀자'하고 足이 붙으면 跐로 '밟을자'하는데 此는 음만 가져오고 뜻은 변에 있고, 이름을 지은 것은 제작 당시 상황이거나 제작한 분의 생각이다. 紫字도 위의 泚와 茈와 跐와 같은 식으로 지어진 글자다.

 붉을적

[赤脚적각 맨다리, 赤褐色적갈색 붉은 갈색, 赤貧적빈 아주 가난한 것, 赤子적자 갓 낳은 아기]

赤字는 正정 五色中오색중에 붉음의 表다.

 붉을주

[朱欄주난 붉은 난간, 朱明주명 여름의 별명, 朱砂주사 광물로 붉은 색으로 된 연한 돌인데 한방에서 약으로 씀]

朱字는 '人'+'木'으로 구성된 글자로 人은 칠하는 形容형용이고 木은 木이니 나무에다 人이리저리 칠을 해서 붉은 것이 朱다. 故로 漆朱칠주, 印朱인주라 한다.

이상 丹은 알처럼 생긴 것이 붉은 것이고 紫는 검붉은 것이고 赤은 붉은 정색이고 朱는 붉은색의 정색에 가까우나 칠한 것이다.

 붓필

[筆架필가 붓을 얹어 놓은 기구, 筆匣필갑 붓을 넣어두는 갑, 筆墨필묵 붓과 먹]

筆字는 '竹'+'聿'로 구성된 글자로 竹은 竹대죽이고 聿은 聿붓율이니 붓촉을 대에 맞춘 형이다.

 붙힐기/붙어살기

[寄居기거 남의 집에 빌붙어 살음, 寄稿기고 원고를 신문이나 잡지사에 보냄, 寄留기류 남의 집에 머물러 살음, 寄付기부 부탁함]

寄字는 '宀'+'奇'로 구성된 글자로 宀은 家가고 奇는 倚의지할의니 남의 집에 倚(의지)하였으니 寄다.

 부칠부/부탁할부

[付書부서 편지를 부침, 付送부송 부쳐 보냄, 付託부탁 남에게 부탁하여 맡김]

付字는 'イ'+'寸마디촌'으로 구성된 글자로 イ은 人이고 寸은 村마을촌이니 그 마을에 사는 사람에게 부탁해 부치는 것이다.

 붙일부/덧붙일힐부

[附加부가 붙여 더함, 附記부기 덧붙여 적음, 附設부설 덧붙여 시설함]

附字는 'ß'+'付줄부'로 구성된 글자로 ß는 어떠한 物體물체를 뜻한 것이고 付는 ß에다 붙이는 것이다. 故로 附記부기니 附庸國부용국이니 한다.

 붙일속/부탁할촉/붙이속

[屬文속문 글을 붙임. 글을 읽어서 토를 붙임, 屬官속관 장관에게 속하여 있는 관원, 屬國속국 매여있는 나라]

屬字는 '尸주검시'+'蜀촉규화촉'으로 구성된 글자로 尸는 바위 밑이나 처마 밑의 모양이고 蜀은 애벌레 집을 매달아 지은 모양이다. 故로 屬字는 附着부착의 뜻은 박하고 어느 소속이란 뜻의 글자다.

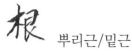

根 뿌리근/밑근

[根幹근간 뿌리와 줄기, 根據근거 시작의 원인, 根莖근경 뿌리와 줄기, 根本근본 뿌리]

根字는 '木'+'艮어긋날간'으로 구성된 글자로 木은 木이고 艮은 艮이니 나무의 뿌리란 뜻이다. 周易주역에 萬物만물이 艮에서 시작한다 하였으니 나무는 뿌리에서부터 시작이다.

本 뿌리본/근본본

[本家본가 본집, 本貫본관 본, 本文본문 주속을 한 글의 본문]

本字는 '木'+'一'로 구성된 글자로 木一이니 一이 나무 밑으로 가면 本이 되고 一이 위로 가면 未 끝이 된다.

이상 根은 시작의 뜻이 있고 本은 나무 밑이 뿌리란 뜻이다.

潑 뿌릴발/물고기펄펄뛸발

[潑剌발랄 고기가 물에 뛰는 모양, 潑墨발묵 먹을 뿌림, 潑潑발발 고기가 물에서 노는 모양]

潑字는 '氵'+'發'로 구성된 글자로 氵는 水고 發은 發쏠발이니 물을 날리니 뿌리는 것이다.

撒 뿌릴산

[撒袋산대 화살을 넣는 자루, 撒肥산비 비료를 뿌림, 撒水산수 물을 뿌림]

撒字는 '扌'+'散'으로 구성된 글자로 扌는 手수고 散은 散흩을산이니 손으로 헤치니 뿌리는 것이다.

播 뿌릴파/심을파

[播植파식 뿌려서 심음, 播種파종 씨를 뿌림]

播字는 '扌'+'番'으로 구성된 글자로 扌는 手고 番은 翻번이니 손을 뒤척뒤척 하는 것은 곡식을 심으려고 뿌리는 것이다.

이상 潑은 물을 뿌리는 것이고 撒은 가루나 알맹이를 뿌리는 것이고 播는 곡식을 심거나 뿌리는 것이다.

불을윤/윤택할윤

[潤氣윤기 윤이 나는 기, 潤色윤색 윤택이 나는 빛, 潤澤윤택 윤택]

潤字는 '氵'+'閏윤달윤'으로 구성된 글자로 氵는 水고 閏은 윤달이다. 윤달은 그 한 달이 불어나는 것이다. 故로 '불어날윤'하는 것이다.

 불을창/넘칠창

[漲水창수 물이 불어남, 漲溢 불어서 넘침]

漲字는 '氵'+'張'으로 구성된 글자로 氵는 水수고 張은 擴張확장의 뜻이다. 물이 크게 불어날 것을 漲이라 한다.

이상 潤은 불어서 윤기가 있거나 윤택한 것이고 漲은 불어서 넘치는 것이다.

 뿔각/다툴각

[角冠각관 도사가 쓰는 관, 角力각력 뿔의 힘. 힘을 서로 겨루는 것, 角立각립 서로 버티고 굴복하지 않음]

角字는 뿔의 모양이다.

 비단견

[絹帛견백 비단, 絹絲견사 비단 실, 絹布견포 비단과 베]

絹字는 '糸'+'肙장구벌레연'으로 구성된 글자로 糸는 織짤직이고 肙은 비단무늬다. 玉篇옥편에 繒如麥絹증여맥견 '비단의 무늬가 보릿대 같다'는 뜻이다.

 비단금

[錦囊금낭 비단 주머니, 錦繡금수 비단에 수놓은 것, 錦衣금의 비단 옷]

錦字는 '金'+'帛비단백'으로 구성된 글자로 금빛의 무늬로 짠 비단이다.

 비단단/신뒷측실하

[細緞세단 가늘게 짠 비단, 靑緞청단 푸른 비단]

緞字는 '糸'+'段'으로 구성된 글자로 糸은 명주실로 짠 비단이고 段은 조각이니 옷소매 끝에 달라붙은 것이 緞이다.

 비결결/이별결

[訣別결별 다시 못 만나는 이별, 訣飮결음 아주 이별하면서 마심]

訣字는 '言'+'夬'로 구성된 글자로 言은 言이고 夬은 央字에 한 쪽을 틔워 놓은 것이다. 마음속에 꼭 가지고 있다가 정처 없이 떠나갈 때, 죽을 때 가장 믿을 수 있는 사람한테만 터놓고 하는 말이 訣이다.

 비밀비/숨길비/신비할비

[祕訣비결 비밀로 말한 것]

祕字는 '示'+'必'로 구성된 글자로 示는 祀제사사고 必은 必要필요한 것이다. 옛날에 가난한 집이 조상에 제사 지내기 위해 필요한 것을 아이들 몰래 감추어 두었다가 제사에 썼다. 그것이 祕다. 祕와 祕는 같은 글자다.

 비교할교

[比較비교 비교]

較字는 '車'+'交'로 구성된 글자로 車는 軍車군차고 交는 交戰교전이니 軍이 교전할 때는 兩軍양군의 兵力병력을 비교한다.

 비방할방/나무랄방

[謗書방서 비방하는 글, 謗聲방성 비방하는 소리]

謗字는 '言'+'旁'으로 구성된 글자로 言은 言언이고 旁은 傍방이니 正面정면으로 하는 말이 아니고 곁으로 헐뜯어 말하는 것이다.

 비방할비

[誹謗비방 헐뜯는 것]

誹字는 '言'+'非'로 구성된 글자로 言은 言언이고 非는 非비니 아니라고 비방하는 말이니 謗字와 같이 쓴다.

 비석비

[碑閣비각 안에 비를 세워 놓은 집, 碑碣비갈 碑와 碣갈]

碑字는 '石'+'卑'로 구성된 글자로 낮은 돌이다. 옛날에는 낮은 돌을 墓의 앞에 세워 놓았다. 音이 비라 한 것은 碑以悲往事비이비왕사 즉, '비를 세워서 지나간 일을 슬퍼한다.'는 뜻이다.

 비유할비

[譬喩비유 비유]

譬字는 '辟임금벽'+'言'으로 구성된 글자로 辟는 避피할피고 言은 言언이니 바로 말하기를 피하고 비유해 말하는 것이 譬다.

 비록수/버례이름수

[雖然수연 비록, 그러나]

雖字는 '虽비록수'+'隹참새작'으로 구성된 글자로 虽는 强강할강이고 隹는 進나아갈진이니 강하게 나아가는 것이다. 雖字는 轉折辭전절사로서 비록 강하게 나아갈지라도 '아무리', '그러나', '비록'의 뜻은 隹에 있으니 誰누구수의 뜻이 있고 누군가를 겨냥해 지어졌다.

 비칠영/빛날영

[映射영사 비춰서 쏘는 것, 映寫機영사기 영사하는 기계, 映山紅영산홍 산을 비추어 붉음, 映畵영화 비친 그림]

映字는 '日'+'夬'으로 구성된 글자로 日은 日일이고 夬은 水中央수중앙이니 해 그림자가 水中央에 들어 비친 것이 映이다. 映은 햇살이 내리쬐는 것이 아니고 해의 그림자가 물이나 거울에 비친 것이 映이다.

 비칠조/빛날조

[照鑑조감 대조하여 봄, 照空조공 공중을 비춤, 照明조명 비추어 밝음, 照律조율 법률에 비추어]

照字는 '昭'+'灬'으로 구성된 글자로 昭는 昭밝을소고 灬는 火화니 불을 비추어 밝게 하는 것이다.

이상 映은 밝은 물체에 물체가 비치는 것이고 照는 밝은 빛이 물체에 비치는 것이다.

비길의/흡사할의

[擬古의고 옛 風풍을 모방함, 擬作의작 모방하여 만듦, 擬裝의장 행장을 함]

擬字는 '扌'+'疑'로 구성된 글자로 扌는 手고 疑는 疑의심할의니 솜씨가 의심스럽다. 남의 것과 똑같다는 뜻이다. 故로 擬作의작이라 한다.

 비추

[帚掃추소 비로 쓸음

帚字는 비의 모양이다.

 비혜/혜성혜

[彗星혜성 별 이름, 彗字혜패 혜성]

彗字는 '非'+'크'로 구성된 글자로 非는 비의 모양이고 크는 손으로 비를 잡은 것이다. 혜성은 꼬리가 비 같다 하여 지어진 이름이다.

 비낄횡/가로횡/거스를횡

[橫斷路횡단로 가로로 끊어진 길, 橫隊회대 대열을 가로함]

橫字는 '木'+'黃누를황'으로 구성된 글자로 木은 木이고 黃은 大니 큰 나무는 들보로 쓰인다. 들보는 가로로 놓였으므로 橫이다.

 비우/비올우

[雨脚우각 빗발, 雨季우계 비가 많이 오는 계절, 雨露우로 비와 이슬, 雨師우사 비 내리게 하는 神신]

雨字는 비 오는 모양이다.

 비뚤와/입비뚤와

[喎斜괘사 입이 비뚤어 턱이 쓸림]

喎字는 咼입비뚤어질와와 같다. '口'+'咼'로 구성된 글자로 口는 口고 咼는 過지날과니 입이 한쪽으로 지나가니 입이 비뚤다.

빈소빈/염할빈

[殯宮빈궁 발인할 때 까지 임금의 관을 안치하는 곳, 殯所빈소 죽은 사람의 혼백을 모신 곳]

殯字는 '歹'+'賓손빈'의 구성된 글자로 歹은 死사고 賓은 賓빈이니 죽은 시체를 손 같이 모시는 곳이 殯이다.

 빌릴가/빌가/거짓가/가령가/틈가/아득할하

[假家가가 임시로 지은 집, 假建物가건물 임시로 세운 건물, 假契約가계약 정식 계약을 맺기 전에 임시로 맺은 계약]

假字는 'イ'+'叚빌가'로 구성된 글자로 イ은 借빌차고 叚는 遐멀하니 먼데의 것을 빌려다 하는 말이나 행동이다. 故로 假令가령이라 한다.

 빌기

[祈穀기곡 농사가 잘 되기를 빎, 祈禱기도 기도함, 祈雨기우 비가 오기를 빎]

祈字는 '示'+'斤'의 구성된 글자로 示는 神신이고 斤은 企기니 企의 音과 뜻을 가져다 쓴 글자다. 祈는 무언가 바라는 마음으로 비는 것이다. 故로 祈願기원이라 한다.

 빌도

[禱厄도액 액을 빎]

禱字는 '示'+'壽'로 구성된 글자로 示는 神이고 壽는 壽목숨수니 오래 살도록 해 달라고 비는 것이 禱다. 故로 누가 병들어 앓고 있던지 무슨 액이 있을 때 비는 것이 禱다.

祝 빌축/축문주

[祝文축문 제사 지낼 때 읽는 글, 祝福축복 복을 빎]

祝字는 '示보일시'+'兄형'으로 구성된 글자로 示는 祈빌기고 兄은 나 외에 兄형이 잘 되기를 비는 것이다.

이상 祈는 내가 잘 되길 빌어 바라는 것이고 禱는 액을 비는 것이고 祝은 남을 축복하는 것이다.

빌대/빌릴대

[貸與대여 빌려줌, 貸用대용 빌려 씀, 貸出대출 빌려주어 지출함]

貸字는 '代대신할대'+'貝조개패'로 구성된 글자로 代는 代대고 貝는 財재물재니 재산이나 돈을 本人본인이 아니고 다른 사람이 대신 쓸 수 있도록 빌려주는 것이 貸다.

 빌릴차

[借力차력 힘을 빌림, 借用차용 빌려 씀, 借作차작 남이 지은 글을 빌림]

借字는 'ㅇ'+'昔옛석'으로 구성된 글자로 昔人석인이니, 옛 사람은 物資물자가 貴귀하여 서로 빌려주고 빌려 썼다.

이상 貸는 빌려주는 것이고 借는 빌리는 것이다.

 빛광

[光景광경 상태, 경치, 光力광력 빛의 힘, 光名광명 빛난 이름, 光陰광음 세월]

光字는 빛의 모양이다.

 빛날료

[曜日요일, 週日주일 七曜칠요에 曜를 이르는 말]

曜字는 '日'+'翟꿩적'으로 구성된 글자로 日은 朝日조일이고 翟은 躍뛸약 또는 濯씻을탁이니 아침 해가 씻은 듯이 떠올라 빛나는 것이 曜다.

 아침해욱

旭字는 '九'+'日'로 구성된 글자로 九는 丸알환이고 日은 日字 그대로다. 丸은 둥근 것인데 해가 둥글게 하늘에 솟아올랐으니 구름 한 점 없이 빛났다는 뜻이다.

 빛날창/밝을창/나타날창

[彰明창명 빛나면서 밝음, 彰善창선 남의 착한 것을 드러냄]

彰字는 '章글장'+'彡터럭삼'으로 구성된 글자로 章은 文章문장이고 彡은 彩무늬채니 비단에다 文문을 그린 것을 文章이라 하고 章에다 채색한 것을 彰이라 한다. 채색을 하면 더 빛나고 나타난다.

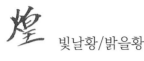 빛날황/밝을황

[煌煌황황 황황은 소리, 불이 황황 타면서 빛난 모양]

煌字는 '火'+'皇'으로 구성된 글자로 火는 火화고 皇은 항이니 불이 황황 타오르며 밝은 것이다. 밤의 횃불을 뜻한다. 故로 煌煌火城황황화성이라 한다.

 빛날휘/지질훈/붉을흔/해무리운

[煇煇휘휘 빛난 모양]

煇字는 '火'+'軍'의 구성된 글자로 火는 光광이고 軍은 揮빛날휘니 빛나는 것이 움직이는 모양이다.

이상 曜는 햇살이 빛나는 모양이고 旭은 日光이 빛난 것이고 彰은 빛내는 것이고 煌은 불이 빛나는 것이고 煇는 밝은 빛이 움직이는 모양이다.

 사이간/이간할간

[間隔간격 물건과 물건 사이의 거리, 間隙간극 사이 틈, 間食간식 사이 밥]

間字는 '門'+'日'로 구성된 글자로 문틈에 햇빛이 들어오니 사이다.

 사건건

[件件건건 건 마다, 件名건명 사건의 이름, 件數건수 사건의 수]

件字는 'ㅓ'+'牛'의 구성된 글자로 人家인가의 소다. 또는 ㅓ은 남이고 牛는 소, 남의 소다. 옛날에 소는 民間민간에 重要중요한 물건이고 사건이 소로 인해 일어난다. 팔고 사고 民家에 큰 몫을 하는 재산이다. 故로 닭을 훔친 것은 件이 안 되어도 소를 훔친 것은 事件사건이 되었다.

 사귈교

[交感교감 서로 접촉하여 느낌, 交結교결 사귀어 정을 맺음, 交代교대 번갈아 대신함, 交易교역 서로 바꿈

交字는 夫婦交合부부교합의 形형이다. 交는 사귀는 것이다. 사귀는 것은 物과 物물이 서로 만나는 것이다. 男과 男남이 서로 만나는 것도 사귀는 것이고 女와 女녀가 서로 만나는 것도 사귀는 것이다. 그러나 男女가 서로 만나는 것이 진짜 사귀는 것이고 男女가 서로 交合

하는 것이 바로 交다.

 사내남/아들남

[男女남녀 남자와 여자, 男兒남아 남자 아이, 男丁남정 십오세 이상 된 남자]

男字는 '田'+'力'으로 구성된 글자로 田力전력이니 男子는 밭에서 힘써 일한다는 뜻으로 된 글자다.

 사내랑/벼슬이름랑

[郞君낭군 남편, 郞材낭재 신랑감]

郞字는 '良'+'阝'으로 구성된 글자로 良은 다 큰 사람이고 阝은 邨마을촌이니 마을에서 다 큰 남자로 아내를 둔 사람이 郞이다.

이상 男은 남자의 통칭이고 郞은 장가간 남자란 말이다.

 사로잡을로

[虜掠노략 사람을 사로잡고 재물을 약탈함, 虜獲노획 적을 사로잡음]

虜字는 '虎'+'男'으로 구성된 글자로 虎는 虎호고 男은 男이 아니고 호랑이를 사로잡는 도구다. 호랑이를 죽이려면 칼이나 창이 있어야 하는데 창, 칼 대신 田 자와 같이 망에 걸린 호랑이니 사로잡은 것이다.

 사슴록

[鹿角녹각 사슴의 뿔, 鹿鳴녹명 사슴의 울음, 鹿茸녹용 사슴의 새로 돋은 연한 뿔]

鹿字는 '广'+'㣮'으로 구성된 글자로 广는 바위 언덕이고 㣮은 사슴이 바위 밑에 누워있는 形이다.

 사막막/멀막/아득할막

[漠漠막막 아득한 모양]

漠字는 '氵'+'莫'으로 구성된 글자로 氵는 沙사고 莫은 大니 크고 넓은 沙漠이란 뜻으로 된 글자다.

사나울맹/날랠맹

[猛擊맹격 무섭게 침, 猛犬맹견 무서운 개, 猛浪맹랑 무서운 물살, 猛虎맹호 무서운 호랑이]

猛字는 '犭'+'孟맏맹'으로 구성된 글자로 犭은 獸짐승수고 孟은 大니 큰 짐승은 사납고 무섭다.

 사모모/생각할모

[慕心모심 사모한는 마음, 慕悅모열 사모해 기뻐함]

慕字는 '莫'+'小'으로 구성된 글자로 莫은 莫重막중이고 小은 心이니 크게 생각하는 마음이니 慕다.

 사사사

[私憾사감 사사로운 감정, 私談사담 사적인 말, 私事사사 사적인 일]

私字는 '禾'+'厶사사사'로 구성된 글자로 禾는 禾벼화고 厶는 둥글지 않고 귀가 나있는 모양이다. 둥글면 公공이고 귀나면 私다. 禾는 먹는 곡식으로 '○' 이와 같이 둥글게 고르게 해야지 '△' 이와 같이 귀가 나니 공이 아니고 사다.

 사기사/역사사

[史家사가 사기를 쓰는 사람, 史庫사고 사기를 두는 곳집, 史蹟사적 역사의 자취, 史冊사책 역사 책]

史字는 '口'+'乂벨예'로 구성된 글자로 口는 冊책이고 乂는 책에다 글을 쓰는 形容형용이다.

 사양양/꾸짖을양

[讓渡양도 남에게 넘겨줌, 讓步양보 남에게 미룸, 讓與양여 사양하여 넘겨줌]

讓字는 '言'+'襄도울양'으로 구성된 글자로 言은 言이고 襄은 禮예리니 辭讓사양하는 것은 禮다. 故로 辭讓之心사양지심은 禮之端예지단이라 하였다.

이상 辭는 받지 않는 것이고, 讓은 겸손한 것이다.

 사치사

[奢侈사치 사치]

奢字는 '大'+'者'로 구성된 글자로 大는 大고 者는 者자니 큰 것만 찾으니 사치다.

 사치치

侈字는 '亻'+'多'로 구성된 글자로 亻은 佩찰패고 多는 多다니 佩物패물을 많이 가지면 사치다.

이상 奢와 侈는 같이 있어야 單語단어가 구성된다.

 사례사

[謝禮金사례금 사례로 주는 돈, 謝恩사은 은혜에 대하여 표하는 예, 謝絶사절 사례하여 끊음]

謝字는 '言'+'射'로 구성된 글자로 言은 言언이고 射는 '쏠사'이다. 옛날에 활을 쏘는데, 활을 쏘아서 맞히면 맞히지 못한 사람이 사례하고 맞히지 못한 사람은 벌주를 마시는 예절이 있다.

 사당사/봄제사사

[祠壇사단 제단과 같음, 祠堂사당 신주를 모신 집, 祠宇사우 사당집]

詞字는 '示보일시'+'司맡을사'로 구성된 글자로 示는 神신신이고 司는 嗣이을사니 嗣는 아들 두는 것을 嗣라 하는데 周禮주례에 求福曰禱구복왈도 즉 빌어서 복을 구하는 것을 가로대 禱빌도라 하고 求嗣曰祠구사왈사 즉 자식을 두려고 비는 것을 祠라 하였다.

 사당묘

[廟見묘현 사당을 뵙고 참배하는 것, 廟食묘식 사당에 모시게 됨]

廟字는 '广'+'朝아침조'로 구성된 글자로 广는 집이고 朝는 朝廷조정이다. 옛날에 朝廷에 일이 있으면 사당제사를 지내고 朝廷에서 의논하였다. 故로 朝가 붙은 것이다.

이상 祠는 神신 또는 조상 제사를 지내는 집이고 廟는 조상을 모신 집이다.

 사랑애/아낄애

[愛敬애경 사랑하고 공경함, 愛國애국 나라를 사랑함, 愛育애육 사랑해 기름]

愛字는 '爫손톱조'+'冖덮을멱'+'心마음심'+'夊뒤져서올치'로 구성된 글자로 爫는 手고 冖은 覆뒤집힐복, 心은 仁心인심이고 夊는 抱안을포니 사랑은 天地父母천지부모로부터 나온다. 父母의 어진 마음으로 만져주고 덮어주고 안아주는 것이 愛다. 이것이 仁에서 발생하는 愛다.

사랑할총/영화로울총

[寵嘉총가 사랑하고 착하다함, 寵光총광 은총을 입은 영광, 寵臣총신 사랑하는 신하]

寵字는 '宀'+'龍용용'으로 구성된 글자로 宀은 家가고 龍은 龍용이니 집 안에 龍이란 뜻이다. 세상 사람이 龍을 별달리 생각하듯이 별달리 사랑하는 것을 寵이라 한다.

 사람인/남인

[人間인간 사람이 사는 지구촌, 사람, 人格인격 사람 됨됨이, 人倫인륜 사람의 윤리, 人生인생 사람]

人字는 사람이 서 있는 모양이다.

 사위서

[壻郎서랑 사위, 翁壻옹서 장인과 사위, 同壻동서 같은 사위]

壻字는 '士'+'胥서로서'로 구성된 글자로 士는 土니 장가 간 남자를 뜻한 글자고 胥는 서로 서字로 남자끼리 서로 부르는 호칭이면서 사위서字가 된 것이다.

 사위서

이 글자는 壻와 뜻이 같다. 但단, 남자 사위니'동서'가 맞는 말인데 여자 며느리니까'동부' 해야 되는데 그저 남자들 하는 대로 쉽게'동서'한다.

 사지지/팔다리지

[肢幹지간 손, 발과 몸, 四肢사지 손, 발]

肢字는 '月'+'支'의 구성된 글자로 月은 體몸체고 支가지지는 가지니 몸체가 아니고 팔 다리 四肢사지다.

 산등성이강/뫼강

岡陵강릉 岡과 陵이니 岡은 산등성이고 陵은 작은 산이다.
岡巒강만 岡과 巒이니 岡은 산등이고 巒은 산봉우리다.
岡字는 산등성이의 모양이다.

산험할구

[嶇路구로 험한 길]

嶇字는 '山'+'區지경구'로 구성된 글자로 갈라진 산이니 험하다.

 산길험할기

[崎嶇기구 산길이 험한 모양]

崎字는 '山'+'奇'로 구성된 글자로 산이 奇異기이하니 平坦평탄하지 않다.

이상 嶇字와 '崎'는 같이 써야 단어 구성이 된다. 崎嶇기구

 산놓을산/줏가지산

[算命산명 운명을 점침, 算木산목 산가지, 算法산법 셈하는 법]

算字는 '竹'+'目'+'++'로 구성된 글자로 옛날에 산가지로 算셈산 놓던 形容형용과 뜻이다. 竹은 대나무로 만든 산가지고 目은 算目산목이고 ++는 左右좌우로 놓는 形容이다.

 사냥수/순행수

[狩獵수렵 사냥, 狩田수전 사냥]

狩字는 '犭'+'守'로 구성된 글자로 犭은 犬개견이고 守는 守지킬수니 사냥을 하는데 개를 이끌고 목을 지킨다.

 사냥렵

[獵區엽구 사냥하는 구역, 獵夫엽부 사냥하는 사람, 獵銃엽총 사냥하는 총]

獵字는 '犭'+'巤목갈길렵'로 구성된 글자로 犭은 猫고양이묘고 巤는 鼠쥐서니 고양이가 쥐를 사냥하는 것이 글자로 된 것이다.

 살거/늘있을거/거할거/어조사거

[居民거민 사는 백성, 居士거사 벼슬하지 않고 집에 있는 선비]

居字는 '尸'+'古'로 구성된 글자로 尸는 屋집옥이고 古는 古고니 居는 그곳에서 생활

하는 것을 뜻한다. 故로 잠깐이 아닌 뜻으로 古字가 붙은 것이다. 故로 어디 가서 더디 오면 농담으로 '아주 살아라'고 한다.

 살활/물괄괄흐를괄

[活氣활기 살아서 움직이는 기운, 活動활동 살아서 움직임, 活力활력 살아서 움직이는 힘, 活人활인 사람을 살림]

活字는 'ⅰ'+'舌'로 구성된 글자로 ⅰ는 水수니 물은 움직이는 것이고 舌은 혀니 혀는 말할 때 움직인다. 움직이는 것을 活이라 한다.

이상 居는 살림하면서 한곳에 머물러 있는 것이고 生은 살아있는 것이고 活은 生活생활하는 것이다.

 살구

[購讀구독 서적이나 잡지를 사서 읽음, 購買구매 물건을 사들임]

購字는 '貝조개패'+'冓짤구'의 구성된 글자로 貝는 財재물재고 冓는 물건을 쌓아두는 기구다. 돈으로 물건을 구해 사는 것이 購다.

 살매

[買價매가 사는 값, 買氣매기 사려는 '人氣인기', 賣買매매 사고 팜]

買字는 '罒'+'貝'로 구성된 글자로 罒은 网망이고 貝는 財재니 재산을 거둬 들이는 것은 사는 것이다. 网은 거둔다는 뜻이다.

이상 購는 장삿 속으로 사는 것이고 買는 돈이 있으니 사는 것이다.

 살부/클부

[膚肌부기 살, 膚淺부천 생각이 얕음, 膚寸부촌 얼마 되지 않는 길이, 膚는 손가락 네 개를 나란히 한 길이고 寸은 손가락 한 마디 길이다.]

膚字는 '虍호피무늬호'+'胃밥통위'로 구성된 글자로 虍는 虎범호고 胃는 胃위니 호랑이 위는 살로 되었다.

 살찔비

[肥大비대 살찌고 큼, 肥鈍비둔 살이 쪄 둔함, 肥沃비옥 땅이 기름짐]

肥字는 '月'+'巴땅이름파'로 구성된 글자로 月은 肉고기육이고 巴는 巴蛇파사니 巴蛇는 열대지방에 사는 큰 뱀으로 코끼리를 삼킬 정도로 큰 뱀이므로 살이 찐 상태다.

矢 살시/곧을시

[矢口시구 마음대로 지껄임, 矢心시심 마음속으로 맹세함]

矢字는 화살의 모양이다.

査 살필사/조사할사/사돈사/아기위사

[査頓사돈 사돈, 査閱사열 조사하여 하나 하나 뒤져봄, 査滓사재 찌끼]

査字는 '木'+'且또차'로 구성된 글자로 木은 木이고 且는 且니 査는 果木과목으로 나무를 베어도 또 움이 나서 큰다. 故로 且가 붙은 것이다. 轉하여 '살필사' 하기도 하고 '사돈사' 하기도 한다.

省 살필성/볼성/덜생

[省墓성묘 묘를 살핌, 省略생략 간략하게 덜음]

省字는 '少'+'目'으로 구성된 글자로 少는 少소고 目은 科目條目과목조목의 뜻이다. 科目條目을 적게 하니 '덜생'하고 '살필성'하는 것은 少를 隙틈극으로 보아 틈나는 대로 살펴보는 것이다.

審 살필심

[審理심리 이치를 살핌, 살펴서 처리함, 審査심사 조사함]

審字는 '宀'+'番갈마들번'으로 구성된 글자로 宀는 官벼슬관이고 番은 翻날번(뒤집다)이니 官에서 문서를 뒤져가면서 살피는 것이다. 故로 審査심사, 審判심판에 많이 쓰이는 글자다.

察 살필찰/밝힐찰/깨끗할찰

[察色찰색 빛을 살핌]

察字는 '宀'+'祭제사제'로 구성된 글자로 宀은 官관이고 祭는 祭제니 祭祀제사 지낼 때에는 초헌관이 차린 제물을 살펴본 다음에 제사를 지낸다.

이상 査는 조사하려고 살피는 것이고 省은 살펴 문안드리는 것이고 審은 자세히 살피는 것이고 察은 잘 되었나 살피는 것이다.

삼갈근/공경할근

[謹啓근계 삼가 열음, 謹告근고 삼가 고함, 謹封근봉 삼가 봉함]

謹字는 '言'+'菫제비꽃근'으로 구성된 글자로 言은 言언이고 菫은 僅겨우근이니 말을 겨우 한다. 말을 겨우 하는 것은 삼가 조심하는 것이다.

 삼갈신

[愼戒신계 삼가고 경계함, 愼獨신독 홀로를 삼감]

愼字는 '忄'+'眞참진'으로 구성된 글자로 忄은 心이고 眞은 眞진이니 참된 마음은 삼가서 허물없는 것이다.

이상 謹은 말조심 하는 것이고 愼은 마음의 경계다. 그러나 謹과 愼은 뜻이 같다. 朱子以前주자이전에는 愼字를 主주로 썼고 朱子以後주자이후에는 謹字를 主로 썼다.

 새길각/시각각

[刻苦각고 몸이 괴로움, 刻骨각골 뼈에 새김, 刻本각본 판에 새겨 찍은 책, 刻字각자 글자를 새김]

刻字는 '亥돼지해'+'刂칼도'로 구성된 글자로 亥는 새긴 모양이고 刂은 刀칼도니 새기자면 칼이 있어야 함으로 刂가 붙은 것이다.

 새길간

[刊本간본 간행본, 刊行간행 찍어 냄]

刊字는 '干방패간'+'刂'로 구성된 글자로 干은 새긴 모양이고 刂는 刀니 칼로 새긴 것이다.

 새길명

[銘肝명간 간에다 새김]

銘字는 '金'+'名이름명'으로 구성된 글자로 金은 金石금석이고 名은 名명이니 이름을 金石에다 새기는 것이다.

 새길조

[彫刻조각 모형을 새김, 彫像조상 형상을 새김, 彫牆조장 조각을 한담]

彫字는 '周두루주'+'彡터럭삼'으로 구성된 글자로 周는 周주고 彡은 形모양형이니 物形을 새기는 것이 彫다.

이상 刻은 나무에 새기는 것이고 銘은 金石에다 새기는 것이고 刊은 刊行物이니 干單이 새기는 것이고 彫는 物形을 쪼아 새기는 것이고 物形을 만드는 것이다.

 새봉/봉황새봉

[鳳鸞봉난 봉황과 난조, 鳳德봉덕 성인의 덕, 鳳舞봉무 봉이춤 춤, 鳳凰봉황 봉황새]

鳳字는 '凡'+'鳥새조'로 구성된 글자로 凡은 風풍이고 鳥는 鳥조니 鳳은 聖風성풍을 타고 나온다. 故로 鳳은 聖人성인의 시대가 아니면 나오지 않는다.

 새조

[鳥罟조고 새 그물, 鳥路조로 새 길, 鳥籠조롱 새 장]

鳥字는 새 모양이다.

 새추

隹字는 꽁지 짧은 새 모양이다.

 새학/학학

[鶴唳학려 학의 울음, 鶴髮학발 학의 털, 鶴壽학수 학의 수]

鶴字는 '崔추추'+'鳥새조'로 구성된 글자로 崔은 鶴학의 긴 목과 짧은 꼬리의 모양이고 鳥는 새니 목이 길고 꼬리가 짧은 새라는 뜻이다.

 새황/암봉황새황

[凰求鳳황구봉 암봉이 숫봉을 구함]

凰字는 '几안석궤'+'皇임금황'으로 구성된 글자로 几은 鳳봉새봉이고 皇은 크다는 뜻이다.

이상 鳳은 수컷 봉이고 凰은 암컷 봉이다. 봉황새는 큰 새다.

 새신/새로울신

[新墾신간 새로 개간함, 新舊신구 새것과 옛것, 新郎신낭 신낭, 新月신월 새로운 달]

新字는 '亲친할친'+'斤도끼부'로 구성된 글자로 亲은 立木이니 심은 나무고 斤은 斬뻴참이니 묵은 나무를 베어내고 새로 심은 것이니 새롭다. 故로 가장 새로운 것을 斬新참신이라 한다.

 새벽신

[晨鷄신계 새벽 닭, 晨光신광 새벽 빛]

晨字는 '日'+'辰지지진'으로 구성된 글자로 日은 夙새벽조고 辰은 辰진이니 說文설문에 이른 아침 별을 모두 辰이라 하였다.

 새벽효/깨달을효

[曉得효득 깨달아 알음, 曉色효색 새벽 빛, 曉星효성 새벽 별]

曉字는 '日'+'堯요임금요'로 구성된 글자로 日은 日이고 堯는 해가 솟아오르는 모양이다.

이상 晨은 새벽 별이 여기저기 있을 때고 曉는 새벽 별이 없어지고 해가 地上지상에 떠오를 무렵이다.

 샐루/집서북모퉁이루

[漏刻누각 물 시계, 漏鼓누고 시각을 알리기 위하여 치는 북, 漏落누락 기록에 빠짐]

漏字는 'ㅛ'+'尸'+'雨'로 구성된 글자로 尸는 屋집옥이고 ㅛ는 水수고 雨는 雨우니 비가 와서 물이 집 아래 있으니 새는 것이다.

 샐설/날개훨훨칠예

[泄氣설기 기가 빠짐, 泄露설로 탈로 남, 泄瀉설사 물똥 싸는 것]

泄字는 'ㅛ'+'世세상세'로 구성된 글자로 ㅛ는 漏샐루고 世는 世니 비밀이 세상에 새어 나가는 것이 泄이다. 故로 天機漏洩천기누설이라 한다.

 샘천/돈천/칼이름천

[泉石천석 샘물과 돌, 泉水천수 샘물, 泉華천화 돈]

泉字는 '白'+'水'로 구성된 글자로 희고 깨끗한 물이니 샘이다.

생각려/염려할려

[慮外려외 염려하던 밖, 考慮고려 생각해봄]

慮字는 '虍'+'思'로 구성된 글자로 虍는 處곳처고 思는 思생각사니 앞으로 處世처세를 어떻게 할까 생각하는 것이 慮다.

 생각련/사모할련

[戀慕연모 사모함, 戀愛연애]

戀字는 '䜌'+'心'으로 구성된 글자로 䜌은 無變무변이고 心은 慕그리워할모니 변함없이 늘 생각하는 것이 戀이다.

 생각사/어조사사/의사사

[思考力사고력 생각하는 힘, 思顧사고 생각하여 돌아봄, 思慕사모 그리워함]

思字는 '田'+'心'으로 구성된 글자로 田은 田전이고 心은 心심이니 田에는 여러 가지 곡식을 심을 수 있고 여러 가지 풀이 난다. 思는 마음의 밭이니 생각의 총칭이다.

 생각상/생각할상

[想像상상 형상을 생각으로 함, 想像力상상력 상상하는 힘]

想字는 '相'+'心'으로 구성된 글자로 相은 相서로상이고 心은 思생각할사다. 서로의 독특한 생각이다. 故로 思想이란 文句문구가 붙는다. 想은 相對性상대성이 있는 생각이다.

 생각억/기억할억

憶字는 '忄'+'意'로 구성된 글자로 忄은 心이고 意는 臆가슴억이니 마음이 항상 가슴에 있다. 故로 記憶기억이라 한다.

 생각념

[念慮염려 걱정하는 것]

念字는 '今'+'心'으로 구성된 글자로 今이제금은 含머금을함이고 心은 心이니 마음먹고 있는 것이 念이다.

이상 慮는 염려하는 것이고 思는 생각하는 것이고 戀은 그리워하는 것이고 想은 정신적인 생각이고 憶은 있지 않고 생각하는 것이고 念은 마음먹고 있는 것이다.

 상고할고/늙은이고/죽은아비고

[考檢고검 상고하여 검사함, 考古고고 옛 것을 상고함, 考慮고려 생각해봄]

考字는 老字와 비슷하다. 늙어 오래 산 것, 죽은 아버지를 考라 한다. 돌아가시면 그분의 행적을 상고한다. 故로 考古고고라 한다.

 상자람/들바구니람

[籃球남구 농구의 중국식 표기]

籃字는 '竹'+'監볼감'으로 구성된 글자로 竹은 竹죽이고 監은 覽볼람인데 대로 만든 상자가 조밀하지 않아 속이 어른어른 보임을 뜻한 글자다. 故로 監이 붙은 것이다. 襤字를 '누더기람'하는 것도 속살이 보인다는 뜻이다.

 상자롱/농농/다랫기롱

[籠球농구 구기의 한 가지, 籠絡농락 남을 속여 가지고 놀음]

籠字는 '竹'+'龍용용'으로 구성된 글자로 竹은 竹죽이고 龍은 구불구불 얽어 만든 것이 龍 같다는 뜻이다.

 상자상/곳집상

[箱子상자 대로 만든 그릇]

箱字는 '竹'+'相'으로 구성된 글자로 竹은 竹죽이고 相은 相상인데 대나무를 서로 얽어 만든 상자다.

 상자협

篋字는 '竹'+'匧상자협'으로 구성된 글자로 竹은 竹죽이고 匧은 狹좁을협이니 대로 만든 좁고 긴 상자다. 大曰箱대왈상 큰 것은 狹而長曰篋협이장왈협이라 하고 좁고 긴 것은 篋이다.

 상줄상/구경할상

[賞功상공 공을 상 줌, 賞金상금 상으로 주는 돈, 賞狀상장 상으로 주는 증서]

賞字는 '尚'+'貝'로 구성된 글자로 尚은 尚오히려상(높다, 높이다)이고 貝는 財재물재니 功 있는 분에게 주는 돈이다. 돈을 주되 높이 받들고 칭찬하여 주는 것이니 尚貝상패, 즉 재물을 올려 높여 주니 賞상이다.

 상사상/죽을상/잃을상

[喪家상가 상사난 집, 喪故상고 상사난 일, 喪服상복 상사 때 입는 옷, 喪失상실 잃어버림]

喪字는 喪服상복의 모양이다.

 상상/걸상상

[床頭상두 상머리, 床榻상탑 걸상 침대 같은 것]

床字는 牀字의 略약字다. 아래 牀에 보라.

 평상상

牀字는 '爿나뭇조각장'+'木'으로 구성된 글자로 爿木 즉 나무 조각으로 된 것인데 침대 같은 것이다.

 상서상

[祥光상광 상서로운 빛, 祥夢상몽 상서로운 꿈, 祥瑞상서 상서로움]

祥字는 '示보일시'+'羊양양'으로 구성된 글자로 示는 福복복이고 羊은 羊양인데 羊字가 붙은 글자는 거의 吉길한 것으로 되었다.

 상서서

[瑞光서광 상서로운 빛, 瑞氣서기 상서로운 기, 瑞夢서몽 상서로운 꿈, 瑞雲서운 상서로운 구름]

瑞字는 '王'+'耑시초단'으로 구성된 글자로 王은 玉이고 耑은 端바를단이니 端玉단옥이 瑞다. 瑞玉은 상서로운 光이 난다.

 상점점

[店幕점막 막처놓고 상점차림, 店房점방 상점방, 店鋪점포 가계]

店字는 '广'+'占'의 구성된 글자로 广은 집이고 占은 점치는 것이다. 이 글자는 原원占人점인이 집을 거리에 지어 놓고 오고 가는 사람의 占을 쳐 주던 곳인데 사람이 많이 모여들어서 물건도 팔았으므로 店이 '상점점'으로 된 것이다.

 싸움전/떨전

[戰車전차 싸움차, 戰果전과 싸워서 이긴 성과, 戰略전략 작전 계획]

戰字는 '單홀단'+'戈창과'로 구성된 글자로 單은 방패고 戈는 창이니 방패 들고 창 들었으니 싸우는 것이다.

 싹묘/이삭묘

[苗床묘상 모를 기르는 곳, 苗木묘목 묘목, 苗板묘판 모를 기르는 모자리 판]

苗字는 '++'+'田'으로 구성된 글자로 ++는 草초고 田은 田전이니 밭에 처음 난 풀의 싹이다.

 싹아

[芽甲아갑 처음 난 싹의 껍질, 芽生아생 싹이 남]

芽字는 '++'+'牙어금니아'로 구성된 글자로 ++는 草초고 牙는 牙(어금니)니 풀이 씨앗에서 어금니처럼 나오는 깃이 芽다.

 쌀미

[米穀미곡 쌀과 곡식, 米飮미음 쌀죽, 米廛미전 쌀전]

米字는 쌀의 모양이다.

 쌀포

[包括포괄 다 싸잡아, 包袋포대 포대, 包羅포라 한데 쌈, 包攝포섭 안아드림]

包字는 꾸려서 싸는 形容형용이다.

 쌓을저

[貯穀저곡 곡식을 저장함, 貯金저금 돈을 모아둠, 貯水저수 물을 모아둠, 貯藏저장 쌓아서 간직함]

貯字는 '貝조개패'+'宁쌓을저'로 구성된 글자로 貝는 財物재물이고 宁는 집안 장정이다. 가을에 벼 가마니를 집안 장정을 시켜 창고에 저장한다.

 쌓을적

[積穀적곡 곡식을 쌓음, 積金적금 모은 돈, 積德적덕 덕을 쌓음]

積字는 '禾'+'責꾸짖을책'으로 구성된 글자로 禾는 禾화고 責은 績실낳을적이니 공적 벼는 거두어서 비 오기 전에 쌓아야 공을 이룬다.

 쌓을축

[蓄力축력 힘을 쌓음, 蓄財축재 자산을 쌓음]

畜字는 '++'+'畜쌓을축'의 구성된 글자로 ++는 草초고 畜은 家畜가축이다. 가축이 있고 풀이 많으니 재산이 蓄積축적된다. 故로 蓄이다. 蓄은 먹여 키워서 쌓는 것이다.

이상 貯는 穀物을 쌓는데 주로 쓰이고 積은 벼를 털기 전에 쌓는 뜻이고 蓄은 재산을 늘리는 것이다.

 서울경

[京畿경기, 京都경도, 京城경성, 京兆경조 서울]

京字는 높은 모양이다.

 서옥규

[圭角규각 '圭玉'의 모서리, 圭璋규장 구슬]

圭字는 서옥의 모양이다. 圭玉은 上圓下方상원하방 귀는 둥글고 아래는 모진 서옥인데 서기가 난다. 글자의 그은 획은 서광이다.

 서늘할량

[涼氣양기 서늘한 기운, 涼秋양추 서늘한 가을, 涼風양풍 서늘한 바람]

涼字는 '氵'+'京서울경'으로 구성된 글자로 氵는 雨우고 京은 京경이니 서울에 비가 왔으니 서늘하다. 京字를 붙인 것은 일기 보도를 서울에서 하기 때문이다.

서리상

[霜降상강 서리가 내림, 霜菊상국 서리 국화, 霜露상로 서리와 이슬, 霜信상신 기러기의 별명]

霜字는 '雨비우'+'相서로상'으로 구성된 글자로 雨는 露이슬로고 相은 相상이니 이슬이 서로 엉켜서 된 것이 서리다. 故로 露結爲霜노결위상 이슬이 맺어 서리가 된다.

 서로상/볼상/정승상/도울상

[相距상거 서로 떨어진 사이, 相隔상격 서로 막힘, 相剋상극 서로 극함]

相字는 '木'+'目'으로 구성된 글자로 木目(나무의 눈)이니 나무의 눈은 서로서로 양편에 어슷어슷 붙어 있다. 서로란 말은 나무 눈처럼 된 것이 서로다. 서로는 甲이 乙을 돕고 乙이 甲을 돕는 것이 서로가 아니고 甲이 乙을 도우면 乙은 丙을 돕는 것이고 水生木수생목하면 木生水목생수가 아니고 水生木하면 木生火목생화하고 火生土화생토하고 土生金토생금하고 金生水금생수하는 것이 서로 相字의 뜻이다.

 서로호

[互相호상 서로]

互字는 上下가 손을 마주 잡은 모양이다.

 서녘서

[西郊서교 집에서 서쪽 들, 西紀서기 西曆서력의 紀元기원 西施서시 춘추시대 월나라 사람 미녀]

西字는 새가 둥지 위에 있는 形이다. 해가 서쪽으로 가면 새가 둥지에 들어가 앉으므로 지어진 글자다.

 서방태/기쁠태/날카로울예

[兌卦태괘 괘 이름, 兌方태방 서쪽]

兌字는 周易주역 卦괘 이름으로 西方서방 卦괘고 字形이 기뻐하는 모양이다.

 섞일착/어길착 /둘조

[錯覺착각 잘못 앎, 錯亂착란 섞여서 어지러움, 錯誤착오 잘못됨]

錯字는 '金쇠금'+'昔예석'으로 구성된 글자로 金은 金금이고 昔은 散흩을산이니 흩어진 金屬금속을 모으니 섞이고 어긋난다. 故로 錯이다.

 섞일잡

[雜歌잡가 잡노래, 雜穀잡곡 잡곡식, 雜談잡담 되고 말고 하는 말]
雜字는 '栾란'+'隹참새작'으로 구성된 글자로 栾는 나무 위에 여러 마리 새가 앉은 모양이고 隹는 새다. 나무 위에 큰 새, 작은 새가 섞여 있다는 뜻이다.

이상 錯은 뒤바뀌어서 섞인 것이고 雜은 이것저것이 섞인 것이다.

 선비사/군사사

[士君子사군자 학문이 있고 덕행이 높은 사람, 士大夫사대부 관직에 있는 사람, 士民사민 선비]
士字는 선비가 앉아서 글 읽는 모양이다.

 선비언/클언

[彦士언사 재덕이 뛰어난 남자]
彦字는 '文'+'彡'로 구성된 글자로 글 잘하고 풍채 좋은 선비의 모양이다.

 선비유

[儒敎유교 선비의 가르침, 儒道유도 선비의 도, 儒生유생 선비, 儒風유풍 선비 바람]
儒字는 ' 亻'+'需구할수'로 구성된 글자로 亻은 人이고 需는 需要수요니 人間인간에 需要되는 것은 오직 儒, 즉 선비다. 모르는 것은 선비한테 묻는다.

이상 士는 글 하는 사람이고 彦은 훌륭한 선비고 儒는 학자고 그 정신을 가진 사람을 통틀어 儒라 한다.

 설립/세울립

[立件입건 사건을 세움, 立敎입교 가르침을 세움, 立法입법 법을 세움, 立志입지 뜻을 세움]
立字는 사람이 서 있는 모양이다.

陛 섬뜰폐

[陛下폐하 임금의 존칭]

陛字는 'ß'+'比견줄비'+'土'로 구성된 글자로 ß는 언덕이고 比는 나라이고 土는 土토니 흙으로 나란히 만든 언덕이 '섬뜰'이다. 陛는 天子천자가 居處거처하는 섬뜰이다. 故로 陛下라한다.

 砌 섬뜰체

[砌路체로 섬뜰길, 砌草체초 섬뜰풀]

砌字는 '石'+'切'로 구성된 글자로 石은 石석이고 切은 切절이니 돌을 잘라 쌓아 만든 섬뜰이다.

島 섬도

[島民도민 섬에 사는 백성, 島配도배 섬으로 구양 감, 島嶼도서 섬]

島字는 '鳥'+'山'으로 구성된 글자로 鳥는 鳥새조고 山은 山이니 새가 사는 산이니 섬이다.

 嶼 섬서

嶼字는 '山'+'與줄여'로 구성된 글자로 山은 島고 與는 與여니 섬 주변에 여러 작은 섬이란 뜻이다.

이상 島는 큰 섬이고 嶼는 작은 섬이다.

建 세울건

[建功건공 공을 세움, 建國건국 나라를 세움, 建物건물 땅 위에 세워 지은 집 같은 물건, 建設건설 세우고 설계함]

建字는 'ㅣ'+'큭'+'廴'로 구성된 글자로 ㅣ은 기둥이고 큭은 두 손이고 廴은 버팀목이다. 기둥을 두 손으로 잡고 버팀목으로 뻗친 것이 建이고 세우는 것이다.

 構 세울구/이룰구

[構想구상 생각을 얽어 놓음, 構成구성 짜서 맞춤, 構造구조 짜서 맞춤]

構字는 '木'+'冓짤구'로 구성된 글자로 木은 木이고 冓는 집 지을 때 나무와 끈으로 얽어 놓은 形이다.

 세대세/인간세

[世間세간 세상, 世居세거 한 곳에서 대대로 삶, 世系세계 '代代'로 내려온 계통]

世字는 '卋'와 같이도 쓰고 '卋'와 같이도 쓰는데 모두 十字가 셋이고 一이 하나인데 三十 年을 一世로 정하는 例예로 만들어진 글자다.

 셋삼

[三更삼경 밤 중, 三界삼계 과거, 현재, 미래, 三生삼생 과거, 현재, 미래]

三字는 三획이니 셋이다.

 셋삼

參字는 '厸'+'人'+'彡터럭삼'으로 구성된 글자로 厸은 天地人천지인 三이고 人은 人이고 彡는 修닦을수니 사람이 道도를 닦으면 天地人三才에 參간여할참한다는 뜻이다.

 성성/재성

[城廓성곽 城과 廓이니 城은 內城내성이고 廓은 外槨외곽이다, 城樓성루 성문 위에 세운 높은 망루, 城壁성벽 성곽의 벽]

城字는 '土'+'成'으로 구성된 글자로 土城이니 옛날에 흙을 쌓아서 城을 만들었다.

 성할무

[茂林무림 무성한 수풀, 茂士무사 才德재덕이 뛰어난 사람, 茂盛무성 무성함]

茂字는 '艹'+'成이룰성'으로 구성된 글자로 艹는 草초고 成는 戌개술이다. 개똥밭에 풀이 무성 함을 뜻한다.

 성할성/담을성

[盛年성년 혈기가 왕성한 젊은 나이, 盛大성대 성하고 큼, 盛德성덕 성한 덕]

盛字는 '成'+'皿그릇명'으로 구성된 글자로 成은 成성이고 皿은 皿이니 그릇을 다 이루면 담는다. 故로 '담을성'하고 그릇은 다 이룬 때가 가장 성하다. 故로 '성할성'한다.

 성인성/착할성/통할성

[聖經성경 성인의 글, 聖功성공 성스러운 공, 훌륭한 공, 聖代성대 성인의 시대, 태평시대, 聖人성인 인격 최고자, 천하의 물성을 다 한 사람]

聖字는 '耳'+'口'+'壬'으로 구성된 글자로 耳는 聰귀밝을총이고 口는 知알지고 壬은 妊아이밸임이니 태어나면서 총명하고 지혜 있는 분이 聖이다. 聰明睿智총명예지하여 能盡其性者능진기성자가 聖人성인이다.

 성품성

[性格성격 성질, 性能성능 타고난 소질, 性理성리 '人生인생'과 '天理천리' 또는 이치]

性字는 '忄'+'生'으로 구성된 글자로 忄은 心이고 生은 氣다. 父母부모가 사귈 적에 맥락이 먼저 뛴다. 이것이 바로 氣고 生이고 心이다. 氣가 있으면 理가 있고 理가 있으면 氣가 있다. 故로 無性이면 無物이다. 性에 대하여는 설명이 많으므로 이만 그친다.

 성성/성씨성/일가성

[姓系성계 성씨의 계통, 姓氏성씨 성씨, 姓銜성함 성과 명힘]

姓字는 '女'+'生'으로 구성된 글자로 女는 始시고 生은 生생이니 처음 난 사람이 始祖시조니 시조의 행적으로 성을 삼는다.

 성씨씨

[氏名씨명 성씨와 이름, 氏族씨족 성씨와 족속]

氏字는 民字에 머리 획이 하나 없다. 나라의 근본은 民이고 民의 근본은 氏다. 故로 氏는 뿌리를 뜻한다.

 써이

[以功報功이공보공 공으로 공을 잡음, 以南이남 써 남쪽, 以北이북 써 북쪽, 以小易大이소역대 작은 것으로서 큰 것을 바꾼다.]

以字는 漢文한문 文句문구의 接續詞접속사에 쓰이는 글자로 무슨 목적으로서 '무슨 까닭으로'

하는데 쓰이는 글자다.

 썩을부/두부부

[腐爛부란 썩어 묽어짐, 腐臭부취 썩은 냄새, 腐敗부패 썩어 패함]

腐字는 '府'+'肉'으로 구성된 글자로 府는 府庫부고고 肉은 肉육이니 나라 고기 창고에 썩은 고기가 많음을 뜻한 글자다.

 썩을후

[朽壤후양 썩은 흙, 朽木후목 썩은 나무]

朽字는 朽字에 점이 하나 없으니 썩음을 뜻한다.

시腐는 고기 썩은 것이고 朽는 나무 썩은 것이다.

 소홀홀/홀연홀

[忽微홀미 아주 작은 것, 忽視홀시 깔봄, 忽然홀연 문득, 忽焉홀언 갑작스레]

忽字는 '勿'+'心'이니 마음에 두지 않으니 소홀히 하는 것이다.

 소경고/악관이름고

[瞽女고녀 여 고자, 瞽子고자 고자, 瞽者고자 눈먼 사람]

瞽字는 '目'+'鼓'로 구성된 글자로 鼓는 樂器악기고 目은 目목이니 옛날에 樂官악관을 瞽라 하고 史鑛사광이 音律음률을 通통하려고 눈을 지졌다 한다.

 소경맹

[盲目맹목 눈이 멀음, 盲啞맹아 눈먼 것과 말 못함, 盲人맹인 눈먼 사람]

盲字는 '亡'+'目'으로 구성된 글자로 亡은 亡망이고 目은 目목이니 눈이 망가졌으니 盲소경이다.

 소경수

[瞍矇소몽 소경]

瞍字는 '目'+'叟늙은이수'의 구성된 글자로 叟目, 늙은이 눈이니 어둡다. 사전에는 目有眹無珠

_{목유진무주} 눈동자는 있고 구슬이 없다 하였다.

 소반반/머뭇거릴반/서릴반

[盤踞_{반거} 서리여서 걸쳐 앉음, 盤結_{반결} 서리여서 맺음, 盤根_{반근}서리여서 얽힌 뿌리]

盤字는 '般'+'皿'으로 구성된 글자로 般은 搬이고 皿은 皿_{그릇명}이니 제기 또는 그릇을 올려 놓거나 옮기는데 쓰는 소반이다.

 소리성/명예성

[聲價_{성가} 명성, 값어치, 聲敎_{성교} 임금의 덕성으로 백성을 가르침, 聲名_{성명} 좋은 이름, 소문난 이름]

聲字는 '殸'+'耳'로 구성된 글자로 殸은 磬_{경쇠경}이니 樂器_{악기}고 耳는 耳이니 경쇠는 악기로 귀에서 소리가 난다.

 소리음/음음

[音律_{음률} 음악의 곡, 音聲_{음성} 목소리, 音樂_{음악} 고저장단이 있는 '音'을 모두 '音樂'이라 함]

音字는 악기의 모양이다.

이상 聲은 소리고 音은 절주가 있거나 소리의 시작을 音이라 하고 漢字_{한자}의 끝의 소리를 音이라 하기도 한다.

 소리향/메아리향

[響動_{향동} 울리는 소리, 響應_{향응} 마주치는 소리]

響字는 '鄕'+'音'으로 구성된 글자로 鄕은 鄕_{고을향}이고 音은 音이니 고을에 울리는 소리다. 소리치면 울려서 들리는 소리를 響이라 한다.

 소동할소/글소

[騷客_{소객} 글하는 나그네, 騷壇_{소단} 글단, 騷動_{소동} 소동]

騷字는 '馬'+'蚤'로 구성된 글자로 말이 벼룩처럼 뛰니 소동이다.

 소나무송

[松木송목 소나무, 松柏송백 소나무와 잣나무]

松字는 '木'+'公'으로 구성된 글자로 公木공목이니 貴公귀공의 나무다.

 소우/별이름우

[牛車우차 소가 끄는 차, 牛耕우경 소로 밭을 갈음, 牛膽우담 소 쓸개]

牛字는 소머리에 굴레한 모양이다.

 소특/특별특/수컷특

[特講특강 특별 강의, 特科특과 특수한 과목, 特大특대 특히 큰 것]

特字는 '牛'+'寺'로 구성된 글자로 牛는 牛우고 寺는 時시니 옛날에 天祭천제를 지낼 때 특별히 흠이 없고 순전한 소로 썼다.

 속일기

[欺瞞기만 눈속임, 欺罔기망 엉터리 없이 속임, 欺心기심 마음을 속임, 속일 생각]

欺字는 '其'+'欠'으로 구성된 글자로 其는 其然기연이고 欠는 吹불취니 그럴듯한 式식으로 불어서 속이는 것이다.

 속일만

瞞字는 '目'+'満'으로 구성된 글자로 目은 目목이고 満은 滿가릴만이니 눈가림식으로 속이는 것이다.

 속일망/없을망/그물망

[罔極망극 다함이 없음, 罔然망연 무언가 잃어버린 모양, 罔測망측 터무니없는 생각]

罔字는 '冂'+'亡'으로 구성된 글자로 冂은 网망이고 亡은 無무니 그물 없이 고기를 잡을 수 없다. 이치에 맞지도 않은 것으로 속이는 것이 罔이다.

 속일무

[誣告무고 속여서 고발함, 誣說무설 근거 없는 말]

誣字는 '言'+'巫'로 구성된 글자로 言은 言어고 巫는 巫무니 무당의 말이니 속이는 것이다.

 속일휼

[譎計휼계 속이는 계책]

譎字는 '言'+'矞'로 구성된 글자로 言은 詐속일사고 矞은 鷸도요새휼이니 鷸은 부리가 길고 큰 새로 작은 물고기를 잡아먹는다. 까마귀가 새끼를 낳는데 鷸이 가까운 곳에 있어 새끼를 잡아먹을까 염려하여 집을 떠나지 못하고 있던 차에 鷸은 마른 풀을 뜯고 있었다. 그때 까마귀는 물었다. '풀은 왜 뜯고 있소?' 하니 鷸이 말하기를 '나는 본디 마른 풀만 먹고 삽니다.'하였다. 이 말을 곧이듣고 집을 비운 사이에 鷸은 까마귀 새끼를 다 잡아 먹었다 한다. 이것이 다 조작된 말이나 글자를 만들기 위해서는 부득이 인용한 것이다. 이러한 속임수를 쓰는 것이 바로 譎이다.

이상 欺는 그럴 듯이 속이는 것이고 瞞는 눈짓으로 속이는 것이고 罔은 터무니없이 속이는 것이고 誣는 무당식으로 속이는 것이고 詐는 지어서 속이는 것이고 譎은 속임수다.

 손객

[客車객차 손이 타는 차, 客舍객사 손이 머무르는 집, 客室객실 손을 접대하는 방, 客地객지 타관]

客字는 '宀'+'各'으로 구성된 글자로 宀은 室실이고 各은 各각이니 손의 방은 각각 있다. 故로 客이다.

 손빈

[賓客빈객 손, 賓位빈위 손이 앉는 자리, 賓主빈주 손과 주인]

賓字는 '宀'+'尸'+'貝'로 구성된 글자로 宀는 冠관이고 尸는 眉눈썹미고 貝는 貴귀니 눈썹이 길고 귀한 손이 갓을 쓰고 있는 形이다.

 손수

[手巧수교 손재주, 手工수공 손으로 만드는 예술]

手字는 손의 모양이다.

 손자손

[孫女손녀 손자 딸, 孫子손자 손자, 孫行손항 손자 항렬]

孫字는 '子'+'系'로 구성된 글자로 子는 子고 系는 '혈통계' 字로 아들의 혈통이니 손자다.

 손바닥장/맡을장

[掌匣장갑 손에 끼는 장갑, 掌紋장문 손금]

掌字는 '尚'+'手'로 구성된 글자로 尚은 堂당이고 手는 手수니 손의 堂이니 손바닥이다. 堂은 明堂명당 손바닥이 明堂이란 뜻이다.

 솜면/얽을면/연할면

[綿麻면역 계속 이어짐, 綿邈면막 멀다, 綿綿면면 끊어지지 않음]

綿字는 '糸'+'帛'으로 구성된 글자로 糸는 絲사고 帛은 帛백이니 실과 비단은 솜으로부터 나오고 솜으로 실을 뽑을 때는 실이 길게 이어진다. 故로 이을면 하기도 한다.

 쇳덩이광/쇳돌광

[鑛坑광갱 광 구덩이, 鑛區광구 광산 구역, 鑛脈광맥 광물의 맥]

鑛字는 '金'+'廣'으로 구성된 글자로 金은 金鐵금철이고 廣은 壙광이니 壙에서 캐낸 金鐵금철을 鑛이라 한다.

 쇠금/성김

[金庫금고, 金冠금관, 金玉금옥]

金字는 땅에서 캐낸 금덩이의 모양이다.

 쇠부릴련

[鍊金연금 금을 단련함, 鍊鍛연단 단련함, 鍊武연무 무술을 익힘]

鍊字는 '金'+'柬'으로의 구성된 글자로 金은 金금이고 柬은 柬간이니 금을 분별해 가려 내는데는 불에 단련을 해야 한다. 故로 잘 가려진 金을 百鍊金백련금이라 한다.

 쇠할쇠/상복최

[衰老쇠로 쇠하고 늙음, 衰微쇠미 쇠하여 적어짐, 衰殘쇠잔 쇠잔함]

衰字는 喪服상복의 모양이다. 쇠할쇠 하는 것은 효자가 상중에 축이 갔음으로 굴린말이다.

쇠잔할잔/잔인할잔

[殘金잔금 남은 돈, 殘黨잔당 없어지고 남은 무리, 殘惡잔악 잔악함]

殘字는 '歹'+'戔'으로 구성된 글자로 歹은 歹알이고 戔은 錢돈전이니 돈을 빌려 쓰고 남은 것을 殘이라 한다.

이상 衰는 축간 것이고 殘은 쓰고 남은 것이다.

 쇠북종

[鐘閣종각 종을 달아 놓은 집, 鐘鼓종고 종과 북]

鐘字는 '金'+'童'으로 구성된 글자로 金은 金鐵금철이고 童아이동은 撞칠당이니 치는 金이니 鐘이다. 俗說속설에 옛날에 鐘은 童子동자의 魂혼으로 이루어진 것이라 하나 믿을 수 없고 鼓字고자가 치는 뜻으로 되었으니 鐘字도 치는 뜻으로 되었다. 종과 북은 치는 것이다.

 송사할송

[訟事송사 송사일, 訟獄송옥 소송]

訟字는 '言'+'公'으로 구성된 글자로 言은 言언이고 公은 公공이니 是非시비를 公正하게 해달라는 말이 訟이다.

 수레거/차차

[車駕거가 수레멍에, 車蓋거개 수레 덮개, 車軌거궤 수레가 지나간 자국, 車庫차고 차고]

車字는 차바퀴의 모양이다.

 수레여/천지여

[輿駕여가 임금이 타는 수레, 輿儓여대 종, 輿論여론 공론]

輿字는 '舁'+'車'로 구성된 글자로 舁는 擧거고 車는 車거니 두 사람 이상 들고 다니는 수레다.

 수고로울로/위로할로

[勞謙노겸 겸손함, 勞苦노고 힘들고 괴로움, 勞來노래 오는 사람을 위로하여줌]

勞字는 '烾'+'力'으로 구성된 글자로 烾는 榮영이고 力은 力력이니 勞는 榮華영화의 밑거름이다. 故로 노력 끝에 영화가 있다.

 수레바퀴륜/돌륜

[輪講윤강 돌아가면서 강의함, 輪廓윤곽 테두리, 輪番윤번 돌아가는 차례, 輪回윤회 돌아감]

輪字는 '車'+'侖륜'으로 구성된 글자로 車는 車거고 侖은 倫윤이니 수레바퀴 살이 차례로 된 모양이고 수레바퀴는 굴러간다. 故로 돌륜 하는 것이다.

 수풀림

[林間임간 수풀 사이, 林塘임당 수풀과 연당, 林野임야 나무가 있는 땅]

林字는 나무가 많다는 뜻이니 수풀이다.

 수놓을수

[繡陌수백 '繡陌수백'이 아름다움을 뜻한 말, 繡文수문 수 놓은 무늬, 繡衣수의 수 놓은 옷]

繡字는 실로 수놓은 모양이다.

 수컷웅

[雄據웅거 어떠한 땅에 자리잡고 지킴, 雄健웅건 수컷답게 건장함, 雄圖웅도 큰 계책, 雄姿웅자 웅자, 영웅의 자질]

雄字는 '右'+'隹'로 구성된 글자로 새는 오른 나래가 왼 나래를 덮은 것이 수컷이다.

 수자리수/개술

[戍樓수루 적군의 동정을 살피려고 성 위에 지은 누각, 戍兵수병 수자리 군사]

戍字는 변방을 지키는 것을 '戍'라 한다. 개가 밤을 지키는 것과 같다. 戌는 개술字고 戍는 수자리수字로 조금 다르나 混書혼서한다. 二十四方位說에 보라.

 수정정/맑을정

[晶光정광 투명한 빛]

晶字는 수정의 모양이다. 수정은 六모가 지고 끝이 뾰족하다. 수정은 결정체다. 故로 모든 결정체의 글자를 晶字로 쓴다.

 순박할박/등걸박/질박할박

[淳朴순박 꾸밈이 없음]

朴字는 '木'+'卜'으로 구성된 글자로 木은 村촌이고 卜은 人이니 옛날 촌사람은 꾸밈이 없고 순박하다.

 순박할순/맑을순

[淳朴순박 꾸밈이 없음, 淳風순풍 순박한 풍속, 淳厚순후 순박하고 후함]

淳字는 'ㆍ'+'享'으로 구성된 글자로 ㆍ는 淡담이고 享은 享향이니 담백한 생활을 하니 淳이다.

이상 朴은 질박한 생활물품이고 淳은 순박한 민심이다.

 순임금순/무궁화순

[舜典순전 순전은 書傳서전 篇名편명으로 '舜'의 사적이다.]

舜字는 순임금의 이름자다. 옛날에는 글자수가 적고 이미 있는 글자로 이름하지 않고 이름자를 새로 만들었다. 故로 옛사람은 글자 없이 이름지어 부르다가 장성하면 글자로 이름을 새로 지으니 字라 한다.

 순수할순/온전할순

[純絹순견 순 명주, 純潔순결 아주 깨끗함, 純粹순수 순수함]

純字는 '糸'+'屯'으로 구성된 글자로 糸는 絲사고 屯은 屯둔이니 똘똘 뭉친 실이란 뜻이다.

 순할순/차례순

[順氣순기 순한 기운, 順德순덕 순한 덕, 順理순리 이치대로 함]

順字는 '川'+'頁'로 구성된 글자로 川은 머리털로서 질이 좋은 모양이고 頁은 머리이다. 머리털이 질이 좋으니 순하다는 뜻이다. 故로 곱슬머리는 독하다 한다. 그러나 혹이고 다는 아니다.

 술료/탁주료

[酒醪주료 술]

醪字는 '酉'+'翏'으로 구성된 글자로 酉는 酒주고 翏는 翏요니 音을 가져온 것이다. 翏가 붙은 글자는 거의 音이 요고 뜻은 변에 있다.

 술주

[酒酣주감 술이 막취함, 酒氣주기 술 기운, 酒保주보 술을 파는 사람, 酒色주색 술과 여색]

酒字는 'ㆍ'+'酉'로 구성된 글자로 ㆍ는 水수고 酉는 병의 모양이다. 병에 물이니 술이다.

 술주/세번빚은술주

이 글자는 '酒'字와 같으나 燒酎소주에 주로 쓰이는 글자다.

이상 醪는 탁주고 酒는 술의 통칭이고 酎는 소주에 쓰인다.

 술빚을양

[釀酒양주 술을 빚음]

釀字는 '酉'+'襄'으로 구성된 글자로 酉는 酒고 襄도울양은 '장사 지내다'의 뜻이 있다. 옛날에 平素평소에는 술을 빚지 않고 장사나 큰일이 있을 때 술을 빚었다. 故로 釀이다.

 술잔작/잔질할작/짐작할작

[酌交작교 술을 따라 서로 권함, 酌婦작부 술을 따르는 여자, 酌酒작주 술을 따름]

酌字는 '酉'+'勺'으로 구성된 글자로 酉는 酒고 勺작은 勺이니 한 홉의 모양이니 즉, 한 홉 드는 술잔이다.

 술취할감/술즐길감

[酣飮감음 술을 달게 마심, 酣戰감전 한창 치열하게 싸움이 벌어짐]

酣字는 '酉'+'甘'으로 구성된 글자로 酉는 酒고 甘은 甘감이니 술에 한창 취하면 술이 달다.

 술취할취

[醉客취객 술 취한 사람, 醉倒취도 술이 취하여 꼬꾸라짐, 醉顏취안 술이 취한 얼굴]

醉字는 '酉'+'卒'로 구성된 글자로 酉는 酒고 卒은 卒졸이니 술은 마지막 잔에 취한다.

 숨쉴식/쉴식/자식식

[胎息태식 맥이 뜀]

息字는 '自'+'心'으로 구성된 글자로 自心자심이니 心臟심장으로부터 맥이 뛰는 것을 息이라 한다. 故로 맥이 뛰면 受胎수태 되었다 하고 胎脈태맥이 뛰는 것을 胎息태식이라 한다. 故로 物生地初물생지초에 만물이 滋息자식한다. 滋息은 맥이 뛰면서 자라는 것이다.

 숨내쉴호/부를호/슬플호/부르짖을호

[呼名호명 이름을 부름, 呼應호응 부르고 대답하는 것, 呼吸호흡 숨 쉬는 것]

呼字는 숨을 내쉴 때 호 하는 소리다. 吸字는 숨을 들이쉴 때 흡한다. 부를호 하는 것은 말로 부르는 것 보다는 호 호 하고 부르는 것이다.

 숨을은/불쌍히여길은/의지할은

[隱居은거 숨어서 살음, 隱君子은군자 숨은 군자, 隱匿은익 숨김]

隱字는 'ß'+'㥯'으로 구성된 글자로 ß은 阜부고 㥯은 急급이니 급하니 언덕에 숨은 것이다.

 숨을닉/덮어둘닉

[匿怨의원 원한을 숨김]

匿字는 'ㄷ'+'若'으로 구성된 글자로 덮어서 숨겨서 아닌 것 같이 한 것이다.

이상 隱은 자신이 숨는 것이고 匿은 숨겨주는 것이다.

 쉴게

[休憩휴게 잠시 쉬는 일]

憩字는 '恬'+'息'로 구성된 글자로 恬은 염이고 息은 休息휴식이니 편히 쉰다는 뜻이다.

 쉴휴/아름다울휴/말휴/한탄할휴

[休嘉휴가 아름다움, 休暇휴가 쉬는 틈, 休光휴광 아름다운 빛, 休息휴식 쉼]

休字는 '亻'+'木'로 구성된 글자로 亻은 人이고 木은 木이니 나무 곁에 사람이니 사람이 나무 곁에서 쉬는 것이다.

이상 憩는 가다가 쉬는 것이고 息은 일하다가 쉬는 것이고 休는 쉬는 것이다.

 숫탄/원소이름탄

[炭鑛탄광 탄 캐는 광산, 炭素탄소 원소]

炭字는 '山'+'灰'로 구성된 글자로 炭은 山 밑에 굴을 파고 나무 토막을 넣고 불을 붙여 태운 것이 재가 되지 않은 것이 炭이다. 故로 炭字에 山이 없으면 재가 된다.

 스스로자/부터자/저절로자

[自家자가 자기 집, 自覺자각 스스로 깨달음, 自古자고 예부터]

自字는 'ヽ'+'目'로 구성된 글자로 目 눈에서 싹이 나오는 모양이다. 草木초목의 씨앗이 눈으로부터 나온다. 이것은 自然자연이다.

 슬플도/일찍죽을도

[悼歌도가 애도하는 노래, 哀悼애도 슬퍼함]

悼字는 '忄'+'卜'+'早'로 구성된 글자로 忄는 惻측이고 卜는 訃부고 早는 早조니 일찍 죽은 것을 슬퍼하는 것이 悼다. 悼는 죽지 않았으면 높이 될 터인데 하는 뜻도 있다.

 슬플비/한심할비

[悲觀비관 슬프게 봄, 悲鳴비명 슬프게 울음]

悲字는 '非'+'心'로 구성된 글자로 마음대로 되지 않고 不遇불우한 것, 悲運비운이 모두 悲다.

 슬플애

[哀乞애걸 슬피 울면서 빎, 哀告애고 슬프게 고함, 哀慕애모 슬프게 사모함]

哀字는 口字가 衣字 속에 있다. 상복을 입고 우는 것을 뜻한 글자다. 哀는 소리내서 우는 것이 哀다. 故로 상사에 哀告애고哀告하고 운다.

슬플참/혹독할참/근심할조

[慘劇참극 참혹한 일의 극, 慘變참변 참혹한 변, 慘死참사 참혹하게 죽음]

慘字는 '忄'+'參'로 구성된 글자로 忄은 悼도고 參은 衆참과 같은데 不意불의에 變변을 당한 슬픔이다. 參은 당했다는 뜻으로 어떠한 모임에 참여하였다가 당한 사고를 慘이라 한다.

 슬플측/불쌍할측

[惻怛측달 가엾게 여겨 슬퍼함, 惻然측연 측연함, 惻隱측은 측은함]

惻字는 '忄'+'則'로 구성된 글자로 忄은 悼도고 則은 則時즉시니 비참한 일을 보는 즉시 발하는 마음이 惻이다.

이상 悼는 일찍 죽은 것을 슬퍼하는 것이고 悲는 잘 안 되어서 슬퍼하는 것이고 哀는 슬퍼 애쓰는 것이고 慘는 참변을 당해 슬퍼하는 것이고 惻는 측은한 마음이다.

 습관관/익숙할관

[慣性관성 습관성, 慣行관행 습관이 되어서 늘 행하는 일]

慣字는 '忄'+'貫'로 구성된 글자로 忄은 心이고 貫은 돈 꾸러미니 옛날에는 돈을 실 같은 끈에다 꿰었다. 이것이 사람 마음에 관습이 되었다. 故로 慣이다.

 씀바귀근/오두근

[菫菜근채 씀바귀 나물]

菫字는 '++'+'罜'로 구성된 글자로 ++는 草초고 罜은 씀바귀 뿌리의 모양이다.

 쓸고

[苦待고대 오래 기다림, 苦樂고락 괴로움과 즐거움, 苦悶고민 고민함, 苦杯고배 쓴 잔]

苦字는 '++'+'古'로 구성된 글자로 ++는 草초고 古는 오래된 것이다. 풀은 오래된 것이 쓰다.

 쓸개담

[膽大담대 담력이 큼, 膽略담약 대담한 전략]

膽字는 '月'+'詹'로 구성된 글자로 月은 腑부고 詹은 擔담이니 膽은 일을 負擔부담한다. 故로 큰일을 겁 없이 견디는 것을 膽大_{담대}라 한다.

 쓸사/본뜰사/부어만들사

[寫本_{사본} 원본을 베낌, 寫字_{사자} 글자를 씀]

寫字는 '宀'+'臼'+'灬'로 구성된 글자로 宀는 字고 臼는 舊_구고 灬는 為_위니 字臼為_{자구위}, 즉 옛글자를 그대로 하는 것이 寫다. 故로 複寫_{복사}라 한다.

 쓸용/써용

[用件_{용건} 볼 일, 用具_{용구} 쓸 도구, 用度_{용도} 쓰는 정도, 用錢_{용전} 돈을 씀]

用字는 삼태기의 모양이다. 그릇을 다 만든 形이다. 그릇을 다 만들면 성능을 알기 위해 써 본다.

 시렁가/횃대가

[架空_{가공} 공중에 건너지름, 架橋_{가교} 다리를 놓음, 架設_{가설} 베푸러 건너지름]

架字는 '加'+'木'으로 구성된 글자로 加木_{가목} 나무 위에 나무를 더한 것이 시렁이다. 시렁은 물건을 얹어 놓기 위하여 架設_{가설}한 것이다.

 시집갈가/떠넘길가

[嫁娶_{가취} 시집가고 장가 감, 嫁禍_{가화} 화를 시집 보냄, 改嫁_{개가} 다른데로 팔자를 고쳐서 시집감]

嫁字는 '女'+'家'로 구성된 글자로 女家_{여가} 女子_{여자}가 결혼해 시집가는 것을 嫁라 한다.

 시내계

[溪谷_{계곡} 시냇물이 흐르는 골짜기, 溪流_{계류} 시냇물이 흐름]

溪字는 '氵'+'奚'로 구성된 글자로 氵는 水고 奚는 산골짜기에서 물이 바위틈을 통과 해서 꼬불꼬불 흐르는 모양이다.

 시기할시/샘낼시/의심할시

[猜忌_{시기} 시기함, 猜疑_{시의} 시기하고 의심함]

猜字는 '犭'+'青'으로 구성된 글자로 犭는 豺_{승냥이시}고 青은 情_정이니 시기는 主로 情的_{정적}

으로 의심하고 미워하고 탐내고 하는 것을 猜라 한다. 故로 시기하는 것은 승냥이 心情심
정이라 하여 지어진 글자다.

 시험할시/비교할시

[試官시관 시험관, 試練시련 시험하고 단련함, 試驗시험 시험]

試字는 '言'+'式'으로 구성된 글자로 言은 識식이고 式은 方式방식이니 배워서 아는 것을 方
式을 통해 다루는 것이 試다.

 신리/밟을리

[履綦이기 신끈, 履歷이력 지나온 일, 履修이수 이행해 닦음, 履行이행 밟아 행함]

履字는 '尸'+'復'으로 구성된 글자로 尸는 신의 모양이고 復은 다시니 신은 신는 것이고 신
신으면 바로 간다. 故로 무슨 일이 생기면 미루지 않고 바로 하는 것을 履行이행이라 한다.

 신랑랑/사내랑

[新郎신랑 새신랑]

郎字는 娘子낭자와 結婚한 男子가 郎이다. 사에 보라.

 신령령/혼백령

[靈感영감 영의 감응, 靈界영계 영혼의 세계, 靈堂영당 영을 모신 집]

靈字는 '雨'+'口口口'+'巫'로 구성된 글자로 靈은 形象형상이 없다. 故로 靈字는 영을 위하는
도구 및 形容형용이다. 雨는 하늘이고 口口口은 영을 모시는데 쓰는 도구인 술잔 그릇이고
巫는 잔을 올려놓는 床상이다.

 신선선

[仙家선가 신선이 사는 집, 仙界선계 신선이 사는 곳, 仙女선녀 여자 신선, 仙桃선도 신선이 먹
는 복숭아]

仙字는 '亻'+'山'으로 구성된 글자로 山人 산 사람이니 예부터 신선은 산에 있다 한
다. 山中에서 수도 하는 사람을 가리켜 지은 글자다.

실과과/괌히할과/과연과/결단과

[果敢과감 어떠한 일에 주저하지 않음, 果木과목 실과 나무, 果菜과채 실과와 채소]

果字는 '田'+'木'으로 구성된 글자로 田木전목이니 실과는 밭에 심은 나무다.

 실사/풍류이름사

[絲繭사견 실고치, 絲桐사동 거문고, 絲柳사류 수양버들]

絲字는 실의 모양이다.

 실머리서/실끝서/시초서

[緒論서론 책 머리에 쓴 말, 緒業서업 시작한 업]

緒字는 '糸'+'者'로 구성된 글자로 糸는 絲고 者는 者자니 실은 실 끝을 찾아야 한다. 故로 端緒다서라 한다.

 실마리종/씨종/모을종

[綜括종괄 다 긁어 모음, 綜理종리 한데 모아 처리함, 綜合종합 한데 모음]

綜字는 '糸'+'宗'으로 구성된 글자로 糸는 絲사고 宗은 宗종이니 실마리다. 옛날에 실로 정치할 때 여러 갈래의 실을 모은 것이 綜이다.

 실산/아플산

[酸味산미 신맛, 酸性산성 신맛이 있는 물질의 성질, 酸素산소 공기 중에 산소]

酸字는 '酉'+'夋'으로 구성된 글자로 酉는 酒주고 夋은 가는 모양인데 술은 때가 지나면 신다.

 실을재/비로소재/해재/일재/곳재

[載送재송 실어 보냄, 載籍재적 서적, 載積재적 실어 쌓음]

載字는 '車'+'戈'로 구성된 글자로 車는 車거고 戈는 차에다 실은 모양이다.

 심을가

[稼動_{가동} 기계가 움직이도록 함, 稼穡_{가색} 심어서 거둠]

稼字는 '禾'+'家'로 구성된 글자로 禾는 種_종이고 家는 家_가니 종자를 땅에다 심는 것이 稼다.

 심을식

[植木_{식목} 나무를 심음, 植物_{식물} 물건을 심음]

植字는 '木'+'直'으로 구성된 글자로 木은 木이고 直은 直_직이니 나무를 곧게 하는 것은 심는 것이다.

 심을예/글씨예/재주예

[藝技_{예기} 손재주, 藝能_{예능} 예술에 능함, 藝術_{예술} 손재주의 법]

藝字는 '++'+'埶'+'云'으로 구성된 글자로 ++는 草_초고 埶은 執_집이고 云은 耘_{기맬운}이니 풀을 잡고 매서 가꾸는 것이 藝다. 그러나 藝字의 구성한 뜻은 미상하다. 아는 분을 기다린다.

 심을재

[栽培_{재배} 심어 가꿈]

栽字는 '戈'+'木'으로 구성된 글자로 戈는 載_재니 事_사고 木은 木이니 나무를 심어서 가꾸는 일이다. 故로 栽培_{재배}라 한다.

 심을종/씨종/종류종

[種德_{종덕} 덕을 심음, 種類_{종류} 종자의 유, 種苗_{종묘} 종자 싹]

種字는 '禾'+'重'으로 구성된 글자로 禾之重_{화지중} 벼에서 중한 것이 종자 씨다. 故로 굶어 죽어도 씨종자는 베고 죽는다 한다.

이상 稼는 농사 짓는 것이고 植은 나무 심는 것이고 栽는 심어 가꾸는 것이고 種은 종자다.

 씻을세

[洗煉_{세련} 깨끗이 씻고 불림, 洗面_{세면} 얼굴을 씻음, 洗手_{세수} 손을 씻음, 洗濯_{세탁} 빨래함]

洗字는 'ⅰ'+'先'으로 구성된 글자로 ⅰ는 水고 先은 先선이니 물을 먼저 씻을 물건에 먼저 씻는 것이 洗다. 故로 洗面세면이라 한다.

 씻을탁/빨래할탁/적실탁/민둥민둥할탁

[濯足탁족 발을 씻음, 洗濯세탁 빨래함]

濯字는 'ⅰ'+'翟'으로 구성된 글자로 ⅰ는 水고 翟은 躍약이니 濯은 옷이나 걸레를 빨 때 방망이로 두들겨서 빠는 것이다. 방망이가 풀쑥풀쑥 뛰는 모양을 의미한다.

이상 洗는 물을 얹어 씻는 것이고 濯은 물에 담가 씻고 두들겨 씻는 것이다.

 씨핵/씨흘

[核心핵심 사물의 중요한 부분]

核字는 '木'+'亥'으로 구성된 글자로 木은 木이고 亥는 十二地支십이지지에 十二번 째 亥해다. 亥는 一日로 보면 午後오후 十時~十一時까지고 年으로 보면 十月에 해당 된다. 나무가 十月이 되면 明年명년에 나올 시 核핵이 결정되어 있다. 故로 木에 亥를 한 것이다.

 씨위

[緯經위경 씨와 날, 緯書위서 경서의 대]

緯字는 '糸'+'韋'로 구성된 글자로 베를 짜는데 緯는 가로된 씨고 經은 세로된 날이다. 故로 經緯경위라 한다. 巠은 날의 모양이고 韋은 씨가 왔다 갔다 하는 모양이다.

 아름다울가/좋을가

[佳佳가가 극히 좋음, 佳客가객 좋은 손님, 佳境가경 경치 좋은 곳, 佳景가경 아름다운 풍경]

佳字는 'ⅰ'+'圭'로 구성된 글자로 ⅰ은 人이고 圭는 閨규니 閨中규중에 女人이다. 閨中에 女人은 나이 젊은 여자니 아름답다.

 아름다울가

[嘉慶가경 아름다운 경사, 嘉穀가곡 아름다운 곡식, 嘉言가언 아름다운 말]

嘉字는 '吉'+'卄'+'加'로 구성된 글자로 吉은 吉길이고 卄은 善선이고 加는 賀하니 吉善賀길선하 경사스러운 것이다.

아름다울미

[美觀미관 아름다이 봄, 美女미녀 아름다운 여인, 美談미담 아름다운 말, 美德미덕 아름다운 덕]

美字는 '羊'+'大'로 구성된 글자로 羊양이 크니 아름답다. 羊字양자 邊변이 붙은 글자는 주로 좋은 뜻으로 되었다.

이상 佳는 외모가 아름다운 것이고 嘉는 心性심성이 아름다운 것이고 美는 미관상 아름다운 것이다.

 아홉구/모을규

[九曲구곡 아홉구비, 九霄구소 하늘]

 아침단/일찍단

[旦明단명 새벽, 旦夕단석 아침 저녁]

旦字는 '日'+'一'로 구성된 글자로 日은 日이고 一은 地平線지평선이다. 해가 지평선 위에 떠오름을 뜻한 글자다.

 아침조/조회조/조정조

[朝貢조공 제후나 속국이 임금께 조회하고 재물을 받치던 일, 朝服조복 조회할 때 입는 옷, 朝夕조석 아침저녁, 朝野조야 조정과 민간]

朝字는 原원. 조회조字로 조회는 아침에 하므로 '아침조' 한다. 卓 는 아침 해 뜨는 모양이고 月은 朔字삭자의 月을 가져다 朔字를 만든 것이다. 조회는 매일 아침 할 수 있으나 특히 朔日삭일 아침에 한다. 故로 '아침조', '조회조' 한다.

 아해동

[童男동남 사내 아이, 童僕동복 아이종, 童子동자 나이 어린 사내 아이]

童字는 '立'+'里'로 구성된 글자로 立里 마을에 서 있는 동자를 보고 지어진 글자다. 童은 十歲以上십세이상 아이고 幼는 十歲以下십세이하의 아이다.

 아해아/어릴아

[兒女아녀 계집 아이, 兒孫아손 어린 손자]

兒字는 兒이가 엎드려서 기는 形이고 兒字의 머리가 트인 것은 아이의 정수리가 채 영글지 못함을 뜻한다.

 아전리/관리리

[吏讀이두 이두문자, 吏屬이속 아전붙이 '吏曹이조 六曹육조'의 하나]

吏字는 史자에 획을 하나 더하여 '아전리'로 한 것이다.

 아득할망

[茫漠망막 아득함, 茫茫망망 끝이 없이 넓어서 아득한 것]

茫字는 '++'+'氵'+'亡'으로 구성된 글자로 끝이 없이 멀음을 뜻한 글자다. ++는 蒼창이고 氵는 海해고 亡은 끝이 없는 것이다. 故로 茫茫大海망망대해라 한다.

이상 漠은 사막이 넓고 멀어서 아득한 것이고 茫은 바다가 넓고 멀어서 아득한 것이다.

 아무개모

[某官모관 아무개 관, 某年모년 아무개해]

某字는 '甘'+'木'으로 구성된 글자로 甘은 甘감이고 木은 棠당이니 甘棠木감당목이다. 周주나라 召伯소백이 甘棠樹감당수 아래 쉬어 갔다 하여 召伯소백을 가르켜 某라 한 것이다.

 아니미/못할미

[未開미개 채 열지 않음, 未決미결 채 못다한 것, 未詳미상 자서치 않음]

未字는 '一'+'木'으로 구성된 글자로 木字 위에 一이 채 자라지 않음을 뜻한다. 故로 未字는 채 못한데 쓰이는 글자다. 故로 未決미결, 未成미성한다.

 아니부/막힐부

[否決부결 결정되지 않음, 否認부인 인정하지 않음, 否塞비색 막힘]

否字는 '不'+'口'로 구성된 글자로 不는 不불이고 口는 可가니 不可불가다. 否字의 상대字는 可다.

아니불/아니부/아닌가부

[不覺불각 깨닫지 못함, 不肖불초 어질지 못함]

不字는 '一'+'小'로 구성된 글자로 一은 一이고 小은 小소니 나누는 것은 한 편이 작으면 안 된다. 故로 不불이다.

 아니비/그를비

[非命비명 정명이 아님, 非凡비범 보통이 아님, 非法비법 법이 아님, 非人비인 사람이 아님]

非字는 非部비부에 보라.

이상 未는 채 못한 것이고 否는 可가하지 않은 것이고 不은 못하는 것이고 弗은 아니므로 하지 마는 것이고 非은 그르므로 옳지 않은 것이다.

 아우를병/함께병/련할방

[竝肩병견 어깨를 나란히 함, 竝力병력 힘을 합함, 竝立병립 같이 섬, 竝行병행 같이 감]

竝字는 竝병. 並병. 并병이 모두 같은 글자로 두 글자를 한 글자로 아우른 形이다.

 아낄석/불쌍히여길석

[惜別석별 이별을 섭섭히 여김, 惜陰석음 그늘을 아낌]

惜字는 '忄'+'昔예석'으로 구성된 글자로 忄은 心이고 昔은 오래된 것이다. 오래된 것을 버리지 않는 것은 아끼는 것이다.

 아비부/남자아름다운칭호보

[父系부계 아버지 혈통, 父教부교 아버지가 가르침, 父母부모 아버지와 어머니]

父字는 交字에서 亠만 빼고 父만 가져다 아버지부 한 것이다. 交字에서 온 이유는 交는 夫婦交合부부교합의 글자이므로 交合하여 나를 낳았으므로 交字에 父만 가져다 아비부 한 것이다. 父字는 交字와 같이 연구하면 답이 나온다.

 아재숙/끝숙

[叔母숙모 작은어머니, 叔父숙부 작은아버지, 叔世숙세 말세]

叔字는 '上'+'小'+'又'로 구성된 글자로 上은 上상이고 小는 小소고 又는 友우니 막내 삼촌이다. 막내 삼촌은 나이가 적으므로 조카와 같이 놀아주므로 又友가 붙은 것이다.

 아이밸임

[妊婦임부 아기 밴 여자, 妊産임산 애기를 낳음, 妊産임신 애기 뱀]

妊字는 '女'+'壬'으로 구성된 글자로 女는 女고 壬은 壬임이니 모두 男女남녀의 生殖器생식기를 뜻한다. 女는 여자의 생식기, 壬은 남자의 생식기니 故로 남편을 壬이라 한다.

 아기밸잉/아기밸인

[孕母잉모 아기 밴 어머니, 孕胎잉태 아기를 뱀]

孕字는 아기가 아기집 속에 있는 모양이다.

 아우제/공순제

[弟妹제매 여동생, 弟氏제씨 남의 동생, 弟兄제형 동생과 형]

弟字는 어린 동생이 걷는 모양이다.

 아내처/시집보낼처

[妻男처남 처의 남자 형제, 妻德처덕 아내의 덕, 妻子처자 아내와 아들]

妻字는 '⺕'+'女'로 구성된 글자로 ⺕는 무언가 손에 잡고 있는 모양이다. 女는 女니 글자를 만들 때 아내가 손에 무언가 잡고 있는 것을 지어진 글자다.

 아플통/상할통

[痛感통감 크게 느낌, 痛哭통곡 크게 우는 것, 痛飲통음 크게 마심]

痛字는 '疒'+'甬'으로 구성된 글자로 疒은 病병이고 甬은 通통이니 병이 통하니 크게 아프다.

 아래하/내릴하

[下降하강 내려가다, 下敎하교 위에서 아래로 가르침, 가르침을 하달함, 下賜하사 내려줌]

下字는 '一'+'卜'으로 구성된 글자로 指事지사다. 一을 基기점으로 하고 卜은 人이니 기점 아래 사람을 가리켜 '아래하'로 한 것이다.

악할악/모질악/미울오/어찌오

[惡氣악기 악한 기운, 惡女악녀 악한 여자, 惡毒악독 악하고 독함]

惡字는 모에 보라.

 안내

[內幕내막 속내, 內方내방 안방]

內字는 사람이 안에 들었으니 內다.

 안개하/노을하/멀하

[霞光하광 노을 빛, 霞洞하동 신선이 사는 곳, 霞觴하상 신선이 사용하는 술잔]

霞字는 '雨'+'叚'로 구성된 글자로 雨는 雲운이고 叚는 遐하니 멀리 보이는 구름이 霞다. 구름이 낮아서 가까우면 검고 멀고 높으면 노을이 된다.

 안보보

[保健보건 건강을 보전함, 保管보관 보호하고 관리함, 保護보호 보호함]

保字는 '亻'+'呆'로 구성된 글자로 亻은 人이고 呆어리석을매는 치매증이 있는 사람을 나타낸다. 치매가 있는 사람은 항상 보호하여야 한다.

 안을포

[抱頭포두 머리를 쌈, 抱負포부 품에 안고 등에 짊어짐, 抱才포재 품은 재주, 抱恨포한 한을 품음]

抱字는 '扌'+'包'로 구성된 글자로 扌는 手수고 包는 包포니 싼 것이 손에 있으니 안은 것이다. 싼 보따리는 주로 껴안는다.

 앉을좌/무릎꿇을좌

[坐客좌객 앉은 손님, 坐像좌상 앉은 형상, 坐禪좌선 앉은 부처]

坐字는 앉은 形象이다.

알란

[卵生난생 알에서 태어남, 卵巢난소 알집, 卵育난육 알에서 기름]

卵字는 '卯'+'丶丶'로 구성된 글자로 卯는 알집이고 丶丶은 알이니 알집과 알을 통틀어 알이라 한 것이다.

 알식/기록할지

[識見식견 학식과 견문, 識量식량 아는 것과 도량, 識別식별 알아 분별함]

識字는 '言'+'音'+'戈'로 구성된 글자로 言은 讀독이고 音은 譜암이고 戈은 成성이니 글 읽어 암기하여 이루니 知識지식이다.

 알암/기억할암

[暗記암기 외움, 暗算암산 원금으로 계산함, 暗誦암송 원금으로 읽는 것]

暗字는 '言'+'音'으로 구성된 글자로 言은 讀독이고 音은 暗암이니 어두운데서 글을 읽으니 외워서 아는 것이다. 故로 '알암', '기억할암'하는 것이다.

 알인/허락할인

[認可인가 인정하여 옳다 함, 認識인식 알음]

認字는 '言'+'忍'으로 구성된 글자로 言은 識식이고 忍은 忍인이니 알아차린 것이 認이다.

이상 識은 배워서 아는 것이고, 暗은 안 보고 외우는 것이고, 認은 그런 줄 안 것이고, 知는 배우지 않고 아는 것이다.

 암컷자

[雌伏자복 암컷이 엎드림, 雌性자성 암컷의 성질, 雌雄자웅 암컷과 수컷]

雌字는 '此'+'隹참새추'로 구성된 글자로 雄웅이 수컷이라면 雌이 새는 암컷이다.

 앞전/옛전

[前鑑전감 앞에 일을 거울삼아 비춰 보는 일, 前古전고 옛, 前途전도 앞길]

前字는 앞의 모양이다.

약약

[藥局약국 약 짓는 곳, 藥房약방 약이 있는 방, 약 파는 곳]

藥字는 '艹'+'樂'으로 구성된 글자로 艹는 草초고 樂은 樂락 즐거운 풀이니 약이다.

 약제제/나눌제/문지를자

[劑刀제도 가위]

劑字는 '齊'+'刂'로 구성된 글자로 齊는 等등이니 같은 것이고 刂는 分분이니 약은 스무첩이 한 劑다. 劑는 스무첩으로 분량이 같음을 뜻한 글자다.

 양양

[羊角양각 양의 뿔]

羊字는 양의 모양이다. ソ는 양의 뿔이고 丰는 네 발과 몸 꼬리다.

 양식양

[糧穀양곡 식량할 곡식, 糧食양식 양식]

糧字는 '米'+'量'으로 구성된 글자로 米는 米미고 量은 量량이니 양식은 먹을 곡식이다. 먹을 곡식은 얼마나 되나 하고 헤아린다.

 어려울간

[艱難간난 어려움, 艱辛간신 어렵고 힘듦, 艱險간험 어렵고 험함]

艱字는 '莫막'+'艮간'으로 구성된 글자로 莫는 漢한이고 艮은 退물러갈퇴니 漢水한수는 넓어서 중간쯤 들어가면 難난 나아가기도 어렵고 艱간 물러가기도 어렵다.

 어려울난/꾸짖을난/근심난/성할나

[難堪난감 견디기 어려움, 難境난경 어려운 지경, 難局난국 어려운 판국]

難字는 '莫'+'隹추'로 구성된 글자로 莫은 漢한이고 隹은 進진이니 漢水한수는 넓어 나아가기 어렵다는 뜻이다.

이상 艱은 물러가기 어려운 것이고, 難는 나아가기 어렵다는 것이다.

어깨견/맬견

[肩臂견비 어깨와 팔]

肩字는 '戶'+'月'로 구성된 글자로 戶는 戶호고 月은 體체니 戶字같이 된 몸이니 어깨다.

 얻을득

[得男득남 아들을 얻음, 得女득녀 딸을 얻음, 得聞득문 얻어 들음, 得配득배 배필을 얻음]

得字는 '彳'+'旦'+'寸'으로 구성된 글자로 彳은 行행이고 旦는 旦이고 寸은 村촌이니 이른 아침에 마을을 다니다 어떻다 하여 得이 된 것이다. 횡재 하는 사람은 이른 아침에 마을에 다니다 어떻다 한다.

 어지러울문

[紊亂문란 어지러움]

紊字는 '文'+'糸'로 구성된 글자로 文은 文문이고 糸는 經경이니 文은 傳文전문이고 經은 經書경서니 경문과 전문의 순서 서로 바뀌어 어지러운 것이다.

 어지러울분

[紛亂분란 어지러움, 紛紛분분 어지러이 휘날리는 모양, 紛失분실 잃어버림]

紛字는 '糸'+'分'으로 구성된 글자로 糸는 絲사고 分은 分散분산이니 실이 이리저리 흩어졌으니 어지러운 것이다.

이상 紊은 차례가 섞여서 어지러운 것이고 紛은 흩어져서 어지러운 것이다.

 어질량/자못량/진실로량

[良能양능 타고난 본능, 良民양민 선량한 백성, 良朋양붕 좋은 벗]

良字는 完全완전한 것을 良이라 한다. 그릇이 제대로 나온 것을 良品양품이라 하고 흠이 있으면 不良品불량품이라 한다. 良은 艮字에다 점을 더해 良字가 되었다. 艮은 머리가 안 난 아이고 良은 머리가 난 아이다. 그러니 흠이 없다는 뜻이다.

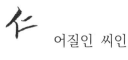 어질인 씨인

[仁德인덕 어진덕, 仁術인술 '仁'을 행하는 법, 仁義인의 인과 의, 仁人인인 어진 사람]

仁字는 'ㅓ'+'二'로 구성된 글자로 二人이니 父母부모, 夫婦부부 두 사람이다. 仁은 天地천지生物之心생물지심이다. 父母 두 사람이 자식을 낳아서 기르는 것은 하늘이 命명한 어진 마음이다. 夫婦 두 사람이 서로 사귈때에 악이 없다. 故로 二人이 仁이다.

 어질현

[賢良현량 어짊, 賢明현명 어질고 밝음]

賢字는 '臣'+'又'+'貝'로 구성된 글자로 臣은 臣신이고 又는 之지고 貝은 質질이니 신하의 자질이란 뜻이다. 故로 君聖군성, 臣賢이라 한다.

이상 良은 흠이 없는 것이고 仁은 天性的천성적으로 어진 것이고 賢은 聖人성인 다음 가는 人格인격이다.

 어여쁠련

[憐愛연애 불쌍히 여겨 사랑함, 憐恤연휼 불쌍히 여겨 구휼함]

憐字는 'ㅏ'+'粦'으로 구성된 글자로 ㅏ은 心이고 粦은 隣린이니 이웃에서 서로 위로하는 마음이다. 이웃은 가깝다. 옛사람의 이웃은 處地처지가 같다. 처지가 같으면 서로 어여삐 여기고 위로한다. 故로 병든 사람은 병든 사람을 어여삐 여기고 외로운 사람은 외로운 사람을 생각한다.

 어두울매/무릅쓸매

[昧事매사 일이 어두움]

昧字는 '日'+'未'로 구성된 글자로 日은 明명이고 未는 未미니 未明미명 날이 채 밝지 않은 때니 어둡다. 故로 새벽을 昧爽매상이라 한다.

 어두울명/하늘명/저승명

[冥界명계 저승, 冥福명복 죽은 뒤에 복, 冥想명상 눈을 감고 생각하는 것]

冥字는 'ㅡ'+'日'+'六'으로 구성된 글자로 ㅡ은 冪멱이고 日은 日이고 六은 光광이니 日光을 덮었으니 어둡다. 저승은 日光이 비치지 않는다. 그러나 靈령은 어둡지 않다. 故로 音이 '명'이다.

어두울혼

[昏亂혼란 어둡고 어지러움, 昏忘혼망 정신이 혼미하여 잘 잊음, 昏迷혼미 어둡고 희미함]

昏字는 '氏'+'日'로 구성된 글자로 氏는 低저고 日은 日이니 해가 졌으니 어둡다. 해가 졌다는 말은 低字의 音음이다.

이상 昧은 날이 밝기 전 어두운 것이고 冥은 죽거나 눈을 감아 어두운 것이고 昏은 해가 져서 어두운 것이다.

 어미모

[母系모계 어머니의 혈통, 母校모교 출신 학교, 母女모녀 어미와 딸, 母親모친 어머니]

母字는 '母'+'ゝ'로 구성된 글자로 母는 女녀고 ゝ는 乳젖유다. 여자가 젖이 나니 어미다.

 어릴유

[幼年유년 어린 나이, 幼童유동 어린 아이, 幼兒유애 어린 애, 幼稚유치 어림]

幼字는 '幺'+'力'으로 구성된 글자로 幺는 小소고 力은 力력이니 힘이 약한 어린이다.

 어릴몽/입을몽/괘이름몽

[蒙昧몽매 어리고 어두움, 蒙師몽사 어린이 선생]

蒙字는 '++'+'豕돼지시'로 구성된 글자로 ++는 草초고 ⌒는 冪멱이고 豕시는 새끼 돼지, 풀 밑에 어린 돼지다. 어린 돼지는 모른다. 故로 未開미개한 나라 사람을 愚夢民우몽민이라 한다.

 어릴치

[稚氣치기 어린 기운, 稚稻치도 어린 벼, 稚子치자 어린 자식]

稚字는 '禾'+'隹'로 구성된 글자로 禾는 禾화고 隹는 작은새다. 벼 싹이 작고 어리다는 뜻인데 굴러서 모든 動植物동식물의 어리고 작음을 뜻하는 글자로 사용된다.

이상 幼는 十歲以下십세이하의 어린이고 蒙은 어려서 모름을 뜻한 글자고 稚는 어머니 품안에 어린이다.

얼음빙

[氷潔빙결 얼음같이 맑음, 氷庫빙고 얼음 창고, 氷心빙심 깨끗한 마음

氷字는 原원 氷빙인데 冫는 얼음 어는 것이고 水는 水니 물이 얼어 얼음이란 뜻이다. 冫이 붙은 글자는 主로 차거나 얼음 어는데 쓰이는 글자가 된다.

 어금니아

[牙關아관 윗 어금니와 아래 어금니 사이 안 쪽이 관이다, 牙牌아패 골패]

牙字는 어금니의 모양이다.

 어길위/갈위

[違期위기 기약을 어김, 偉戾위려 비틀임, 違法위법 법을 어김]

違字는 '韋'+'辶'로 구성된 글자로 韋는 衛위에 行행이 없고 辶는 之니 호위를 하지 않고 갔으니 법도를 어긴 것이다.

 어길차/어긋날치/병나을채

[差減차감 비교하여 덜어냄, 差度차도 병이 조금씩 나아감, 差別차별 고르지 않음]

差字는 '羊'+'丿'+'工'으로 구성된 글자로 羊은 善字에서 丷가 빠졌으니 잘못된 것이고 丿은 어김을 의미하는 것이고 工은 工장인공이니 이 글자는 匠人장인이 工事공사에 잘못됨을 의미해 만든 글자다.

 어길착

違는 언약을 어기는 것이고 差는 맞지 않은 것이고 錯은 잘못된 것이다.

 어길거/메누리발톱거/상거거

[距骨거골 복사 뼈, 距今거금 이제까지, 距離거리 떨어진 사이의 거리]

距字는 '足'+'巨'로 구성된 글자로 足은 足족이고 巨는 巨거니 足巨는 며느리발톱인데 며느리발톱은 두 개가 거리를 두고 있다. 故로 距字는 거리에 주로 쓴다.

어조사야

疑問辭의문사로 神耶신야아 귀신이냐 人耶인야아 사람이냐

 어조사우

[于歸우귀 돌아감, 여자가 시집 감을 가르키는 말, 于飛우비 날아감]

于字는 어조사, 접속사로 쓰인다.

 어조사의/쥐비의

矣字는 어조사로 단정사 접속사로도 쓴다.

 어조사혜

가사 후렴에 많이 씀, 어조사의 글자가 글자 구성에 뜻이 있을 것이나 未詳미상하고 어조사의 各字각자 表일 수도 있다.

 어리석을우/고집스러울우

[愚鈍우둔 어리석고 둔함, 愚民우민 어리석은 백성]

愚字는 '禺'+'心'으로 구성된 글자로 禺心이 禺니 太行山태행산에 禺公의 마음이란 뜻이다. 愚公移山우공이산의 古辭고사는 다른 전설이나 고사성어에 나온다.

 어제작

[昨今작금 어제와 오늘, 昨夕작석 어제 저녁, 昨日작일 어젯날]

昨字는 '日'+'乍'으로 구성된 글자로 日은 日이고 乍은 作작이니 어제는 무언가 했고 지었다. 故로 昨이다.

 어른장/열장

[丈母장모 처의 어머니, 丈人장인 처의 아버지, 丈夫장부 남자]

丈字는 'ナ'+'乀'로 구성된 글자로 ナ은 十이고 乀은 尺척이니 十尺이나 되는 丈이다. 故

로 '어른장' 한다.

 억억

[億萬억만 억만]

億字는 'ㅓ'+'意의'로 구성된 글자로 數字의 單位 억이란 수는 많으므로 人意人은 人이고 意는 憶억이니 숫자를 생각한다는 뜻이다. 故로 數의 無量數무량수를 不可思議불가사의라 한다.

 언덕구/무덤구

[丘陵구능 언덕, 丘墓구묘 묘, 丘山구산 언덕과 산, 丘壑구학 언덕과 구렁]

丘字는 높은 언덕의 모양이다.

 언덕릉/무덤릉/오를릉

[陵谷능곡 언덕과 골짜기, 陵墓능묘 능 같은 묘]

陵字는 'ㅏ'+'夌릉'으로 구성된 글자로 ㅏ는 阜부고 夌은 峻준이니 높은 언덕을 陵이라 한다.

 언덕부/성할부

[阜垤부질 인덕]

阜字는 언덕의 모양이다.

 언덕아/모퉁이아/기슭아

[阿房宮아방궁 궁 이름, 阿附아부 알랑거림, 阿兄아형 형을 친하게 부르는 말]

阿字는 'ㅏ'+'可'로 구성된 글자로 ㅏ는 阜고 可는 可가다. 언덕진 곳에 可이 의지할 곳이 阿다. 故로 阿附아부, 阿諂아첨이라 한다.

 언덕안/낭떠러지안

[岸頭안두 언덕 머리, 岸壁안벽 낭떠러지벽, 岸邊안변 낭떠러지가]

岸字는 '山'+'厈'로 구성된 글자로 山 밑 강가 낭떠러지의 모양이다.

이상 丘는 묘 같은 언덕이고 陵은 낮은 산이고 阜는 계단식으로 된 언덕이고 阿는 山 밑 모퉁이 언덕진 곳, 의지하여 작은 비를 피할 곳이고 岸은 물가 언덕이다.

어찌기

 어찌내 어찌나

 어찌나

 어찌언

 어찌하

 어찌해

위의 글자는 副詞부사로 本人본인이 解說해설한 文法에 用例용예에 말하였고 造字조자의 義의는 아는바 弱약하니 아는 분을 기다린다.

 얼동

[凍傷동상 얼어 상함]

凍字는 'ㄱ'+'東'으로 구성된 글자로 ㄱ은 얼음이고 東은 음이다.

 얼굴면/낮면

[面見면견 대면해 봄, 面談면담 대면해 말함]

面字는 앞 얼굴의 모양이다.

 얼굴모/모양모/멀막

[貌形모형 얼굴형, 貌樣모양 얼굴 모양]

貌字는 '豸치'+'皃얼굴모'로 구성된 글자로 豸은 짐승 神羊신양이고 皃는 모양, 머리에 뿔도

나고 턱에 수염도 있다. 짐승의 모양이다. 故로 이 글자는 얼굴 보다는 모양에 주로 쓴다.

 얼굴안

[顔面안면 얼굴, 顔色안색 얼굴 빛]

顔字는 '彦'+'頁'로 구성된 글자로 彦은 士사고 頁은 頁혈이니 선비의 머리니 선비가 서로 보는 얼굴이다.

 얼굴용/모습용/용서할용

[容納용납 용서해드림, 容貌용모 얼굴 모양, 容恕용서 용서]

容字는 '宀'+'谷'으로 구성된 글자로 宀은 宀이고 谷은 谷이니 谷은 갓 씌우고 눈, 코, 수염, 입을 形容한 것이다. 容字는 눈사람처럼 눈 덩어리에다 갓 씌우고 눈, 코, 입, 수염을 달아 형용한 것이 容이다.

 얼굴형/형상형

[形局형국 형국, 形象형상 형상, 形式형식 형식]

形字는 '开개'+'彡터럭삼'으로 구성된 글자로 물형을 형용하는 것이다. 故로 容字와 形字는 형용사로 쓴다.

이상 面은 얼굴의 모양이고 顔는 모양이고 容은 만든 形容이고 形은 그린 形容이다.

 얽을박/묶을박

[縛束박속 얽어 묶음]

縛字는 '糹'+'專펼부'로 구성된 글자로 糹는 絲사고 專은 團단이니 실로 꽉 묶은 것이다.

 얽을편/책편/땋을편

[編髮편발 머리를 땋음, 編緝편집 얽어 모음, 編次편차 순서를 쫓아 편찬함]

編字는 '糸'+'扁'으로 구성된 글자로 대쪽을 실로 얽어서 책을 만든데서 온 글자다.

 업업/이미업

[業務업무 직업에 힘 씀, 業已업이 벌써]

業字는 '丵'+'耒쟁기뢰'로 구성된 글자로 丵는 나무떨기와 풀포기고 耒는 쟁기다. 옛사람은 나무하고 풀뜯고 밭가는 것이 業이다.

 엎드릴복/새알/안을부

[伏乞복걸 엎드려 빎, 伏望복망 엎드려 바람, 伏祝복축 엎드려 빎]

伏字는 '亻'+'犬'으로 구성된 글자로 亻은 人이고 犬은 犬견이니 犬은 사람한테 복종하는 동물이다. 故로 伏이다.

 없을막/말막

 없을망/속일망

 없을무/말무

[無疆무강 가없음, 無故무고 연고가 없음, 無窮무궁 다함이 없음, 無極무극 끝이 없음]

無字는 '人'+'卌마흔십'+'灬화'로 구성된 글자로 人은 人이고 卌는 나무 장작이고 灬는 火니 即,불에 태워 없애는 것이다. 그러나 없다는 글자는 만들어야 한다. 故로 불에 타면 없다. 故로 無字를 불에 타는 뜻으로 한 것이다. 그러나 無字는 더 연구할 필요가 있다.

 없을무

 없이여길모

[侮弄모롱 없이 여겨 희롱함, 侮罵모매 없이 여겨 꾸짖음, 侮辱모욕 없이 여겨 욕함]

侮字는 '亻'+'每'로 구성된 글자로 人은 人이고 每는 悔字에 忄이 없고 敏민에 攵이 없다. 人이 배움이 없고 뉘우침이 없으니 업신여긴다.

 에울위/둘레위/아람위

[圍棋위기 바둑, 圍繞위요 싸 두름]

圍字는 ‘囗’안에 ‘韋’를 하였다. 韋는 偉人위인이란 뜻이 있고 韋에 行이 붙으면 衛가 되나 韋에 四方사방을 둘러싸면 包圍포위가 된다.

 엎어질전/이마전

[顚狂전광 엎어져 미침, 顚倒전도 엎어지고 꼬꾸라짐, 顚沛전패 엎어지고 자빠짐]

顚字는 ‘眞’+‘頁’로 구성된 글자로 봐서는 이마전字로 쓰는 것이 당연하고 엎어질전 하는 것은 轉전이다.

 여러루/자주루

[屢年누년 여러 해, 屢代누대 여러 대, 屢次누차 여러 차례]

屢字는 ‘尸’+‘婁루’의 구성된 글자로 尸는 屋옥이고 婁는 집을 여러 번 이은 모양이다.

 여섯륙

 여덟팔

 여름하/하나라하/클하

[夏桀하걸 하나라걸 임금, 夏季하계 여름철, 夏至하지 절기의 하나]

夏字는 ‘一’+‘自’+‘夊치’로 구성된 글자로 一은 一陰그늘음이고 自는 自스스로자고, 夊은 夏至에 一陰이 自復자복하여 天風姤卦천풍후(구)괘(䷫)가 되니 夏다.

 역마역

[驛館역관 역에 사람이 유숙할 수 있도록 지어 놓은 집, 驛路역로 역마가 다니는 길]

驛字는 ‘馬’+‘睪’으로 구성된 글자로 뜻은 馬에 있고 睪은 氵가 있으면 澤택이 되고 扌가 있으면 擇택이 된다.

 역질역

[疫疾역질 역병]

疫字는 '疒'+'殳창수'로 구성된 글자로 疒은 病병이고 殳은 役역이니 부역 나갔다 옮은 병이다.

 역사역/수자리역

[役夫역부 부역하는 남자]

役字는 'ㄱ'+'殳'로 구성된 글자로 ㄱ은 行행이고 殳은 設설이니 길에서 일하는 것을 役이라 한다. 役은 나라에서 建設건설하는 일에 불려가 일하는 것을 役이라 한다.

 연고고/옛고/죽을고

[故國고국 타국에 있으면서 자기가 출생한 나라를 일컫는 말, 故事고사 옛 일, 故人고인 죽은 사람 또는 친구]

故字는 '古'+'攵'로 구성된 글자로 古는 居거고 攵는 攵부니 아버지가 살던 곳이 故響고향이 다. 故로 '연고고' 한다.

 연연/연꽃연

[蓮根연근 연 뿌리, 蓮房연방 연밥이 들어 있는 송이, 蓮蘂연예 연 꽃순, 蓮子연자 연밥]

蓮字는 '++'+'連'으로 구성된 글자로 ++는 草초고 連은 連연이니 蓮은 열매가 連連연연하여서 蓮이라 한다.

 연꽃부

 연꽃용

芙蓉 이 두 글자는 같이 있어야 뜻이 확실하다. 芙蓉은 연꽃의 별명인데 꽃이 선명하고 늠름한 것이 장부의 容貌 같다는 뜻이다.

 연하/멜하

[荷葉하엽 연잎, 荷負하부 메고 짊어짐, 荷花하화 연꽃]

荷字는 '++'+'何'로 구성된 글자로 ++는 草초고 何하는 묻는 말의 疑詞의사다. 이 글자는 누군가 이 꽃은 무슨 꽃이냐고 물은 것을 뜻하여 지어진 글자다. '멜하' 하는 것은 連莖연경(연줄기)이 연잎을 메고 있는 것을 뜻한 글자라고 陸機육기가 말하였다.

이상 蓮은 연밥이 연연한 것을 의미한 글자고 芙蓉은 연의 별명이고 荷는 연경이 연잎을 메고 있음을 뜻한 글자다.

 연기연/기운연

[烟氣연기 연기, 烟突연돌 굴뚝, 烟霧연무 연기와 안개]

烟字는 '火'+'因'으로 구성된 글자로 火因 불로 인해 생기는 것이 연기다.

 연기연/담배연

煙字는 '火'+'覀'으로 구성된 글자로 火는 火고 覀는 담배 원산지를 뜻한 것이다. 일반 연기에는 烟字를 쓰고 담배에는 煙字를 쓴다.

 열 개/필개

[開墾개간 파일굼, 開幕개막 막을 엶, 시작할 때 주로 쓰는 말]

開字는 '門'+'开'으로 구성된 글자로 門은 門이고 开는 여는 形容이다.

 열계

[啓告계고 열어서 고함, 啓導계도 열어서 인도함, 啓示계시 열어서 보임, 啓行계행 열고 감]

啓字는 '户'+'攵'+'口'로 구성된 글자로 户는 門이고 攵는 放방이고 口는 문어구 문을 열고 막 나서는 것이다. 故로 啓行계행이라 한다.

 열벽

[闢開벽개 엶]

闢字는 '門'+'辟'으로 구성된 글자로 門은 門문이고 辟은 劈벽이니 문을 左右좌우로 갈라지면서 열리는 것이다.

 열천/밝힐천

[闡明천명 열어 밝힘]

闡字는 '門'+'單'으로 구성된 글자로 門은 開개고 單은 單단이니 열어 보이는 것이다. 열어 보이지 않으면 한 개인지, 두 개인지 모른다. 열어서 單 하나임을 밝히는 것이다.

이상 開는 들어서 여는 것이고 啓는 열고 가는 것이고 闢은 左右로 갈라지면서 열리는 것이고 闡은 열어서 밝히는 것이다.

 열흘순

[旬日순일 열흘]

旬字는 '勹'+'日'로 구성된 글자로 十日을 旬이라 한다. 十日을 旬이라 하는 것은 十日식 勹이렇게 붓으로 그어서 表한 例가 글자로 된 것이다.

 엷을박/적을박/다닥칠박/발박

[薄待박대 박하게 대우함, 薄德박덕 덕이 박함, 薄酒박주 박한 술]

薄字는 '++'+'氵'+'尃'으로 구성된 글자로 ++는 葉엽이고 氵는 盞잔이고 尃은 博박이니 옛날 종이가 없는 시대에는 나뭇잎으로 厚博후박을 형용하였다.

 염소양/양양

 엿볼규

[窺見규견 엿봄]

窺字는 '穴'+'規'로 구성된 글자로 穴은 穴혈이고 規는 夫見이니 夫는 助詞조사고 見은 見견, 틈으로 보니 엿보는 것이다.

 엿당/사탕당/설탕당

[糖分당분 사탕질의 성분]

糖字는 '米'+'唐'으로 구성된 글자로 糖은 원래 西戎서융이 만든 것인데 唐太宗당태종이 처음으로 사람을 보내 가져온 일로 米에 唐을 붙혀 糖이라 한 것이다.

 영화영/꽃영/번영할영

[榮光영광 영광, 榮貴영귀 영화롭고 귀함, 榮華영화 영화]

榮字는 '艹'+'冖'+'木'으로 구성된 글자로 艹는 꽃이고 冖은 잎과 가지고 木은 木이니 나무에 꽃이 피었으니 영화다. 나무에 꽃이 피면 영화다. 꽃이 지면 열매를 맺고 열매는 심으면 또 나무가 된다. 돈이 많고 벼슬이 높으면 富貴_{부귀}는 할지라도 子孫_{자손}이 없으면 榮華는 못된다.

 예도례

[禮記_{예기} 예를 기록한 책 이름, 禮法_{예법} 예와 법, 禮樂_{예락} 예와 음악]

禮字는 '示'+'豊'으로 구성된 글자로 示는 神_신이고 豊은 豊_풍이니 禮는 神에 제사 지내는 데서 나온 제도다. 故로 제사는 풍성하게 지낸다.

 옛고/묵을고

[古歌_{고가} 옛날 노래, 古今_{고금} 예와 지금, 古談_{고담} 옛날 얘기, 古文_{고문} 옛글]

古字는 '十'+'口'로 구성된 글자로 十은 十代_{십대}고 口는 口傳_{구전}이니 十代가 되었으니 '옛'이다.

 옛구/낡을구

[舊面_{구면} 옛 얼굴, 전부터 아는 얼굴, 舊式_{구식} 옛식, 舊情_{구정} 옛정]

舊字는 '++'+'隹'+'臼_{절구구}'로 구성된 글자로 ++는 草_초고 隹는 작은 새고 臼는 절구확 이다. 잠새 같이 작은 새는 절구확 같이 흠이 진 도구가 오래되어 버려진 것에 풀을 깔고 새끼치기를 좋아한다. 새가 집을 지을 정도라면 옛 것이고 버려진 것이다.

 옛석/뽈비틀릴착

[昔日_{석일} 옛날, 昔者_{석자} 옛적]

昔字는 ' '+'日'로 구성된 글자로 은 二十一이고 日은 日이니 二十一日이다. 二十一日이면 昔, 최소한 옛날이다. 금줄을 걸어도 三七日(21일)은 걸어둔다.

이상 古는 오래된 것이고 舊는 오래되어 낡은 것이고 昔은 지나간 것을 일컫는 말이다.

 옅을천

[淺見_{천견} 본 것이 옅음, 淺露_{천로} 옅이 들어남, 淺聞_{천문} 들은 것이 옅음]

淺字는 '氵'+'戔'으로 구성된 글자로 氵는 水_수고 戔은 殘_잔이니 물이 쇠잔하니 옅다.

오랠구

[久敬구경 오래도록 공경함, 久留구유 오래 머무름, 久遠구원 오래고 멀음]

久字는 字形이 오램을 表한 글자다. 字形이 오래다. 久字는 과거와 미래를 통틀어 쓰는 글자다. 久字가 위에 붙으면 과거고 아래 붙으면 미래다.

 오동오/장대할오

[梧檟오가 오동나무와 노나무, 梧桐오동 오동나무]

梧字는 '木'+'吾'로 구성된 글자로 吾木오목 우리의 나무, 내 마음에 드는 나무다. 梧는 木材목재로 가장 좋은 나무다. 故로 梧라 한 것이다.

 오동동

[桐油동유 '桐'의 씨로 짜낸 기름]

桐字는 '木'+'同'으로 구성된 글자로 梧와 같다는 뜻이다. 故로 梧桐이라 한다.

 오를등/익을등

[登降등강 오르내림, 登高등고 높은데 오름, 登科등과 벼슬에 오름, 登極등극 임금 자리에 오름]

登字는 'ㅉ'+'豆'로 구성된 글자로 豆는 제기고 ㅉ은 祭物이니 제물을 제기에 올려놓은 形이다.

 오를등/탈등/뛸등

[騰貴등귀 올라서 귀함, 暴騰폭등 갑자기 오름]

騰字는 '朕'+'馬'로 구성된 글자로 朕은 勝승이고 馬는 馬마니 이긴 말이 等등에 오른다는 뜻이다.

 오를승

[昇降승강 오르내림, 昇給승급 급수에 오름, 昇進승진 올라감, 昇天승천 하늘에 오름]

昇字는 '日'+'升십'으로 구성된 글자로 해가 떠오르는 것이다.

오를척

[陟降척강 오르고 내림, 陟方척방 죽음]

陟字는 'ß'+'步'로 구성된 글자로 ß는 皐고 步는 步보니 언에 걸으니 오르는 것이다.

이상 登은 오르는 것이고 騰은 등급에 오르는 것이고 昇은 해가 하늘에 오르는 것이고 陟은 언덕에 오르는 것이다.

 오랑캐만

[蠻貊만맥 오랑캐, 蠻俗만속 오랑캐 풍속, 蠻行만행 야만적인 행위]

蠻字는 '絲'+'虫'으로 구성된 글자로 絲은 變변할변이니 나라 풍속이 正風정풍이 아닌 變風의 나라란 뜻이고 낮게 평하여 虫이 붙은 것이다.

 오랑캐이/평평할이/클이

[夷風이풍 오랑캐의 풍속, 夷狄이적 오랑캐]

夷字는 '大'+'弓'으로 구성된 글자로 큰활 夷字는 東夷동이西夷서이에 쓰이는데 夷는 활을 메고 다닌다 하여 지어진 글자다.

 오랑캐적

[北狄북적 북녘 오랑캐]

狄字는 'ろ'+'火'로 구성된 글자로 ろ은 짐승이고 火는 火화니 짐승이나 불에 구워 먹는 북녘 오랑캐다.

 오랑캐호/어찌호

[胡笳호가 되놈의 피리, 胡國호국 되놈의 나라, 胡馬호마 되놈의 말]

胡字는 '古'+'月'로 구성된 글자로 古는 蒙古몽고 月은 肉육이니 胡는 中國北方중국북방에 살던 오랑캐 族족인데 말을 타고 다니며 짐승의 고기를 먹고 살던 族족, 蒙古몽고를 뜻한 글자다.

이상 夷는 東夷와 西夷고 狄과 胡는 北方오랑캐로 짐승을 잘 잡아 먹는다.

오히려유/같을유/원숭이유/결단못할유

[猶豫유예 서두르지 않음, 猶子유자 조카]

猶字는 '犭'+'酋'으로 구성된 글자로 짐승을 뜻한 글자로 원숭이다. 猶는 比喩비유의 글자로 반대로 오히려 낮다 못하다 하다.

 오나라오/큰소리오

[吳廣오광 사람 이름, 吳起오기 사람의 이름, 吳綾오릉 오나라에서 생산되는 비단, 吳姬오희 오나라 여자]

吳字는 나라 이름이고 口는 口고 夨는 오른손을 입에 대고 소리치는 형용이다. 故로 '큰 소리오' 한다.

 오른우

[右傾우경 오른쪽으로 기움, 右翼우익 오른쪽 날개]

右字는 'ナ'+'口'로 구성된 글자로 ナ는 지시의 表고 口는 밥 먹고 말하는 것을 뜻한다. 左는 工이니 사람의 왼쪽은 예술이고 오른쪽은 지능이라 한다.

 오직유/생각할유

[惟獨유독 오직 홀로, 惟一유일 오직 하나, 惟精유정 오직 정함]

惟字는 '忄'+'隹추'로 구성된 글자로 忄은 心이고 隹은 進진이니 進於事業진어사업은 오직 마음이란 뜻이다.

 오직유/벼리유

[維新유신 체제가 새로워짐, 維持유지 지탱하여 가지고 있음]

維字는 '糸'+'隹'로 구성된 글자로 糸는 絲사고 隹는 雄웅이니 웅은 크다는 뜻으로 큰 실이니 벼리다.

 오장장

[臟器장기 오장, 臟腑장부 오장과 육부]

臟字는 '月'+'藏감출장'으로 구성된 글자로 月은 體肉체육이고 藏은 藏장이니 脾비는 土토니

藏胃장위하고 肺폐는 金금이니 藏魂장혼하고 腎신은 水수니 藏精장정하고 肝간은 木목이니 藏膽장담하고 心은 火화니 藏血장혈하니 五臟오장이다.

 오로지전

[專攻전공 한 가지 일만 전문으로 함]

專字는 '叀'+'寸'의 구성된 글자로 叀은 車거고 寸은 持지니 차는 가진 자, 운전자만이 오로지 부릴 수 있다. 차는 가진자가 專用전용해야지 빌려줘도 안 되고 빌려 써도 안 된다.

 오그릴축/줄어들축

[縮圖축도 도면을 축소함, 縮小축소 축소함]

縮字는 '糸'+'宿묵을숙'으로 구성된 글자로 糸은 緞단이고 宿은 묵은 것이다. 옛날 비단은 묶으면 오그라든다.

 옥옥/감옥옥

[獄吏옥리 감옥 지키는 판리]

獄字는 象形상형이다. 옛날에 獄은 돌로 쌓아서 죄인을 가두었다. 故로 獄字 위에 山이이 있으면 嶽악이 된다. 嶽은 돌산이므로 험하면서 높은 산이다.

 옥옥/구슬옥

[玉匣옥갑 옥으로 만든 상자, 玉階옥계 대궐 안에 섬뜰, 玉石옥석 옥과 돌, 옥돌]

玉字는 玉字 部에 보라.

 옥티하

[瑕累하루 흠, 瑕尤하우 흠]

瑕字는 '王'+'叚'로 구성된 글자로 王은 玉이고 叚는 暇니 玉은 틈이 있으면 티가 된다.

 온전전

[全能전능 다 잘함, 全力전력 모든 힘, 全部전부 다]

全字는 '人'+'王'으로 구성된 글자로 人王이니 사람이 王하면 온전해도 개가 王하면 狂광

미친다. 故로 人王은 全이고 犭王은 狂이다.

 온호/어조사호

乎字는 어조사로 말끝에 온 하는데 쓰이는 글자다.

 올래

[來客래객 오는 손, 來去내거 오고 감, 來到내도 와서 이름]

來字는 사람이 오는 모양이다.

 옳을가/오랑캐극/안해극

[可決가결 결정된 것, 可否가부 옳고 옳지 않음]

 옳을시/이시

[是非시비 옳고 그름, 是認시인 옳다고 인정함, 是日시일 이해, 이날]

 옳을의

[義擧의거 정의를 위하여 일을 일으킴, 義氣의기 정의다운 기세, 義理의리 옳은 도리]

可는 可否를 決定결정하는데 주로 쓰이고 是는 是非에 많이 쓰이고 義는 正義정의에 옳은 것이다.

 옮길이

[移去이거 옮겨감, 移居이거 옮겨 삶, 移動이동 옮겨 움직임]

移字는 '禾'+'多'로 구성된 글자로 多禾 풍년이 들어서 벼가 많다는 뜻이다. 풍년이 들어서 벼가 많으면 흉년이 들어 벼가 없는 곳으로 옮긴다. 또는 苗板묘판의 많은 묘를 옮긴다는 뜻도 있다.

 옮길반

[運搬운반 옮겨 나름]

搬字는 '扌'+'般돌반'으로 구성된 글자로 扌는 手수고 般은 舟주, 役역이니 손으로 배에서 일하니 옮기는 것이다. 배는 물건을 운반한다.

 옮길천

[遷都천도 도읍을 옮김, 遷善천선 착해짐, 遷易천역 옮겨서 바꿈]

遷字는 '覀'+'㔻'+'辶'로 구성된 글자로 覀는 要요고 㔻는 큰 곳이고 辶는 之니 크고 좋은 곳으로 가는 것이 遷이다.

이상 移는 곡식이나 물건을 옮기는 것이고 搬은 배나 차로 물건을 옮기는 것이고 遷는 이 보다 나은 곳으로 옮기는 것이다. 故로 遷都천도, 遷善천선이라 한다.

 옷복/복입을복/먹을복/입을복

[服務복무 복종하여 근무함, 服用복용 약을 먹음, 服從복종 명령에 쫓음]

服字는 '月'+'𠬛'으로 구성된 글자로 月은 月이고 𠬛은 상복의 모양이다. 이 글자는 服 입는다는 뜻으로 옷을 입을 때 쓰인다. 衣服하면 옷이고 그냥 服하면 상복이다. 月이 붙은 것은 服 입는 것은 制度제도가 있어 大功은 九月이고 小功은 五月이고 總麻시마는 三月하는 月이다.

 옷의/입을의/옷옷의

[衣褐의갈 갈 옷을 입음, 衣冠의관 옷과 갓, 衣食의식 옷과 음식]

衣字는 옷옷 저고리의 모양이다.

 옷칠칠/옻나무칠

[漆工칠공 옻칠하는 장인, 漆器칠기 칠한 그릇, 漆書칠서 옻칠한 글]

漆字는 '氵'+'木'+'仐너이'로 구성된 글자로 氵는 汁즙이고 木은 木이고 仐은 옻의 진을 내기 위하여 옻나무에 그은 形이다. 옻나무 진은 검다. 故로 漆字를 검은 뜻으로도 쓴다.

孤 외로울고/벼슬이름고

[孤窮고궁 외롭고 궁함, 孤兒고아 부모 없는 아이]

孤字는 '子'+'瓜과'로 구성된 글자로 子은 子혈이고 瓜는 葛갈이 없고 瓜 뿐이니 외로운 것이다. 瓜와 葛은 사돈인데 孤는 사돈 하나 없이 孑孑單身혈혈단신이란 뜻이다.

 외과

[瓜葛과갈 외와 칡, 瓜期과기 女子 나이 十五세 때, 瓜滿과만 임기가 참]

瓜字는 玉篇옥편에 辰日種진일종이라 하였다. 辰字진자와 瓜字과자가 類似유사한 것은 辰日種의 뜻이 있기 때문이다.

 외울송/읽을송

[誦經송경 경을 읽음, 誦讀송독 외와 읽음]

誦字는 '言'+'甬'으로 구성된 글자로 言은 讀읽을독이고 甬은 通통할통이니 通讀통독을 誦이라 한다.

 외짝척

[隻劍척검 칼 하나, 隻句척구 외짝 글, 隻手척수 외손]

隻字는 새 한 마리를 뜻하여 외짝에 쓰인다.

외좌/도울좌

[左傾좌경 왼쪽으로 기움, 左丘明좌구명 사람 이름, 左思좌사 사람 이름]

左字는 'ナ'+'工'로 구성된 글자로 ナ는 방향지시고 工은 藝術예술이니 왼쪽은 工이 발달되고 오른쪽은 知지가 발달 되었다. 故로 左는 工이고 右는 口를 사용한다.

 완전완/끝날완

[完決완결 완전히 결정함, 完結완결 완전히 끝맺음, 完全완전 완전]

完字는 집을 완전히 다 지어 맞춘 뜻의 글자다. 새로 집을 다 지어 놓고 보면 내 집이 으뜸인 것 같다. 故로 宀에 元이다.

 완고할완/탐할완

[頑强완강 완고히 강함, 頑固완고 꽉 굳음, 頑命완명 죽지 아니하고 모질게 살아있는 목숨]

頑字는 '元으뜸원'+'頁머리혈'로 구성된 글자로 元은 完완전할완이고 頁은 頭머리두니 元頁, 즉 고집스럽고 변통이 없는 머리란 뜻이다.

 왕비비

[妃嬪비빈 임금의 첩]
妃字는 王의 正室정실을 妃라 한다.

 왕성할왕

[旺盛왕성 왕성, 旺運왕운 왕성한 운, 旺日왕일 四時사시의 왕한 날]

旺字는 '日'+'王'로 구성된 글자로 旺王은 王日인데 旺日은 子午卯酉日자오묘유일인데 春에는 卯묘고 夏하에는 午오고 秋추에는 酉유고 冬에는 子자다. 旺은 만물이 처음 서함을 旺이라 한다.

 요임금요/높을요

[堯舜요순 요임금과 순임금]
堯字는 '垚'+'兀'로 구성된 글자로 堯는 높다. 높음을 뜻하기도 하나 堯임금의 이름자다.

옛날 글자가 많지 않을 때에는 이름字를 만들어 썼다.

 요사할요/고울요/일찍죽을요/어릴요

[夭桃요도 발간 복숭아, 夭死요사 일찍 죽음, 夭夭요요 젊고 예쁜 모양]

夭字는 'ノ'+'大'로 구성된 글자로 大는 大고 ノ는 어린이의 머리댕기 모양이다. 옛날에는 젊고 어린 사람이 머리에 댕기를 하였다.

 욕심욕

[慾心욕심 욕심]

慾字는 '欲'+'心'으로 구성된 글자로 하고자 하는 마음이 지나치면 욕심이 된다는 뜻이다.

 용서서

[恕宥서유 용서해 죄를 풀어줌]

恕字는 '如'+'心'으로 구성된 글자로 如心 내 마음을 미루어 남을 용서하는 것이다.

 용용/두덕룡

[龍車용거 임금의 수레, 龍光용광 '龍泉劍용천검'의 빛, 龍宮용궁 바닷속 용왕이 산다는 궁전, 龍蟠용반 용이 서림]

龍字는 '䇂肙'+'㠪'로 구성된 글자로 䇂肙은 立體입체고 㠪은 용이 서 있는 形이다. 용은 形이 길고 뿔이 있으며 턱 밑에 거꾸로 된 비늘이 세 개 있는 것이 특징이다.

 용맹용

[勇敢용감 용기 있고 과감함, 勇斷용단 용기 있게 결단함, 勇士용사 용기 있는 남자]

勇字는 '⺈'+'男'으로 구성된 글자로 ⺈은 刀칼도고 男은 男子니 칼이 머리에 있어 두려워하지 않는 남자니 용감하다.

 우거할교

[僑居교거 임시로 살음, 僑胞교포 나가 사는 동포]

僑字는 'イ'+'喬'로 구성된 글자로 イ은 他다를타고 는 喬높을교는 橋다리교니 다리 건너 他鄕타향에 사는 것을 僑라 한다.

 우뢰뢰

[雷鼓뇌고 우레가 침, 雷公뇌공 천둥, 雷動뇌동 우레가 동함, 雷電뇌전 우레와 번개]

雷字는 '雨'+'田'로 구성된 글자로 雨는 雲구름운이고 田은 疊겹처질첩이니 구름이 쌓이면 우레가 발생한다.

 우리문/무리문

[我們아문 우리 무리]

們字는 'ㅓ'+'門'로 구성된 글자로 門人문인. 즉 한 동문 사람이라는 뜻이다.

 우러러볼앙

[仰觀앙관 우러러봄, 仰騰앙등 우러러볼 정도로 오름, 仰慕앙모 우러러 사모함]

仰字는 'ㅓ'+'卬'으로 구성된 글자로 ㅓ은 人이고 卬나앙은 고개를 뒤로 젖힌 모양이니 우러러본다.

 우물정

[井田정전 井字 같이 된 밭, 井泉정천 우물샘, 井臼之役정구지역 물 기르고 절구질하는 일]

井字는 우물을 파고 사방으로 나무토막을 쌓아 올린 形이다.

 우편우

[郵舍우사 우편 관사, 郵送우송 우편으로 보냄, 郵驛우역 우편역, 郵票우표 우편 요금을 낸 표]

郵字는 '垂'+'ß'으로 구성된 글자로 ß는 마을이고 垂드리울수는 마을 앞 우체통의 모양이다.

 우체체/갈마드릴체

[遞夫체부 우편물을 배달하는 사람]

遞字는 'ㅓ'+'虎'+'辶'로 구성된 글자로 사람이 호랑이 꼬리를 잡고 가는 격이다. 아비가 하던 일을 아들이 하고 아들이 하던 일을 손자가 하는 것이 遞다.

운운/운치운

[韻目운목 한시의 운자, 韻致운치 고아한 기상]

韻字는 '音'+'員'으로 구성된 글자로 音의 員원이다. 漢字의 音의 聲性성성이 같은 글자끼리 員을 이룬 것이 韻이다.

 운전운/운운

[運動운동 몸을 늘려 움직임, 運命운명 타고난 명, 운적인 명, 運搬운반 옮겨 나르는 것]

運字는 '軍'+'辶'로 구성된 글자로 軍은 軍군사군 또는 揮휘두를휘고 辶는 之니 軍이 가는 것은 상관의 指揮지휘에 따라 움직인다. 故로 運命운명이란 文章문장이 있다.

 움직일동

[動機동기 기계를 움직임, 움직이는 기틀, 動力동력 움직이는 힘, 動態동태 움직이는 태도]

動字는 '重'+'力'으로 구성된 글자로 重은 重무거울중이고 力은 力힘력이니 무거운 것은 힘이 아니면 움직이지 못한다.

 울곡

[哭臨곡임 울면서 임함, 哭聲곡성 우는 소리, 哭婢곡비 곡하는 종]

哭字는 '吅'+'犬'으로 구성된 글자로 吅는 그릇 두 개를 놓은 모양이고 犬은 伏업드릴복이니 哭字는 器그릇기字에서 온 글자다. 器字는 그릇 네 개가 상 위에 있는 形인데 옛날에 두 夫婦부부가 식생활 하는데 두 분의 국그릇과 밥그릇이 각 두 개니 네 개다. 어느 날 夫婦 中부부중 한 사람이 죽으니 그릇 두 개가 없다. 故로 죽은 이를 생각해 우는 것이다. '그릇 기'자에 그릇 두 개가 없으면 哭字가 된다.

 울명/울릴명

[鳴鼓명고 북을 울림. 鳴鸞명란 우는 난조새, 鳴蜩명조 우는 매미]

鳴字는 '口'+'鳥'로 구성된 글자로 口는 口고 鳥는 鳥새조니 새는 입으로 말하는 것이 아니고 운다. 鳴은 목이 긴 새의 소리지 슬퍼서 우는 것은 아니다.

울제

[啼鳥제조 우는 새]

啼字는 '口'+'帝'로 구성된 글자로 口는 鳴이고 帝임금제는 音만 따서 작은 새들이 啼啼제제하는 소리를 表現표현한 것이다.

 울시

[嘶馬시마 우는 말]

嘶字는 '口'+'斯이사'로 구성된 글자로 口는 鳴이고 斯는 斯니 馬는 다른 곳에 바람 소리를 듣고 울기는 여기서 운다.

 울읍

[泣請읍청 울면서 청함, 泣涕읍체 울면서 콧물을 흘림, 泣血읍혈 피눈물 흘리며 울음]

泣字는 'ⅰ'+'立'으로 구성된 글자로 ⅰ는 淚눈물루고 立은 立설립이니 서서 눈물 흘리며 우는 것이다.

이상 哭은 소리 내어 우는 것이고, 鳴은 목이 긴 새의 우는 것인데 天性천성적으로 우는 것이고, 啼는 작은 새의 지저귀는 소리고, 嘶는 말이 우는 것이고, 泣은 소리 없이 우는 것이다.

 웃음소

[笑談소담 웃으면서 이야기함, 笑天소천 하늘을 쳐다보고 웃음, 笑嘲소조 웃으면서 조롱하는 것]

笑字는 '竹'+'天'으로 구성된 글자로 竹은 管피리관이고 天은 天이니 管구멍으로 하늘을 보고 하늘이 작다 하니 우습다는 뜻의 글자다.

 위할위/하위/만들위/삼을위/될위

[爲先위선 우선, 先代선대 조상을 위함, 爲始위시 시작함, 爲親위친 어버이를 위함]

爲字는 'ⅿ'+'爲'로 구성된 글자로 ⅿ는 손이고 爲할위는 만드는 형용이니 손으로 무언가 하는 모양이다.

위상

[上古상고 옛날, 上官상관 윗 벼슬, 上同상동 위와 같음]

上字는 '卜'+ '一'으로 구성된 글자로 卜은 人이고 一은 위와 아래의 中心線중심선이니 사람이 중심선 위에 있으니 위를 뜻한 글자다. 글자는 사람을 중심으로 만들었다는 것을 생각해야 한다.

 웅거거/의거거

[據古거고 옛을 의거함, 雄據웅거 영웅이 웅거함]

據字는 '扌'+'虍'+'豕'로 구성된 글자로 扌는 擊부딪칠격이고 虍는 虎범호고 豕는 逐쫓을축이니 영웅이 무서운 맹수를 쫓아내고 자리 잡은 것을 據라 한다. 故로 雄據다.

 鴛/원앙새원   鴦/원앙새앙

[鴛鴦원앙 원앙새]

鴛字는 '夗'+'鳥'로 구성되었고, 鴦자는 '央'+'鳥'로 구성된 글자로 夗은 怨원이고 央은 中央이니 이 새는 匹鳥필조로 암수가 항상 같이 있고 물새로 水中央수중앙에 있기를 怨한다 하여 鴛鴦이라 한다.

 원망원/원수원/분낼원

[怨女원녀 원하는 여자, 怨慕원모 원망하면서 사모함]

怨字는 '夗'+'心'으로 구성된 글자로 夗누워뒹굴원은 死죽을사고 心은 心이니 과부가 죽은 자를 恨한할한하는 것이 怨이다. '왜 나를 두고 죽었어?'하는 마음이니 故로 怨女, 怨男이라 한다.

 원할원

[願書원서 청원하는 글, 所願소원 원하는 것]

願字는 '原'+'頁'로 구성된 글자로 原은 原근원원이고 頁머리혈은 顧돌아볼고니 原 뜻대로 돌봐 달라는 것이 願이다.

 윤달윤

[閏年윤년 윤 달 드는 해, 閏月윤월 윤 달]

閏字는 王이 門 안에 있다. 禮記에 王이 月朔월삭에 朝會조회를 明堂명당에서 하는데 閏月윤월 만은 闕궐 안에서 朝會를 한다 하여 만들어진 글자다.

元 으뜸원/머리원/임금원

[元功원공 으뜸가는 공, 元氣원기 근원적인 기운, 元年원년 임금이 즉위한 첫해]

元字는 '一'+'兀'로 구성된 글자로 一은 첫째고 兀은 亢목항이니 첫째로 높은 것이 元이다. 九家易구가역에 元은 氣기운기의 始처음시라 하였다.

詠 읊을영

[詠物영물 물건을 읊음, 詠歎영탄 읊으면서 감탄하는 것]

詠字는 '言'+'永'으로 구성된 글자로 말을 길게 하는 것을 詠이라 한다.

吟 읊을음/신음할음/턱끄덕거릴음/노래할음

[吟詠음영 읊음, 吟詩음시 시를 읊음]

吟字는 '口'+'今'으로 구성된 글자로 口는 口고 今이제금은 含머금을함이니 입을 다물고 나는 소리니 앓는 소리다. 詩를 읊는 소리도 입을 크게 벌리지 않는다.

格 이를격/격식격/그칠격

[格物격물 사물에 이름, 格式격식 격의식, 格言격언 격에 맞는 말]

格字는 '木'+'各'으로 구성된 글자로 各木각목이니 옛날에는 나무로 事物의 格을 만들었다. 故로 그 格에 맞으면 합격이고 아니면 불합격이다. 그 格은 嚴엄하여 이치에 맞도록 하였다. 고로 事物이 格에 이르면 通통한 것이다. 故로 '이를격'한다.

缺 이즈러질결

[缺格결격 격에 어긋남, 缺勤결근 근무에 빠짐, 缺禮결례 예에 어긋남]

缺字는 '缶'+'夬'로 구성된 글자로 缶장군부(액체를 담는 그릇의 일종)는 土器토기고 夬터놓을쾌은 央중앙앙의 왼쪽 획이 떨어져 나갔다. 그릇이 한쪽이 없으니 이지러진 것이다.

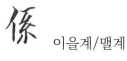 이을계/맬계

[係累계루 얽매임, 係嗣계사 자손을 이음, 係長계장 계에 어른]

係字는 '亻'+'系'로 구성된 글자로 亻은 人이고 系는 系이을계니 사람이 대를 이어감을 뜻한 글자다. 故로 係代라 한다.

 이을계

[繼母계모 이은 어머니, 繼文계문 이어진 글]

繼字는 '糸'+'㡭'로 구성된 글자로 糸는 續이을속이고 㡭는 여러 가닥의 실인데 續이 있으니 잇는 것이다.

 이을락/실락/얽힐락

[絡車낙거 실을 감는 물레, 絡束낙속 얽어 묶음]

絡字는 '糸'+'各'으로 구성된 글자로 各絲각사다. 糸은 續이니 실을 각각 여기 저기로 이어 연결된 것이 絡이다. 故로 連絡網연락망이라 한다.

 이을련/머무를연/연좌연

[連結연결 이어서 맺음, 連絡연락 서로 이어짐, 서로 알림]

連字는 '車'+'辶'으로 구성된 글자로 車는 車수레거고 辶는 之니 옛날에 수레는 貴人귀인이 아니면 타지 못했다. 故로 貴人이 한 번 행차할 때는 수레가 連이어 여러 대가 간다. 故로 連이다.

 이을연

[聯句연구 漢詩한시의 짝글귀를 聯句라 한다., 聯立연립 연하여 섬, 聯珠연주 이어진 구슬]

聯字와 連字는 음과 새김이 같으나 뜻은 조금 다르다. 連은 줄줄이 이어진 것이고 聯은 쌍쌍이 이어진 것이다. 故로 쌍으로 이어진 글귀를 聯句연구라 한다.

 이을사

[嗣君사군 대를 이어 임금이 될 사람, 嗣奉사봉 이어서 받들음, 嗣續사속 이어짐, 嗣子사자 대

이을 맏아들]

嗣字는 '口'+'冊'+'司'로 구성된 글자로 口는 食口식구고 冊은 譜冊보책이고 司는 司맡을사니 食口中식구중에 代代로 내려오는 譜冊을 맡을 사람은 곧 아들이다. 故로 嗣다.

 이을속

[續刊속간 이어서 간행함, 續續속속 이어지고 이어짐, 續載속재 이어서 실음]

續字는 '糸'+'賣'로 구성된 글자로 糸는 絲실사고 賣살매는 讀읽을독이니 이 글자는 실과 실이 서로 이어지는 것 보다는 글을 계속 읽거나 刊行간행을 이어서 하거나 강의를 이어서 하는데 주로 쓰인다. 故로 糸에 賣를 한 것이다.

 이을소/도을소/소개할소

[紹介소개 이어서 중개함]

紹字는 '糸'+'召'로 구성된 글자로 糸는 續이을속이고 召는 召부를소니 서로 간에 좋게 되도록 불러서 이어주는 것이다. 故로 紹介소개라 한다.

 이을승/봉승할승/후계승

[承繼승계 받들어 이음, 承諾승낙 청하는 말을 들어 주는 것, 承認승인 인정하는 것]

承字는 중앙에 '手'가 手손수가 一을 받들고 있고, 'ㄱ'는 왼쪽에 있고, 'ㅅ'는 오른쪽의 양쪽에서 이어서 받드는 모양이다.

이상 係는 系列계열의 係字고, 繼는 끊어진 것을 잇는 것이고, 絡은 여기 저기 서로 잇는 것이고, 連은 行列행렬이 이어지는 것이고, 聯은 쌍쌍이 이어지는 것이고 嗣는 자손이 이어지는 것이고, 續은 하는 일이 이어지는 것이고, 紹는 紹介해 이어주는 것이고, 承은 代를 잇는 것이다.

 이바지공/받들공

[供饋공궤 장만해 먹임, 供給공급 장만해줌, 供奉공봉 이바지해 받듦]

供字는 'イ'+'共'으로 구성된 글자로 イ은 人이고 共은 共함께공이니 사람이 공동으로 제사나 잔치 음식을 마련하는 것을 供이라 한다.

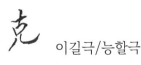 이길극/능할극

[克己극기 자기의 사욕을 이겨냄, 克服극복 어려움을 이겨냄]

克字는 '古'+'儿'으로 구성된 글자로 古는 古옛고 儿사람인은 뻗치는 모양이다. 오래 뻗치니 이겨내는 것이다. 克은 오래 뻗쳐 그 일을 이겨내는 것이다. 이 克자는 남을 이기는 것이 아니고 자신을 이기는 것이다.

 이길극

[剋伐극벌 쳐서 이김, 相剋상극 서로 이김]
剋字는 '克'+'刂'로 구성된 글자로 克은 克이고 刂는 則칙이니 法則법칙에 의해 서로 이기는 것이다. 水剋火수극화하고 火剋金화극금하고 金剋木금극목하고 木剋土목극토하고 土剋水토극수한다. 이것을 剋相이라 하는데 모두 自然의 法則이다.

 이길승/나을승/맡길승/다승

[勝境승경 경치 좋은 곳, 勝景승경 좋은 경치, 勝利승리 이김, 勝負승부 이기고 지는 것, 勝敗승패 이기고 패하는 것]

勝字는 '月'+'关'+'力'으로 구성된 글자로 月은 體몸체고 关관은 拳주먹권이고 力은 力힘력이니 體格체격 좋고 주먹 크고 힘이 세니 이긴다.

이상 克은 자신과 싸워서 이기는 것이고, 剋은 자연의 법칙으로 이기는 것이고, 勝은 힘으로 이기는 것이다.

 이제금

[今古금고 지금과 옛, 今年금년 올해, 今方금방 금방]

今字는 '이제'를 글자로 表現표현할 수 없어 金字의 획을 덜어 今으로 한 것이다. 故로 音이 '금'이다.

 이할리/날카로울리

[利口이구 말 잘함, 利金이금 이자돈, 利己이기 자기 이익만 차림]

利字는 '禾'+'刂'로 구성된 글자로 禾는 禾벼화고 刂는 刀칼도니 벼 베는 칼은 잘 든다.

 떠날리/이별리/걸릴리/괘이름리

[離宮이궁 임금의 별궁, 離陸이륙 땅에서 떨어짐, 離別이별 이별]

離字는 '离'+'隹'로 구성된 글자로 离_{산신리}는 禽_{날짐승금}이고 隹_{새추}는 雁_{기러기안}이니 기러기는 철새로서 봄이면 북으로 떠나가고 가을이면 남으로 떠나간다. 故로 離다.

 이별별/다를별/분별별

[別居_{별거} 부부가 따로 사는 것, 別故_{별고} 별다른 일, 別堂_{별당} 본채와 떨어져 지은 집, 別世_{별세} 이 세상을 떠남, 죽음]

別字는 '口'+'力'+'刂'로 구성된 글자로 口는 女고 力은 男이고 刂는 分_분이니 男女_{남녀}의 性_성이 다름을 뜻한 글자다. 故로 男女有別_{남녀유별}, 夫婦有別_{부부유별} 이라 한다.

 이웃린/수레소리린

[隣家_{인가} 이웃집, 隣國_{인국} 이웃 나라, 隣接_{인접} 이웃에 붙음]

隣字는 'ß'+'舜'으로 구성된 글자로 ß는 鄕村_{향촌}이고 舜은 魚鱗_{어린}이니 고기 비늘처럼 잇닿은 鄕村이란 뜻으로 된 것이 隣이다.

 이름명

[名家_{명가} 이름난 집, 名工_{명공} 이름난 장인, 名公_{명공} 이름난 남자, 名分_{명분} 이름과 분수]

名字는 '夕'+'口'로 구성된 글자로 夕은 多고 口는 食口_{식구}니 食口가 많으니 각자 이름이 있어야한다. 名은 兒名_{아명}으로 옛날에 아명은 집안에서 부르는 이름으로 글자 없이 '큰애기', '갓난애기', '웃간네'하고 불렀다.

 이름자/글자자/자자

[字句_{자구} 글자 구절, 字典_{자전} 글자를 모아 발음과 뜻 발생한 원인 따위를 해석한 책, 字解_{자해} 글자의 풀이, 字型_{자형} 글자를 부어 만드는 틀]

字字는 '宀'+'子'로 구성된 글자로 宀은 冠_{갓관}이고 子는 子_자니 옛날에 아들이 장성하면 어른의 예로 갓을 씌우고 이름자를 만들거나 이미 있는 글자 중에서 마음에 맞는 글자를 골라 이름자로 定_정하였다. 그래서 어른의 이름을 字라 한다.

 이름호/부를호

[號令_{호령} 큰소리로 명령함, 號泣_{호읍} 부르짖어 우는 것]

號字는 부르는 이름으로 學行_{학행}이나 德望_{덕망}있는 사람은 이름이나 字를 거의 부르지 않고

號를 부른다. 李滉이황을 退溪퇴계라 부르고 李珥이이를 栗谷율곡이라 부르는 예다.

 이사

[斯道사도 이도, 유교, 斯世사세 이 세상, 斯須사수 잠깐]

斯字는 '其'+'斤'으로 구성된 글자로 其는 其기고 斤도끼근은 近가까울근이니 바로 가까운 여기라는 뜻이다. 故로 斯速이라 하고 斯彼사피라고 쓰는 문자는 없다.

 이차

[此時차시 이 때, 此外차외 이 밖에]

此字는 '止'+'匕'로 구성된 글자로 止는 止그칠지고 匕비수비는 己몸기니 내 몸이 그쳐 있는 곳을 表現표현한 글자다. 此는 나고 彼피는 남이다.

 이마액

[額面액면 얼굴인데 돈이 문서에 적힌 가격, 額數액수 돈 머릿수, 額字액자 큰 글씨, 글자]

額字는 '客'+'頁'로 구성된 글자로 客은 客손객이고 頁머리혈은 頭머리두니 사람 머리수를 뜻한 글자다. 끌어다 돈 머리에 주로 쓰는 글자다.

 이마정/꼭대기정

[頂門정문 정수리, 숫구멍, 頂上정상 꼭대기]

頂字는 '丁'+'頁'로 구성된 글자로 丁은 丁정. 장정이니 불어남을 뜻함이고 頁은 頭두니 머리의 불어난 곳이 頂이다.

 이마제/제목제/적게볼제

[題目제목 글제, 題辭제사 책머리에 적은 글]

題字는 '是'+'頁'로 구성된 글자로 是옳을시는 提끌제고 頁은 頭두니 책머리에 提示제시한 것이 題다. 故로 題目이라 한다.

 이룰성

[成功성공 공을 이룸, 成果성과 이룬 효과, 成熟성숙 이루어 익음, 成長성장 이루어 자람]

成字는 '戌'+'丨'로 구성된 글자로 戌개술은 九月인 戌月술월이고 丨은 丁이니 萬物만물이 戌月이 되면 다 이룬다. 故로 戌에다 丁을 한 것이다.

 이룰수/드디어수

[遂事수사 다 된 일, 遂行수행 드디어 진행함]

遂字는 '丷'+'逐'으로 구성된 글자로 丷은 入들입이고 逐은 逐쫓을축이니 돼지를 쫓다가 우리 안에 들어가니 하던 일을 이룬 것이다.

 이룰치

[致命치명 목숨을 바침, 致仕치사 관직을 그만둠, 致誠치성 성의를 다함]

致字는 '至'+'攵'으로 구성된 글자로 至는 至이를지고 攵는 教학교교 또는 攻공공이니 하던 일을 다 하고 그만두는 것을 致라 한다.

 이를조/새벽조

[早起조기 일찍 일어남, 早晚조만 이르고 늦음, 早白조백 일찍 머리가 희게 됨, 早朝조조 이른 아침]

早字는 '日'+'十'으로 구성된 글자로 日은 日이고 十은 地平線지평선이다. 해가 지평선 위에 있으니 이른 아침이다.

 이끼야/어조사야

이 글자는 漢文한문 글귀 끝에 단정사로 쓰는 어조사다.

 이끼언/어조사언/얻지언

이 글자는 漢文 글귀 끝에 주로 쓰는데 也字와는 조금 다르게 의문사로 쓰인다.

 이끼재/어조사재/비로소재

'也', '焉', '哉' 이 세 글자는 어조사의 表다.

 이끌원/당길원/구원할원

[援擊원격 지원해침, 援兵원병 지원병, 援助원조 지원해 도움]

援字는 '扌'+'爰'로 구성된 글자로 扌은 手수고 爰은 拔뺄발이니 拔은 빼는 것인데 손이 또 있으니 도와준다. 故로 支援지원, 救援구원한다.

 일찍숙

[夙昔숙석 오래된 옛날]

夙字는 '凡'+'夕'으로 구성된 글자로 凡은 風바람풍이니 바람맞이 창문의 형상이고 夕은 月이니 새벽달이 창문에 비칠 적에 일어났으니 '일찍'이란 뜻이다.

 이치/나이치

[齒決치결 이로 물건을 깸, 齒科치과 이에 대한 의학과, 齒德치덕 나이와 덕행, 齒牙치아 이와 어금니]

齒字는 '止'+'㘩'로 구성된 글자로 止는 止그칠지고 㘩는 이의 모양이다. 止는 움직이지 않는다는 뜻이니 이는 위의 이는 움직이지 않고 아랫니는 턱과 동시에 움직인다.

 일컬을칭/헤아릴칭

[稱道칭도 일컬어 이르는 말, 稱美칭미 아름다움을 일컬음, 稱讚칭찬 잘한다고 기림]
稱字는 '禾'+'爾너이'로 구성된 글자로 爾禾이화 너의 벼는 잘 되었다고 좋게 말하는 것이 稱이다.

 익을숙

[熟達숙달 익숙하고 통달함, 熟練숙련 빨아 익힌 비단, 熟面숙면 익은 얼굴, 熟成숙성 익어 이룸]
熟字는 '烹'+'丸'으로 구성된 글자로 烹은 烹삶을팽이고 丸은 丸알환이니 삶아서 丸을 지을 정도니 익은 것이다. '숙'으로 音이 된 것은 孰누구숙의 音이다. 熟字는 삶아서 익히는 뜻이나 오래되어서 성숙된데 많이 쓰인다. 많이 본 얼굴을 熟面숙면이라하고 영근 곡식을 熟이라 한다.

 익힐습/버릇습

[習慣습관 하던 버릇, 習得습득 익혀 얻음, 習字습자 글자를 익힘]

習字는 '羽'+'白'으로 구성된 글자로 어린 새의 날개가 살짝 나오면 날으려고 날개짓을 자주한다. 이것이 익히는 것이다. 故로 羽白우백이 習이고 論語註논어주에 如鳥數飛여조삭비, 새가 자주 나는 것과 같다 하였다.

익힐련/이길련/겪을련/연복련

[練冠연관 한 관, 練磨연마 익히고 갈고 닦음, 練武연무 무술을 익힘]

練字는 '糸'+'柬'으로 구성된 글자로 糸는 絲실사고 柬가릴간은 揀가릴간이니 성근 실을 익히고 빨아서 곱고 거친 오리를 가려내는 것이 練이다. 故로 좋은 실을 가려 내자면 자주 삶아 익히고 빨아야 한다.

이상 習은 내가 익히는 것이고, 練는 물건을 다루어 익히는 뜻이고 내가 익히는 데도 쓴다.

 인도할도

[導引도인 인도해 당겨옴]

導字는 '道'+'寸'으로 구성된 글자로 道는 道길도고 寸은 得얻을득이니 모든 일은 得道득도, 즉 아는 사람이 인도한다. 또는 寸은 村이니 마을길은 아는 사람이 인도한다.

 인륜륜/차례륜

[倫紀윤기 윤리와 기강, 倫理윤리 인륜의 도리, 倫常윤상 인륜의 떳떳한 것]

倫字는 'ㅅ'+'侖'으로 구성된 글자로 ㅅ은 人이고 侖둥글륜은 序차례서니 字形자형이 차례로 되어있다. 故로 人倫이다.

 인인/찍을인

[印刻인각 글자를 나무에 새기는 것, 印款인관 도장, 印章인장 도장]

印字는 인장에 새긴 모양이다.

 인연연/단옷단

[緣分연분 분수의 인연, 緣由연유 그런 까닭]

緣字는 '糸'+'彖'으로 구성된 글자로 糸은 結맺을결이고 彖단단은 象코끼리상이니 夫婦부부의 맺어진 인연은 전생에 인연이 있다는 想像的상상적인 것을 表現표현한 글자다.

 인원원/더할운/땅이름운

[任員임원 책임진 인원]

員字는 '口'+'貝'로 구성된 글자로 口는 食口식구고 貝는 財재니 財는 곧 돈이니 돈은 食口數식구수대로 쓰게 되므로 모임을 갖거나 장에 가도 인원을 헤아린다.

 일기/일어날기

[起居기거 일어나고 앉아 있는 것, 즉 생활 하는 것, 起工기공 공사를 일으킴, 起動기동 일어나 움직임, 起伏기복 일어나고 엎드림]

起字는 '走'+'己'로 구성된 글자로 走는 走달릴주고 己는 己몸기니 몸이 달아나니 일어난 것이다.

 일흥/일어날흥/성할흥/흥할흥/흥치흥

[興起흥기 흥해 일어남, 興亡흥망 흥하고 망함]

興字는 '與'+'同'으로 구성된 글자로 與는 與더불여고 同은 同같을동이니 더불어 同心者동심자가 많으니 興한다.

이상 起는 일어나는 것이고, 興은 잠에서 일어나는 것이고 잘 되어서 일어나는 것이다.

 일대/받들대

[戴冠대관 관을 머리에 임, 戴星대성 별을 머리에 임, 부지런하여 새별이 하늘에 있을 때 나가 일하는 것]

戴字는'𢦏'+'異'로 구성된 글자로 𢦏는 截재고 異는 異다를리니 이는 것은 싣는 것과 다르다.

 일사/섬길사

[事件사건 일의 건, 事故사고 일의 연고, 事君사군 임금을 섬김]

事字는 '𦬇'+'크'로 구성된 글자로 𦬇는 작업도구고 크은 손이니 손에다 작업도구를 잡았으니 일하는 것이다.

 일찍죽을요

[殀壽요수 일찍 죽는 것과 오래 사는 것, 殀死요사 일찍 죽음]

殀字는 '歹'+'夭'로 구성된 글자로 歹은 死죽을사고 夭는 少적을소니 젊어서 죽는 것이 殀다.

일가족/무리족/풍류가락주

[族譜족보 한 족속의 '世系세계'를 적은 책, 族長족장 족속의 어른]

族字는 '㫃'+'矢'로 구성된 글자로 㫃은 旗기기고 矢는 矢화살시니 옛날에는 같은 族屬족속이 사는 곳에 旗도 달고 무기도 만들고 하였다.

 일가종/계래종/종묘종/마루종

[宗家종가 한 문중의 본가, 宗敎종교 어떠한 神신이나 人인을 主宗주종으로 하는 교, 宗廟종묘 조상을 모시는 사당]

宗字는 '宀'+'示'로 구성된 글자로 宀는 家집가고 示시는 神귀신신 또는 祖조니 祖上의 神을 모시는 宗家를 뜻한 글자다.

이상 族은 同姓동성이면서 堂內당내를 일컫는 글자고, 宗은 同姓동성을 일컫는 글자다. 팔촌까지는 族자를 쓰고, 그 밖에 시조를 같이 하는 동성은 宗氏종씨라 한다.

 읽을독

讀字는 '言'+'賣'로 구성된 글자로 言은 言언이고 賣는 賣팔매니 선비는 재산을 팔고 사지 않는다. 故로 讀이다. 배우는 것은 학생이고 글을 읽는 것은 선비다. 선비는 배워서 녹을 먹는 사람이고 촌선비가 아니다.

 읽을송/외울송

소리 내어 읽는 것을 誦이라 한다.

 잃을실

[失格실격 격에 맞지 않음, 失權실권 권을 잃음, 失言실언 말 실수]

失字는 秩차례질字에 禾벼화가 없으니 벼를 잃은 것이다. 잃은 것은 있던 것이 없어진 것을 말한다. 失자는 벼단을 가려 놓은 형이다.

 임금군/그대군

[君臨군임 임금의 자리에 임함, 君王군왕 임금, 君子군자 학식과 덕망이 높은 사람, 君長군장

나라의 어른]

君字는 '尹'+'口'로 구성된 글자로 尹_{다스릴윤}은 맡이고 口는 食口_{식구}니 食口中에 어른이니 家君_{가군}이고 人口中_{인구중}에 어른이 君, 임금이다.

 임금제

[帝車_{제거} 임금이 타는 수레, 帝京_{제경} 임금이 있는 서울, 帝國_{제국} 임금이 다스리는 나라]

帝字는 임금이 龍袍_{용포}를 입고 있는 形이다.

 임금주/주인주

[主幹_{주간} 어떤 일을 주장하여 간참함, 主客_{주객} 주인과 손, 主席_{주석} 주인의 자리]

主字는 임금의 모양이다.

 임금왕/왕노릇할왕

[王公_{왕공} 왕과 공, 王畿_{왕기} 서울, 王陵_{왕릉} 왕의 묘]

王字는 '三'+'丨'로 구성된 글자로 三은 天地人_{천지인} 三才_{삼재}의 뜻이고 丨는 三才를 統理_{통리}하는 사람을 세운 것이 王이다. 孔子曰 '丨貫三이 王'이라 하였다.

 임금황/클황/빛날황/엄숙할황

[皇考_{황고} 돌아가신 아버지, 皇極_{황극} 임금의 위, 皇后_{황후} 임금의 본 부인]

皇字는 '白'+'王'으로 구성된 글자로 白王_{백왕}. 임금은 밝고 청백해야 한다는 뜻으로 된 글자다.

 있을유/또유

[有故_{유고} 연고가 있음. 有功_{유공} 공이 있음. 有德_{유덕} 덕이 있음. 有情_{유정} 정이 있음]

有字는 'ナ'+'月'로 구성된 글자로 ナ는 가리키는 形容_{형용}이고 月은 月_월이니 달은 있었다, 없었다 하므로 달을 가리키며 '있다'한 것이 有다.

 있을재/살필재/곳재

[在京재경 서울에 있음, 在德재덕 덕에 있음, 在位재위 위에 있음]

在字는 '亻'+'土'로 구성된 글자로 亻는 有있을유고 土는 場마당장이니 어떠한 곳에 있다는 것을 뜻한 글자다.

 있을존

[存念존렴 늘 생각하고 있음, 存亡존망 살아있는 것과 죽은 것, 生存생존 살아있음]
存字는 '亻'+'子'로 구성된 글자로 亻은 有고 子는 子니 아들이 있으면 亡하지 않은 것이다. 故로 存이다.

이상 有는 무엇이 있다는 뜻으로 無와 正對정대고, 在는 무엇이 어디에 있다는 것이고, 存은 없어지지 않고 있는 것이니 亡字와 正 반대의 글자다.

 입구

[口徑구경 둥그런 구멍에 직경, 口辯구변 입으로 말을 잘함, 口授구수 입으로 전하여 줌]
口字는 입의 모양이다.

 입술순

[脣舌순설 입술과 혀, 脣齒순치 입술과 이, 丹脣단순 붉은 입술]

脣字는 '辰'+'月'로 구성된 글자로 辰신은 蜃무명조개신이고 月은 肉고기육이니 조개는 살이 입 밖으로 나온다. 故로 脣이다.

 잊을망

[忘却망각 잊어버림, 忘死生망사생 죽고 사는 것을 잊음, 忘憂망우 근심을 잊음]

忘字는 '亡'+'心'으로 구성된 글자로 亡은 無무고 心은 心이니 마음에 없으니 잊은 것이다.

 자랑과

[誇功과공 공을 자랑함. 誇大과대 큰 것을 자랑함, 誇張과장 실제보다 크게 말하는 것]

誇字는 '言'+'大'+'亏어조사우'로 구성된 글자로 言大亏언대우, 즉 실제보다 크다고 말하는 것이 자랑이다. 자랑은 큰 것을 자랑하고 작은 것은 자랑하지 않는다. 故로 誇大, 誇張이라 한다.

자리점

[簟牀점상 대로 만든 자리]

簟字는 '竹'+'覃미칠담'으로 구성된 글자로 竹覃죽담이니 대로 만든 자리다.

 자리석

[席次석차 자리 차례]

席字는 '庐'+'巾'로 구성된 글자로 庐은 집안 방이고 巾은 布베포니 펴는 것이다. 방에 펴는 것은 자리다.

 자리연

[筵席연석 대자리, 筵奏연주 임금의 면전에서 아뢰는 것]

筵字는 '竹'+'延'로 구성된 글자로 대쪽을 이어 만든 자리다.

이상 簟은 잘 때 펴는 자리고, 席은 방에 펴는 자리고, 筵은 詩시를 쓸 때 펴는 자리다.

 자리위/벼슬위

[位序위서 위의 순서, 位置위치 사람이나 물건 있는 곳]

位字는 '亻'+'立'으로 구성된 글자로 亻은 人이고 立은 立설립이니 사람이 서 있는 곳이 位다. 故로 位置라 한다.

 자리좌

[座客좌객 자리에 앉은 손님, 座上좌상 여러 사람이 모인 자리, 또는 나이가 가장 많은 사람]

座字는 '广'+'坐'로 구성된 글자로 广은 席자리석이고 坐는 坐앉을좌니 사람이 자리에 앉은 모양이다.

 자주빈

[頻發빈발 자주 생겨남, 頻煩빈번 자주 번거로움]

頻字는 '步'+'頁'로 구성된 글자로 步는 步걸음보고 頁머리혈은 煩괴로워할번이니 걸음이 번거로우니 자주다.

자주삭/두어수/셀수/빽빽할촉

[數理수리 수의 이치, 數字수자 수의 글자, 數罟촉고 빽빽한 그물, 頻數빈삭 자주]

數字는 '婁'+'攵'로 구성된 글자로 婁는 婁별리름루고 攵칠복은 改고칠개니 여러 번 고치니 자주다. 원래 수는 자주 다루는 것이다.

 자세상

[詳考상고 자세히 상고함, 詳明상명 자세히 밝힘]

詳字는 '言'+'羊'으로 구성된 글자로 言은 言언이고 羊은 祥상서로울상이니 상서로운 말은 자세하다. 故로 '言之不祥언지불상은 不詳'이다.

 자세자/새끼자

[仔詳자상 자상함, 仔細자세 자세함]

仔字는 'ㅣ'+'子'로 구성된 글자로 ㅣ은 人이고 子는 孝子효자니 孝子된 사람은 父母부모 섬기는데 자상하다.

 자뢰자/재물자/바탕자

[資格자격 격에 드는 바탕, 그만한 바탕과 인격, 資金자금 밑천, 資本자본 자금의 뿌리]

資字는 '次'+'貝'로 구성된 글자로 次버금차는 姿맵시자고 貝조개패는 質바탕질이니 資는 모양새와 질이다. 故로 '資格'이니 '資質'이니 한다.

 자취적

[人跡인적 사람의 자취]

跡字는 '足'+'亦또역'으로 구성된 글자로 足亦, 발이 간 뒤에 발이 또 있으니 취다. 迹자취적은 跡과 같다.

 자취적/행적적

[史蹟사적 역사의 자취, 古蹟고적 옛 자취]

蹟字는 '足'+'責'으로 구성된 글자로 足은 足족이고 責꾸짖을책은 績쌓을적이니 先人들 功績공적의 발자취란 뜻의 글자다. 故로 '古蹟'이라 한다.

 자척/잴척

[尺度척도 자로 재는 것, 尺牘척독 짧은 편지, 尺蠖척확 자벌레]

尺字는 옛날에 손가락으로 뼘어서 재던 형용을 본 뜬 글자다. 아래 벌어진 부분이 손가락으로 재는 모양이다.

 작을소

[小功소공 작은 공, 小豆소두 곡식의 이름, 팥, 小作소작 남의 땅을 빌려서 농사 짓는 것]

小字는 'ㅅ'+'ㅣ'으로 구성된 글자로 하나를 나누는 형용이다. 하나를 나누면 작아진다. 故로 나누어주는 농사를 '小作'이라 한다.

 잔배

[盃盤배반 술잔과 반, 盃盞배잔 잔]

盃字는 '不'+'皿'으로 구성된 글자로 그릇이 작다는 뜻으로 된 글자다. 杯잔배는 盃와 같다.

 잔작/참작할작/잔질할작

[酌婦작부 술 붓는 여자, 酌飮작음 잔질해 마심, 酌定작정 일을 결정함]

酌字는 '酉'+'勺'로 구성된 글자로 酉닭유는 酒술주고 勺은 勺구기작이니 勺은 한 홉의 모양이니 한 홉들이 술잔이다.

 잘매

[寐寤매오 자나 깨나]

寐字는 'ㅡ'+'爿'+'未'로 구성된 글자로 ㅡ은 家가고 爿은 牀평상상이고 未아닐미는 昧새벽매니 날이 어두워 寢牀침상에 오르는 것을 寐라 한다.

 잘침/누을침

[寢具침구 사람이 잘 때 쓰는 물건, 寢房침방 잠 자는 방— 寢席침석 잠잘 때 펴는 자리]

寢字는 '宀'+'爿'+'믗'으로 구성된 글자로 宀는 宿묵을숙이고 爿나뭇조각장은 牀상상이고 믗은 侵침노할침이니 자려고 침상에 누운 것이 寢이다.

 잠길잠/숨을잠

[潛居잠거 숨어 살음, 潛匿잠익 숨김, 潛龍잠룡 잠긴 용]

潛字는 'ⅰ'+'朁'으로 구성된 글자로 ⅰ는 水수고 朁은 蠶繭잠견이니 누에고치는 물에 잠겨서 실을 뽑아낸다. 물에 잠기면 남이 모른다. 故로 潛伏잠복, 潛跡잠적이라 한다.

 잠길침/성심

[沈痼침고 잠겨 고질병이 됨, 沈慮침려 생각에 잠김, 沈淪침륜 푹 빠짐, 沈沒침몰 물 밑에 가라앉음]

沈字는 'ⅰ'+'人'으로 구성된 글자로 ⅰ은 深깊을심이고 人은 人이니 사람이 물에 빠져 깊이 잠긴 형이다.

 잠길침/젖을침/밸침/차츰침

[浸水침수 물에 잠김, 浸濕침습 물에 잠겨 젖음]

浸字는 'ⅰ'+'믗'으로 구성된 글자로 ⅰ는 水수고 믗는 侵침노할침이다. 물이 들어와서 잠긴 것이 浸이다. 故로 물이 자주 들어오는 곳을 浸水地침수지라 한다.

이상 潛은 담그는 것이고, 沈은 잠겨 가라앉은 것이고, 浸은 물이 들어와서 물것이 잠기는 것이다.

 잠깐경/이랑경

[頃刻경각 잠깐, 頃者경자 지난번, 萬頃만경 만이랑]

頃字는 'ヒ'+'頁'로 구성된 글자로 傾기울경字에 人이 없이 된 글자로 머리 기울일 사이니 잠깐이다.

 잠깐사

[乍立사립 잠깐 섬]

乍字는 昨지을작에 日이 없어 오래되지 않은 잠깐이다.

잠깐잠

[暫間잠간 잠깐, 暫留잠유 잠깐 머무름, 暫定잠정 잠시 정함]

暫字는 斬日참일이니 斬刑참형을 執行집행하는 날이다. 無罪무죄가 인정되거나 권위자의 도움으로 집행을 중지하라는 말을 할 때 '잠깐만' 한다는 뜻으로 된 글자다.

 잠잠묵

[默契묵계 묵묵한 가운데 뜻이 서로 맞는 것, 默念묵렴 묵묵히 생각함, 默禱묵도 묵묵히 기도함]

默字는 '黑'+'犬'으로 구성된 글자로 黑은 어둡다는 뜻이고 犬은 伏엎드릴복이니 어두운 곳에서 엎드려 있으니 잠잠하다.

 잡을구/거리낄구

[拘禁구금 잡아서 못하도록 금함, 拘泥구니 구애됨, 拘束구속 잡아 묶음, 拘致구치 붙잡아 데리고 옴]

拘字는 '扌'+'句'로 구성된 글자로 扌는 手수고 句는 구부러뜨린 形이다. 손으로 구부러뜨려 잡는다는 뜻으로 된 글자다.

 잡을병

[秉權병권 권세를 잡음, 秉鉞병월 도끼를 잡음]

秉字는 '禾'+'크'로 구성된 글자로 禾는 禾벼화고 크계는 手니 벼를 손으로 잡은 形이다.

 잡을악/손아귀악

[握髮악발 머리털을 잡음, 握符악부 병부를 잡음]

握字는 '扌'+'屋'으로 구성된 글자로 扌는 手고 屋은 屋집옥이니 집은 먼저 잡은 자가 권력을 가진다.

 잡을조/지조조

[操心조심 마음을 잡음, 操行조행 몸가짐]

操字는 '扌'+'喿'로 구성된 글자로 扌는 手고 喿울소는 상 위에 물품을 많이 쌓은 모양이다. 故로 조심해 잡는다는 뜻으로 된 글자다.

잡을집

[執務집무 업무를 잡음, 執事집사 일을 잡음, 일을 집행하는 사람]

執字는 '幸'+'丸'으로 구성된 글자로 幸은 幸다행행이고 丸알환은 둥근 것인데 금덩어리 하나가 굴러가면 누구나 다 잡으려하는데 그 중에 한 사람이 잡았다. 그것이 幸丸이고, 執인 것이다.

 잡을착

[捉去착거 잡아감, 捉來착래 잡아옴]

捉字는 '扌'+'足'으로 구성된 글자로 手足이니 손으로는 잡고 발은 뛴다. 발로 뛰어가서 잡는 것이 捉이다.

捕 잡을포

[捕盜포도 도적을 잡다, 捕獲포획 잡다]

捕字는 '扌'+'甫'로 구성된 글자로 扌는 手고 甫클보는 逋달아날포니 도망가는 자를 잡는 것이 捕다.

이상 拘는 움켜잡는 것이고, 秉은 물건을 잡는 것이고, 握은 꽉 잡은 것이고 操는 조심해 잡는 것이고, 捉은 뛰어가서 잡는 것이고, 捕는 도망가는 자를 잡는 것이다.

技 재주기

[技能기능 손재주가 능함, 技術기술 손재주]

技字는 '扌'+'支'로 구성된 글자로 扌는 手고 支는 支가를지니 손재주다.

才 재주재/바탕재/겨우재

[才幹재간 재주, 才氣재기 재주와 기운, 才德재덕 재주와 덕]

才字는 남자의 생식기 모양으로 그 재주는 타고난다. 따라서 타고난 재주가 있는 남자를 뜻한 글자다. 故로 男效才良남효재양이라 한다.

이상 技는 손재주고, 才는 타고난 재주다.

재성/성성

[城廓성곽 성과 곽. 성은 내성이고 곽은 외성이다, 城門성문 성의 문]

城字는 '土'+'成'으로 구성된 글자로 흙을 쌓아 이룬 것이 城이다.

 재치/고개치/우뚝솟을치

 재령/고개령

이상 城은 흙이나 돌로 쌓아 이룬 것이고, 峙는 산재고, 嶺은 峙보다 높은 재다.

 재앙앙

[殃罰앙벌 재앙의 벌, 災殃재앙 재앙, 殃禍앙화 재앙의 화]

殃字는 '歹'+'央'으로 구성된 글자로 歹알은 怨원망할원이고 央은 央앙이니 마음 속 원한에 依의한 재앙이다. 故로 '殃갚음'이라 한다.

 재앙액

[厄難액난 재앙의 어려움, 厄運액운 액이 든 운]

厄字는 '厂'+'己'로 구성된 글자로 厂엄은 石석이고 己는 己기니 돌에 눌린 몸이니 厄이다.

 재앙재

[災難재난 재앙의 어려움, 災民재민 재앙을 당한 백성, 災殃재앙 재앙]

災字는 '巛'+'火'로 구성된 글자로 巛천은 水고 火는 火화니 水火의 災殃을 뜻한 글자다.

이상 殃은 怨恨의 재앙이고, 厄은 운이 좋지 않아 당한 액이고, 災는 不意불의에 당한 것이다.

財 재물재

[財界재계 금융계, 財物재물 재산이 되는 물건, 財務재무 재정의 업무, 財貨재화 재물과 보화]

財字는 '貝'+'才'로 구성된 글자로 貝는 돈이고 才는 才재주재니 木材가 材(재목)이라면 貝, 才는 財(재물)이다.

 재화화

[貨物화물 물품, 貨財화재 보화와 재물, 貨泉화천 돈]

貨字는 '化'+'貝'로 구성된 글자로 化는 化될화고 貝는 財니 財가 化화해 돈이 된다는 뜻이다.

 재목재

[材木재목 재목]

材字는 '木'+'才'로 구성된 글자로 才木재목이니 쓸 나무를 材라 한다. 才는 男子남자를 뜻한다. 사람을 기르면 人材가 되고 나무를 기르면 木材가 된다.

 재촉촉/급할촉

[促進촉진 재촉해 나아감, 促急촉급 급히 재촉함, 促迫촉박 재촉해 촉박함]

促字는 'イ'+'足'으로 구성된 글자로 人足인족, 즉 사람이 가려고 발을 내딛고 있는 모양이니 재촉이다.

 재촉최

[開催개최 열어서 추진하는 일]

催字는 'イ'+'崔'로 구성된 글자로 イ은 人이고 崔높을최는 높은 것이다. 높은 사람이 추진하는 일이 催다. 故로 '開催개최', '主催주최'한다.

 재화화/재앙화

[禍根화근 화의 뿌리, 禍變화변 재화의 변, 禍福화복 화와 복]

禍字는 '示'+'咼'로 구성된 글자로 示는 神신이고 咼괘는 過지날과니 福복복은 겸손한데서 오고 禍는 지나친데서 온다.

 재회

[灰冷회냉 찬재, 灰滅회멸 재가 되어 없어짐, 灰色회색 잿빛, 灰土회토 재흙]

灰字는 나무가 타서 炭탄이 되고 炭이 化화해서 재가 된다. 炭에 山이 없으니 灰재다.

 장인공

[工科공과 공학과, 工兵공병 공병대의 병졸, 工夫공부 배우는 것]

工字는 匠人장인. 工事공사에 쓰는 잣대의 모양이다. 丁은 曲尺곡척이고 一은 直尺직척이다. 匠人장인은 자로 재기부터 한다.

 장막막

[幕僚막요 한 막부의 관원, 幕府막부 막을 쳐 놓고 임시로 정치를 하는 정부, 幕舍막사 천막을 쳐 놓은 집]

幕字는 '莫'+'巾'로 구성된 글자로 莫막은 大고 巾건은 布베포니 큰 베로 가렸으니 장막이고, 幕은 주로 하늘을 가린 것이다.

 장막유/휘장유

[帷幕유막 휘장, 帷房유방 휘장친 방]

帷字는 '巾'+'隹새추'로 구성된 글자로 베나 천으로 새나 나비 곤충이 못 들어오도록 휘장을 친 것이다.

 장막장/휘장장

[帳幕장막 휘장막, 帳中장중 휘장 가운데]

帳字는 '巾'+'長'으로 구성된 글자로 巾은 布帛포백이고 長은 長장이니 긴 포백으로 둘러친 것이 帳이다.

 장막악/휘장악

[帷幄유악 장막]

幄字는 '巾'+'屋'로 구성된 글자로 帳이 집 같다 하여 지어진 글자다.

이상 幕은 천막 같은 것이고, 帷는 휘장이고, 帳는 긴 휘장이고, 幄은 집 같은 장막이다. 이동식 천막, 주로 軍에서 사용한다.

장사상/헤아릴상/상나라상

[商客상객 장사 손님, 商界상계 장사하는 업계, 商量상양 헤아림]

商字는 原來원래 상나라 都邑地도읍지의 땅 이름인 글자인데 商人상인, 즉 상 지역의 사람이 장사를 잘하고 장사꾼이 많으므로 商字를 '장사상'하고 '商人', 즉 상나라 사람이 장사하는 사람이 되었다.

 장수장/장차장/가질장

[將校장교 軍군의 소위 이상 무관, 將軍장군 軍의 준장 이상의 무관, 將器장기 장수의 그릇, 將次장차 앞으로]

將字는 '爿'+'肉'+'寸'으로 구성된 글자로 爿장은 나무 쪼갠 조각이고 肉조는 多다고 寸은 村촌이니 옛날에 장수를 뽑을 때 마을에서 나무를 많이 쪼갠 사람이 장수가 되었다.

 장려할장/표창할장

[獎勵장려 권하여 그 일에 힘쓰게 함]

獎字는 '將'+'大'로 구성된 글자로 將大, 즉 장차 크게 될 터이니 부지런히 하라고 권하는 것이 獎이다.

 장사장/장할장

[壯擧장거 장하게 거사함, 壯骨장골 장사의 골격, 壯觀장관 웅장한 경치, 壯丁장정 기운이 좋은 젊은 남자]

壯字는 '爿'+'士'로 구성된 글자로 爿은 將장차장이고 士는 선비사字이나 轉전하여 男子를 일컫는 通例통례다.

 장사장

[葬具장구 장사 지낼 때 쓰는 기구, 葬禮장례 장사 지내는 예절]

葬字는 '++'+'死'+'廾'으로 구성된 글자로 위에 ++와 아래 廾을 이으면 井이 된다. 옛날에 장사 지낼 때 지관이 나무를 井字形정자형으로 짜서 장사지낼 땅에 놓고 井字 복판을 파서 그 안에 시체를 넣고 장사 지냈다. 金井금정이란 말이 바로 井字 안에 장사 지낸다는 말이다. 장자는 처음에는 '?'이와 같은 모양이었는데, 死자가 커서 井의 중간이 띄워진 것이다.

丁 장정정/천간정/고무래정/나무베는소리정

 儷 짝려

[儷文여문 넉字 여섯字로 된 한문의 짝글, 儷皮여피 한 쌍의 사슴 가족, 儷匹여필 배우]

儷字는 '亻'+'麗'으로 구성된 글자로 亻은 人이고 麗고울려는 고운 사슴이다. 옛날 婚禮혼례에 한 쌍의 儷皮로 폐백을 드렸다.

 伉 짝항/강직할항

[伉直항직 강직함, 伉儷항려 짝]

伉字는 '亻'+'亢'으로 구성된 글자로 亻은 人이고 亢은 高높을고니 높은 사람이다. 儷와 같이 배우자를 일컬을 때 쓰는 글자로 伉과 儷는 함께 붙어 있는 문자다.

 配 짝배/귀양갈배

[配給배급 나누어줌, 配達배달 집까지 갖다줌]

配字는 '酉'+'己'로 구성된 글자로 酉술주는 醮초례초고 己는 己기니 초례를 지났으니 짝이 된 몸이다.

 匹 짝필/필필

[匹練필련 하얗계누인 한 필의 명주, 匹馬필마 한 필의 말, 匹夫필부 한 사람의 남자]

匹字는 配字와는 뜻이 조금 다르다. 配는 夫婦부부를 合합하여 配라 하나 匹은 夫 하나만 가지고 匹夫라 하고 婦 하나만 가지고 匹婦라 하고 馬 한 마리를 匹馬필마라 한다. 配字와 같이 쓰면 夫婦를 合하여 配匹이라 한다.

 組 짤조/인끈조

[組閣조각 내각을 짜는 것, 組綬조수 인끈, 組織조직 짜는 것]

組字는 '糸'+'且'로 구성된 글자로 糸는 絲실사고 且차는 베를 짜 놓은 形이다.

짤직

[織文직문 짠 무늬, 織女직녀 베 짜는 여자]

織字는 '糸'+'戠'으로 구성된 글자로 糸는 絲사고 戠은 識알식 또는 職벼슬직이니 베 짜는 것이 職業직업이니 알아야 하므로 識이고 職이다. 音이 '직'인 것은 職字의 音이고 베 짜는 소리다.

 저녁석

[夕刊석간 오후에 간행하는 것, 夕暮석모 저문 저녁, 夕陽석양 저녁 볕]

夕字는 초승달이 서천에 뜻 형이다.

 저물모

[暮景모경 저물 무렵 경치, 暮天모천 저문 하늘, 暮砧모침 밤에 하는 다리미질]

暮字는 '莫'+'日'로 구성된 글자로 莫없을막은 無무고 日은 日일이니 해가 없으니 저문 것이다.

 저축할저/쌓을저

[貯金저금 돈을 모아둠, 貯蓄저축 절약하여 모아둠]

貯字는 '貝'+'宀'+'丁'으로 구성된 글자로 貝패는 財재물재고 宀는 家가고 丁은 고무래다. 재물을 고무래로 집에 밀어 들이는 것, 끌어 모으는 것이다.

 저적/피리적

[笛聲적성 피리소리, 牧笛목적 목동의 피리]

笛字는 '竹'+'由'로 구성된 글자로 저를 대로 만들었다는 뜻으로 된 글자다.

 적을과

[寡居과거 과부로 지냄, 寡默과목 말이 적고 잠잠함, 寡聞과문 들은 것이 적음]

寡字는 '宀'+'頁'+'刀'로 구성된 글자로 宀은 家고 頁은 頭머리두고 刀는 分이니 집 우두머리가 챙기고 나누니 적다.

저피

[彼處피처 저 곳]

彼字는 '彳'+'皮'로 구성된 글자로 彳는 往갈왕이고 皮는 外皮외피다. 止匕지비는 此이차고 彳皮
는 彼저피니 此의 反對반대가 彼다. 그쳐 있는 곳이 여기라면 가는 곳이 저기다.

 절배

[拜啓배계 절하고 아뢴다는 뜻으로 편지 첫머리에 쓰는 말, 拜禮배례 절을 하는 예, 拜
別배별 절하고 이별함]

拜字는 두 손을 모아 절하는 形이다.

 절사/마을사/내시시

[寺觀사관 절집, 寺門사문 절문, 寺刹사찰 절]

寺字는 '土'+'寸'으로 구성된 글자로 土는 遠멀원이고 寸은 村마을촌이니 마을에서 멀리 떨어
진 곳이 寺, 즉 절이다.

 절찰

[刹帝利찰제리 인도의 四姓사성 중 제 二位인 바라문 다음가는 왕]

刹字는 刹帝利찰제리의 刹字를 따서 '절찰'한 것이다.

 젊을소/적을소

[少間소간 적은 사이, 小女소녀, 少年소년 젊은이]

少字는 '小'+'丿'로 구성된 글자로 小는 小고 丿은 젊은 소년의 긴 머리 모양이다.

 점칠점/점점/차지할점

[占據점거 차지하여 자리잡음, 占卦점괘, 占領점령 적의 영토를 무력으로 차지함]

占字는 '卜'+'口'로 구성된 글자로 卜은 卜복이고 口는 問문문이니 즉 問卜문복이다.

점복

[卜居복거 점처 삶, 卜吉복길 길함을 점침, 卜筮복서 점침]

卜字는 점을 칠 때 거북의 등을 지지는 形이라 한다.

 점점/점검할점

[點檢점검 낱낱이 조사함, 點心점심 낮에 먹는 점심밥]

點字는 '黑'+'占'로 구성된 글자로 黑은 黑검을흑이고 占은 占점칠점이니 점친 곳에 검은 것으로 表한 것이 點이다.

 맑을결/정결할결

[潔白결백 개끗하고 흼, 潔婦결부 정결한 여자, 潔齋결재 정결한 재실]

潔字는 'ㆍ'+'ㆍ'+'糸'로 구성된 글자로 ㆍ는 淸水청수고 ㆍ는 契계고 糸는 絲실사니 옛날에는 실을 맺어 계약을 하였는데 이 계약에 쓰는 실은 맑은 물에 씻고 깨끗한 곳에 두었다. 이 계약에 쓰는 실은 험이 없다. 故로 험이 없는 것을 潔라 한다.

 정성관

[款待관대 정성으로 대우함, 款接관접 정성으로 접함]

款字는 '士'+'示'+'欠'으로 구성된 글자로 士示사시는 선비가 보는 것이고 欠하품흠은 行動행동이니 마시고 기지개 켜고 입 벌리고 하는 행동을 선비가 보는 데서 조심하는 것이 款이다.

 정성성/참될성

[誠敬성경 정성껏 공경함, 誠金성금 성의로 내는 돈, 誠心성심 성의 있는 마음, 誠忠성충 정성에서 우러 나오는 충성]

誠字는 '言'+'成'으로 구성된 글자로 言은 謂밥통위고 成은 成이룰성이니 이루는 것을 이르는 말이니 정성이 있어야 이룬다. 誠이 아니면 天地천지도 존재하지 못하고 日月도 광명하지 못하고 만물이 이루지 못한다. 故로 中庸중용에 誠은 成己성기요 成物성물이라 하였다.

정성충/속충/절충충

[衷心충심 속마음]

衷字는 中字가 衣字 中에 들어 있어 속이 된다. 그리고 衷字에 心이 붙으면 衷心 정성이 된다. 衷字를 '정성충' 하는 것은 속이니 속에는 마음이 있음을 뜻한 글자다.

이상 款은 행동의 정성이고, 誠은 쉬지 않고 하는 정성이고, 衷은 속마음의 정성이다.

 정승상/서로상

相字는 서로상字인데 정승상字로 쓰는 것이다.

 정자정/우뚝할정

[亭閣정각 정자와 누각, 亭亭정정 우뚝 솟은 모양]

亭字는 정자의 모양이다.

 정할정

[精潔정결 깨끗함, 精光정광 정기의 빛, 精氣정기 정한 기운, 精力정력 정한 힘]

精字는 '米'+'靑'으로 구성된 글자로 米는 米쌀미고 靑은 情정이니 꺼풀이 없는 속 알맹이 쌀이라는 뜻이다.

 정제할정

[整頓정돈 정리함, 整理정리 정리함, 整肅정숙 정리하여 엄숙함]

整字는 '束'+'攵'+'正'으로 구성된 글자로 束은 束묶을속이고 攵는 散흩을산이고 正은 正정이니 이리 저리 散在산재되어 있는 것을 단속하여 바로 잡아 놓는 것이 整이다.

 정사정

[政客정객 정치하는 사람, 政見정견 정치의 소견, 政府정부 국가 기관]

政字는 '正'+'攵'으로 구성된 글자로 正은 正정이고 攵은 攻칠공이며 敎가르칠교니 백성을 가르 치고 다듬어서 바로잡는 것이 政이다.

정탐할정

[偵伺정사 정탐, 偵察정찰 정탐해 살핌, 偵探정탐 정탐]

偵字는 '亻'+'貞'으로 구성된 글자로 亻은 人이고 貞은 女子의 貞곧을정인데 偵은 그 사람이 貞한지 不貞한지 알려고 살피는 것이다.

 젖유

[乳氣유기 젖 기운, 乳母유모 젖 먹여준 어머니, 乳房유방 젖통, 乳臭유취 젖 냄새]

乳字는 '孚'+'乚'로 구성된 글자로 孚미쁠부는 아들을 위하는 마음이고 乚는 乳房유방의 모양이다.

 제단단

[壇位단위 단의 위치, 詩壇시단 시인으로 이루어진 사회]

壇字는 '土'+'亶'으로 구성된 글자로 土는 土고 亶믿음단은 높은 것이다. 흙을 쌓아 높이 한 것이 壇이다.

 제사사/해사

[郊祀교사 들에서 제사 지내는 것]

郊字는 '示'+'巳'로 구성된 글자로 示는 神귀신신이고 巳는 三月 上巳日상사일이다. 3월에 上帝상제께 제사를 올리는 例로 示에 巳를 붙인 것이다. 故로 郊祀之禮교사지례는 所以祀上帝소이사상제라 하였다.

 제사제

[祭官제관 제사 지내는 사람, 祭器제기 제사에 쓰는 그릇]

祭字는 'ㅆ'+'示'로 구성된 글자로 ㅆ는 제물의 모야이고 示는 神신이니 神 앞에 제물을 차려 놓은 形이다. 三月에 수달이 물고기를 늘어놓고 제사 지내고 十月에 이리가 고기를 늘어놓고 제사 지낸다.

 제비연/편안할연/연나라연

[燕居연거 한가히 있음, 燕京연경 북경의 별칭, 燕毛연모 연회에 연영순으로 석차를 정하는 예, 燕巢연소 제비의 둥지]

燕字는 제비의 모양이다.

籤 제비뽑을첨

[痛籤루첨 추첨에 빠짐, 抽籤추첨 제비뽑기]

籤字는 '竹'+'韱'로 구성된 글자로 竹은 竹죽이고 韱섬은 대나무를 추첨용으로 쪼개 놓은 모양이다.

兢 조심할긍

[兢兢긍긍 조심하는 모양]

兢字는 '克'+'克'로 구성된 글자로 克克극극이니 조심해야한다는 글자다.

版 조각판

[版本판본 책을 찍어 낸 판의 본, 版刻판각 조각에 새김]

版字는 '片'+'反'으로 구성된 글자로 片은 나무를 쪼갠 조각이고 反은 板판이다. 故로 版字에 鐵字가 있으면 鐵版철판이고 木字가 있으면 木版이다.

片 조각편

[片時편시 잠시, 片言편언 짤막한 말, 片紙편지 짤막한 종이]

片字는 나무 쪼갠 오른쪽 조각의 形이다.

爿 조각장

나무 왼쪽 조각의 形이다.

汐 조수석/석수석

[暮汐모석 저문 때 들어오는 바닷물]

汐字는 '氵'+'夕'으로 구성된 글자로 氵는 水수고 夕은 夕석이니 오후에 들어 왔다 나가는 바닷물을 汐이라 한다.

조수조

[潮流_{조류} 조수의 흐름, 潮水_{조수} 조수]

潮字는 '氵'+'朝'로 구성된 글자로 氵는 水고 朝는 朝_{아침조}니 아침에 들어 왔다 나가는 바닷물을 潮라 한다.

 조정정

[廷論_{정론} 조정에서 의논함, 廷臣_{정신} 조정의 신하, 朝廷_{조정} 나라 일을 의논 하는 곳]

廷字는 '壬'+'廴'으로 구성된 글자로 壬은 任_{맡길임}이고 廴은 建_{세울건}이니 國政을 책임지고 건의하는 곳이니 조정이다.

 조개패/재물패

[貝殼_{패각} 조개 껍데기, 貝玉_{패옥} 조개와 옥, 貝貨_{패화} 조가비로 유통하던 돈]

貝字는 조개껍질로 만든 貝物_{패물}의 모양이다. 貝는 돈으로도 사용하여 貝字변이 된 글자는 主로 財_{재물재}에 관한 글자가 되었다.

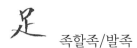 족할족/발족

足字는 발은 신을 신는다. 신은 발에 맞으면 족하다는 뜻이다.

 졸면

[睡眠_{수면} 졸음]

眠字는 '目'+'民'으로 구성된 글자로 民目_{민목}이니 옛 聖王_{성왕}이 教化_{교화}를 하려고 백성을 가르치는데 백성이 모두 졸고 있었다. 故로 民目이 眠字가 된 것이다.

 졸수

[睡魔_{수마} 졸음이 오게 하는 마귀]

睡字는 '目'+'垂_{드리울수}'로 구성된 글자로 目垂, 즉 눈이 드리우니 조는 것이다.

좀두

[蠹簡두간 좀먹은 책, 蠹書두서 좀먹은 글, 蠹魚두어 좀, 蠹政두정 좀먹는 정치]

蠹字는 '橐'+'蚰'로 구성된 글자로 橐은 橐전대탁이고 蚰은 虫벌레충이니 쌀자루에 난 벌레니 좀벌레다.

 좀먹을식

[月蝕월식 월식, 日蝕일식 일식]

蝕字는 '食'+'虫'으로 구성된 글자로 食虫식충, 즉 먹기만 하는 벌레니 蝕이다.

 좁을애

[隘巷애항 좁은 골목]

隘字는 'ß'+'益'으로 구성된 글자로 ß는 阜언덕부고 益은 益더할익이니 바다가 더하면 넓으나 언덕이 더하니 좁다.

 좁을협

[狹小협소 좁음]

狹字는 'ß'+'夾'으로 구성된 글자로 ß는 阜언덕부고 夾은 夾낄협이니 언덕이 서로 낄 정도니 좁다.

 종비

[婢女비녀 여종, 婢子비자 종의 자식]

婢字는 '女'+'卑'로 구성된 글자로 女는 女고 卑는 卑비니 낮은 여자니 종이다.

 종복

[僕婢복비 종]

僕字는 'イ'+'丵'+'夫'로 구성된 글자로 イ은 人인이고 丵악은 業업업이고 夫는 夫부니 人之業夫인지업부, 즉 남의 업부니 종이다.

좋을호/사랑할호

[好感호감 좋게 느낌, 好居호거 좋게 삶, 好事호사 좋은 일]

好字는 '女'+'子'로 구성된 글자로 女人여인이 아이를 배면 좋아한다.

 쪼갤부

[剖棺부관 관을 쪼갬]

剖字는 '咅'+'刂'로 구성된 글자로 咅은 倍곱배고 刂는 分분이니 배가 되면 쪼개 나눈다는 뜻이다.

 쪼갤석/나눌석

[析木석목 나무를 쪼갬]

析字는 '木'+'斤'으로 구성된 글자로 木에 斤도끼근이 있으니 쪼개는 것이다.

 쫓을축/말달리는모양적

[逐客축객 손을쫓음, 逐鬼축귀 귀신을 쫓음]

逐字는 '豕'+'辶'으로 구성된 글자로 豕돼지시는 猪돼지저고 辶는 之니 옛날에 산 돼지가 農家농가에 곡식을 많이 해쳤다. 故로 農民농민이 돼지를 쫓아내고 울타리를 쳐서 막기도 하였다. 故로 逐字가 된 것이다.

 쪼을탁

[琢磨탁마 쪼고 갊, 琢玉탁옥 옥을 쫌]

琢字는 '王'+'豕'로 구성된 글자로 王은 玉구슬옥이고 豕은 딱따구리 새의 모양이다. 딱따구리 새는 주둥이로 나무를 쪼아서 벌레를 잡아먹거나 구멍을 뚫고 집도 짓는다. 故로 玉을 쫓는 것이 새가 나무를 쫓는 것과 같다 하여 지어진 글자다.

 주먹권

[拳曲권곡 주먹처럼 굽음, 拳握권악 주먹 잡음, 拳鬪권투 주먹 싸움]

拳字는 '矢'+'手'로 구성된 글자로 矢은 卷쇠뇌권이고 手는 手니 손을 구부리면 주먹이 된다. 卷은 채권자인데 옛날 책은 두루마리로 되었다. 故로 손을 구부리니 주먹이다.

 주릴기

[饑渴기갈, 饑寒기한 주리고 참]

饑字는 '食'+'幾'로 구성된 글자로 幾食기식, 즉 거의 먹어서 양이 모자라니 주린다.

 주릴아

[餓死아사 굶어 죽음, 餓莩아표 굶어 죽은 송장]

餓字는 '食'+'我'로 구성된 글자로 食은 食이고 我는 俄갑자기아니 俄는 아까, 아까는 밥먹은지 오래되었다는 뜻이다. 故로 '주릴아' 하는 것이다.

 주릴기

飢字는 '食'+'几'로 구성된 글자로 食은 食식이고 几은 几안석궤이니 배고프면 아무거나 잘 먹는다. 饑字와 같다.

 주을습

[拾得습득 주워 얻음, 拾遺습유 흘린 것을 주음]

拾字는 '扌'+'合'으로 구성된 글자로 扌는 手고 合은 合합할합이니 손을 合하니 줍는 것이다. 이 글자는 두 손을 合하면 손가락이 열이라 하여 十字 대신 拾字를 쓰기도 한다.

 주추초

[礎石초석 주춧돌]

礎字는 '石'+'楚'로 구성된 글자로 楚石초석, 즉 기둥 밑에 받치는 돌로서 面면이 바르다. 楚字는 疋바를아 위에 나무 두 개를 하였다. 즉, 기둥을 바르게 세우는 돌이란 뜻이다.

 죽일극

[誅極주극 베어 죽임]

極字는 '歹'+'亟'으로 구성된 글자로 歹은 死고 亟빠를극은 極다할극이니 고생하다 죽게하는 것이다. 書傳서전 殛鯀于羽山註극곤우우산주에 殛은 困苦之곤고지, 즉 고생하는 것이라 하였다.

 죽일살/죽일시/날릴쇄

[殺菌살균 균을 죽임, 殺氣살기 죽이는 기운, 減殺감쇄 감해 내리는 것]

殺字는 'ㄨ'+'木'+'殳'로 구성된 글자로 ㄨ는 刈벨예고 木은 木이고 殳창수는 창이니 창이나 도끼로 나무를 베어 죽이는 것이다. 옛날에 나무가 너무 무성하여 나라에서 나무를 베어 죽이라 하였다. 故로 죽이는 것은 나무를 죽이는데서 시작되었다.

 죽일시

[弑殺시살 부모나 임금을 죽임]

弑字는 '杀'+'式'으로 구성된 글자로 아랫사람이 윗사람을 죽이는 것을 弑이라 한다. 杀살는 殺죽일살인데 아랫사람이 윗사람을 죽이는 것을 殺이라 할 수 없어 式법식을 붙인 것이다. 윗사람을 죽이는 일은 式場식장에서 많이 일어난다.

 죽을사

[死去사거 죽어서 가는 것, 死境사경 죽을 지경, 死亡사망 죽은 것, 死別사별 죽어서 이별함]

死字는 '歹'+'匕'로 구성된 글자로 歹알은 殘해칠잔이고 匕비수비는 化될화니 죽은 것을 化라 한다. 殘化잔화하니 죽은 것이다.

 죽을운/떨어질운

[殞命운명 숨이 떨어짐]

殞字는 '歹'+'員'로 구성된 글자로 歹은 死죽일사고 員원은 隕운떨어질운이니 죽어서 떨어졌다는 뜻이다. 故로 殞命이라 한다.

 죽을폐

[斃死폐사 쓰러져 죽음]

斃字는 '敝'+'死'로 구성된 글자로 敝死폐사, 즉 시들어 죽은 것이 斃다.

 죽죽

[豆粥두죽 팥죽]

粥字는 '弓'+'米'+'弓'로 구성된 글자로 죽은 끓으면 활활 끓는다. 故로 弓, 米, 弓이다.

 줄급/넉넉할급

[給料급요 요식을 줌, 給與급여 줌]

給字는 'ㅅ'+'合'으로 구성된 글자로 ㅅ은 絲실사고 合은 合합이니 옛날에 실을 바치는데 그 격에 합하면 주는 제도가 있었다.

 줄사

[賜金사금 돈을 줌, 賜田사전 밭을 줌]

賜字는 '貝'+'易'으로 구성된 글자로 貝는 財재물재고 易은 易쉬울이니 쉬운 것이다. 쉬운 돈은 윗사람이 아래로 주는 것이다. 故로 下賜金하사금이라 한다.

 줄석/주석석

[錫鑛석광 주석광]

錫字는 '金'+'易'으로 구성된 글자로 金易이니 金으로 바뀌는 주석이다. '줄석'하는 것은 轉詞전사다.

 줄수

[授受수수 주고 받음, 授與수여 줌]

授字는 'ㅣ'+'受'로 구성된 글자로 ㅣ는 '手'고 受는 受받을수니 受가 받는 것이라면 授는 주는 것이다. 授는 전해주는 것이니 위에서 받아서 아래로 전해주고 先賢선현에게서 받아서 後賢후현에게 전한다.

 줄여/어조사여/간여할여

與字는 더부는 글자 안에 '줄여' 하는 것은 轉詞전사다. 나머지는 더에 보라.

 줄증

[贈別증별 주면서 이별함, 贈送증송 주면서 보냄, 贈與증여 줌]

贈字는 '貝'+'曾'으로 구성된 글자로 貝는 財재고 曾은 增불을증이니 贈은 주고 더 주는 의미가 있다. 特別특별히 보내 주거나 죽은 후에 벼슬을 더 올려 주는 것을 贈이라 한다.

이상 給은 먹을 만큼 주는 것이고, 賜는 윗사람이 주는 것이고, 錫은 상으로 주는 것이고, 授는 맡겨 주는 것, 전해주는 것이고, 與는 더불어서 주는 것이고, 贈은 더 주는 것이다.

 줄현

[絃歌현가 거문고 타면서 시를 읊음, 絃琴현금 거문고]

絃字는 '糸'+'玄'으로 구성된 글자로 거문고 줄이다.

 중매매

[媒介매개 중매]

媒字는 '女'+'某'로 구성된 글자로 女는 姓성성이고 某아무모는 媒예쁠모니 謨合二姓모합이성, 즉 二姓이 合하기를 꾀하는 것이 媒다.

 중매작

[媒妁매작 중매]

妁字는 '女'+'勺'로 구성된 글자로 女는 姓성이고 勺구기작은 酌따를작이니 酌二姓작이성, 두성이 서로 초례 올리도록 중매하는 사람이 妁이다.

 중요요/구할요

[要件요건 중요한 건, 要訣요결 중요한 말, 要求요구 요청해 구하는 것]

要字는 '西'+'女'로 구성된 글자로 西女서녀니 西女는 아름답다. 故로 西方美人서방미인이라 한다.

 즈음제/사귈제

[際會제회 모인 즈음, 際遇제우 즈음에서 만남]

際字는 'ß'+'祭'로 구성된 글자로 ß는 郊성밖교고 祭는 祭제사제니 郊祭는 天祭천제니 故로 際고 그즈음에는 사람을 많이 만나므로 交際교제라 한다.

즐길긍

[肯可긍가 옳다 함, 肯定긍정 인정 함]

肯字는 '止'+'月'로 구성된 글자로 止는 齒이치고 月은 肉고기육이니 肉齒육치 이가 나기 전 잇몸이란 뜻이다. 어린 아이 이가 나기 전에 고기를 먹으면 자라서 고기를 즐긴다 한다. 故로 肯이다.

 즐거울오

[娛樂오락 즐거움, 娛遊오유 놀기를 즐김]

娛字는 '女'+'吳'로 구성된 글자로 吳女오녀다. 吳나라 여자는 遊興유흥을 즐긴다. 故로 吳姬오희, 越女월녀라 한다.

 증거증

[證據증거, 證券증권 증거가 되는 문서, 證明증명 증거해 밝힘]

證字는 '言'+'登오를등'으로 구성된 글자로 登言, 말에 올랐으니 證이다.

 증험할험

[經驗경험 지나온 증험, 證驗증험 증험]

驗字는 '馬'+'僉'으로 구성된 글자로 馬는 馬마고 僉다첨은 險험할험이니 險한 곳은 말로 먼저 증험한다. 故로 驗이다. 춘추시대에 제환공이 고죽국을 정벌하고 1년 만에 겨울에 돌아오는데 길을 잃었다. 그때 관중이 늙은 말을 앞세워 오던 길을 되찾았다 한다. 이것을 驗이라 한다.

 지름길경

[徑路경로 지름길, 徑輪경륜 직경과 둘레, 山徑산경 산 지름길]

徑字는 '彳'+'巠'로 구성된 글자로 彳은 行행이고 巠은 經날경이니 곧다는 뜻이다. 지름길은 돌아서 가지 않고 곧게 질러가는 것이다.

 지경경

[境界경계 땅과 땅 사이, 境內경내 지경 안]

境字는 '土'+'竟'으로 구성된 글자로 土는 地지고 竟은 竟마칠경이니 竟地, 다투는 땅이니 지경이다. 故로 옛날에 虞우와 芮예 두 나라가 땅 지경을 두고 다투었다 한다.

 지경계

[界限계한 구획의 한계, 境界경계 경계]

界字는 '田'+'介'로 구성된 글자로 두 밭 사이에 끼어 있는 경계다.

 지경역/구역역

[區域구역 구역]

域字는 '土'+'或'으로 구성된 글자로 土는 土토고 或혹혹은 國국이니 國土국토에는 各각 行政區域행정구역이 있다.

이상 境은 지경이고, 界은 田界에서 世界세계, 宇宙우주 및 生死생사, 動靜동정, 形色형색에 이르기까지 용도가 多樣다양하고, 域은 區域구역에 主로 쓰인다.

 지낼과/허물과

[過客과객 지나가는 손, 過去과거 지나간 것, 過年과년 여자 나이가 혼인시기가 지남]

過字는 '咼'+'辶'으로 구성된 글자로 咼는 '입삐뚤어질괘字'고 辶은 之니 비뚤게 갔거나, 지나갔거나, 잘못 갔거나 모두 過다. 故로 過失과실, 過誤과오라 한다.

 지날력

[歷年역년 해를 지남, 歷史역사 역사]

歷字는 '厤'+'止'로 구성된 글자로 厤다스릴력은 曆지낼력이고 止는 歲세상세니 즉, 지난 세월이다.

이상 過는 中에서 지나간 것이고, 歷은 당사자가 경험한 것이거나 세월이 지나간 것이다.

 지울말/바를말/문지를말/닦을말/쓸말

[抹去말거 지워버림, 抹消말소 지워 없앰]

抹字는 '扌'+'末'로 구성된 글자로 扌는 手고 末은 末말이니 손끝이다. 손끝은 문지르기 쉽고 바르기 쉽고 닦기 쉽다. 문지르면 지워지기 쉬우니 塗抹도말, 抹消말소 한다.

지아비부/어조사부/대저부

[夫家부가 시집, 夫君부군 남편, 夫婦부부 남편과 부인, 丈夫장부 남자]

夫字는 象形상형이다. 남자가 갓 쓰고 서있는 形이다.

 지어미부/며느리부

[婦女부녀 여자, 婦德부덕 여자의 덕, 婦人부인 선비의 아내]

婦字는 '女'+'帚'로 구성된 글자로 女는 女녀고 帚비추는 비니 글자 만들 당시에 부인 또는 며느리가 방에서 빗질하고 있었다.

 지킬수/돌수

[守門수문 문을 지킴, 守分수분 분수를 지킴, 守節수절 절개를 지킴]

守字는 모자 쓰고 서서 지키는 모양이다.

 지을술/이을술/좇을술

[述語술어 저술하는 말, 述載술재 지어서 책에 실음, 述懷술회 자기의 소회를 이야기 함]

述字는 '朮'+'辶'로 구성된 글자로 朮차조출은 術꾀술이고 辶은 遵좇을준이니 다른 사람이 하던 법을 따라 지은 것이 述이다.

 지을작/일어날작/비로소작

[作家작가 文藝作品문예작품의 저작자, 作故작고 죽음, 作伴작반 짝을 지음]

作字는 'イ'+'乍'으로 구성된 글자로 イ은 人이고 乍잠깐사는 이리저리 짝짓는 形이다. 作은 人字가 있으니 作하면 '人作'이다.

 지을저/나타날저

[著書저서 지은 글, 著作저작 책을 지음]

著字는 '艹'+'者'로 구성된 글자로 艹는 草초고 者는 者자니 글을 처음 쓴 사람을 著者저자라 하는데 글을 처음 쓸 때는 草體초체로 흘려 쓰고 다음 정리한다. 故로 처음 쓰는 글을 '草잡는다' 한다.

지을제/마를제/체제제/누를제

[制度제도 체제와 법도, 制壓제압 누름]

制字는 '牜'+'刂'로 구성된 글자로 牜는 文字를 지을 때 칼로 글자 획을 그은 形容이다.

 지을조/처음조/잠깐조/이를조

[造林조림 숲을 조성함, 造成조성 지어서 이룸, 造次조차 잠깐]

造字는 '告'+'辶'으로 구성된 글자로 告는 告祝고축이고 辶은 進行진행이니 집을 지을 때는 祝을 먼저 告하고 進行한다. 故로 집 짓는 것을 成造성조라 한다.

이상 述은 옛 성인 글을 준해 짓는 것이고, 作은 창작이고, 著는 처음 초를 잡아 지은 것이고, 制는 처음에 글자를 지을 때 획을 그은 형용이고, 造는 물건을 만들어내는 때 쓰인다.

 지혜지

[智能지능 지혜와 능력, 智德지덕 지혜와 덕, 智謀지모 지혜와 꾀]

智字는 '知'+'日'로 구성된 글자로 知는 知지고 日은 明명이니 아는 것이 밝으니 智다.

 지혜혜

[慧聖혜성 슬기로움, 慧眼혜안 슬기로운 안목]

慧字는 '彗혜성혜'+'心'으로 구성된 글자로 彗星혜성 같이 밝은 마음이니 慧다.

 지질자/구을자

[煮豆자두 콩을 볶음]

煮字는 '者'+'灬'로 구성된 글자로 者는 '자-자-'하고 불로 지지는 소리고 灬는 火니 불로 지지는 소리를 뜻하여 煮로 한 것이다.

 지지지/지탱할지

[支局지국 본국의 출장소, 支給지급 지출하여 줌, 支路지로 갈림길, 支脈지맥 갈라진 산맥]

支字는 十이 위에 있고 又가 밑에 있어 지탱하고 있는 形이다.

芝 지초지/버섯지

[芝蘭지란 지초와 난초, 芝草지초 영지버섯]

芝字는 '++'+ '之'로 구성된 글자로 ++는 草풀초고 之는 芝지초지(영지버섯지)다. 영지버섯은 之字 같다 하여 지어진 글자다.

戶 지게호/집호

[戶口호구 호와 인구, 戶長호장 호의 어른, 戶主호주 호의 주장]

戶字는 외짝문의 形이고 사리문을 지게문이라 한다. 戶字는 한 집안 世代主세대주를 中心중심으로 戶라고도 한다.

塗 진흙도/바를도

[塗泥도니 진흙, 塗抹도말 바름, 塗壁도벽 벽을 바름, 塗說도설 길에서 말함, 塗炭도탄 진흙과 숯불]

塗字는 '氵'+ '余'+ '土'로 구성된 글자로 氵는 水고 余는 途길도고 土는 土니 길에 흙과 물이니 진흙이다.

屯 진칠둔/어려울준/괘이름준

[屯兵둔병 주둔한 병정, 屯所둔소 주둔한 곳, 屯營둔영 주둔한 진영]

屯字는 周易주역 屯卦註둔괘주에 풀이 처음 나서 펴지 못한 모양이라 하였다. 屯은 軍군이 진을 친 모양이기도 하다.

陣 진칠진

[陣頭진두 진 머리, 陣法진법 진치는 법 또는 군법]

陣字는 '阝'+'車'로 구성된 글자로 阝는 隊대대(무리)고 車는 軍군사군이니 軍의 무리니 陣이다. 또는 阝는 阜언덕부니 軍이 언덕을 의지했으니 陣이다.

液 진액액

[液體액체 液으로 된 物體물체, 液化액화 액이 됨]

液字는 '氵'+'夜'로 구성된 글자로 氵는 水고 夜는 夜밤야니 夜水니, 精液정액이다. 만물의 액이 밤에 이루어진다.

鎭 진정진/진압할진

[鎭撫진무 진정해 어루만짐, 鎭邊진변 변방을 진압함, 鎭星진성 토성]

鎭字는 '金'+'眞'으로 구성된 글자로 眞金진금이니 金은 무겁다. 가벼워 바람에 날리거나 요동하면 쇳덩이로 누르면 진정된다.

診 진찰할진/맥볼진

[診斷진단 의사가 진찰하여 병의 상태를 단정함, 診療진료 진찰하여 치료함, 診脈진맥 병자의 맥박을 짚어 봄]

診字는 '言'+'㐱'로 구성된 글자로 言은 言언이고 㐱은 珍보배진이니 진찰하는 데는 말이 보배다. 즉 問診문진을 먼저 한다. 故로 진찰하려면 어디가 아픈지 물어본다.

允 진실로윤/믿을윤

[允恭윤공 진실하고 공손함, 允納윤납 허락하여 받아들임, 允諧윤해 성실히 화함]

允字는 '厶'+ '儿'으로 구성된 글자로 厶(○)은 둥근 것이고 儿은 어진 사람이다. 둥글고 어진 사람은 진실하고 미덥다.

負 질부/빚질부/짐부

[負笈부급 책가방을 짊어짐, 負擔부담 등에 지고 어깨에 멤, 負戴부대 등에 지고 머리에 임]

負字는 '刀'+'貝'로 구성된 글자로 貧字에 人이 없으니 남의 빚까지 짊어진 것이다. 轉전하여 勝負승부에도 쓰고 負擔부담에도 쓴다.

陶 질그릇도/슬퍼할도/화할요/사람이름요

[陶瓦도와 질 기와, 陶土도토 길 그릇 만들 흙]

陶字는 '阝'+'勹'+'缶'로 구성된 글자로 阝는 阜언덕부고 勹포는 包쌀포고 缶장군부는 '장군'이다. 언덕 밑에 장군을 싸서 구워 만든 것이 陶다.

질질/책질질

[帙册질책 질로 된 책]

帙字는 '巾'+'失'로 구성된 글자로 巾건은 책가방이고 失잃을실은 秩차례질이니 책가방에다 책을 차례로 한 것이 帙이다. 帙은 一名일명의 册이 두 권 이상을 帙이라 한다.

 집가

[家計가계 한 집안의 살림살이의 계획, 家系가계 한 집안의 계통, 家垈가대 집터, 家屋가옥 집]

家字는 상형문자로 옛날 사람이 들에다 'ㄒ' 이와 같이 나무 기둥을 세우고 '个' 이와 같이 갓을 씌우고 '亣' 이와 같이 짚이나 갈대로 둘레를 막고 그 안에 온돌을 놓아서 집으로 사용하였다.

 집각/누각각/개구리소리각

[閣僚각료 내각의 장관 자리에 있는 관료, 閣筆각필 붓을 놓음, 閣下각하 고위 고관의 존칭]

閣字는 '門'+'各'으로 구성된 글자로 各門각문이니 各門에 政閣정각이다. 故로 孝子閣효자각, 烈女閣열녀각 하고 또는 높은 집을 閣이라 하는데 이는 政閣을 높이는 뜻이다.

 집대

[臺閣대각 대와 누각, 臺諫대간 벼슬 이름]

臺字는 높은 집의 모양이다.

 집당/당당할당

[堂內당내 八寸 이내 집안, 堂堂당당 형세가 넉넉함, 堂叔당숙 아버지의 사촌]

堂字는 '尙'+'土'로 구성된 글자로 尙은 尙상(높다)이고 土는 土臺토대다. 토대 위의 집이 堂이다. 낮은 집은 堂이라 하지 않는다.

 집사/머무를사

[舍廊사랑 바깥주인이 거주하는 곳, 舍伯사백 자기의 맏형, 官舍관사 관사집]

舍字는 舍宅사택의 形이다.

 집궁/대궐궁/소리이름궁

[宮闕궁궐 대궐, 宮女궁녀 궁중의 女官여관, 宮殿궁전 궁궐]

宮字는 이층집이니 궁궐 집이다. 옛날에는 임금의 집만 이층으로 지었다.

 집실/별이름실

[室家실가 집, 가족, 室堂실당 내실과 외당]

室字는 집의 形이다.

 집옥/지붕옥

[家屋가옥 집]

屋字는 '尸'+'至'로 구성된 글자로 尸는 지붕을 뜻하고 至는 집의 몸체다. 屋은 높은 집으로 尸는 두터운 지붕이다.

 집우

[宇內우내 세상, 宇宙우주 天地와 古今]

宇字는 방은 꾸미지 않고 우산과 같이 외기둥과 지붕만 있는 집이다. 故로 宇宙우주라 한다.

 집주

宙字는 宇字와 같이 宇宙우주로 天地四方천지사방 往古來今왕고내금의 뜻으로 쓰인다.

 집전/대궐전

[殿閣전각 대궐집, 殿階전계 대궐로 올라가는 계단, 殿試전시 임금이 참석하여 행사하던 과거]

殿字는 '尸'+'共'+'殳'으로 구성된 글자로 尸는 屋집옥이고 共은 洪큰물홍이고 殳창수는 設베풀설이니 높고 넓은 집을 設이라 하였으니 宮殿궁전이다.

 집택

[宅里택리 주택의 마을, 宅號택호 그 집에 대해 벼슬이나 지명을 따서 부르는 것]

宅字는 'ㅗ'+'乇'로 구성된 글자로 ㅗ은 家고 乇부탁할탁은 侂밀탁이니 그 집에 대하여 다르게 부르는 것이다. 故로 '증평집'이니 '왕능택'이니 한다.

이상 閣은 높음을 상징하는 집이고 臺는 토둔 위의 집을 말하는데 정자의 일종이고 家는 한 집 두 집하는 집이고, 堂은 조금 높은 집이나 큰집이고, 舍는 관사고, 宮은 나라 대궐 집이고, 室은 방이고, 屋은 음식 집이고, 宇와 宙는 宇宙고, 殿은 나라 대궐이고, 宅은 누구의 댁이라는 글자다.

 징조조/복조조/조조/점조

[兆民조민 많은 백성, 兆朕조짐 징조]

兆字는 점칠 때 거북의 몸에서 나타나는 形象을 兆라 한다. 그 形이 兆字 같으므로 이름 지은 것이다.

 징계할징

[懲戒징계 징계, 懲忿징분 분을 징계함, 懲役징역 죄인이 교도소에서 일하는 것]

懲字는 '徵'+'心'으로 구성된 글자로 徵은 徵부를징이고 心은 心이니 懲은 대접하려고 하는 것이 아니고 무언가 잘못이 있거나 해서 징계하는 것이다.

 집고/글고

[原稿원고 원 글, 遺稿유고 끼친 글]

稿字는 '禾'+'高'로 구성된 글자로 볏짚을 높이 쌓아 놓은 것을 의미한 것이다. '글고' 하는 것은 轉전이다.

 찔증/삼대증/많을증/제사이름증

[蒸氣증기 찌는 기운, 蒸民증민 많은 백성, 蒸發증발 증기가 발함]

蒸字는 옛날에 삼대를 찌는 형용이다. 故로 '찔증'하고 삼대는 많다. 故로 '많을증' 한다.

 찢을열

[裂眥열자 찢어진 눈초리, 裂繒열증 비단을 찢음]

裂字는 '列벌일열'+'衣옷의'로 구성된 글자로 衣列의열. 즉 옷이 벌려졌으니 찢어진 것이다.

 차다

[茶菓다과 차와 과일, 茶禮다례 차례, 茶房다방 찻집]

茶字는 차나무의 形이다.

 차례번/번수번

[番地번지 땅의 번호, 番號번호 차례로 부름]

番字는 '采'+'田'으로 구성된 글자로 采는 분별하는 것이다. 밭을 분별할 때는 地番지번이 있어야 한다.

 차례서

[序論서론 책의 내용을 논한 글, 序列서열 차례의 계열, 順序순서 차례순]

序字는 殷은나라 때 학교 이름이다. 广은 집이고 予는 舒펼서니 집이 넓으니 學校학교다. 殷은은 孝효를 尚숭상할상으로 하였고 孝는 百行의 근원으로 序에 첫 번이다.

 차례질

[秩祿질록 관질의 녹, 秩序질서 차례]

秩字는 '禾'+'先'으로 구성된 글자로 禾는 禾화고 矢화살시은 벼를 베어서 줄가리 쳐 놓은 形이다.

 착할선/좋을선/길할선

[善教선교 좋은 가르침, 善惡선악 선과 악, 善良선량 착하고 어짐]

善字는 '羊'+'++'+'口'로 구성된 글자로 羊은 羊양이고 ++는 草초고 口는 먹는 것이다. 羊은 풀만 먹는 짐승으로 착함을 의미한다. 글자에 羊字가 변이 되거나 部가 된 글자는 거의가 좋은 뜻으로 되었다. 故로 詩讚羔羊시찬고양이다.

 찰랭/얼랭/쌀쌀할랭

[冷却냉각 차게 함, 冷氣냉기 찬 기운, 冷凍냉동 차게해 얼림]

冷字는 '冫'+'令'으로 구성된 글자로 冫은 氷빙이고 令은 令령령이니 얼음은 차다. 令은 음이다.

寒 찰한

[寒菊한국 찬 국화, 寒波한파 찬 물결]

寒字는 '宀'+'𡗜'로 구성된 글자로 宀은 家가고 𡗜은 방바닥 온돌이고 冫은 얼음이니 방바닥 밑에 얼음기가 있으니 차다.

滿 찰만

[滿期만기 기한이 참, 滿面만면 얼굴에 참, 滿足만족 차서 족함]

滿字는 '氵'+'++'+'雨'로 구성된 글자로 氵는 江강이고 ++는 草岸초안이고 雨는 雨우니 빗물이 江岸강안까지 불었으니 滿水位만수위다. 故로 滿이다.

盈 찰영

[盈縮영축 찼다 줄었다 함, 盈虛영허 찼다 비었다 함]

盈字는 '夃'+'皿'로 구성된 글자로 皿은 그릇이고 夃은 그릇에 찬 모양이다.

充 찰충/채울충

[充當충당 모자라는 것을 채움, 充腹충복 배를 채움]

充字는 '云'+'儿'으로 구성된 글자로 云은 育기를육이고 儿은 兒아이아니 아이를 기르는 데는 아이가 배고프면 젖을 주는 것이 充이다. 故로 充當충당, 補充보충이라 한다.

耐 참을내

[耐久내구 오래 참음, 耐寒내한 추위를 참음]

耐字는 '而'+'寸'으로 구성된 글자로 而는 需구할수고 寸은 守지킬수니 기다리고 지키는 것은 참고 견디는 것이다.

酌 참작할작

채색채

[彩色채색, 彩雲채운 채색 구름, 彩筆채필 채색 붓]

彩字는 '采'+'彡'로 구성된 글자로 采字 왼편에 扌가 붙으면 採캘채가 되고 采字 오른편에 彡가 붙으면 彩가 된다. 彡은 색칠하는 것이고 丿은 一色일색이고 彡는 二色이색이고 彡은 三色삼색이니 三色이면 채색이다.

 책책

[冊匣책갑 책갑, 冊名책명 책 이름]

冊字는 옛날 종이가 없을 때 대쪽을 이어 만든 책의 모양이다.

 책편

[篇帙편질 책의 편과 질]

篇字는 '竹'+'戶'+'冊'으로 구성된 글자로 竹은 竹죽이고 戶지게호는 門의 한쪽편이고 冊은 冊책이니 篇은 冊의 한쪽편이라는 뜻이다. 故로 冊의 篇名편명이라 한다.

이상'冊'은 책이고 '篇'은 冊의 篇目평목이다.

 책력 력

[曆紀역기 책력 기틀, 曆法역법 책력 법, 曆書역서 책력의 문서]

曆字는 '厂'+'秝'+'日'로 구성된 글자로 厂은 묘판이고 秝는 묘자리의 묘고 日은 日이니 책력은 農家농가에 필요한 것이다. 故로 볍씨 담그는 날을 책력을 보고 정한다. 곡우절에 볍씨를 담그는 例가 있다.

 책상다리부

[趺坐책상 책상다리 하고 앉음]

趺字는 '足'+'夫'로 구성된 글자로 '夫足', 즉 남편의 발이다. 남편이 책상다리 하고 앉은 것이다. 옛날에 女子여자는 거의 책상다리 하고 앉지 않았다.

 책상 안/초안 안

[案件안건 토의할거나 취조할 사건, 案山안산 집 터나 묏자리의 맞은 편에 있는 산, 案席안석 사람이 앉을 때에 몸을 기대는 기구]

案字는 '安'+'木'으로 구성된 글자로 安은 安안이고 木은 床상이니 安床이다. 案은 안건을 다루는 책상이다. 안건을 다루는 책상은 편안해야 한다. 故로 案이다.

 창고 고/곳집 고

[庫樓고루 무기를 넣어두는 창고]

庫字는 '广'+'車'로 구성된 글자로 广는 집이고 車는 兵車병거니 병거를 간직하는 집이다. 일반 곡식 창고로도 쓴다.

 창고 창/곳집 창

[倉庫창고 곳집, 倉囷창균 곳집]

倉字는 곳집의 모양이다.

 창 과

[戈矛과모 모진 창]

戈字는 창의 모양이다.

 창 모

[矛戈모과 세모창, 矛盾모순 창과 방패]

矛字는 세모창의 모양이다.

 창성할창

[昌榮창영 창성하고 영화로움, 昌盛창성 창성하고 무성함, 昌言창언 착한 말]

昌字는 字形이 단정하다. 故로 좋은 것, 아름다운 것, 착한 것을 昌이라 한다. '禹拜昌言우배창언'이 바로 그것이다. 창성은 무성과는 뜻이 다르다. 子孫자손이 성한 것은 창성이고 초목이 성한 것은 무성이다.

 창문창

[窓戶창호 창, 明窓명창 밝은 창]

窓字는 '穴'+'厶'+'心'으로 구성된 글자로 穴은 穴혈이고 厶은 ○이고 心은 中心중심이니 옛날에는 穴居而野處혈거이야처 했다. 穴은 땅을 파고 이룬 것이니 어둡다. 故로 穴中心혈중심에 '○'이렇게 구멍을 낸 것이 窓이다.

 찾을색/노색

[索居색거 찾아서 삶, 索綯색도 새끼 꼼, 索求색구 찾아 구함]

索字는 '㞢'+'糸'으로 구성된 글자로 㞢은 실패의 모양이고 糸은 絲니 실이고 字形이 노끈을 꼬는 形이다.

 찾을수

[搜査수사 찾아 조사함, 搜索수색 찾음, 搜集수집 찾아 모음]

搜字는 '扌'+ '叟'로 구성된 글자로 扌는 探탐이고 叟는 膄수니 눈먼 사람은 더듬어 찾는다. '搜'는 더듬거나 뒤지거나 해서 찾는 것이다.

 찾을방/물을방

[訪問방문 찾아 물음, 訪求방구 찾아 구함, 訪客방객 찾아온 손님]

訪字는 '言'+'方'으로 구성된 글자로 言은 言언이고 方은 芳방이니 꽃다운 소문을 듣고 찾는 것이다.

 찾을심/물을심

[尋問심문 찾아 물음, 尋常심상 평범함]

尋字는 'ㅋ'+'巩'+'寸'으로 구성된 글자로 ㅋ는 手수고 巩은 恐공이고 寸은 得득이니 尋은 잃어버린 것을 찾거나 의심이 나거나 별것이 있나 하고 찾는 것이다. 故로 '恐'이 붙은 것이다.

이상 索은 숨어 있는 것을 찾는 것이고, 搜는 뒤져 찾는 것이고, 訪는 좋은 뜻으로 물어 찾는 것이고, 尋은 살펴서 찾는 것이다.

 처음시/비로소시/바야흐로시

[始根시근 처음, 始末시말 처음과 끝, 始作시작 처음으로 함]

- 366 -

始字는 '女'+'台'로 구성된 글자로 女는 女녀고 台은 胎태니 始는 胎脈태맥이 動동 하면서 시작이다. 故로 父母부모가 사귈 때에 태맥의 시작으로 뛴다. 바로 그 점이 始다.

 처음초

[初刊초간 처음 간행함, 初創초창 사업을 처음 시작함]

初字는 'ネ'+'刀'로 구성된 글자로 ネ는 衣의고 刀는 가위니 옷을 만드는 것은 가위로 찢어 놓은 것이 첫 번이다.

이상 始는 始終에 쓰이고, 初는 初中末에 쓰인다.

 천천히서

[徐來서래 천천히 옴, 徐行서행 천천히 감]

徐字는 'イ'+'余'로 구성된 글자로 イ은 行행이고 余는 餘여니 여유가 있게 가니 천천히다.

 천천히원

 천거할천/드릴천

[薦擧천거 인재를 들어 올림, 薦新천신 새로 난 것을 바침]

薦字는 '++'+'严'+'而'로 구성된 글자로 ++는 白茅백모고 严은 鹿사슴녹이고 而는 爲위니 사슴을 백모로 싸서 바치는 것이 薦이다. 故로 野有死麕야유사균이어늘 白茅抱之백모포지, 즉 들에 죽은 사슴이 있거늘 백모로 싼다 하였다.

 천할천

[賤待천대 천히 대우함, 賤民천민 천한 백성, 賤夫천부 천한 남자, 賤役천역 천한 일]

賤字는 '貝'+'戔'으로 구성된 글자로 貝는 財재고 戔은 殘해질잔이니 財가 殘하니 賤하다. 故로 貧者빈자 小人소인이라 한다.

 첩첩

[妾婦첩부 첩, 妾子첩자 첩의 아들]

妾字는 '立'+'女'니 妾이다.

청렴렴/모렴

[廉價렴가 청렴한 값, 廉恥염치 청령하고 부끄러움]

廉字는 '广'+'兼'으로 구성된 글자로 广은 床상이고 兼은 兼겸할겸이니 獨床독상은 사치고 兼床겸상은 청렴이다.

 청할청

[請客청객 손을 청함, 請求청구 청해 구함, 請願청원 청래 원함, 원을 청함]

請字는 '言'+'靑'으로 구성된 글자로 言은 言언이고 靑은 情뜻정이니 情으로 말하는 것, 實情실정을 말하는 것이니 請이다.

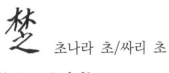 초나라 초/싸리 초

[楚國초국 초나라]

 촉나라촉/애벌레촉

[蜀葵초규 초규, 풀 이름]

 촛불촉

[燭臺촉대 촛대, 燭光촉광 촛불 빛, 燭火촉화 촛불]

燭字는 '火'+'蜀'으로 구성된 글자로 火는 火고 蜀은 獨홀로독이니 촛불은 옛날에 귀한 것이라 皇室황실에서 홀로 썼다 하여 燭이다. 또는 애벌레 밀로 만든 불이란 뜻도 있다.

 총총

[銃口총구 총구멍, 銃殺총살 총을 쏘아 죽임, 銃彈총탄 총알]

銃字는 '金'+'充'으로 구성된 글자로 金은 鐵철철이고 充은 充채울충이니 銃은 쇠 탄알을 채워서 쏘는 것이다. 故로 총을 '재운다', '채운다'한다.

 충성충

[忠告충고 충성으로 고함, 忠君충군 임금께 충성함, 忠臣충신 충성하는 신하]

忠字는 ‘中’+‘心’으로 구성된 글자로 中心이니 忠이다.

 층 층

[層階층계 계단층, 層臺층대 층대]

層字는 ‘尸’+‘曾’으로 구성된 글자로 尸는 屋집옥이고 曾증은 增더할증이니 집 위에 집을 더하니 層이다.

 치마상

[常繡상수 치마에 수를 놓음, 常衣상의 치마 위 저고리]

常字는 ‘尙’+‘衣’로 구성된 글자로 尙상은 常항상상이고 衣는 衣옷의니 항상 입고 있는 옷이니 치마다.

 치우칠편

[偏見편견 치우친 소견, 偏黨편당 당에 치우침, 偏心편심 치우친 마음]

 친할친/어버이친/사돈친

[親睦친목 친하고 화목함, 親族친족 촌수가 가까운 일가]

親字는 ‘立’+‘木’+‘見’으로 구성된 글자로 출타한 아들이 돌아올 때 까지 기다리는 어버이가 나무 위에서 보는 어버이란 뜻이다.

 칠격

[擊鼓격고 북을 침, 擊毬격구 공을 침, 擊壤격양 흙덩이를 침]

擊字는 ‘車’+‘凵’+‘殳’+‘手’로 구성된 글자로 車는 車수레거고 凵는 缶장군부고 殳는 殳창수니 모두 兵器병기다. 병기에 손이 있으니 치는 것이다.

 칠공/다듬을공

[攻駁공박 남의 잘못을 논박함, 攻伐공벌 두드려 침, 攻玉공옥 옥을 두드림, 옥을 다듬음]

攻字는 ‘工’+‘攵’로 구성된 글자로 工은 玉工옥공이고 攵칠복은 攴칠복이니 玉工이 玉을 쪼아

다듬는 것이다.

 칠당

撞字는 '扌'+'童'으로 구성된 글자로 扌는 手수고 童은 鐘종이니 손으로 종을 치는 것이다.

 칠박

[拍手박수 손을 침, 拍掌박장 손바닥을 침]

拍字는 '扌'+'白'으로 구성된 글자로 扌는 手수고 白은 白백이니 白手백수, 즉 맨 손으로 치는 것이 拍이다. 故로 拍手박수라 한다.

 칠벌/자랑벌

[伐木벌목 나무를 베임, 伐採벌채 나무를 베고 목재를 채취함]

伐字는 'イ'+'戈창과'로 구성된 글자로 人戈인과, 즉 사람이 창을 가졌으니 치는 것이다.

이상 擊은 쳐서 부수는 것이고, 攻은 쳐서 다듬는 것이고, 撞는 소리 나도록 치는 것이고, 拍은 손뼉 치는 것이고, 伐은 무기를 들고 치는 것이다.

 칠정/갈정

[征旅정려 정벌하는 군대, 征帆정범 멀리 떠나가는 배, 征夫정부 정벌하는 남자]

征字는 'イ'+'正'으로 구성된 글자로 イ은 往갈왕이고 正은 正정이니 往而正之왕이정지, 즉 가서 쳐서 바로 잡는 것이 征이다.

打 칠타

[打開타개 쳐서 엶, 打毬타구 공을 침, 打破타파 쳐서 파함]

打字는 '扌'+'丁'으로 구성된 글자로 扌는 手수고 丁은 방망이 같은 것으로 치는 것이 打다. 故로 打毬타구라 한다.

討 칠 토

[討論토론 여러 사람이 의논하는 것, 討滅토멸 쳐서 없이 함, 討賊토적 적을 침]

討字는 '言'+'寸'으로 구성된 글자로 言은 論논할론이고 寸은 得얻을득이니 토론해 얻는 것, 故로

討論토론이고 치는 것은 말을 먼저 하고 치는 것이 討다. 또는 聲討성토는 말로 치는 것이다.

이상 征은 가서 치는 것이고, 打는 물건을 치는 것이고, 討는 말로 치는 것이다.

 칡갈

[葛巾갈건 갈포건, 葛根갈근 칡 뿌리, 葛藤갈등 칡과 등나무]

葛字는 '++'+'曷'로 구성된 글자로 ++는 草초고 曷은 曷어찌갈이니 曷草갈초, 즉 '무슨 풀'이란 뜻이다.

 칭송할송

[頌歌송가 칭송하는 노래, 頌德송덕 덕을 칭송함, 頌聲송성 칭송하는 소리]

頌字는 '公'+'頁'로 구성된 글자로 公은 公공공이고 頁은 頭目두목이니 頭目이 되는 사람이 公으로 잘하여 後人후인이 그 공을 기리는 形容형용의 글자다.

 칭찬할칭/일컫을칭

[稱道칭도 일컫음, 稱慕칭모 칭송하고 사모함]

稱字는 '禾'+'爾'로 구성된 글자로 爾禾이화, 즉 '너의 벼가 잘 되었다'고 일컫는 것이 稱이다.

 칼검

[劍匣검갑 칼집, 劍光검광 칼 빛, 劍戟검극 칼과 창, 劍舞검무 칼춤]

劍字는 '僉'+'刂'로 구성된 글자로 僉다첨은 籀文주문이고 刂는 刀칼도니 劍은 籀文을 새긴 큰 칼이다. 籀文은 큰 전자다.

 칼도

[刀圭도규 약을 뜨는 숟가락, 刀魚도어 갈치, 刀刃도인 칼날]

刀字는 자루 없는 칼의 모양이다. 刀字에 자루가 있으면 力字가 된다.

이상 劍은 문을 새긴 큰 칼이고, 刀는 작은 칼이다.

 코비/비로소비

[鼻孔비공 콧구멍, 鼻哂비신 코웃음]

鼻字는 코의 모양이다.

 코끼리상

[象牙상아 코끼리의 어금니, 象徵상징 상상적인 징조, 想象상상 상을 생각함]

象字는 '𦥑'+'豕'로 구성된 글자로 𦥑은 코끼리의 긴 코와 머리의 모양이고 豕는 몸체니 코끼리는 긴 코가 특징이고 몸체는 돼지 같다. 象字는 코끼리의 뼈를 보고 상상으로 그린 글자라 한다. 故로 象字는 想像的상상적인 文字에 많이 쓰인다.

 쾌할쾌/빠를쾌

[快感쾌감 쾌히 느낌, 快擧쾌거 쾌히 듦, 快哉쾌재 쾌하다]

快字는 '忄'+'夬'로 구성된 글자로 忄은 心이고 夬쾌는 決터질결이니 마음에 결정을 지었으니 쾌하다.

 큰대/클대/크다

[大覺대각 크게 깨달음, 大吉대길 크게 길함, 大德대덕 큰 덕, 大成대성 크게 이룸]

大字는 다 큰 사람이 서 있는 形象형상이다.

 큰덕/덕덕

[德敎덕교 덕으로 가르침, 德望덕망 덕행이 있는 명망, 德音덕음 덕스러운 말소리]

德字는 '彳'+'十'+'四'+'一'+'心'으로 구성된 글자로 彳은 得얻을득이고 十四一心은 天地四方之心천지사방진심이니 道를 行하여 天地四方之心을 얻은 것이 德이다. 얻은 것이 없으면 줄 것이 없다.

 클거

[巨物거물 큰 물건, 巨細거세 크고 가는 것, 巨匠거장 큰 장인]

巨字는 'エ'+'コ'로 구성된 글자로 エ은 エ이고 コ는 근몸기니 몸체가 큰 エ을 뜻한다. 故로 巨匠거장이라 한다.

클보

甫字는 '十'+'用'으로 구성된 글자로 남자아이가 十歲십세가량 된 것이다. 그 남자 앞으로 쓸 인재란 뜻이다.

 클위/뛰어날위

[偉功위공 위대한 공, 偉人위인 위대한 사람, 偉績위적 위대한 공적]

偉字는 'イ'+'韋'로 구성된 글자로 イ은 人이고 韋위는 韋다룸가죽위니 가죽옷은 어린이는 입지 않는다. 가죽옷을 입은 사람이니 偉人이다. 故로 禮記예기에 童子동자는 不裘不帛불구불백. 즉 동자는 가죽옷이나 비단옷을 입지 않는다 하였다.

 클태/심할태/태극태

[太古태고 아주 오래된 옛날, 太極태극 陰과 陽이 나누어 지기 이전이 태극이다, 太多태다 너무 많다]

太字는 大字 사이에 점이 있다. 大字는 大人의 形이고 太字의 'ヽ'이 점은 남자의 陰囊음낭이다. 太字에 太極陰陽태극음양의 이치가 들어있다. 더 알고자 하면 著者저자가 쓴 '明堂명당이 天堂천당이다.'의 太極說태극설에 보라.

 클태/너그러울태/괘이름태

[泰東태동 동쪽 끝, 泰斗태두 태산과 북두, 泰山태산 산 이름]

泰字는 '夫'+'水'로 구성된 글자로 夫은 春봄춘이고 水는 水수니 春水는 泰平태평하다. 봄에는 겨울에 쌓였던 눈도 녹고 비도 내리고 四方의 물이 泰平하다.

 클홍

[弘敎홍교 넓은 가르침, 弘文홍문 문학을 넓힘, 弘化홍화 널 리 덕화를 폄]

弘字는 '弓'+'厶'으로 구성된 글자로 弓은 弓궁이고 厶은 둥그런 모양이다. 활을 당겨서 둥그렇게 키우는 것이다. 故로 弘報홍보니 弘敎홍교니 한다.

이상 大는 큰 사람 어른을 뜻한 것이고, 德은 道를 얻어 큰 것이고, 匡는 자체가 큰 것이고, 甫는 아름다운 칭호고, 偉는 큰일을 한 것이고, 太는 太極의 이치고 泰는 泰平한 것이고, 弘는 크게 키우는 것이다.

캘채

[採根채근 뿌리를 캠, 採金채금 금을 캠, 採藥채약 약을 캠]

採字는 '扌'+'采'로 구성된 글자로 扌는 手수고 采는 분별하는 것이다. 이것저것 분별해 가려내는 것을 採라 한다. 故로 採點채점이라 하고 손으로 분별해 가져오는 것을 모두 採라 한다.

 탄식할오/슬플오

[嗚呼오호 슬프다, 嗚咽오열 슬퍼서 목이 메임]

嗚字는 '口'+'烏'로 구성된 글자로 口는 呼부를호고 烏는 烏새조니 새가 우는 것은 鳴명이고, 까마귀가 우는 것은 嗚오다. 새가 우는 것, 鳴은 슬퍼서 우는 것이 아니고 까마귀가 우는 것은 嗚이니 까마귀는 哀事애사가 있을 때 울부짖는다. 故로 嗚字를 '슬플 오', '탄식할 오' 한다.

 탄식할탄

[嘆哭탄곡 탄식하면서 울음, 嘆息탄식 탄식]

嘆字는 '口'+'莫'로 구성된 글자로 口는 嗚탄식할오고 莫없을막은 難어려울난이니 어려운 것을 슬퍼서 터뜨린 것이 嘆이다.

 탄식할탄/감탄할탄

歎字는 嘆字와 같으나 조금 달리 쓴다. 嘆은 슬퍼서 탄식하는 것이고, 歎은 어려운 것을 해낸 것을 아름답게 여겨 탄하는 것이다.

 탄알탄/탈탄/튕길탄

[彈冠탄관 손으로 갓의 먼지를 튐, 轉전하여 벼슬에 나아갈 준비를 함, 彈琴탄금 거문고를 탐, 彈力탄력 튕기는 힘]

彈字는 '弓'+'單'으로 구성된 글자로 單弓단궁. 즉 화살이 없고 줄만 있는 것이다. 활의 줄은 튕긴다. 故로 彈弓탄궁, 彈琴탄금 한다.

 탄자환/환환

[丸藥환약 환으로 된 약]

丸字는 九字에 점(丶)을 찍었다. 九는 九고 丶는 둥근 환이다. 옛 사람이 약丸을 지을 때 아홉 번이나 약재를 찌거나 말려서 丸을 지었다. 故로 丶에 九가 붙은 것이다.

 탈기/말탈기/마군기

[騎馬기마 말을 탐, 騎馬兵기마병 말 타는 군사]

騎字는 '馬'+'奇'로 구성된 글자로 馬는 馬마고 奇는 倚의지할의니 말에 걸터앉았으니 말 탄 것이다.

 탈승/오를승

[乘客승객 탄 손님, 乘龍승용 용을 탐, 乘馬승마 말을 탐, 乘車승차 차를 탐]

乘字는 '禾'+'北'으로 구성된 글자로 禾는 禾벼화고 北은 背등배니 등에 벼를 심은 것이다. 轉전하여 '탈승', '오를 승' 한다.

 장물장

[贓蠹장두 탐하는 관리, 토색질 하는 관리, 贓物장물 범죄행위로 얻은 재물]

贓字는 '貝'+'臧'으로 구성된 글자로 貝는 財재물재고 臧은 藏감출장이니 재산을 부정한 방법으로 받아서 감추는 것이 贓이다.

 탐할탐

[貪官탐관 백성의 재물을 탐하는 관리, 貪色탐색 색을 탐냄]

貪字는 '今'+'貝'로 구성된 글자로 今은 含머금을함이고 貝는 財재니 남의 재산을 먹고자하니 貪이다.

 태태

[胎敎태교 잉태한 부인이 선한 일을 하는 것, 잉부가 선한 일을 하면 태아가 뱃속에서 배운다는 것이다, 胎氣태기 잉태의 기]

胎字는 '月'+'台'로 구성된 글자로 月은 脈맥맥이고 台는 始처음시니 父母交遊之際부모교유지제에 先動脈絡선동맥락, 즉 수태가 되면 맥이 먼저 뛴다.

터기/근본기

[基金기금 기본금, 밑천, 基本기본 근본, 基準기준 기준]

基字는 '其'+'土'로 구성된 글자로 其土기토, 즉 자기 땅이란 뜻이다.

 터대/집대

[坮地대지 집터로 된 땅]

 터허/옛성허

[古墟고허 옛 땅]

墟字는 '土'+'虛'로 구성된 글자로 土는 城성이고 虛는 虛빌허니 墟만 남은 빈터다.

 털모

[毛孔모공 털 구멍, 毛髮모발 털, 毛衣모의 털 옷, 毛布모포 털로 만든 천]

毛字는 짐승의 꼬리, 털의 모양이다.

 털발

[髮膚발부 털과 살, 頭髮두발 머리털]

髮字는 '髟'+'发'로 구성된 글자로 머리 털을 말한다. 머리털은 아이가 출생하기 전에 이미 나 있다. 故로 发발이 붙은 것이고 发발은 拔뺄발이다.

 터닦을선/선위할선/중선

[禪門선문 佛門불문과 같음, 禪位선위 임금의 자리를 다른 사람에게 물려 줌]

禪字는 '示'+'單'로 구성된 글자로 示는 神귀신신이고 單홑단은 비석 같은 것을 세워 놓은 것이다. 높은 山에 터를 닦고 비석 같은 것을 세워 놓고 신에게 제사 하는 것이 禪이다.

 터질폭/불에말릴박

[爆擊폭격 폭탄을 떨어뜨려 파괴하는 것, 爆藥폭약 화학약품]

爆字는 '火'+'暴'로 구성된 글자로 불이 붙으면 갑자기 터지는 것을 爆이라 한다.

 토끼토

[兎缺토결 언청이, 兎魄토백 달]

兎字는 '舀'+'儿'으로 구성된 글자로 舀은 토끼 귀와 머리고 儿은 토끼 발과 꼬리다. '兎字'는 토끼가 달을 쳐다보고 앉은 모양이다.

 토할토/뱉을토

[吐露토로 뱉어 드러남, 吐瀉토사 입으로 토하고 뒤로 사함, 吐說토설 사실을 말함]

吐字는 '口'+'土'로 구성된 글자로 입에 흙은 뱉는다.

 통달달/이룰달

[達德달덕 달한 덕, 達道달도 달한 도, 達成달성 목적을 이룸]

達字는 '幸'+'辶'으로 구성된 글자로 幸은 幸행이고 辶는 通통항통이니 幸通행통이 達이다.

 통할통/통통

[通鑑통감 책 이름, 通計통계 통틀어 계산함, 通信통신 소식을 전함]

通字는 'マ'+'用'+'辶'으로 구성된 글자로 マ은 刀칼도고 用은 用쓸용이고 辶는 之니 칼이나 송곳 같은 것으로 물체를 뚫다가 이쪽에서 저쪽까지 뚫은 것을 뜻한다.

 통할투/밝을투

[透明투명, 透視투시 속까지 뚫어지게 봄]

透字는 '秀'+'辶'으로 구성된 글자로 秀는 秀빼어날수고 辶은 通이니 빼어나게 통한 것이다

이상 達은 통달한 것이고, 通은 통한 것이고, 透는 속까지 통한 것이다.

 투기할질/미워할질

[嫉視질시 밉게 봄, 嫉妬질투 질투함]

嫉字는 '女'+'疾'로 구성된 글자로 여자끼리 서로 질투하여 미워하는 것이다.

티하/틈하

[瑕尤하우 잘못, 瑕疵하자 옥의 티, 瑕痕하흔 티, 흔적]

瑕字는 '王'+'叚'로 구성된 글자로 王은 玉구슬옥이고 叚빌가는 조각, 금이니 玉은 틈이나 금이 가면 티가 된다.

 파할파/깨질파

[破壞파괴 깨서 무너뜨림, 破裂파열 파해 찢어짐]

破字는 '石'+'皮'로 구성된 글자로 石皮, 皮逢石則破피봉석칙파. 즉 가죽이 돌을 만나면 파한다. 돌에 부딪히면 깨지고 터진다.

 파할파/그칠패/고단할피

[罷免파면 직무를 해면함, 罷業파업 하던 일을 그만둠, 罷宴파연 잔치가 끝남]

罷字는 '罒'+'能'로 구성된 글자로 罒는 置둘치고 能능할능이므로, 잘하는 것을 하다가 그만두는 것이 罷다.

이상 破는 깨지는 것이고, 罷는 하던 일을 그만 두는 것이다.

 판단할판/쪼갤판

[判決판결 판단하여 결정함, 判官판관 벼슬 이름]

判字는 '半'+'刂'로 구성된 글자로 半은 半반반이고 刂는 分나눌분이니 半을 쪼개는데 크고 작은 것을 판단한다는 뜻이다.

 팔매

[賣渡매도 팔아넘김, 賣店매점 물건 파는 상점]

賣字는 '士'+'買'로 구성된 글자로 士는 士사니 여기서 士는 官관을 말한 것이다. 買는 산 것이니 벼슬한 선비는 재산을 사지 못하고 산 것은 팔아야 한다. 官은 녹을 받으므로 蓄財축재를 못한다.

 팔판/장사판

[販路판로 팔리는 길, 販賣판매 팖]

販字는 '貝'+'反'로 구성된 글자로 貝는 賣買매매의 뜻이고 反되돌릴반은 팔고 사는 것을 반복하니 장사하는 것이다.

 패할패

[敗德패덕 덕에 어긋남, 敗爛패관 물 커짐, 敗亡패망 패하고 망함, 敗走패주 패해서 달아남]

敗字는 '貝'+'攵'로 구성된 글자로 貝는 財재산재고 攵는 散흩을산이니 재산이 흩어졌으니 敗한 것이다.

 팥두/제기두

[豆羹두갱 두가리국, 豆箕두기 콩팥깍지, 豆太두태 팥과 콩]

豆字는 제기의 모양이다. 轉전하여 콩팥 이름에도 쓴다.

 편안 강/거리 강

[康健강건 건강함, 康衢강구 편안한 거리, 거리, 康寧강령 편안함]

康字는 'ナ'+'隶'로 구성된 글자로 ナ은 집이고 隶는 건강한 모양이다.

 편안할타/온당할타

[妥當타당 사리에 마땅함, 妥安타안 편안함]

妥字는 '爫'+'女'로 구성된 글자로 爫는 爫손톱조고 女는 女니 여자의 손톱이 길면 편하다.

 편안할안/편안안

[安寧안녕 편안함, 安否안부 편안하고 편안치 않음, 安心안심 마음 놓음, 安全안전 안전함]

安字는 '宀'+'女'로 구성된 글자로 宀는 家집가고 女는 女니 여자는 집에 있어야 편안하다.

 편안녕/차라리영/어찌할녕

[康寧강령 편안함]

寧字는 '宀'+'心'+'血'+'丁'으로 구성된 글자로 '宀心'은 安心안심이고, '血丁'은 血氣혈기가 丁丁정정한 것이니 마음이 편하고 몸이 편하니 寧이다.

편안온

[穩健온건 온당하고 건실함, 穩當온당 온당함]

穩字는 '禾'+'𣪍'으로 구성된 글자로 禾는 禾벼화고 𣪍은 隱은이니 벼농사나 짓고 隱遁은둔해 사니 편안하다.

 편안일/빠질일/달아날일

[逸居일거 안일하게 지냄, 逸文일문 빠진 글, 逸民일민 속세를 버리고 은거하는 사람, 逸話일화 세상에 알려지지 않은 이야기]

逸字는 '兔'+'辶'으로 구성된 글자로 兔은 兔면할면이고 辶은 之니 가서 면했으니 편안하.

이상 康은 병 없이 편한 것이고, 妥는 일이 없어 바쁘지 않아 편한 것이고, 安은 편안한 것이고, 寧은 마음과 몸이 편한 것이고, 穩은 피해서 편한 것이고, 逸은 빠져서 편한 것이다.

 펼신/기지개펼신

[伸頸신경 목을 길게 뺌, 伸冤신원 원한을 폄, 伸縮신축 폄과 오그라짐]

伸字는 'ㅣ'+'申'로 구성된 글자로 ㅣ은 人이고 申은 아래 위가 쭉 펴진 모양이다. 故로 '펼신' 한다.

 펼서

[舒卷서권 폈다 걷었다 함, 舒情서정 정을 폄, 舒懷서회 회포를 폄]

舒字는 '舍'+'予'로 구성된 글자로 舍는 舍집사고 予는 野들야니 집 앞이 들이니 펴진 것이다. 故로 舒는 막히지 않고 툭 터진 것을 말한다.

 펼전/늘릴전

[展開전개 펴서 엶, 展覽전람 펴서 뒤져 봄, 展示전시 펴서 보임]

展字는 '尸'+'𠀑'+'𠂇'로 구성된 글자로 尸는 屋집옥이고 𠀑은 洪넓을홍이고 𠂇은 長긴장이니 집을 넓히고 키우는 것이 展이다. 故로 發展발전이라 한다.

펼포/베포

삼베는 폭이 좁고 길이가 길어 짜면서 말아 올리고, 다 짜면 펴서 말린다. 故로 '펼포'한다.

이상 伸은 몸을 펴는 것이고, 舒는 속을 펴는 것이고, 展은 펴서 늘리는 것이고 布는 사물을 펴는 것이다.

 폐단폐/해질폐

[弊家폐가 자기 집의 겸칭, 弊客폐객 폐 끼치는 사람, 弊袴폐과 해진 바지]

弊字는 '敝'+'廾'로 구성된 글자로 敝덮을폐는 해진 것이고 廾두손으로받들공은 드는 것이다. 남의 해진 곳만 들추니 나쁜 폐단이다.

 폐할폐/부서질폐

[廢家폐가 절손된 집, 廢農폐농 농사를 그만 둠, 廢業폐업 직업을 그만 둠, 廢位폐위 임금의 자리를 폐함]

廢字는 '广'+'發'로 구성된 글자로 广은 집이고 發은 發쏠발이니 집이 發하면 무너진다.

 평할평/고를평/벼슬이름평/편할편

[平交평교 같은 사람끼리 사귐, 平面평면 겉이 평평함, 平民평민 보통 사람, 平地평지 평한 땅]

平字는 字形이 평하다.

 평론할평

[評論평론 평하여 논함, 評判평판 평론의 판단]

評字는 '言'+'平'으로 구성된 글자로 言은 論논할론이고 平은 平평이니 平凡한 사람이 논하는 비판이 評이다.

 포기주/그루주/뿌리주

[株券주권 주식의 증권, 株守주수 나무를 지킴, 어리석음을 일컫는 말, 株式주식 주식 회산 자본의 단위]

株字는 '木'+'朱'로 구성된 글자로 나무 그루 수를 점검할 때 붉은 색으로 표시한 것이다. 故로 朱가 붙어 株다.

 폭포폭/거품포

[瀑沫폭말 폭포 거품, 瀑布폭포 폭포]

瀑字는 'シ'+'暴'로 구성된 글자로 シ는 水수고 暴는 暴사나울포니 물이 심히 쏟아지니 폭포 수다.

 표표/표할표/나무끝표

[標高표고 바다의 수준 면에서 높이, 標木표목 표로 박아 세운 말뚝]

標字는 '木'+'票'로 구성된 글자로 木은 木목이고 票는 票표할표니 나무에 표한 것이 標다.

 푸를녹

[綠豆녹두 팥 종류, 綠林녹림 푸른 숲, 綠色녹색 초록 빛, 綠陰녹음 푸른 나뭇잎이 우거진 그늘]

綠字는 '糸'+'彔'으로 구성된 글자로 糸는 絲실사고 彔은 菉조개풀록(푸르다)이니 녹두같이 푸른 것이다. 옛날에 間色간색의 색깔을 絲字가 들어 이름 지은 것이다. 例예로 紅붉을홍, 緇검은비단치, 素흴소, 紫자주빛자, 絳진홍강, 纁분홍빛훈과 같은 類유다.

 푸를창/창생창/들빛창

[蒼空창공 푸른 공중, 蒼生창생 백성, 蒼卒창졸 급한 모양]

蒼字는 '++'+'倉'으로 구성된 글자로 ++는 草풀초고 倉은 倉곳집창이니 푸른 풀로 이어 놓은 창고다. 蒼은 푸르다는 뜻 속에 높고 멀다는 상상적인 뜻도 있다. 故로 '蒼天창천', '蒼蒼창창', '蒼茫창망' 한다.

 푸를청

[青衿청금 깃이 푸른 옷, 青年청년 나이 젊은 사람, 青嵐청람 푸른 아지랑이]

青字는 五色中오색중에 하나인 푸른색의 表표다.

 풀초

[草根초근 풀 뿌리, 草木초목 풀과 나무]

草字는 原원 艸풀초인데 草로 한 것은 未詳미상하고 艸는 풀의 모양이다.

 품팔임/품삯임

[賃貸임대 삯을 받고 빌려줌, 賃借임차 삯을 주고 빎]

賃字는 '任'+'貝'로 구성된 글자로 任은 勞任노임이고 貝는 財재물재, 즉 돈이니 勞任에 대한 돈이니 품삯이다.

 품수품/가지품

[品格품격 타고난 성격, 品性품성 타고난 성품, 品種품종 물품의 종류]

品字는 物品물품을 쌓아 놓은 形이다. 故로 物品이라 하고 物品은 等級등급이 있고 種類종류가 있으므로 '品等품등', '品種품종'이라 한다.

 풍속속

[俗客속객 속된 사람, 俗界속계 속인의 세계, 俗談속담 세속의 이야기, 俗世속세 속된 세상]

俗字는 'イ'+'谷'으로 구성된 글자로 イ은 人이고 谷은 谷계곡곡이니 사람 사는 골에는 골마다 풍속이 있다. 故로 十里십리에 不同俗부동속이고 百里백리에 不同風부동풍이다.

 풍류려밑줄은 무엇인지요?

律呂는 풍류 법인데 十二律呂가 있다.

 풍년풍/넉넉할풍

[豊登풍등 풍년, 豊殖풍식 많이 번식함]

豊字는 '曲'+'豆'로 구성된 글자로 曲은 曲굽을곡, 이나 많은 모양을 나타낸 것이고, 豆는 제기니 풍년이 들었으니 제물을 많이 차린 모양이다.

 피곤할피

[疲困피곤 피곤]

疲字는 '疒'+'皮'로 구성된 글자로 疒는 疾병질이고 皮는 皮가죽피니 皮疾피질, 즉 피부의 병은 피곤한데 온다. 故로 疲困이라 한다.

 피할피

[避難피난 어려움을 피함, 避匿피익 피해 숨음, 避暑피서 더위를 피함]

避字는 '辟'+'辶'으로 구성된 글자로 辟는 壁벽벽에 土토가 없고 辶은 之니 壁에 흙이 없으니 무너질 염려가 있어 피하는 것이다.

 필발/쏠발/일어날발

[發見발견 찾던 물건을 봄, 發動발동 일어나 움직임, 發福발복 복이 피어남]

發字는 '癶'+'弓'+'殳'로 구성된 글자로 癶은 벌어진 모양이고 弓은 弓이고 殳는 投던질투니 활을 쏘아 던진다는 뜻이다. 그러나 설명이 미흡하니 아는 분을 기다린다.

 필개

꽃이 피는 것을 開라 한다.

 하늘건/괘이름건/마를간

[乾固건고 말라서 굳어짐, 乾坤건곤 하늘과 땅, 乾卦건괘, 乾性건성 乾의 성질]

乾字는 '卓'+'乞'로 구성된 글자로 卓은 해가 떠오르는 형상이고 乞은 氣기다. 氣는 陽양이니 하늘이고 乾은 陽의 性이다.

 하늘소/구름기운소

[霄壤소양 하늘과 땅, 霄月소월 하늘에 달, 霄漢소한 하늘에 은하수]

霄字는 '雨'+'肖'로 구성된 글자로 雨는 雲구름운이고 肖는 肖닮을초니 구름 같은 하늘이다. 구름이 떠 있는 곳이 하늘이다. 故로 雲霄운소라 한다.

 하늘천

[天成천성 천작으로 이룬 것, 天官천관 천문을 주관하는 관직, 天氣천기 하늘의 기상, 天命천명 하늘에서 받은 운명]

天字는 '一'+'大'로 구성된 글자로 제일 큰 것이 하늘이다.

하여금비

俾字는 '亻'+'卑'로 구성된 글자로 亻은 使부릴사고 卑는 卑낮을비니 낮은 사람을 시킨다는 뜻이다. 俾는 시키는 것이다. 故로 '하여금 비' 하는 것이다.

 하여금사/부릴시

[使令사령 부리어 명령함, 使命사명 자신에게 부과된 직무, 使雉搏兔사치박토 토끼로 하여금 꿩을 치게 함]

使字는 '亻'+'吏'로 구성된 글자로 人은 人이고 吏는 '官吏관리', '官吏人관리인'이란 뜻이다. 故로 '使臣사신', '大使대사', '特使특사'라 한다. 使는 누가 누구로 하여금 무엇을 어떻게 하라는 뜻이 들어있다.

 하례하

[賀客하객 하례하러 온 손]

賀字는 '加'+'貝'로 구성된 글자로 加는 加가고 貝는 貝패니 옛날에 貝를 예물로 썼다. 故로 경사에 예물을 더하는 것이 賀다.

 학교교/장교교

[校門교문 학교 문, 校舍교사 학교 사택]

校字는 '木'+'交'로 구성된 글자로 木은 材재고 交는 效본받을효 또는 教가르칠교니 가르쳐서 人材인재를 길러 내는 곳이란 뜻이다.

 학학/새학/힐학

[鶴駕학가 신선이 타는 수레, 鶴企학기 학처럼 목을 길게 빼고 기다림, 鶴唳하려 학의 울음]

鶴字는 '隺'+'鳥'로 구성된 글자로 隺은 학의 긴 목과 짧은 꼬리의 모양이고 鳥는 새 종류란 뜻이다.

 한가지공/벼슬이름공

[共同공동 여럿이 같이함, 共立공립 공동으로 세움, 共謀공모 두 사람 이상이 어떠한 일

에 꾀함, 共助공조 같이 도움]

共字는 '井'+'八'로 구성된 글자로 井은 井정이고 八은 八팔이니 八家同井팔가동정이다. 井田法정전법에 八家가 同井한다. 井田法은 밭을 아홉 칸을 만들어 八家가 한 칸 씩 나누어 농사를 짓고 복판 한 칸은 八家가 공동으로 지어서 나라에 세금으로 바치는 것이다.

同 한가지동

[同甲동갑 나이가 같음, 同居동거 같이 사는 것, 同氣동기 형제, 同文동문 글이 같음]

字는 한 가지를 뜻한 글자다.

이상 共은 한 가지를 뜻한 글자고, 同은 똑같은 것이다.

韓 한나라한

[韓國한국 한국, 韓盧한로 개 이름]

韓字는 '卓'+ '韋'로 구성된 글자로 卓는 朝조고 韋다룸가죽위는 偉훌륭할위니 '偉大위대한 나라'란 뜻이 暗葬암장되어있다.

漢 한수한/놈한

[漢家한가 漢朝한조의 임금의 집, 漢文한문 한자로 된 글, 漢江한강 강 이름]

漢字는 '氵'+'莫'로 구성된 글자로 氵는 水수고 莫은 難어려울난이니 漢水한수는 넓어서 건너기 어렵다는 뜻이다.

閒 한가한/틈한

[閒暇한가 일이 없을 때, 閒居한거 일 없이 지냄, 閒隙한극 한가한 틈]

閒字는 '門'+'月'로 구성된 글자로 달이 문에 비치니 저녁 한가한 때다.

閑 한가 한/문지방 한/막을 한/마구간 한

閑字는 閒字와 같은 뜻으로 쓰는 例가 많다. 閑은 '門'+'木'으로 구성된 글자다. 문 밑에 나무니 문지방이고 나무 문이니 마구간이고 문에 나무니 '막을한' 한다.

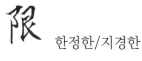 한정한/지경한

[限界한계 한정된 경계, 限度한도 한정된 도수, 限定한정 한정]

限字는 'ㅤβ'+ '艮'로 구성된 글자로 β 는 阜부고 艮은 止그칠지니 周易주역에 '萬物만물이 始於
艮시어간하여 終於艮종어간'이라 하니 '만물이 艮간에서 시작해서 艮에서 마친다.' 하니 이것이
한정된 것이다. 艮은 주역 卦괘 이름이다.

 한할한

[恨歎한탄 한해 탄식함]

恨字는 'ㅤ忄'+'艮'으로 구성된 글자로 忄은 心심이고 艮은 退물러날퇴니 물러나서 생각하니 뉘
우치거나 한이 된다.

 할미고/고모고/시어미고/아즉고

[姑母고모 아버지의 여자형제, 姑婦고부 시어미와 며느리]

姑字는 '女'+'古'로 구성된 글자로 女古, 즉 여자가 나이가 먹었다는 뜻이니 나이가 많으
니 할미고 시어머니다.

 할위/만들위/될위

[爲問위문 위하여 물음, 爲先위선 선조를 위함, 爲親위친 어버이를 위함]

爲字는 'ㅤ爫'+'為'로 구성된 글자로 爫는 手수고 為는 하는 形容형용이다.

 함께구/다구

[俱存구존 다 있음, 俱沒구몰 함께 돌아가심]

俱字는 'ㅤ亻'+'貝'로 구성된 글자로 貝는 갖추어 결함이 없는 것이고 俱는 사람이 다 갖추
어 있다는 뜻이다. 故로 '父母俱存부모구존'이라 한다.

 함께해

[偕樂해락 함께 즐김, 偕老해로 함께 늙음, 偕行해행 함께 감]

偕字는 'ㅤ亻'+'皆'로 구성된 글자로 亻은 人이고 皆는 皆다개니 '있는 사람이 다 이'란 뜻이다.

이상 俱字와 偕字는 뜻이 같이 쓰이기도 하나 쓰임이 조금 다르다. '夫婦偕老부부해로라고는 흔히 써도 '夫婦俱老부부구로'라고는 쓰지 않거나 드물며 '父母俱存부모구존'이라고는 흔히 써도 '父母偕存부모해존'이라고는 거의 쓰지 않는다.

 함성함/소리칠함/입다물함

[喊默함묵 입 다물고 잠잠함, 喊聲함성 여러 사람이 함께 높이 지르는 소리]

喊字는 '口'+'咸'으로 구성된 글자로 口는 口구고 咸은 感느낄감이니 여러 사람이 감동하여 다 함께 입으로 외치는 소리를 喊이라 한다.

 항상상/떳떳상

[常居상거 늘 사는 것, 常經상경 떳떳한 법, 常識상식 보통 사람이 알고 있는 지식]

常字는 '尚'+'巾'으로 구성된 글자로 尚은 堂당이고 巾은 布포니 집에서 먹고 입고 베 짜는 것은 늘 하는 떳떳한 일이다. 故로 常이다.

 항상항/괘이름항

[恒久항구 변하지 않고 오래 감, 恒德항덕 한결 같은 덕, 恒産항산 늘 나오는 생산, 恒心항심 한결 같은 마음]

恒字는 '忄'+'亘'으로 구성된 글자로 忄은 心이고 亘은 亘걸칠긍이니 亘天긍천, 亘地긍지, 亘古긍고, 亘來긍래 등 이와 같이 恒久的항구적인 亘字에다 心字를 하였으니 마이 오래도록 변치 않는 것이다.

常은 하던 그대로 늘 하는 일이고 '恒'은 마음이 그대로 변치 않는 것이다.

 해년/나이년

[年甲년갑 동갑, 年光년광 나이, 年생년 나던 해]

 해세

[歲功세공 농사, 歲貢세공 해마다 바치는 공물, 歲德세덕 일년 내내 유덕한 방위에 있다고 하는 신]

 해재/실을재

周나라는 年이라 하고, 殷나라는 祀라 하고, 夏나라는 歲라 하고, 堯舜요순은 載라 하였는데 그 意는 未詳미상하다.

 해로울방

[妨害방해 해로움]

妨字는 '女'+'方'으로 구성된 글자로 女方, 方女니 모진 여자는 해롭다는 뜻이다.

 해로울해/어찌갈

[害毒해독 해로운 독, 害心해심 해롭게 할 마음]

害字는 宮字에서 온 글자다. 집 벽(宮궁)에다 칼로 그어(丯)서 害字가 된 것이다. 故로 '壞瓦畫墁회와획만'이라 한다.

 해질폐/버릴폐

[敝廬폐려 낡은 집, 敝衣폐의 낡은 옷]

敝字는 幣비단폐자에 巾건이 없다. 巾은 布베포(천)이고, 敝폐는 비단에 수놓은 모양이다. 비단에 천이 없어지고 敝만 남았으니 해진 것이다.

 해서해/곧을해

[楷隷해예 해서와 예서, 楷書해서 書體서체에 하나]

楷字는 '木'+'皆'로 구성된 글자로 글자 획이 모두 곧다. 故로 楷다. 나무의 性성은 곧다. 故로 글자 획이 다 곧다.

 행낭낭

[廊廟낭묘 사당]

廊字는 '广'+'郎'로 구성된 글자로 广은 집이고 郎은 男子남자니, 廊에는 男子가 거처한다.

 행할행/다닐행/순행행/산이름항

行字는 여러 사람(人->亻)이 다니는 모양을 나타내고 있다. 길에 여러 사람이 다니니, 행하는 것이고, 다니는 것이다.

향기향/향향

[香氣향기 향기, 香爐향로 향 피우는 화로, 香魂향혼 꽃의 영]

香字는 '禾'+'日'로 구성된 글자로 禾는 禾벼화고 日은 日일이니 벼는 日照量일조량이 많아야 향이 난다.

 향할향/향향

[向陽향양 양지를 향함, 坐向좌향 좌와 향]

向字는 '冂'+'口'로 구성된 글자로 冂은 얼굴의 '輪廓윤곽'이고 口는 '口'니 '向'은 얼굴과 입이 가는 쪽이다.

 허물죄

[罪名죄명 죄의 이름, 罪囚죄수 죄인을 가둠]

罪字는 '罒'+'非'로 구성된 글자로 罒은 罒그물망이고 非는 잘못이다. 잘못이 法법에 걸렸으니 罪다.

이상 過는 지나쳐서 잘못된 것이고, 罪는 옳지 않은 짓을 해서 죄가 된 것이다.

 허락락/대답할락

[受諾수락 허락을 받음]

諾字는 '言'+'若'로 구성된 글자로 言은 言언이고 若은 萬若만약이니 諾는 대답하고 허락하는 것인데 누가 부르면 '예'하고 대답하는 것이 아니고 누가 부탁하고 달래고 조르면 '그렇게 하라'고 만약을 몰라 어렵게 허락하는 것이다.

 허락허/쯤허/이러할허

[許可허가 허락함, 許多허다 많음]

許字는 '言'+'午'로 구성된 글자로 言은 言언이고 午는 仵짝오니 말한 것이 허락을 얻어 그대로 거슬러 돌아오는 것이 許다. 즉, '자네 말대로 해'하니 그 말이 거슬러 오는 격이다.

 허비할비/소비할비

[費用비용 비용]

費字는 '弗'+'貝'로 구성된 글자로 弗은 佛부처불이고 貝는 돈이니, 돈을 佛(지불하다)하니 허비고 소비다.

 허리요

[腰間요간 허리, 腰帶요대 허리띠, 腰圍요위 허리 둘레]

腰字는 '月'+'要'로 구성된 글자로 月은 體체고 要는 要요니 신체의 중요한 곳이 허리란 뜻이다.

 허파폐/부하폐/성할폐

[肺肺폐폐 성한 모양, 肺肝폐간 폐와 간]

肺字는 '月'+'巿'으로 구성된 글자로 月은 體몸체고 巿는 巿저자시자를 사용하지만 폐의 모양을 나타낸 것이다.

 험할험

[險難험난 험하고 어려움, 險路험로 험한 길]

險字는 字形이 험하다.

 헤아릴탁/법도도, '법도도' 참고

 헤아릴요

[料量요량 헤아림, 料理요리 음식을 조리함]

料字는 '米'+'斗'로 구성된 글자로 米는 米쌀미고 斗는 斗말두니 쌀을 말질 하는 것으로 양을 헤아리는 것이다.

 헤아릴량/믿을량'믿을량' 참고

 헤아릴측/잴측

[測量측량 계산함, 잼, 測定측정 재어 정함, 測地측지 땅을 잼]

測字는 'ㅡ氵'+'則'로 구성된 글자로 氵는 水수고 則은 則법칙칙이니 물을 당하면 깊이를 헤아린다.

이상 度는 헤아리는 법도 자질하는 것이고, 料는 말질하여 몇 말이나 될까 하고 헤아리는 것이고, 諒은 양해를 구하는 것이고, 測은 글자를 봐서는 물의 깊이를 헤아리는 것으로 면적이나 중량을 헤아리는데 주로 쓴다.

 혀설

[舌耕설경 말품 팔아먹고 삶, 舌端설단 혀 끝]

舌字는 혀가 입에서 움직이는 모양이다.

 헤엄칠영

[水泳수영 물에서 헤엄 침]

泳字는 'ㅡ氵'+'永'으로 구성된 글자로 氵는 水수고 永은 永길영이니 물에서 몸을 永자와 같이 움직이는 것이 泳이다.

 혐의혐/의심할혐

[嫌疑혐의 의심스러움]

嫌字는 '女'+'兼'으로 구성된 글자로 兼女겸녀니, 貞女정녀가 아니므로 혐의가 된다.

 형상상/상상

[銅像동상 구리로 만든 형상, 佛像불상 부처의 형상]

像字는 'ㅡ亻'+'象'으로 구성된 글자로 人象이니 사람의 형상이다.

 형세세/불알세

[勢道세도 세도, 勢力세력 세력, 去勢거세 불알 깜]

勢字는 '執'+'力'으로 구성된 글자로 執力집력 힘을 잡았다는 뜻이다.

 형벌 벌

[罰金벌금 범죄인에게 돈을 내도록한 재산형, 罰酒벌주 벌로 받는 술, 罰則벌칙 벌의 법칙]

罰字는 '罒'+'言'+'刂'로 구성된 글자로 罒은 罪죄고 言은 訓가르칠훈이고 刂는 刑형이니 訓刑훈형이다. 故로 잘못이 있으면 팔 들고 서 있는 것을 罰이라 한다.

 호걸걸/영걸걸/준걸걸

[傑士걸사 걸출한 선비, 傑人걸인 뛰어난 사람, 傑作걸작 잘 지은 글]

傑字는 '亻'+'桀해걸'로 구성된 글자로 亻은 人이고 桀은 音이 걸인데 중국에서 빼어난 것을 傑傑이라 한다. 故로 人傑을 傑, 즉 호걸이라 한다.

 호걸준/준걸준

[俊傑준걸 준걸, 俊良준양 뛰어나게 잘 됨, 俊民준민 훌륭한 백성]

俊字는 '亻'+'夋'로 구성된 글자로 亻은 人이고 夋은 峻높을준이니 人物인물이 높이 빼어난 것을 俊이라 한다.

 호걸호

[豪家호가 부자로 잘 사는 집, 豪傑호걸 호걸, 豪族호족 세력 있는 족속]

豪字는 '亠'+'豕'으로 구성된 글자로 亠는 高높을고고 豕몽은 家집가니 높은 집에 잘 사는 것을 豪라 한다.

이상 傑은 뛰어난 것이고, 俊은 잘난 것이고, 豪는 잘 사는 것이다.

 호반무/굳셀무

[武庫무고 무기 창고, 武功무공 전쟁에서 세운 공, 武器무기 병기]

武字는 '正'+'弋'로 구성된 글자로 正은 正정이고 弋은 무기니 무기로 바로 잡는 것이 武다.

 호위할위

[衛兵위병 호위병, 衛士위사 호위하는 군사]

衛字는 行자 사이에 韋위자가 들어있다. 行은 行행이고 韋는 偉훌륭할위니 偉人위인이 行次행차할 때 左右좌우에서 隨行수행하는 것이 衛다.

호적적/서적적

[國籍국적 국민된 신분, 兵籍병적 군인의 문서]

籍字는 '竹'+'耒'+'昔'으로 구성된 글자로 竹은 竹죽이고 耒쟁기뢰는 來올래고 昔은 昔예석이니 옛날로부터 호적을 대나무 조각에 쓰거나 새겨 왔다는 뜻이다. 故로 이름을 竹帛죽백에 드리운다 한다.

 호적판/널판/조각판

版字는 옛날에 나무 조각에다 호적문서를 새기거나 썼다.

 흑독할혹/심할혹

[酷毒혹독 심히 독함, 酷吏혹리 혹독한 관리, 酷暑혹서 혹독한 더위]

酷字는 '酉'+'告'로 구성된 글자로 酉유는 酒술주고 告고는 造지을조니 집에서 만든 술은 독하다.

 혹할혹

[惑世혹세 세상을 혹하게 함, 不惑불혹 혹하지 않음]

惑字는 '或'+'心'으로 구성된 글자로 或이나 하는 마음이니 경계하지 않으면 혹한다.

 혼인인/인연인

[姻家인가 사돈집, 姻兄인형 매형]

姻字는 '女'+'因'으로 구성된 글자로 女는 女고 因은 因인할인이니 혼인은 전생이나 차생에 인연이 있다. 故로 결혼하고 보면 누구나 인연이 있어 이루어졌다.

 혼인혼

[婚期혼기 혼인하기에 적당한 나이, 婚禮혼례 혼인하는 예, 婚姻혼인 혼인]

婚字는 '女'+'昏'으로 구성된 글자로 女는 女녀고 昏은 昏어두울혼이니 婚은 男女가 合하는 것이 婚이다. 잔치는 밝은 낮에 하지만 남녀 잠자리는 잔치 손님이 다 간 뒤 어두운 때 즉, 婚時혼시 이루어진다. 그래서 婚이다.

혼혼/넋혼

魂字는 '云'+'鬼'로 구성된 글자로 云이름운은 雲운이고 鬼는 鬼귀신귀니 鬼에 云이 붙은 것은 사람이 죽으면 혼이 하늘로 올라간다는 뜻이다.

 홀연홀/문득홀

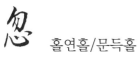 홑단/오랑캐이름선/성선

[單價단가 단위의 값, 單騎단기 혼자서 말을 타고 감, 單獨단독 단혼자, 單于선우 두자姓]

單字는 방패의 모양인데 戰싸울전자에 戈창과가 없고 單단 뿐이란 뜻으로 '홑단'한 것이다. 著者저자의 이웃사람 이경섭의 말이다.

 회회

[膾炙회자 회와 구운 고기, 膾截회절 회침]

膾字는 '月'+'會'로 구성된 글자로 月은 肉육이고 會는 會모일회니 회는 주로 모여서 먹는다. 故로 膾다.

 화로로

[爐火로화 화로불, 煖爐난로 난로]

爐字는 '火'+'盧'로 구성된 글자로 火 盧밥그릇로, 즉 불 담는 항아리다. 불 담는 항아리는 盧幕여막(임시로 지은 초막)에서 주로 볼 수 있다. 故로 盧가 붙은 것이다.

 화목목

[睦友목우 친우간에 화목함, 睦族목족 친족간에 화목함, 和睦화목 화목]

睦字는 '目'+'土'+'八'+'土'로 구성된 글자로 目은 相서로상이고 土는 土토고 八은 分나눌분이고 土는 土니 서로가 땅을 나눌 때 고르게 나누면 화목하다.

 화할화/대답할화/섞을화/고로화

[和歌화가 노래를 화답함, 和氣화기 화한 기운]

和字는 '禾'+'口'로 구성된 글자로 禾는 禾화고 口는 둥근 것(○)이다. 벼는 먹는 곡식이다. 둥글면 私사사사가 없어 和한다.

 화할협

[協同협동 힘을 모아 같이 함, 協力협력 힘을 합함, 協商협상 협의함]

協字는 '十'+'劦'으로 구성된 글자로 十은 汁즙즙이고 劦힘합할협은 여러 사람의 힘이니 여러 사람이 힘을 합하면 화한다.

 화창할창

[暢達창달 창달, 暢茂창무 무성한 모양, 和暢화창 화창]

暢字는 '申'+'昜'으로 구성된 글자로 申은 伸펼신이고 昜은 陽볕양이니 暢字는 '春日和暢춘일화창'이라고 많이 쓴다. 봄이 되면 陽敍大陸양서대륙 즉 양기가 대륙에 퍼진 것을 暢이라 한다.

 확실확

[確見확견 확실히 봄, 確固확고 확실히 굳어짐, 確答확답 확실히 답함]

確字는 '石'+'隺'로 구성된 글자로 石은 石석이고 隺는 隹새추니 새가 엎드려 있으면 죽었는지 살았는지 돌을 던져서 확인한다. 故로 確이다.

 활궁

[弓弩궁노 활과 쇠뇌, 弓術궁술 활 쏘는 기술, 弓箭궁전 활과 화살]

弓字는 활의 形이다.

 활줄현

[弦月현월 활 같은 달]

弦字는 '弓'+'玄'으로 구성된 글자로 弓은 弓이고 玄은 絃알기줄현이니 활줄이다.

 효도효

[孝敬효경 효도하고 존경함, 孝女효녀 효도하는 딸, 孝子효자 효도하는 아들]

孝字는 '耂'+'子'로 구성된 글자로 耂는 老노늙을노고 子는 子아들자니 孝자는 아들이 늙은 아버지를 업고 있는 모양이다.

 흉년근

[饑饉기근 흉년]

饉字는 '食'+'堇제비꽃근'으로 구성된 글자로 食은 먹는 것이고 堇은 나물이니 나물을 먹고 사니 흉년이다. 故로 饉이다.

 흉할흉/흉년흉

[凶家흉가 흉한 집, 凶器흉기 사람을 살해하는 기구]

凶字는 'メ'+'凵'로 구성된 글자로 メ은 흉한 일의 表표다. 옛날에 점을 칠 때 吉길할길의 表는 ○으로 하고 凶흉할흉의 表는 ×(メ)로 하였다. メ를 재주예자로 쓰니 メ에다 凵를 하여 凶과 メ를 구분한 것이다.

 흉악할흉

[兇器흉기 사람을 살해하는데 쓰는 기구, 兇徒흉도 흉악한 무리, 兇賊흉적 흉악한 도적]

兇字는 '凶'+'儿'으로 구성된 글자로 凶은 凶이고 儿은 兒아이아니 凶한 애, 흉악한 모양이다.

 흩을산/가루약산/한가할산

[散落산락 흩어져 떨어짐, 散漫산만 흩어져 퍼져있음, 散文산문 字數자수의 제한 또는 音律음률의 규정이 없는 글]

散字는 '昔'+'攵'로 구성된 글자로 昔은 昔예석이고 攵은 文글문이니 옛글이 흩어져 있음을 뜻한 글자다.

 흐를류/귀양갈류

[流光유광 세월, 流年유년 흐르는 세월, 流芳유방 명성을 후세에 전함]

流字는 'ヲ'+'云'+'川'으로 구성된 글자로 ヲ는 水수고 云은 充충이고 川은 川내천이니 냇물은 차면 흐른다는 뜻이다. 故로 '盈科而後進영과이후진'이라 하시다. 孔子의 말씀

흐릴탁

[濁浪탁낭 흐린 물결, 濁醪탁료 탁한 술, 濁世탁세 탁한 세상]

濁字는 중국 葡州포주에 있는 물 이름인데 물이 흐려서 이름 지은 듯하다.

 흐릴혼/섞일혼/서쪽오랑캐곤

[混夷곤이 서쪽 오랑캐, 混沌혼둔 천지가 개벽하기 전 청탁이 가려지지 않은 모양, 混同혼동 이것 저것 섞여서 식별하기 어려운 것]

混字는 '氵'+'昆'로 구성된 글자로 氵는 水수고 昆은 崑崙山곤륜산이다. 중국 崑崙山에서 흐르는 水源수원은 맑은데 하류로 내려오면서 다른 물과 섞여서 흐려졌다. 故로 '흐릴혼', '섞일혼' 한다.

 흐릴혼

이 글자는 混자와 같다.

 흔들요/움직일요

[搖動요동 흔들림, 흔듦, 搖落요락 흔들어 떨어짐, 搖揚요양 흔들어 날림]

搖字는 '扌'+'䍃'로 구성된 글자로 扌는 手수고 䍃는 질그릇을 만드는 形容형용이니 질그릇을 만드는 과정은 손과 그릇이 흔들려서 이루어진다.

 흙덩이양

[土壤토양, 壤土양토 똑 같은 말로 흙이다.]

壤字는 '土'+'襄'으로 구성된 글자로 土는 土, 즉 흙이고 襄은 멍에 양字로 장사지낼 때 상여의 모양인데 하관을 하려니 광중이 돌도 있고 흙이 곱지 않으므로 壤土를 갔다 하관한다. 壤은 '흙덩이양' 하나 실은 부드러운 흙이고 塊는 '흙덩어리괴'로 덩어리진 흙이다.

 흙덩이괴

[塊金괴금 덩이금, 塊石괴석 돌덩이]

塊字는 '土'+'鬼'로 구성된 글자로 土는 土토고 鬼는 魄혼백이니 魄은 形에 붙은 영이지 形

은 아니나 形을 假借_{가차}해 塊字를 '덩이괴' 한 것이다.

 흙토/뿌리두

[土芥_{토개} 흙 쓰레기, 土塊_{토괴} 흙덩이, 土地_{토지} 땅, 土色_{토색} 땅 빛깔]

土字는 '十'+'一'로 구성된 글자로 十은 奇_{기(기수=홀수)}의 表(ㅣ)와 偶_{짝우(우수=짝수)}의 表(一)이 合한 것이다. 奇의 수가 五고 偶의 수가 五니 奇五偶五를 合하니 十이라 하고 十은 열이다. 그러나 十이 이미 열의 수로 되었으니 十에다 一을 더 그어서 '土'로 쓰고, '흙토'라 한 것이다.

 희롱롱

[弄談_{농담} 희롱하는 말, 弄法_{농법} 법을 희롱함, 弄月_{농월} 달을 희롱함, 弄璋_{농장} 구슬을 희롱함]

弄字는 '王'+'廾'으로 구성된 글자로 王은 玉_옥이고 廾_{스물입}은 '드는 것'이다. 옥을 두 손으로 가지고 있으니 옥을 가지고 노는 것이 弄이다.

 희롱희/놀희/기휘

[戲弄_{희롱} 희롱, 戲娛_{희롱} 희롱해 즐김, 於戲_{오희} 감탄함]

戲字는 '虛'+'戈'로 구성된 글자로 虛戈_{허과}. 즉 빈창 또는 虛창_{허창}이니 장난감을 가지고 노는 것이 戲다.

 흰백

[白果_{백과} 흰 실과, 白圭_{백규} 흰 서옥, 白金_{백금} 흰 금, 白雲_{백운} 흰 구름]
白字는 흰색의 表다.

 흴소/본래소

[素光_{소광} 흰 빛, 素望_{소망} 본래 바라던 것, 素白_{소백} 본래 흰 것, 素心_{소심} 본래 마음]

素字는 '主'+'糸'으로 구성된 글자로 主는 主_{주인주}고 糸은 絲_{실사}니 主絲는 본래 희다는 뜻이다. 故로'흴소', '본래소' 한다.

 흴호

[皓白호백 티 하나 없이 흰 것, 皓月호월 구름기 하나 없이 밝은 달]

皓字는 '白'+'告'로 구성된 글자로 告白고백, 즉 아주 희다는 뜻이다. 黑心흑심이 없다고 告白하는 것, 티 하나 없이 흰 것이 皓다.

이상 白은 흰 것을 말함이고, 素는 본래 흰 것이고, 皓는 티 없이 흰 것이다.

 힘력

[力耕역경 힘써 밭을 갊, 力攻역공 힘써 침, 힘써 함, 力士역사 힘 센 사람]

力字는 刀자에 자루가 있다. 刀자는 칼만 있고 자루가 없으니 힘을 못 쓴다. 그러나 刀에 자루가 있으니(力) 힘을 쓴다. 故로 칼자루 잡은 자가 힘쓴다 한다. 著者저자의 이웃 이경섭씨의 말이다.

 힘쓸노

[努力노력 힘을 들임]

努字는 '奴'+'力'으로 구성된 글자로 奴는 奴종노고 力은 勞일할노니 奴노는 일하는 사람이다. 故로 努는 勞와 같으니 열심히 일하는 것 努다.

 힘쓸면

[勉强면강 힘씀, 勉勵면려 힘쓰게 함, 勉學면학 공부를 힘씀]

勉字는 '免'+'力'으로 구성된 글자로 力免역면이니 힘써 免하는 것이다. 힘써 배우면 無識무식을 免하고 힘써 일하면 가난을 免한다.

 힘쓸 무

[務望무망 힘 써 바람]

務字는 '矛창모'+'攴칠복'+'力'으로 구성된 글자로 啓物成務계물성무, 즉 物만물물을 계발하고 업무를 이룬다는 뜻이 있다. 矛는 도구고 攴는 啓열계고 力은 勞로니 옛날에는 백성이 모두 순박하고 지식이 없는 故로 聖人성인이 物을 啓發계발하는 것을 業務업무로 삼았다. 故로 務字는 業務에 주로 쓰인다.

이상 努는 열심히 일하는 것이고, 勉은 궁함을 면하려고 힘쓰거나 목적을 이루려고 힘쓰는 것이고, 務는 業務업무다.

漢字 創造의 뜻 索引

方	모 방	18	癶	걸음 발	20	色	빛 색	22
无	없을 무	18	白	흰 백	20	艸	풀 초	22
日	날 일	18	皮	가죽 피	20	虍	범의문채 호	22
曰	가로 왈	18	皿	그릇 명	20	虫	벌레 충	22
月	달 월	18	目	눈 목	20	血	피 혈	22
木	나무 목	18	矛	창 모	20	行	다닐 행	22
欠	하품 흠	18	矢	살/화살 시	21	衣	옷 의	22
止	그칠 지	18	石	돌 석	21	襾	덮을 아	23
歹	살발린뼈 알	18	示	보일 시	21	見	볼 견	23
殳	창/칠/팔모장 수	19	内	짐승발자국 유	21	角	뿔 각	23
毋	말 무	19	禾	벼 화	21	言	말씀 언	23
比	견줄/나란히 비	19	穴	구멍 혈	21	谷	골 곡	23
毛	털/심을/풀 모	19	立	설 립	21	豆	콩/제기 두	23
氏	성 씨	19	竹	대 죽	21	豕	돈/돼지 시	23
气	구름기운 기	19	米	쌀 미	21	豸	해치 치	23
水	물 수	19	糸	실 사	21	貝	조개 패	23
火	불 화	19	缶	장군 부	21	赤	붉을 적	23
爪	손톱 조	19	网	그물 망	21	走	달릴 주	23
父	아비 부	19	羊	양 양	21	足	발 족	23
爻	사귈/육효 효	19	羽	깃/날개 우	21	車	수레 거	23
爿	조각 장	19	老	늙을 노	21	身	몸 신	23
片	조각 편	19	而	말이을 이	21	辛	매울 신	23
牙	어금니 아	19	耒	쟁기 뢰	21	辰	별 신	23
牛	소 우	19	耳	귀 이	22	辵	머뭇거릴 착	23
犬	개 견	19	聿	붓 필	22	邑	고을 읍	24
玄	검을 현	20	肉	고기 육	22	酉	닭 유	24
玉	구슬 옥	20	臣	신하 신	22	釆	분별할 채	24
瓜	오이 과	20	自	스스로 자	22	里	마을 리	24
瓦	기와 와	20	至	이를 지	22	金	쇠/금 금	24
甘	달 감	20	臼	절구 구	22	長	긴/어른 장	24
生	날 생	20	舌	혀 설	22	門	문 문	24
用	쓸 용	20	舛	어그러질 천	22	阜	언덕 부	24
田	밭 전	20	舟	배 주	22	隶	미칠/근본 이	24
疒	병들어기댈 역	20	艮	그칠/괘이름 간	22	隹	새 추	24
						雨	비 우	24

- 418 -

- 420 -

漢字 創造의 뜻

초판 1쇄 펴낸 날 4353(2020)년 2월 14일

지 은 이 | 오문규
펴 낸 이 | 이윤옥
디 자 인 | 명 크리에이티브
박 은 곳 | 명 크리에이티브
펴 낸 곳 | 도서출판 얼레빗
등록일자 | 단기 4343년(2010) 5월 28일
등록번호 | 제000067호
주　　소 | 서울시 영등포구 영신로 32 그린오피스텔 306호
전　　화 | (02) 733-5027
전　　송 | (02) 733-5028
누리편지 | pine9969@hanmail.net
I S B N | 979-11-85776-16-3(03710)

값 15,000원